GLOBALIZAÇÃO, DESGLOBALIZAÇÃO E IMPACTOS NA SOBERANIA ESTATAL

ANGELA LIMONGI ALVES

Prefácio

Nina Ranieri

GLOBALIZAÇÃO, DESGLOBALIZAÇÃO E IMPACTOS NA SOBERANIA ESTATAL

Belo Horizonte

editora Del Rey

FORUM
CONHECIMENTO JURÍDICO

2024

Luís Cláudio Rodrigues Ferreira
Presidente e Editor

Coordenação editorial: Leonardo Eustáquio Siqueira Araújo
Aline Sobreira de Oliveira

Rua Paulo Ribeiro Bastos, 211 – Jardim Atlântico – CEP 31710-430
Belo Horizonte – Minas Gerais – Tel.: (31) 99412.0131
www.editoraforum.com.br – editoraforum@editoraforum.com.br

Técnica. Empenho. Zelo. Esses foram alguns dos cuidados aplicados na edição desta obra. No entanto, podem ocorrer erros de impressão, digitação ou mesmo restar alguma dúvida conceitual. Caso se constate algo assim, solicitamos a gentileza de nos comunicar através do *e-mail* editorial@editoraforum.com.br para que possamos esclarecer, no que couber. A sua contribuição é muito importante para mantermos a excelência editorial. A Editora Fórum agradece a sua contribuição.

Dados Internacionais de Catalogação na Publicação (CIP) de acordo com ISBD

A474g Alves, Angela Limongi

Globalização, desglobalização e impactos na soberania estatal / Angela Limongi Alves. Belo Horizonte: Fórum: Del Rey, 2024.

xxx p. 14,5x21,5 cm
ISBN 978-65-5518-643-7

1. Soberania estatal. 2. Governança. 3. Globalização. 4. Desglobalização. 5. Hibridismo. I. Título.

CDD: 341
CDU: 341

Ficha catalográfica elaborada por Lissandra Ruas Lima – CRB/6 – 2851

Informação bibliográfica deste livro, conforme a NBR 6023:2018 da Associação Brasileira de Normas Técnicas (ABNT):

ALVES, Angela Limongi. *Globalização, desglobalização e impactos na soberania estatal*. Belo Horizonte: Fórum: Del Rey, 2024. XXX p. ISBN 978-65-5518-643-7.

SUMÁRIO

PREFÁCIO

Desde a década de 1990, dois grandes temas de mútuas influências preocupam acadêmicos mundo afora: a erosão da soberania estatal e a expansão da globalização. Compreender a relação íntima e simbiótica entre ambos e nas transformações da ordem internacional é crucial para abarcar a complexidade desses processos e sua influência no Estado contemporâneo.

Doutrinadores em diferentes áreas do Direito, da Ciência Política e das Relações Internacionais, como David Held, Olivier Beaud, Ricardo Lewandowski, José Eduardo Faria, Luigi Ferrajoli, Bertrand Badie, Stephen D. Krasner, Neil MacCormick, Octavio Ianni, vêm discutindo poder e capacidade estatal *vis-à-vis* integração política e de mercados sob diversas perspectivas. No campo do Direito, as discussões dão-se, sobretudo, da perspectiva do policentrismo decisório, do fim do monopólio estatal na produção do direito, da regionalização, da pluralidade de entidades internacionais e supranacionais, da intrusão de normas internacionais nos territórios estatais, notadamente na proteção de direitos humanos e do meio ambiente. Nas demais áreas, *grosso modo,* identifica-se um misto de visões estadocêntricas e de estudos que valorizam as forças transnacionais, assim como correntes que aderem a posições acríticas acerca do fenômeno estatal ou que subestimam a importância do Estado, apostando na interferência da governança empresarial e global sobre os Estados, seus governos e seus sistemas jurídicos.

Em *Globalização, desglobalização e impactos na soberania estatal,* a autora Angela Limongi Alves, com escrita escorreita e clareza de ideias, intervém no debate sob inspiração integradora. Traz à baila um novo elemento: a desglobalização. É isso que lhe permite dar respostas mais amplas aos questionamentos sobre a soberania estatal na contemporaneidade, demonstrando que globalização e desglobalização não apenas interferem na redefinição da soberania, como também na do Estado.

Segundo a narrativa da desglobalização – integrada por autores como Walden Bello, Boaventura de Souza Santos, Harold James, Ricardo Lewandowski e Eduardo Bittar, é a soberania estatal o elemento que anima a desaceleração global dos processos de integração econômica e política intensificados nas primeiras décadas do século XXI. O retorno ao nacionalismo, as tendências de protecionismo econômico, o recrudescimento de políticas anti-imigração, o aumento do xenofobismo e de tensões oriundas de políticas de fechamento cultural e religioso, acompanhadas pelo conservadorismo das urnas, nada mais seriam senão manifestações desse fenômeno, alimentadas pelo desequilíbrio econômico, pela pobreza e pelas desigualdades globais. Nesse cenário, a degradação da cooperação transnacional configura-se caminho inevitável, do qual o refluxo da globalização é consequência lógica.

Apoiada em sólida pesquisa, desenvolvida no Brasil e na Inglaterra, a autora estrutura seus argumentos ao longo de quatro capítulos, nos quais, partindo da concepção clássica de soberania estatal (Capítulo 1), examina o fenômeno da globalização no mundo contemporâneo, suas características, assim como a emergência de novos conceitos que procuram dar conta da produção não estatal do direito e o policentrismo na ordem global interdependente e interconectada (Capítulo 2). Soberania e globalização, enfim, muito mais do que um jogo de forças no plano político, resultam em uma construção jurídica na qual cooperação e desregulamentação têm papel fundamental, com impactos globais e locais. As reflexões assim desenvolvidas levam à análise da desglobalização e à da crise do multilateralismo (Capítulo 3), enfrentando os problemas políticos e econômicos que a favoreceram.

Chega-se, nesse passo, ao núcleo da obra. Munida dos conceitos teóricos antes apresentados, a autora tece os argumentos que dão sustentação à sua tese a partir da seguinte indagação: a desglobalização, como fenômeno político, implicaria a retomada, pelos Estados, da soberania como poder incontrastável de mando?

As respostas levam em conta acontecimentos da segunda e da terceira décadas do século XXI, notadamente a eleição de Donald Trump nos Estados Unidos da América e a de Jair Bolsonaro no Brasil, e seus desdobramentos, assim como o significado da saída do Reino Unido da União Europeia em termos de recuperação da soberania estatal. A pandemia da Covid-19 e a percepção da saúde como fenômeno global, a exigir medidas globais concatenadas por diversas entidades estatais e internacionais, é trazida para demonstrar a importância da governança global. Afirma, portanto, a convivência de uma soberania globalizada e deslocalizada, própria da globalização, e de uma soberania estatalizada e localizada, própria do contexto desglobalizado, ora com prevalência de uma sobre a outra, a depender das necessidades políticas que se apresentam, e mais potencializada em algumas áreas do que em outras.

A síntese não faz jus ao que a autora realiza ao palmilhar esses caminhos. A quantidade e a qualidade dos estudos teóricos, dados e informações são notáveis. Tampouco são descuidados eixos conceituais clássicos, como os das teorias políticas sobre o Estado moderno e seus elementos. Sua maior contribuição, contudo, é a compilação de amplo cabedal doutrinário, relativo a temas complexos e em contínuo desenvolvimento, que permite a compreensão das formas pelas quais os Estados (e suas soberanias) ganham nova importância e capacidades ampliadas.

Ao longo da obra, estruturas e conceitos se constituem mutuamente, de tal sorte que as conclusões emergem para demonstrar que a atual noção de soberania revela realidades ambivalentes e sobrepostas e, também, para comprovar que a soberania estatal é um conceito dinâmico e de grande capacidade de adaptação. Não obstante, considerando que a evolução jurídica da teoria da soberania estatal viabilizou a construção da teoria da autoridade legítima na constituição do direito que limita o exercício do poder político, a autora não negligencia nem subestima sua importância para os Estados contemporâneos.

Para encerrar este prefácio, permito-me, em tom pessoal, mencionar a agradável e profícua convivência acadêmica com Angela Limongi Alves na Faculdade de Direito da Universidade de São Paulo, na qual realizou doutorado e pós-doutorado sob minha orientação e supervisão. Nesse período, inicialmente como monitora e posteriormente como Professora Colaboradora, dedicou-se à disciplina de Teoria do Estado com entusiasmo, competência e amizade dos alunos e colegas.

Globalização, desglobalização e impactos na soberania estatal, obra apresentada originalmente como tese de Livre-Docência na Faculdade de Direito da Universidade de São Paulo, tem, enfim, o grande mérito de nos fazer repensar a interação entre os Estados, suas soberanias e as dinâmicas globais. Diria, com Fernando Pessoa, que “Isso exige um estudo profundo. Uma aprendizagem de desaprender”. (*O guardador de rebanhos*. Alberto Caieiro. Verso XXIV – O que nós vemos das coisas são as coisas. Porto Alegre, Ed. Leitura XXI, 2012).

São Paulo, fevereiro de 2023.

Nina Ranieri

Professora Associada do Departamento de Direito do Estado da Faculdade de Direito da Universidade de São Paulo (USP-Brasil).

INTRODUÇÃO

A partir da década de 1990 e a intensificação da globalização,[1] a soberania do Estado enquanto poder jurídico de declarar e assegurar por meios próprios a positividade do seu direito[2] passa a sofrer questionamentos em razão da introdução de normas no âmbito interno aos Estados.[3] Com o chamado "Consenso de Washington"[4] e a abertura de

---

1 A globalização não é um fenômeno novo. Constitui um processo que vem se desenvolvendo desde o passado remoto da humanidade. Compreendida em sentido amplo, começa com as migrações do *homo sapiens*, passa pelas conquistas dos antigos romanos, a expansão do cristianismo e do Islã, as grandes navegações da modernidade, a difusão dos ideais da Revolução Francesa, o neocolonialismo do século XVIII, ganhando especial impulso depois da Segunda Guerra Mundial. Até a segunda metade do segundo milênio, a globalização caminhou de forma errática, avançando e retrocedendo ao sabor das vicissitudes históricas. O fenômeno somente passou a apresentar um desenvolvimento mais consistente a partir dos séculos XV e XVI, com a revolução copernicana, em que o ser humano se convenceu de que habitava um globo. Desde então, a integração do mundo não conheceu mais limites, progredindo exponencialmente, sobretudo em função de interesses comerciais. Em sentido estrito, a globalização ganhou impulso após a Segunda Guerra Mundial e ainda mais depois do término da Guerra Fria. Corresponde a uma intensa circulação de bens, capitais e tecnologia através de fronteiras nacionais, com a consequente criação de um mercado mundial. LEWANDOWSKI, Enrique Ricardo. *Globalização, regionalização e soberania*. São Paulo: Juarez de Oliveira, 2004, p. 50-51. O diferencial da globalização contemporânea é o seu impulsionamento pelo mercado. HELD, David. *Prós e contras da globalização*. Rio de Janeiro: Zahar, 2003, p. 45.

2 LEWANDOWSKI, Enrique Ricardo. *Globalização, regionalização e soberania*. São Paulo: Juarez de Oliveira, 2004, p. 235. Nesse mesmo sentido, RANIERI, Nina. *Teoria do Estado*: do Estado de Direito ao Estado Democrático de Direito. Barueri: Manole, 2013, p. 84.

3 RANIERI, Nina. *Teoria do Estado*: do Estado de direito ao Estado democrático de direito. Barueri: Manole, 2013, p. 85.

4 O "Consenso de Washington" representou um poderoso veículo para a difusão do ideário neoliberal no mundo. Surgiu como um receituário para combater a crise econômica em que se debatiam os países latino-americanos nos anos 1980, caracterizada por elevadas taxas de inflação, déficits públicos crônicos, ineficiência governamental, obsolescência industrial e hermetismo de mercado. E os remédios propostos para a superação desses

mercados que se seguiu, bem como a formação de blocos regionais, o cenário que se descortinou fez com que a soberania estatal fosse cada vez mais enfraquecida, diante da nova realidade que se impunha aos Estados: disciplina fiscal, abertura comercial, estímulo a investimentos financeiros, privatização de empresas públicas, desregulamentação e, principalmente, a produção normativa por outros sujeitos, para além do Estado.

A partir de então, a liberalização do mercado mundial progrediu muito. A mobilidade do capital acelerou exponencialmente, e o sistema industrial foi modificado, saindo da produção de massa e passando a se adequar à "flexibilidade pós-fordista".[5] [6] Esse cenário é favorecido pela revolução tecnológica e dos meios de comunicação, a partir da década de 1970, convolando o capital, a sua financeirização e crescente volatilidade.[7]

Com os mercados cada vez mais integrados e interdependentes, o equilíbrio entre o mercado e o Estado foi alterado, prejudicando claramente a autonomia e a capacidade de ação político-econômica dos Estados,[8] fomentando outros tipos de relações e a emergência de outros atores no relacionamento entre os Estados, tais como a Organização

---

problemas consistiam basicamente na liberalização do comércio, na privatização das empresas estatais, na estabilização da moeda e no equilíbrio das contas públicas. Ao contrário do que a expressão sugere, o Consenso de Washington não resultou de uma deliberação formal de determinado órgão do governo estadunidense ou de uma política empreendida por certo organismo internacional. A locução foi cunhada pelo economista John Williamson, em um seminário realizado em 1989, no qual foram discutidas as reformas necessárias para que a América Latina pudesse superar o contexto de crise. As conclusões dessa reunião, que resumiam as sugestões de especialistas para a superação dos problemas econômicos latino-americanos acabaram sendo publicadas em 1990, em um relatório que logrou grande circulação. Embora inicialmente tivesse como foco apenas a América Latina, passou a sintetizar depois a visão estadunidense sobre a política econômica aplicável aos países em desenvolvimento e nações emergentes em geral, servindo de paradigma para a renegociação de dívidas e a concessão de novos empréstimos, por parte dos Estados Unidos, das instituições financeiras internacionais e do sistema financeiro privado. LEWANDOWSKI, Enrique Ricardo. *Globalização, regionalização e soberania*. São Paulo: Juarez de Oliveira, 2004, p. 65-66.

5 A flexibilidade pós-fordista faz referência aos modelos de produção denominados "fordismo" e "pós-fordismo". O fordismo fundamenta-se na produção em massa, ao passo que o pós-fordismo, fundamenta-se na flexibilidade, a fim de atender a públicos cada vez mais específicos. Cf. TENÓRIO, Fernando. A unidade dos contrários: fordismo e pós-fordismo. *Revista de Administração Pública FGV*, Rio de Janeiro, v. 45, n.4, p. 1141-1172, 2011, p. 1141.

6 HABERMAS, Jürgen. *A constelação pós-nacional*: ensaios políticos. São Paulo: Litera Mundi, 2001, p. 99.

7 FARIA, José Eduardo. *O direito na economia globalizada*. São Paulo: Malheiros, 2004, p. 169.

8 CRUZ, Paulo Márcio; BODNAR, Zenildo. A transnacionalidade e a emergência do Estado e do direito transnacionais. *Revista Eletrônica do CEJUR-UFPR*, Curitiba, v. 1. n. 4, 2009. p.3.

Mundial do Comércio (OMC),[9] o Fundo Monetário Internacional (FMI),[10] o Banco Mundial,[11] além dos órgãos supranacionais oriundos dos blocos econômicos, como os componentes do quadro institucional da União Europeia, por exemplo, levando ao estabelecimento da governança e a um contexto de harmonização normativa em detrimento da soberania estatal.

---

9 Sediada em Genebra, na Suíça, foi criada em 1º de janeiro de 1995, após a extinção do GAAT. É uma organização internacional que lida com as regras de comércio entre Estados-membros (164 no total). Tem como principal função a operacionalização do sistema global de regras comerciais, atuando inclusive na solução de disputas comerciais entre seus membros. *Cf.* WORLD TRADE ORGANIZATION. *What is the WTO*? Disponível em: https://www.wto.org/english/thewto_e/thewto_e.htm. Acesso em: 3 set. 2020.

10 O Fundo Monetário Internacional (FMI) é uma agência especializada da ONU, concebida a partir de Bretton Woods. Trabalha para promover a cooperação monetária global, garantir a estabilidade financeira, facilitar o comércio internacional, promover o alto nível de emprego e o crescimento econômico sustentável e reduzir a pobreza em todo o mundo. Suas atividades são descritas da seguinte forma: "monitoramento do sistema monetário internacional: o FMI monitora o sistema internacional e as políticas econômicas e financeiras dos seus 189 países-membros. Neste processo, que ocorre tanto em nível global como em nível individual de cada país, o FMI destaca os possíveis riscos para a estabilidade a aconselha sobre políticas econômicas; empréstimos aos países-membros: uma responsabilidade central do FMI é dar empréstimos aos países-membros que enfrentam problemas – atuais ou potenciais – de balanço de pagamentos. Esta assistência financeira permite aos países reconstruir suas reservas internacionais, estabilizar suas moedas, continuar pagando as importações e restaurar as condições para um forte crescimento econômico, ao mesmo tempo que implementam políticas para corrigir problemas subjacentes. Ao contrário dos bancos de desenvolvimento, o FMI não empresta para projetos específicos; capacitação: programa de capacitação do FMI – assistência técnica e treinamento – auxilia países-membros a desenhar e implementar políticas econômicas que promovam a estabilidade e o crescimento, fortalecendo suas capacidades e habilidades institucionais. O FMI busca desenvolver sinergias entre a assistência técnica e treinamento para maximizar sua eficácia". *Cf.* FUNDO MONETÁRIO INTERNACIONAL (FMI). *FMI*. Disponível em: https://nacoesunidas.org/agencia/fmi/. Acesso em: 3 set. 2020.

11 O Banco Mundial descreve suas atividades da seguinte forma: "uma agência independente do Sistema das Nações Unidas, é a maior fonte global de assistência para o desenvolvimento, proporcionando cerca de US$ 60 bilhões anuais em empréstimos e doações aos 187 países-membros. O Grupo Banco Mundial (Banco Internacional para a Reconstrução e Desenvolvimento – BIRD) atua como uma cooperativa de países, que disponibiliza seus recursos financeiros, o seu pessoal altamente treinado e a sua ampla base de conhecimentos para apoiar os esforços das nações em desenvolvimento para atingir um crescimento duradouro, sustentável e equitativo. O objetivo principal é a redução da pobreza e das desigualdades. O trabalho do Banco em parceria com os países ressalta: o investimento nas pessoas, especialmente por meio da saúde e da educação básicas; a criação de um ambiente para o crescimento e a competitividade da economia; a atenção ao meio ambiente; o apoio ao desenvolvimento da iniciativa privada; a capacitação dos governos para prestar serviços de qualidade com eficiência e transparência; a promoção de um ambiente macroeconômico conducente a investimentos e a planejamento de longo prazo; o investimento em desenvolvimento e inclusão social, governança e fortalecimento institucional como elementos essenciais para o redução da pobreza". *Cf.* BANCO MUNDIAL. *Banco mundial*. Disponível em: https://nacoesunidas.org/agencia/bancomundial/. Acesso em: 3 set. 2020.

Assim, a teoria da soberania precisou ser adaptada a fim de se compatibilizar com a perda do monopólio normativo do Estado, abandonando suas feições originais de centralidade e exclusividade e adotando contornos mais condizentes com a cooperação e a governança, transmutando-se para uma ficção jurídica,[12] a fim de garantir a ordem internacional entre os Estados.[13]

Essa ordem internacional forjada no pós-guerra, voltada para a paz e a estabilidade, favorecida pela globalização, levou a uma interdependência entre os sujeitos e atores internacionais, e esta, por sua vez, passou a demandar instituições internacionais para a coordenação de ações e promoção de soluções conjuntas. Com o tempo e o aprofundamento tanto da globalização quanto da própria interdependência, o arcabouço institucional criado passou a ser questionado. As falhas nos mecanismos de governança, evidenciadas sobretudo a partir do contexto pós-11 de Setembro, fizeram com que a cooperação internacional se tornasse mais dificultosa. Isso porque as chamadas "guerras falhas" que se seguiram destacaram a falha da política, a redução da diplomacia e, principalmente, o enfraquecimento do Direito Internacional, bem assim dos ideais de justiça e proteção de direitos humanos, limites fundamentais para a soberania estatal contemporânea.

Paralelamente a isso, a "quebra" do sistema econômico-financeiro internacional em 2008 e a crise que se seguiu, os efeitos da intensificação da globalização foram desvelados. A ultravalorização do mercado, a transnacionalização e a desregulamentação produziram vertiginosas disparidades e desigualdades econômico-sociais. Isso porque o capital tem em si a capacidade de autorreprodução, fazendo com que os ricos se tornem cada vez mais ricos, e os pobres, cada vez mais pobres.[14] Esse cenário de aprofundamento de desigualdades socioeconômicas experienciado mundialmente provocou reações no sistema da política, que passou a adotar medidas mais restritivas aos processos integracionistas, impondo a desaceleração da globalização.

Esse movimento aponta para o que alguns teóricos denominam como "desglobalização"[15] a fim de indicar a atual desaceleração global

---

12 KRASNER, Stephen. *Soberanía*: hipocresía organizada. Barcelona: Ediciones Paidós Ibérica, 2001, p. 2.

13 BADIE, Bertrand. Da soberania à competência do Estado. *In:* SMOUTS, Marie-Claude. *As novas relações internacionais*: práticas e teorias. Brasília: UnB, 2004, p. 39.

14 PIKETTY, Thomas. *O capital no século XXI*. Rio de Janeiro: Intrínseca, 2014, p. 543.

15 O termo "desglobalização" foi cunhado por Walden Bello como proposta de alternativas e contrapesos ao capitalismo liberal instalado com a intensificação da globalização, a fim

dos processos de integração tanto da perspectiva da economia quanto da política. No âmbito econômico, o cenário é o pior desde a "grande depressão" de 1929,[16] bem assim, a constatação de desigualdades socioeconômicas que afetam todo o mundo,[17] cenário potencializado pela pandemia de Covid-19, que, por sua vez, repercute em diversos domínios. Nesse sentido, a desglobalização traduz a ideia de uma era marcada pela desaceleração econômica, pela apatia dos mercados, que trazem como decorrência efeitos concretos muito claramente identificáveis, tanto do ponto de vista macroeconômico como do ponto de vista político,[18] bem assim, sua interpenetração no sistema do direito.

Da perspectiva da política, a cooperação internacional e multilateral encontra-se dificultada.[19] Em um contexto em que há grande instabilidade na ordem global, desequilíbrios econômicos, pobreza e desigualdades globais – problemas agravados pelo terrorismo, exploração nuclear desregrada e crescimento da indústria de armas, a cooperação transnacional torna-se cada vez mais ineficaz e degradada.[20] Esse cenário aponta para o que David Held, Kevin Young e Thomas Hale denominam "*gridlock*",[21] para descrever a principal característica da atualidade: Estados ensimesmados, avessos à integração e ao colaboracionismo, fazendo com que a cooperação se torne cada vez mais dificultosa e deficiente, exatamente no momento em que ela se faz mais necessária e urgente.[22]

---

de mitigar as fissuras sociais provenientes das desigualdades dele decorrentes. BELLO, Walden. *Desglobalização*: idéias para uma nova economia mundial. Petrópolis: Vozes, 2003, p. 139 e ss. A partir de então, o termo foi disseminado e passou a ser utilizado de forma ampla, para designar o atual processo de desaceleração da globalização.

16 BELLO, Walden. *Desglobalização*: idéias para uma nova economia mundial. Petrópolis: Vozes, 2003, p. 139.

17 BELLO, Walden. The virtues of deglobalization. *TNI Publications*. Amsterdã: Transnational Institute, 2009, p. 1.

18 BITTAR, Eduardo Carlos Bianca. Crise econômica, desglobalização, direitos humanos: os desafios da cidadania cosmopolita na perspectiva da teoria do discurso. *Revista Mestrado em Direito*. Osasco, Ano 12, n.1, 2012, p. 266.

19 HELD, David. *Broken politics*: from 9/11 to the present. Durham: Durham University; Global Policy Journal; Wiley Blackwell, 2016, p. 71.

20 HELD, David. *Broken politics*: from 9/11 to the present. Durham: Durham University; Global Policy Journal; Wiley Blackwell, 2016, p. 71.

21 Expressão em Língua Inglesa utilizada pelos autores para designar o bloqueio político da atualidade. Cf. HALE, Thomas; HELD, David; YOUNG, Kevin. *Gridlock*: why global cooperation is falling when we need it most. Cambridge: Polity Press, 2013.

22 HALE, Thomas; HELD, David; YOUNG, Kevin. *Gridlock*: why global cooperation is falling when we need it most. Cambridge: Polity Press, 2013, p. 15.

São exemplos desse cenário, o retorno ao nacionalismo, as tendências de protecionismo econômico, o recrudescimento de políticas anti-imigração, o aumento do xenofobismo e de tensões oriundas de políticas de fechamento cultural e religioso, acompanhadas pelo conservadorismo das urnas e pela multiplicação de incitações ao fanatismo e do retorno às origens das doutrinas religiosas, expressões de um tempo de (des)orientação, em que o inimigo é rapidamente construído na face do outro.[23] Todo esse estado de coisas passa a ser legitimado pelo uso retórico da soberania.

Assim, a presente pesquisa busca compreender como e em que medida o sistema do direito responde às tendências do sistema político da atualidade, especificamente a fim de compreender de que forma esse movimento impacta a soberania estatal e se é possível que a soberania retome seus contornos originais, concentradores e exclusivistas, face às alterações e adaptações que a (re)formataram desde os anos 1990, que podem ser assim sintetizadas: (i) pela perda da capacidade de controle do Estado por meio de suas políticas internas, bem como a produção do direito para além do Estado, fruto da globalização; (ii) pelo déficit de legitimação que se aprofunda dentro dos foros decisórios internos, na medida em que a tomada de decisões se transferiu para além das fronteiras nacionais e a atividade política carece de legitimidade; (iii) pela crescente incapacidade de atender a serviços essenciais legitimadores da atuação do Estado, garantidores de direitos humanos, na medida em que os Estados têm sua capacidade político-normativa reduzida, o que também fragiliza o potencial emancipatório da legislação interna, no sentido de sua autonomia, pois a financeirização proporciona ao capital internacional a possibilidade de migrar para outras praças onde os investimentos se tornem mais atraentes e convidativos. A se perquirir se a soberania como conceito desenvolvido ao longo da história como ponto de referência do Estado pode ser retomado após as alterações provenientes da intensificação do processo de globalização e, por fim, demonstrar que a soberania, permeada pela governança, sofre impactos diretos tanto da globalização quanto da desglobalização, seja enquanto prática jurídica e, ainda, como valor de autodefinição do Estado, convolando um conceito jurídico-político de trato híbrido, demarcado por ambos os processos, globalizatório e desglobalizatório.

---

[23] BITTAR, Eduardo Carlos Bianca. Crise econômica, desglobalização, direitos humanos: os desafios da cidadania cosmopolita na perspectiva da teoria do discurso. *Revista Mestrado em Direito*, Osasco, Ano 12, n.1, 2012, p. 267.

O presente trabalho se justifica porque, com a globalização, a soberania foi radicalmente transformada. No plano internacional, com a intensificação do processo de globalização, dois fenômenos puderam ser observados. O primeiro diz respeito ao caráter de independência dos Estados soberanos, como capacidade de autodeterminação. A interdependência entre os Estados aponta para um atrelamento cada vez maior entre as ideias de soberania e de cooperação jurídica, econômica e social, o que afetou diretamente a pretensão de autonomia. Por mais que se argumentasse no sentido de que essa colaboração só seria possível em razão da própria soberania, a qual permitiria a um Estado vincular-se a outro(s) em questões que lhe interessassem ou para fazer frente a situações paradigmáticas, o que se observou, na prática, foi a revisão radical da mesma.[24] A criação de blocos regionais almejando a formação de comunidades supranacionais, como a União Europeia (UE), são exemplos disso.

O que se percebe nesses casos é uma radical transformação nos poderes dos Estados-membros, especialmente no que se refere a aplicação de normas jurídicas comuns e de Direito Internacional e, ainda, a sujeição à apreciação de Cortes de Justiça supranacionais, emissão de moeda, alianças militares, acordos comerciais etc., que, indubitavelmente, afetaram as relações entre Estados e, principalmente, entre os Estados e os indivíduos.

O segundo fenômeno está relacionado à ideia de supranacionalidade,[25] bem como a regionalização, fenômeno correlato à globalização. Isso se observa claramente na União Europeia, sobretudo, após o Tratado de Lisboa, em vigor desde 2009. A partir de então, as relações entre os Estados-membros e a entidade se intensificaram de maneira a fortalecê-la não apenas em relação à governança e à cooperação ou a questões econômicas e comerciais como outrora, mas na própria capacidade estatal de positividade do direito, já que a atividade legiferante dos Estados passa por *standards* impostos pela entidade. O conteúdo da soberania foi radicalmente reformulado.

Demais disso, merece ser destacado o papel das organizações econômicas frente aos Estados através das empresas transnacionais, que exatamente por não terem vínculo com um Estado em particular e, mais,

---

24 STRECK, Lenio Luiz; MORAIS, José Luiz Bolzan. *Ciência política e teoria do Estado*. Porto Alegre: Livraria do Advogado, 2010, p. 140.

25 FABBRINI, Federico. *Brexit and the future of the European Union*: the case for constitutional reforms. Oxford: Oxford University Press, 2020, p. 1.

por disporem de poder de decisão, em especial financeiro, impactaram sobremaneira a soberania dos Estados. A intensificação da globalização, enquanto fenômeno de compressão de tempo e espaço promoveu e favoreceu esse processo, demonstrando uma decrescente capacidade de coordenação, controle e regulação no âmbito interno dos Estados[26] e, muitas das vezes, esvaziando a sua própria razão de ser.

Diante do processo de desglobalização, todas essas tendências e transformações são questionadas. Esse quadro pode ser exemplificado pela adoção de novas políticas de governo centralizadoras e protecionistas pelos Estados Unidos, com o advento da presidência de Donald Trump em 2017.[27] Também merece destaque a fissura na União Europeia, a partir de 2016, provocada pela saída do Reino Unido ("*Brexit*").[28] Para além do Atlântico Norte, a eleição de Jair Bolsonaro no Brasil, em 2018, indica que esse processo não se limita ao contexto dos Estados centrais, como se verá oportunamente.

Com o *Brexit*, essa fratura na União Europeia é acrescida de outras que colocam os Estados europeus do Norte como credores dos Estados europeus do Sul, considerados devedores. Esse conjunto de Estados, liderado pela Grécia, é impelido pela União Europeia a adotar medidas de austeridade fiscal e redução de déficits públicos, dando início ao movimento denominado "*Grexit*". Nesse mesmo sentido,

---

26 FARIA, José Eduardo. *Sociologia jurídica*: direito e conjuntura. 2. ed. Série GVLaw. São Paulo: Saraiva, 2010, p. 17.

27 HELD, David; McNelly, Kyle. Gold plated populism: Trump and the end of the liberal order. *In:* HELD, David. *Global politics after 9/11*: failed wars, political fragmentation and the rise of authotitarism. Durham: Durham University; Global Policy Journal; Wiley Blackwell, 2016, p. 179.

28 Após alcançar alto grau de integração, até então inédito, a União Europeia sofre uma rachadura: o Reino Unido anuncia a saída o bloco. A decisão histórica, anunciada em 24 de julho de 2016, foi tomada depois de um referendo em que, após votação popular, os britânicos escolheram deixar a União. Conhecido como "*Brexit*" (contração das palavras inglesas "*Britain*", de Grã-Bretanha e "*exit*", de saída), a decisão simboliza um novo momento para a Europa, bem como para o futuro da União e da geopolítica mundial, caracterizado pelo contramovimento de retorno à soberania estatal. Cf. BUENO, Chris. Brexit e o novo momento para a Europa. *Revista Ciência e Cultura*, São Paulo, v. 68 n. 4, p. 14-16, 2016, p. 14. Sobre o referendo realizado no Reino Unido, um ponto é digno de nota: a Constituição Federal brasileira dispõe, no artigo 14, incisos I e II, que o referendo é uma consulta popular convocada após o ato legislativo ou administrativo, cumprindo ao povo a sua ratificação ou rejeição. Já o plebiscito é convocado com anterioridade a ato legislativo ou administrativo, cabendo ao povo, pelo voto, aprovar ou denegar o que lhe tinha sido submetido. Assim, tecnicamente, sob a perspectiva jurídica brasileira, a consulta popular referente ao "*Brexit*" tratar-se-ia de um plebiscito, e não de um referendo. No presente trabalho, no entanto, optou-se pela grafia "referendo" em virtude da sua adoção pela literatura consultada, "British Referendum".

deu-se a possibilidade de saída da França (*"Frexit"*) da União Europeia, com o projeto de governo de Marine Le Pen nas eleições presidenciais francesas de abril de 2017, que tinha como principais vetores a rejeição à União Europeia e à imigração.[29] Também no contexto francês, o projeto de lei antiterrorismo validado pelo Conselho de Estado francês, em 21 de junho de 2017, prevê, dentre diversas medidas, limitações ao direito de livre circulação de pessoas dentro de seu território[30] como medida de segurança preventiva contra ataques terroristas e que invoca a soberania como bem jurídico a ser protegido.[31] A fratura à integração europeia é acrescida pela crise migratória que põe em embate Estados da Europa do Oeste contra Estados da Europa do Leste, que se encastela e ergue barreiras físicas e simbólicas em face da imigração e da circulação de pessoas, inobstante outros Estados observem a questão muito mais como crise humanitária do que migratória, como é o caso da Itália, por exemplo.

Fora da União Europeia, mas ainda no contexto europeu, também é relevante destacar a invasão da Ucrânia pela Rússia, em 2022 (para além da invasão de 2014, na Península da Crimeia), como exemplificativa do contexto desglobalizado e de seus efeitos, tanto para a política como para o direito: muito mais do que disputas territoriais ou a alegada reação russa à ampliação da atuação da Organização do Tratado do Atlântico Norte (OTAN), a expansão da democracia na Eurásia pode ser apontada como uma das principais e mais profundas razões para o conflito.[32] Tal evento, no entanto, não será objeto de análise

---

29 DURAN, Anne-Aël. *Ce que propose Marine Le Pen dans son programme*. Disponível em: http://www.lemonde.fr/les-decodeurs/article/2017/04/23/ce-que-propose-marine-le-pen-dans-son-programme_5115963_4355770.html. Acesso em: 20 jun. 2017.

30 JACQUIN, Jean-Baptiste. *Le Conseil d'État valide le projet de loi antiterroriste*. Disponível em: http://www.lemonde.fr/leconseildetatvalidedeprojetdeloiantiterroriste/article/2017. Acesso em: 22 jun. 2017.

31 No contexto europeu, em diversos Estados o crescimento do nacionalismo e o recrudescimento da soberania são identificados. O surgimento da extrema direita como tendência sustentada já é preocupante. A partir de Nigel Farage e UKIP no Reino Unido, Le Pen e a Frente Nacional na França, Golden Dawn na Grécia, a Norbert Hofer na Áustria e ao Partido do Povo Dinamarquês, na Dinamarca. Essa tendência que se manifesta em toda a Europa contraria todo o processo de acomodação nacional que sustentou a paz europeia desde o fim da Segunda Guerra Mundial, inobstante o legado histórico deixado pelo conflito, especificamente quanto ao Holocausto e ao Gulag. HELD, David. *Broken politics*: from 9/11 to the present. Durham: Durham University; Global Policy Journal; Wiley Blackwell, 2016, p. 71.

32 PERSON, Robert; McFAUL, Michael. O maior temor de Putin. *Journal of Democracy em Português*. São Paulo, v. 11, n. 1, jun. 2022, p. 90.

no presente trabalho, uma vez que o conflito continua em andamento, e seus desdobramentos ainda carecem de pesquisas mais acuradas.

Além disso, outros eventos confluem pela desaceleração dos processos de integração, tais como o fracasso do Acordo de Doha, a partir de 2008, que inicialmente previa a facilitação do comércio através da redução de tarifas, negociação e liberalização progressiva de serviços, além da harmonização normativa em diversos campos do direito;[33] o anúncio de saída da Venezuela da Organização dos Estados Americanos (OEA), após ser aprovada pelo organismo uma reunião de chanceleres para a averiguação da crise política, econômica, institucional e humanitária que o país atravessa, sob a justificativa de intromissão em sua soberania;[34] a retirada de países africanos do sistema internacional de proteção de direitos humanos, especialmente a denúncia ao Tratado de Roma, que instituiu o Tribunal Penal Internacional: contramovimento inédito de retrocesso ao sistema de proteção de direitos humanos que

---

33 O Acordo de Doha, também conhecido como Rodada de Doha, trata-se de um conjunto de negociações promovidas pela Organização Mundial do Comércio (OMC), na cidade de Doha, no Qatar, em 2001, visando a diminuição de barreiras comerciais em todo o mundo, com foco no livre comércio, sobretudo para países em desenvolvimento. Essas negociações tiveram sequência em Cancún, Genebra, Paris e Hong Kong, sem, no entanto, avançar rumo a um consenso mundial a respeito da abertura comercial, sobretudo após o ano de 2008. BRASIL. Ministério das Relações Exteriores. Disponível em: http://www.itamaraty.gov.br/pt-BR/politica-externa/diplomacia-economica-comercial-e-financeira/694-a-rodada-de-doha-da-omc. Acesso em: 20 jun. 2017. A rodada de acordos previa inicialmente: i) redução dos picos tarifários, altas tarifas, escalada tarifária e barreiras não tarifárias em bens não agrícolas – *Non-Agricultural Market Access* – NAMA; ii) discutir temas relacionados à agricultura – subsídios, apoio interno, redução de tarifas e crédito à exportação; iii) negociar a liberalização progressiva em serviços, conforme estabelecido nas discussões do Acordo Geral sobre o Comércio de Serviços – GATS; iv) ampliar o Acordo TRIMs – *Trade Related Investment Measures*, cujo alcance está relacionado aos investimentos em bens, abrangendo temas como escopo e definição, transparência, não discriminação, disposições sobre exceções e salvaguardas do balanço de pagamentos, mecanismos de consultas e solução de controvérsias entre os membros; v) discutir a interação entre comércio e política de concorrência – princípios gerais de concorrência, de transparência, não discriminação, formação de cartéis, modalidades de cooperação voluntária e instituições de concorrência para os países em desenvolvimento; vi) negociar maior transparência em compras governamentais; vii) melhorar o arcabouço institucional ao comércio eletrônico; viii) aprimorar os dispositivos do Acordo de Solução de Controvérsias, considerando os interesses e necessidades especiais dos países em desenvolvimento; ix) conduzir negociações que aprimorem as disciplinas dos Acordos sobre *antidumping*, subsídios e medidas compensatórias, preservando seus conceitos básicos. BRASIL. Ministério da Indústria, Comércio Exterior e Serviços. Disponível em: http://www.mdic.gov.br/index.php/comercio-exterior/negociacoes-internacionais/1891-omc-rodada-de-doha. Acesso em: 20 jun. 2017.

34 MEZA, Alfredo; ALONSO, Nicolás. *Venezuela anuncia a sua retirada da OEA*. Disponível em: http://brasil.elpais.com/brasil/2017/04/27/internacional/1493246051_378028.html. Acesso em: 20 jun. 2017.

teve início em 2016 e que também invoca a proteção à soberania como postulado máximo.[35] [36]

No Brasil, o movimento de recrudescimento do Estado a despeito da integração impulsionada pelo processo globalizatório também se faz sentir, sobretudo a partir de 2016, com os influxos de retorno ao nacionalismo diante dos desdobramentos dos debates e mobilizações que se seguiram às manifestações de junho de 2013.[37] A insatisfação política fez crescer um influxo nacionalista de cunho populista de direita, que tem na luta contra a corrupção e no retorno à soberania estatal os seus grandes significantes,[38] que culminaram com a eleição de Jair Bolsonaro.

A pesquisa se justifica porque é a partir da compreensão da teoria da soberania estatal que o direito se estrutura, ou seja, auferindo-se se o conjunto normativo encontra ou não limites no constitucionalismo, na democracia, em princípios de direitos humanos e no próprio Estado de Direito; a se saber como e em que medida o direito é produzido e interpretado, o que impacta, diretamente, não apenas a ciência jurídica, o Estado e também a vida em sociedade.

Assim, o presente trabalho analisa como e em que medida a soberania estatal transformada pela globalização se (re)estrutura em um cenário de desglobalização, a se questionar ainda o porquê desse movimento, se a globalização ainda é experienciada na atualidade através de investigações nos níveis do (i) sistema da política e (ii) das interferências no sistema do direito. Os objetivos da pesquisa, oriundos das primeiras declarações, são divididos em geral e específicos, como segue: o objetivo geral busca analisar a teoria da soberania estatal em face da globalização e da desglobalização, e os objetivos específicos buscam: (i) analisar a teoria da soberania estatal transformada pela globalização e a sua (in)capacidade de reestruturação e retorno à concepção original;

---

35 O movimento pela denúncia de países africanos ao Tratado de Roma teve início de 27 de outubro de 2016 com o Burundi e foi seguido por África do Sul e Gâmbia. BRASIL. Supremo Tribunal Federal. Disponível em: http://www2.stf.jus.br/portalStfInternacional/cms/destaquesClipping.php?sigla=portalStfNoticia_es_es&idConteudo=329506. Acesso em: 20 jun. 2017.

36 O crescimento do nacionalismo se faz presente também nas políticas dos governos de Rodrigo Duterte, nas Filipinas, Vladimir Putin, na Rússia, Narendra Modi, na Índia e Recep Tayyip Erdogan, na Turquia. HELD, David. *Broken politics*: from 9/11 to the present. Durham: Durham University; Global Policy Journal; Wiley Blackwell, 2016, p. 71.

37 SOLANO, Esther; ORTELLADO, Pablo; MORETTO, Márcio. 2016: o ano da polarização? *Análise*. São Paulo: Friedrich-Ebert-Stiftung Brasil, 2017, p. 4 e ss.

38 SOLANO, Esther; ORTELLADO, Pablo; MORETTO, Márcio. 2016: o ano da polarização? *Análise*. São Paulo: Friedrich-Ebert-Stiftung Brasil, 2017, p. 4 e ss.

(ii) analisar as atuais relações para com a governança, bem como as feições de cooperação da soberania estatal e suas transformações em centralidade e exclusividade; (iii) analisar a interferência do sistema da política no sistema do direito a fim de se auferir como e em que medida o mesmo responde aos influxos do primeiro sistema em relação à temática abordada.

Para tanto, é preciso considerar que a soberania estatal convive com o policentrismo decisório e a pluralidade de sujeitos que interferem no direito a caracterizar a sociedade contemporânea, permeada por entidades nacionais ou supranacionais heterogêneas e estruturas cada vez mais diferenciadas e diversificadas. Nesse contexto, os Estados tendem a perder o poder de exclusividade na coordenação de ações coletivas e no direito. Se, por um lado, os Estados são cada vez mais pressionados por mercados, mecanismos de governança multinível, entidades supranacionais etc. que não conseguem controlar, por outro, ficam expostos a pressões e reivindicações internas em que são impelidos a acolher, levando a um cenário de disjuntura e desestabilização.

A indagação fundamental que orienta a pesquisa é a seguinte: os processos de globalização e de desglobalização afetam a soberania estatal a ponto de levar a uma mutação semântica? A partir dessa questão fundamental, outras questões surgiram. Primeiramente, porque a questão fundamental foi respondida positivamente, sendo necessário, portanto, averiguar como e em que medida a soberania estatal foi alterada, o que, talvez, pode ter assumido maior relevo do que a própria questão fundamental.

As questões anteriores (chamadas de questões centrais) passaram pela investigação destinada a saber se a exclusividade do Estado na positividade do direito, dadas as interferências de novos sujeitos, subsiste de forma a alicerçar a soberania calcada exclusivamente no Estado. Essa questão é necessária, porque no plano institucional, atributos formais, materiais e simbólicos do princípio da soberania, como supremacia, incondicionalidade, inalienabilidade, indivisibilidade, centralidade e unidade do Estado são progressivamente relativizados e enfraquecidos não apenas pelo poder substantivo proveniente da ordem internacional, mas igualmente pela entrada em cena de novos atores locais ou regionais reivindicando espaços de autonomia política, administrativa e fiscal cada vez mais amplos.[39]

[39] FARIA, José Eduardo. *Sociologia jurídica*: direito e conjuntura. 2. ed. Série GVLaw. São Paulo: Saraiva, 2010, p. 40.

Dadas as questões centrais e decorrentes, passa-se às hipóteses que nortearam a investigação: (i) A globalização não é um fenômeno ascendente, ao contrário, é retraído pela desglobalização, e a soberania estatal é diretamente impactada por ambos os fenômenos. A compreensão desse contexto para a soberania se faz necessária e é o cerne do problema. (ii) A soberania estatal revisitada retoma seu papel de referência para o Estado, apesar de conviver com o direito emanado por outras tantas instâncias oriundas da globalização, da regionalização, da transnacionalização e dos mecanismos de governança, esses, porém, com força reduzida. (iii) A soberania estatal quando retomada pelo Estado nacional, em busca de concentração e centralidade, representa uma disfunção do Estado do Direito, uma vez que passa a buscar contornos de ilimitação e absolutização. (iv) A soberania estatal atrelada à concentração e hierarquia pode ser utilizada como instrumento de legitimação para violações ao Estado de Direito, à democracia e aos direitos humanos. Essas distorções tornam-se mais evidentes em face do processo de desglobalização, fazendo com que a soberania estatal precise ser (re)compreendida.

Para tanto, o presente trabalho foi estruturado em quatro grandes capítulos. O primeiro trata de um recorte epistemológico acerca da soberania, em conceitos e aplicações ao longo do tempo, buscando descrever o estado da arte sobre o tema, bem como a sua evolução, sua capacidade de adaptação, a depender das vicissitudes políticas, do classicismo à contemporaneidade, demonstrado, nesse espeque, que a globalização e os seus impactos na soberania estatal já consistiam em preocupações para os teóricos do Estado.

O segundo e o terceiro capítulos analisam a soberania em face da globalização e da desglobalização. Esses processos, no entanto, são marcados por dubiedades, fluidez e fragmentação de sentidos. Por isso, outros recortes epistemológicos novamente se fizeram necessários a fim de demarcar sobre qual, ou, melhor, quais aspectos da globalização e da desglobalização se está a falar e, principalmente, o recorte sobre a política, ainda que a economia seja um importante vetor para ambos os processos e até mesmo para a própria política, como é perceptível nas linhas iniciais. Isso porque cuida-se de compreender os impactos tanto da globalização quanto da desglobalização na soberania estatal da perspectiva da política, ou seja, como o sistema da política repercute no sistema do direito.

Por fim, no quarto capítulo a soberania é analisada a partir do estudo de três casos paradigmáticos: os Estados Unidos na "era Trump", o Reino Unido com o "*Brexit*" e o Brasil, sob o "governo Bolsonaro", a fim de compreender e demonstrar como as alterações no sistema da política e da ordem internacional afetam a soberania no âmbito interno dos Estados. Durante a elaboração do presente trabalho, a ocorrência de um outro evento relevante e inesperado foi crucial para as análises que estavam em andamento: a pandemia de COVID-19, que passou a ser analisada da perspectiva da política e, por certo, produziu impactos para a soberania estatal, antes e ao longo da crise pandêmica que se seguiu, descortinando novos horizontes para a pesquisa assim como para a própria soberania.

Para a compreensão dessas e de outras questões, passa-se a analisar a desglobalização enquanto tendência global mais recente, paralelamente à globalização, esta em seu auge, nos anos 1990 até os movimentos indicativos do seu retrocesso, nos anos 2000, analisando-se as interferências do sistema da política no sistema do direito a fim de compreender como e em que medida a soberania estatal em seu aspecto jurídico pode ser impactada, a partir do vínculo entre direito, Estado e soberania, demonstrando, ao final, seu trato híbrido.

CAPÍTULO 1

SOBRE A SOBERANIA

A soberania indica poder. Genericamente, poder de mando em sociedades políticas.[40] A relação entre poder e sociedade política permeia as mais longínquas civilizações, chegando até os presentes dias com notas bastante atuais. Daí a máxima de que a soberania é o poder expresso em uma noção certa e verídica, importando afirmar que a soberania é a verdade do poder e vice-versa, fundindo-se com ele.[41] Convém ressaltar, com efeito, que apesar de se situar no mundo dos fatos e dos fenômenos, o estudo da soberania é elaborado pela ciência.[42]

Em razão disso, há preocupação com a legitimação do poder – ideia intimamente ligada ao poder político: a soberania constitui a racionalização jurídica do poder consistente na transformação da força política em poder legítimo. Ou seja, no poder de fato em poder de direito.[43] Não por acaso, teóricos contemporâneos atentam-se para o seu desdobramento entre poder político e jurídico.[44]

Com Nina Ranieri compreende-se o poder político como fundamento da soberania, derivado do primado da independência fundamental do poder do Estado, enquanto poder de se constituir como tal, de maneira originária e exclusiva. Como poder jurídico, corresponde ao

[40] MATTEUCCI, Nicola. Soberania. *In:* BOBBIO, Norberto; MATTEUCCI, Nicola; PASQUINO, Gianfranco. *Dicionário de política*. 11. ed. Brasília: Unb, 1998 , p. 1179.

[41] BRITO, José Antonio de. *Nota sobre o conceito de soberania*. Lisboa: Scientia Juridica, 1960, p. 457.

[42] BARACHO, José Alfredo de Oliveira. Teoria da soberania. *In:* HORTA, José Luiz Borges. *Direito e política*: ensaios selecionados. Florianópolis: Conpedi, 2015, p. 74.

[43] MATTEUCCI, Nicola. Soberania. *In:* BOBBIO, Norberto; MATTEUCCI, Nicola; PASQUINO, Gianfranco. *Dicionário de política*. 11. ed. Brasília: Unb, 1998 , p. 1179.

[44] RANIERI, Nina. *Teoria do Estado*: do Estado de Direito ao Estado Democrático de Direito. Barueri: Manole, 2013, p. 84.

poder original e exclusivo do Estado, enquanto pessoa moral, de criar e impor o seu próprio direito.[45]

Nessa toada, recorre-se a Robert Dahl e sua sedimentada definição de poder. O poder pode ser compreendido como a habilidade/capacidade de A em fazer com que B faça o que ele não faria sem a interferência de A. Essa concepção relacional de poder e equilíbrio de forças define o poder como uma relação entre atores em dúplice vertente. Uma é metodológica, já que a existência do poder de A não pode ser verificada a menos que o mesmo seja exercido, e, portanto, a existência desse poder comporta dúvida caso A não o exerça. Outra é conceitual e se refere à dificuldade de observância do poder de A na hipótese de falha no controle do comportamento de B.[46] Decorre daí a explicação sobre a faceta política do poder.

A soberania, por sua vez, enquanto poder jurídico, não possui caráter relacional, mas absoluto, que se locupleta independentemente de qualquer outro.[47] O ponto nodal a se diferenciar a soberania em seu desdobramento como poder político e como poder jurídico consiste exatamente na aferição da existência (ou inexistência) do caráter relacional que é encontrado no poder político, mas não o é na soberania enquanto poder jurídico, já que um Estado é juridicamente soberano, autonomamente, de qualquer outro.[48]

Essa dúplice vertente da soberania é relevante para a delimitação necessária do objeto desse estudo: a soberania enquanto poder jurídico.

---

45 RANIERI, Nina. *Teoria do Estado*: do Estado de Direito ao Estado Democrático de Direito. Barueri: Manole, 2013, p. 84.

46 DAHL, Robert. The concept of power. *Behavioral Science*, 1957, p. 201.

47 Van Kleffens, em estudo paradigmático para o direito, destaca que é soberano o Estado que exerce a sua autoridade em determinado território, independentemente da aquiescência ou influência de outro, afastando, destarte, o caráter relacional da soberania. O estudo de Van Kleffens está associado ao caso da Ilha de Palmas (Holanda x EUA), de 1928, em que se instaurou litígio territorial fundado em soberania. Na sentença arbitral prevaleceu o entendimento segundo o qual a soberania significa independência do Estado em relação a uma porção territorial do globo, com exclusão de qualquer outro Estado, o que fez com que a Holanda, terra natal de Van Kleffens, saísse vitoriosa na demanda, cf. *Recueil des Sentences Arbitrales du 4 avril 1928*. Sentença arbitral de Max Huber no caso Ilha de Palmas. Nations Unis, 2006. Assim, do estudo de Van Kleffens depreende-se que independência não é sinônimo de soberania. A independência pressupõe a existência de pelo menos dois Estados (constitui, portanto, uma atividade política em que se estabelece um comparativo, um caráter relacional), mas a soberania não se pressupõe: é um conceito absoluto, não relativo, tampouco relacional, de vez que um Estado exerce independente de qualquer outro, Cf. VAN KLEFFENS. *Sovereignty in international law*. Collected courses of the Hage Academy of International Law. v. 82, 1953, p. 2.

48 VAN KLEFFENS. *Sovereignty in international law*. Collected courses of the Hage Academy of International Law. v. 82, 1953, p. 2.

Todavia, o sistema da política e as suas interferências no sistema do direito não podem ser ignorados. E este é o cerne do presente estudo, mais precisamente, as interferências da política no direito, mormente os impactos do sistema da política na soberania estatal.

Assim, tem-se que o presente estudo se norteia pela influência que o sistema da política e seu poder correspondente exerce sobre o sistema do direito, especificamente em face da soberania enquanto poder jurídico. A se saber como e em que medida as recentes alterações no sistema da política, mais precisamente a tendência recente de retração da globalização, também conhecida por "desglobalização", impacta a soberania estatal, de forma a reformatar o seu conceito.

Pensar a soberania, no entanto, implica a conjugação de múltiplos saberes, nem sempre coesos. Assim, o primeiro Capítulo consiste na delimitação do cabedal teórico pertinente à soberania em seu conteúdo jurídico, partindo de conceitos e significações jurídicas possíveis para daí tratar de sua evolução desde a concepção clássica, passando pela criação do vínculo entre direito, Estado e soberania, transitando pelas construções contemporâneas até os novos esforços conceituais que lhe são complementares e por vezes até contrapostos.

1.1 Conceito e significações possíveis

A soberania constitui um tema situado entre o jurídico e o político. Ela se sujeita a influências do meio social e dos fatores daí decorrentes, permitindo uma série de abordagens distintas.[49] Seu conceito tem sido usado por teóricos de diversas áreas das ciências humanas e sociais, mas nem sempre com o mesmo significado,[50] o que faz com que a temática seja de difícil e problemática conceituação,[51] permanecendo enevoada e envolta por ambiguidades.[52]

---

49 MÔNACO, Gustavo Ferraz de Campos. A globalização entre o passado e o futuro da soberania. *Revista da Faculdade de Direito do Sul de Minas*, Pouso Alegre, volume especial, 2008, p. 45.

50 KRASNER, Stephen. *Problematic sovereignty*: contested rules and political possibilities. New York: Columbia University Press, 2001, p. 1. Segundo ele, para sociólogos, a soberania oferece um mapa, um roteiro cognitivo compartilhado que facilita, mas não determina resultados. Para advogados internacionalistas, Estados individuais são os blocos de construção básicos do sistema internacional. Para cientistas políticos, a soberania pode ser compreendida como conjunto de princípios normativos em que estadistas são socializados, o mais importante dos quais é a não intervenção nos assuntos internos dos outros Estados.

51 PAUPÉRIO, Machado. *O conceito polêmico de soberania*. Rio de Janeiro: Forense, 1955, p. 19.

52 KRITSCH, Raquel. *Soberania*: a construção de um conceito. São Paulo: Humanitas, 2002, p. 1.

Das muitas possibilidades conceituais acerca da soberania, há teorizações clássicas e contemporâneas. Todas elas, em grande medida, são relevantes para a construção de uma ideia central.[53] Dessa forma, será analisada a sua concepção clássica, desde o seu período áureo de florescimento até o seu enfraquecimento, passando pelas teorizações contemporâneas e, após, o seu ressurgimento mais recente.

Por isso, é importante que se fixe um ponto de partida, elegendo-se uma das diversas apreensões de sentido acerca da soberania, principalmente no que diz respeito à sua teorização jurídica, a fim de que se estabeleça a distinção entre essa e todas as demais formulações possíveis. E mesmo entre as teorias de caráter jurídico, sobre qual delas recairá esse estudo.

1.1.1 Soberania clássica

A doutrina clássica da soberania foi elaborada ao longo de séculos por teóricos, clássicos da política,[54] como Jean Bodin (1576), Thomas Hobbes (1651), Jean-Jacques Rousseau (1762), Emmanuel Sieyès (1789) e John Locke (1689), que a concebem de diversas formas.

Jean Bodin desenvolveu uma das definições mais célebres de soberania.[55] Pela primeira vez, ela é tratada de forma sistematizada, em

---

53 MATTEUCCI, Nicola. Soberania. *In:* BOBBIO, Norberto; MATTEUCCI, Nicola; PASQUINO, Gianfranco. *Dicionário de política*. 11. ed. Brasília: Unb, 1998, p. 1179.

54 O conceito de soberania pode ser traçado desde o Império Romano, todavia só se desenvolveu a partir da segunda metade do século XVI, como uma temática de extrema relevância para o pensamento político. Ele fornecia um caminho viável para a compreensão da natureza do poder e do direito, pois que, até o século XVII, a Europa não passava de um mosaico de Estados. Assim, a construção teórica acerca da soberania foi importante em um momento em que formas de autoridade existentes não podiam mais ser tomadas como garantias de poder e, sobretudo, legitimidade. HELD, David. *Democracy and the global order*: from the modern State to cosmopolitan governance. Stanford: Stanford University Press, 1995, p. 36-38.

55 Há consenso entre os contemporâneos teóricos do Estado em atribuir a Jean Bodin a sistematização da soberania, mas a existência da mesma já era descrita por outros teóricos que o antecederam, como observa Raymond Carré de Malberg sobre Philippes de Beaumanoir em '*Coutumes de Beauvoisis*', que diz "*Porce qu'il (le roi) est souverains par desor toz, noz le nommons quant noz palons d'aucunne sovraineté qui à li apartient*", cf. BEUMANOIR, Philippes de *apud* CARRÉ DE MALBERG, Raymond. *Contribution a la théorie générale de l'État*. Paris: Dalloz, 2004, p. 73. O grande mérito de Jean Bodin em sua teoria da soberania foi o de sistematizá-la e projetá-la para a modernidade, indicando a necessidade de separação do poder espiritual e do poder temporal, mesmo não o fazendo por completo – mas que significou importante avanço, e principalmente estabelecendo no Estado o fenômeno da institucionalização, como corolário da ideia de governo, cf. GOYARD-FABRE, Simone. *Os princípios filosóficos do pensamento político moderno*. São Paulo: Martins Fontes, 2002, p. 208. Nesse sentido, Bodin avança também rumo à separação entre o patrimônio pessoal do governante e o patrimônio público, pertencente ao Estado,

Les Six Livres de la République (1576).[56] Nesse relato, a soberania é o poder livre para fazer leis. Consiste no supremo poder sobre os sujeitos,[57] já que a imposição delas ocorre independentemente de seu consentimento. Assim, compreende a soberania como poder uno, indivisível e incontrastável de autogoverno estatal, pertencente ao soberano, figura essa que se confundia com o próprio Estado.[58] De se ressaltar que desde essa teorização encontra-se evidenciada a face jurídica da soberania enquanto capacidade de elaborar leis e dotá-las de coercitividade.[59]

Thomas Hobbes entende que os direitos monárquicos de decisão suprema constituem a essência da soberania e da própria política,[60] inobstante tenha ele posteriormente redesenhado a teoria anterior de forma a permitir a compreensão das manifestações de poder do Estado como produto de um sistema de cooperação juridicamente coordenada.[61]

Foi Hobbes o primeiro a compreender a natureza do poder público como um tipo especial de instituição – um "homem artificial", definido pela soberania.[62] Ele sustenta que os indivíduos devem voluntariamente entregar seus direitos de autogoverno a uma autoridade única e poderosa[63] – depois autorizada a agir em seu nome – porque, se

---

inaugurando a concepção de administração do Estado como gerenciamento dos bens materiais públicos, cuja finalidade deveria ser o bem e a saúde de toda a população, e não apenas a do rei, cf. RISCAL, Sandra. *O conceito de soberania em Jean Bodin*: um estudo do desenvolvimento das ideias de administração pública, governo e Estado no século XVI. Campinas: UNICAMP, 2001, p. 4.

56 Inobstante, a soberania já havia sido objeto de reflexão no *Methodus ad Facilem Historiarum Cognitionem* (1566). Nessa obra, Jean Bodin constrói um método para a compreensão da História, mas nele antecipa certos aspectos da sua teoria da soberania, entre eles o direito de legislar. Naquele momento, o direito de instituir magistraturas e especificar suas atribuições é considerado o mais importante, mas o direito de instituir leis e de revogá-las é o mais discutido. Essa questão, bem como as preocupações quanto aos limites do poder do monarca, são sistematizadas posteriormente. De toda sorte, a soberania e a sua juridicidade já se mostravam relevantes. BARROS, Alberto Ribeiro. O conceito de soberania no *Methodus* de Jean Bodin. *Revista Discurso*, v. 27. São Paulo: FFLCH/USP, 1996, p. 139.

57 HELD, David. *Democracy and the global order*: from the modern State to cosmopolitan governance. Stanford: Stanford University Press, 1995, p. 40.

58 BODIN, Jean. *Les six livres de la République*. Paris: Fayard, 1986, p. 71.

59 BODIN, Jean. *Les six livres de la République*. Paris: Fayard, 1986, p. 71.

60 HOBBES, Thomas. *Leviatã ou matéria*: forma e poder de um estado eclesiástico e civil. São Paulo: Abril, 1984, p. 71.

61 RANIERI, Nina. *Teoria do Estado*: do Estado de Direito ao Estado Democrático de Direito. Barueri: Manole, 2013, p. 96.

62 HOBBES, Thomas. *Leviatã ou matéria*: forma e poder de um estado eclesiástico e civil. São Paulo: Abril, 1984, p. 71.

63 Deve-se às ideias de Hobbes e de Rousseau grande parte das teorias contratualistas do Estado. Nenhuma delas, no entanto, é esposada no presente trabalho, que por sua vez firma o entendimento calcado na teoria da personalidade jurídica do Estado, enquanto capacidade de contrair direitos e obrigações, como se verá adiante.

todos os indivíduos fizerem isso simultaneamente, a condição para o governo político efetivo seria criada, garantindo a segurança e a paz a longo prazo.[64]

Enquanto a soberania é criada pelo ato de concessão, o seu ofício é formado através do direito de personificação. Dessa perspectiva, a soberania é inerente à forma distintiva ou "pessoa" do poder público: o soberano age em nome dessa pessoa, isto é, em nome do Estado. E, como tal, o soberano tem que ter poder suficiente para assegurar que as leis que regem a vida política e econômica sejam mantidas.[65]

Jean-Jacques Rousseau propõe a reflexão acerca da preservação da liberdade natural do ser humano e ao mesmo tempo da garantia de segurança e bem-estar em sociedade.[66] Tal desiderato só se viabiliza com a conformação ao contrato social, por meio do qual prevalece a soberania da sociedade, a soberania política da vontade coletiva: o elemento volitivo consubstanciado em povo e a criação da soberania popular.[67]

Emmanuel Joseph de Sieyès, nos idos do século XVIII, acerca do poder constituinte,[68] expressa a ideia de que a nação é preexistente ao próprio Estado e sua vontade é sempre legal, porque representativa da própria lei, só existindo acima dela o direito natural.[69] Para as leis positivas, basta o exame das leis constitucionais que regulam a organização e as funções do poder legislativo. As leis são fundamentais, não por serem obra de um poder constituído, mas de um poder constituinte, que não se encontra subjugado a nenhum outro.[70] A soberania pertence à nação em generalidade, essa no sentido de não se limitar em exercício a nenhuma parcela de indivíduos, pois que pertencente à comunidade inteira.[71] [72]

---

64 HELD, David. *Democracy and the global order*: from the modern State to cosmopolitan governance. Stanford: Stanford University Press, 1995, p. 41.

65 HOBBES, Thomas. *Leviatã ou matéria*: forma e poder de um estado eclesiástico e civil. São Paulo: Abril, 1984, p. 71.

66 ROUSSEAU, Jean-Jacques. *Do contrato social*. São Paulo: Martin Claret, 2007, p. 71.

67 ROUSSEAU, Jean-Jacques. *Do contrato social*. São Paulo: Martin Claret, 2007, p. 71.

68 O poder constituinte, nas lições de Uadi Lammego Bulos, constitui a potência que faz a constituição e, ao mesmo tempo, a competência que a modifica. Trata-se da força propulsora e vital das constituições. Em que pesem as divergências que envolvem a temática, o poder constituinte, nos dizeres do autor, é a expressão mais elevada do poder enquanto fenômeno político. Cf. BULOS, Uadi Lammego. *Curso de direito constitucional*. 3. ed. São Paulo: Saraiva, 2009, p. 131.

69 SIEYÈS, Emmanuel Joseph. *O que é o terceiro estado*? Tradução Norma Azeredo. Rio de Janeiro: Liber Juris, 1988, p. 171.

70 BULOS, Uadi Lammego. *Curso de direito constitucional*. 3. ed. São Paulo: Saraiva, 2009, p. 131.

71 SIEYÈS, Emmanuel Joseph. *O que é o terceiro estado*? Tradução Norma Azeredo. Rio de Janeiro: Liber Juris, 1988, p. 171.

72 A construção teórica de Sieyès, além de base jurídico-política para a reformulação da soberania e para a legitimação mesma do novo *status* que a Revolução Francesa

John Locke, por sua vez, propõe a soberania do povo através do parlamento. Para ele, o Estado não é um fim em si mesmo, mas instrumento da missão confiada pelo povo aos governantes,[73] o que ia ao encontro dos ideários dos revolucionários franceses e americanos e que se disseminaram mundo afora.

Tendo em vista essas concepções, as teses clássicas são normalmente caracterizadas pela doutrina como as legislativas ou as executivas.[74] As legislativas encontram a essência da soberania na emissão da lei (assim, Bodin, Locke, Rousseau e Sieyès), e as executivas, no momento da execução ou coerção (assim, Hobbes).

Todas essas teorizações, ainda que não tenham como fundamento único a soberania estatal, mas variações como soberania popular, soberania da nação e soberania do povo, são relevantes, porque foi a partir delas que a concepção de soberania do Estado se desenvolveu e se consolidou.[75]

Assim, lançadas as bases teóricas da soberania, diversos estudiosos se ativeram em aprofundá-la, cuidando principalmente de suas implicações e desdobramentos. Na Alemanha, pesquisas acuradas no campo das filosofias política e jurídica germinaram a ideia de soberania do Estado.

Em estudo absolutamente inovador para a época, Friedrich Wilhelm Joseph Von Schelling (1775-1854) passa a conceituar o Estado como um organismo determinado pelo seu fim e caracterizado pela formação mecânica e pela adaptação às necessidades objetivas que lhe dão a razão de ser.[76] Paralelamente, a filosofia de Hegel (1770-1831) elabora

---

reclamava, serviu de fundamento para os novos contornos que se descortinavam para o constitucionalismo e que se disseminaram e encontraram receptividade na maioria das democracias que se instalavam mundo afora. Além disso, essa teorização viabilizava a abstração dos conceitos de povo e nação ansiada pela incipiente burguesia. BULOS, Uadi Lammego. *Curso de direito constitucional*. 3. ed. São Paulo: Saraiva, 2009, p. 131.

73 RANIERI, Nina. *Teoria do Estado*: do estado de direito ao estado democrático de direito. Barueri: 2013, p. 98.

74 MIRANDA, Jorge. *Teoria do Estado e da constituição*. 4. ed. Rio de Janeiro: Forense, 2015, p. 126. Assevera Jorge Miranda que há ainda aqueles que ligam a soberania ao poder de emitir moeda, ao de lançar tributos, ao de punir e ao de recrutar tropas. Assim como há quem sustente que soberano é quem decreta o estado de exceção (assim a doutrina jurídica de Carl Schmitt) que, apesar de sua relevância, não será objeto de análise neste trabalho em razão do referencial teórico adotado. Essas teses não têm a ver propriamente com as condições de existência do Estado, mas ligam-se ao domínio e às funções do mesmo, portanto, a um conteúdo mais político e abstrato.

75 PAUPÉRIO, Arthur Machado. *O conceito polêmico de soberania*. Rio de Janeiro: Forense, 1958, p. 39.

76 PAUPÉRIO, Arthur Machado. *O conceito polêmico de soberania*. Rio de Janeiro: Forense, 1958, p. 111.

uma ideia de Estado segundo a qual o mesmo constitui uma realidade moral. A soberania estatal, decorre, portanto, da unidade do Estado, como ser com personalidade.[77]

Tais estudos abriram caminho para que a publicística alemã iniciada por Krause concebesse a ideia de Estado como ideal, ético, formado por um processo histórico e psicológico, defendendo a existência de uma personalidade, mais tarde consolidada no século XIX por Gerber, Gierke e Jellinek como personalidade jurídica, firmando o entendimento da soberania calcada na figura do Estado, que chega até os presentes dias.[78]

A ideia de soberania do Estado se fundamenta na realidade jurídica com que o mesmo se reveste, enquanto pessoa jurídica. Como tal, adquire a capacidade de contrair direitos e obrigações e, portanto, de criar o seu direito.

Por essa razão, parte-se do conceito segundo o qual a soberania se entrelaça à ideia de personalidade jurídica do Estado, enquanto poder originário e exclusivo que tem o Estado de declarar e assegurar por meios próprios o seu direito e de resolver em última instância sobre a validade de todos os seus ordenamentos jurídicos.[79]

Essa concepção objetivista e realista permite enxergar o Estado como sujeito e a soberania como elemento jurídico, conferindo-lhes juridicidade, afastando, outrossim, elementos refratários, como as teorias da soberania do povo, a se questionar quem é o povo e elementos carreados de simbologia altamente emocional, como podem sê-lo as teorias da soberania da nação, até porque estas últimas, nos dias atuais, encontram-se desprovidas de qualquer rigor científico.[80] Em razão disso, elege-se a teoria da soberania calcada no Estado como ponto de partida para as análises a que esse estudo se propõe.

Apesar das diversas variações de conteúdo das teorias da soberania, sejam conceituais ou de sentido, mesmo aquelas lastreadas na soberania do Estado, todas elas têm como convergência a estreita relação que a soberania guarda com o poder e com a autoridade, temáticas que se encontram imbricadas à da soberania.

---

77 PAUPÉRIO, Arthur Machado. *O conceito polêmico de soberania*. Rio de Janeiro: Forense, 1958, p. 111.

78 PAUPÉRIO, Arthur Machado. *O conceito polêmico de soberania*. Rio de Janeiro: Forense, 1958, p. 112-113.

79 REALE, Miguel. *Teoria do direito e do Estado*. São Paulo: Saraiva: 2000, p. 157.

80 BEÇAK, Rubens. A soberania, o Estado e sua conceituação. *Revista da Faculdade de Direito da Universidade de São Paulo*, São Paulo, v. 108, p. 343-351, jan./dez. 2013, p. 348.

Todos esses conceitos ligam-se intimamente ao poder político: de fato, a soberania pretende ser a racionalização jurídica do poder, no sentido da transformação da força em poder legítimo, do poder de fato em poder de direito.[81]

Com efeito, o desenvolvimento da teoria da soberania viabilizou uma construção teórica acerca da possibilidade e do exercício legítimo do poder político, desenvolvendo-se ao redor de duas preocupações primordiais: com o lugar da autoridade soberana propriamente dita e com a forma e os limites apropriados – o âmbito de legitimidade – da ação estatal.[82] Tornou-se, assim, a teoria do poder ou autoridade legítima na constituição do direito e, como tal, tem um significado inafastável para o presente trabalho, sobretudo as interferências do sistema da política no sistema do direito, mormente os impactos da desglobalização na soberania.

1.1.2 A criação do vínculo entre direito, Estado e soberania

Delineados os aspectos gerais da soberania e suas relações com o poder, a criação do vínculo entre direito, Estado e soberania será analisada sob a perspectiva do poder jurídico.

Assevera Nina Ranieri que, como poder político, a soberania deriva do primado da independência fundamental do poder do Estado,[83] o que para Dalmo Dallari se traduz no poder incontrastável que tem uma unidade política em querer coercitivamente se constituir em Estado e de fixar competências.[84] Como poder jurídico, a soberania corresponde ao poder originário e exclusivo do Estado, enquanto pessoa moral, de declarar por meios próprios a positividade do seu direito e de resolver, em última instância, sobre a validade de todos os ordenamentos internos.[85]

A soberania, que pela primeira vez é tratada de forma sistematizada pelo clássico da política, Jean Bodin (1530-1596), em *Les Six Livres*

---

81 MATTEUCCI, Nicola. Soberania. *In:* BOBBIO, Norberto; MATTEUCCI, Nicola; PASQUINO, Gianfranco. *Dicionário de política*. 11. ed. Brasília: Unb, 1998, p. 1179.

82 HELD, David. *Democracy and the global order*: from the modern State to cosmopolitan governance. Stanford: Stanford University Press, 1995, p. 39.

83 RANIERI, Nina. *Teoria do Estado*: do Estado de Direito ao Estado Democrático do Direito. Barueri: Manole, 2013, p. 84.

84 DALLARI, Dalmo de Abreu. *Elementos de teoria geral do estado*. 2. ed. São Paulo: Saraiva, 1998, p. 145.

85 LEWANDOWSKI, Enrique Ricardo. *Globalização, regionalização e soberania*. São Paulo: Juarez de Oliveira, 2004, p. 235.

de la République (1576), já é objeto de reflexão no *Methodus ad Facilem Historiarum Cognitionem* (1566). Nessa obra, Jean Bodin antecipa certos aspectos da sua teoria da soberania, entre eles o direito de legislar.[86]

Naquele momento, o direito de instituir magistraturas e especificar suas atribuições é considerado o mais importante, mas o direito de instituir leis e de revogá-las é o mais discutido.[87] Essa questão, bem como as preocupações quanto aos limites do poder do monarca, são sistematizadas posteriormente. De toda sorte, a soberania e a sua juridicidade já se mostravam relevantes.

Mais tarde, em *Les Six Livres de la République*, Jean Bodin formula a sua teoria da soberania como afirmação do poder jurídico do rei diante da nobreza francesa, que disputava, entre outras coisas, a ascendência sobre a coroa da França.[88] Além disso, a teorização de Bodin foi também uma resposta aos teóricos que defendiam a supremacia clerical. Juristas e intelectuais ligados aos reis – como é o caso do próprio Bodin – formularam teorias e obras a fim de legitimar os poderes dos reis diante da Igreja,[89] legando ao poder eclesiástico e à autoridade espiritual a função de ministrar os ensinamentos e rituais da fé cristã e nada mais, enquanto a jurisdição, o controle administrativo e, sobretudo, as normas deveriam estar sob a égide do governo civil, e não do papado.[90]

O poder, no entanto, tem origem divina, para Bodin. O indivíduo, para ele, estava sujeito a seu chefe de família ou a corporações; esses, por sua vez, estavam todos sujeitos ao soberano, que, por sua vez, estava sujeito a Deus, às leis naturais,[91] às leis comuns a todos os povos e aos

---

86 BARROS, Alberto Ribeiro. O conceito de soberania no *Methodus* de Jean Bodin. *Revista Discurso*, v. 27. São Paulo: FFLCH/USP, 1996, p. 139.

87 BARROS, Alberto Ribeiro. O conceito de soberania no *Methodus* de Jean Bodin. *Revista Discurso*, São Paulo, v. 27, 1996, p. 146.

88 ROSA, Daniel Aidar da. *A demonomania harmônica*: Jean Bodin, a bruxaria e a República. Dissertação (Mestrado). Faculdade de Filosofia, Ciências e Letras da Universidade de São Paulo, Universidade de São Paulo, 2013, p. 105.

89 Mesmo Jean Bodin não separou completamente o poder temporal do poder espiritual, pois, para além da obediência dos súditos ao monarca, a obediência do monarca às leis da natureza desejadas por Deus conserva um valor fundamental: em nenhum instante Bodin questiona o que aconteceria com a potência soberana se Deus não existisse. Cf. GOYARD-FABRE, Simone. *Os princípios filosóficos do direito político moderno*. São Paulo: Martins Fontes, 2002, p. 26.

90 BARROS, Alberto Ribeiro. *A teoria da soberania de Jean Bodin*. São Paulo: Unimarco/Fapesp, 2001, p. 163-195.

91 Pontua Simone Goyard-Fabre que o direito de soberania, em Jean Bodin, para além do monopólio da dominação e da coerção, constitui no Estado o único motivo necessário e suficiente para se submeter à norma. E vai além, afirmando categoricamente não ser possível ocultar os princípios metajurídicos dessa ordem jurídica: a soberania está

costumes de sua República.[92] Assim, para Bodin o microcosmo deve refletir o macrocosmo, ou seja, a ordem divina deve ser a inspiração da ordem terrena: a necessidade de um único governante para organizar a sociedade de forma soberana, tal qual Deus governa o universo.[93]

Inobstante a presença de Deus, a teorização de Jean Bodin prenuncia a separação entre poder temporal e poder espiritual – algo inédito até então, importando a secularização do direito. Se, até então, o direito tinha uma origem diretamente divina, a partir de Bodin passa a derivar do soberano, que, por sua vez, recebe seu poder de Deus e permanece vinculado ao direito divino.[94]

Jean Bodin, como profundo conhecedor do direito romano,[95] reúne em sua obra noções sobre *auctoritas* e *potestas*.[96] Essas noções são

---

submetida a leis de "uma outra ordem", que não comportam ab-rogação. Há, então, o postulado da existência de Deus, que é aceito incondicionalmente por Bodin como fundamento metajurídico, que inafastavelmente conduzirá a requisitos de ordem moral, sobretudo a exigências de justiça, imanentes às leis divinas da natureza. Assim, defende Simone Goyard-Fabre que a potência soberana está vinculada não em virtude de um *vinculum juris*, mas em virtude de uma exigência moral de justiça. Desse modo, o detentor da soberania tampouco pode derrogar os costumes de seu país, não porque impõem uma obrigação jurídica, mas porque neles se delineiam as leis naturais queridas por Deus para uma nação. Importante assinalar a advertência da autora quanto ao contexto de referência dos conceitos de direito político, que certamente já não são o da teologia. Mas a inteligibilidade do conceito moderno da soberania que caracteriza o poder do Estado não implica ruptura com o pensamento teológico tradicional, mas uma analogia com a *plenitudo potestatis* de Deus, já que o conceito teológico da soberania, em seu conteúdo específico, apenas se politizou, mas não se extinguiu. Assim, o vínculo entre soberania e moralidade, proposto por Simone Goyard-Fabre, não afasta o vínculo entre direito, Estado e soberania. A autora apenas assevera que o vínculo entre soberania e moralidade é antecedente, fundamento e legitimação do direito do Estado, o que fica evidente na afirmação segundo a qual: "É verdade que, no seu conjunto, jurisconsultos e filósofos estão de acordo em não mais buscar a origem da soberania estatal no decreto impenetrável de um Deus transcendente, que presidiria a todos os destinos do mundo humano, até e inclusive em suas estruturas jurídico-políticas. Mas, ao privilegiar potências construtoras da razão e da vontade humanas, ainda estão longe de dessacralizar o mundo e de afirmar a laicização radical do Direito do Estado". GOYARD-FABRE, Simone. *Os princípios filosóficos do direito político moderno*. São Paulo: Martins Fontes, 2002, p. 138-162.

92 BODIN, Jean. *Les six livres de la République*. Paris: Fayard, 1986, p. 154.

93 MACHADO, Marcelo Forneiro. *A evolução do conceito de soberania e a análise de suas problemáticas interna e externa*. Pontifícia Universidade Católica de São Paulo. (Dissertação de Mestrado). São Paulo: PUC/SP, 2009, p. 91.

94 GERSTER-FLEINER, Thomas. *Teoria geral do Estado*. São Paulo: Martins Fontes, 2006, p. 241.

95 Jean Bodin possuía formação em Direito Civil, o equivalente a um curso de Direito Romano, àquele período, pela respeitada Universidade de Toulouse, França. Cf. ROSA, Daniel Aidar da. *A demonomania harmônica*: Jean Bodin, a bruxaria e a República. Faculdade de Filosofia, Ciências e Letras da Universidade de São Paulo. (Dissertação de Mestrado). São Paulo: USP, 2013, p. 85.

96 O contexto histórico-político permitiu que Bodin formulasse a soberania convergente à centralização do poder do rei e se fez necessária devido ao caos separatista que tomou a

normalmente atribuídas de forma separada a centros do poder diferentes: o papa e o império reivindicavam para si a *auctoritas*, ou seja, o poder de definir leis, ao passo que a *potestas*, o poder de executar tais leis, em geral, era atribuído aos monarcas.[97] Da necessidade de reunir, em um único centro de poder, *auctoritas* e *potestas*, arrogando-se como verdadeira e legítima jurisdição, como poder último de comando e de positivação do direito, derivará a ideia de soberania.

Segundo Jean Bodin, o primeiro e o maior atributo de um soberano era o poder de legislar, obrigando a todos os súditos e a cada um em particular. Entende Bodin que todos os demais atributos serão derivados deste ou compreendidos dentro desse mesmo poder. A legislação, o direito posto pelo soberano, não poderia depender do consentimento de quem quer que fosse, já que a necessidade de consentimento retiraria o caráter soberano do poder.[98]

Assim, o direito é exatamente o que é posto coercitivamente pelo soberano sobre todos aqueles que lhe devem obediência, ao contrário do costume, que se estabelecia livremente e independentemente de qualquer coerção. A lei é aquilo que a autoridade impõe,[99] ainda que contrariando a vontade dos comandados.

E o poder de impor a lei incluiria, por evidente, o poder de desfazê-la. Este poder poderia ser identificado com o próprio poder soberano,[100] estabelecendo uma relação de estreita dependência entre Estado[101] e direito, enquanto poder jurídico-normativo. A noção de direito, destarte, foi usada não só como elemento do discurso normativo, mas como componente essencial de sua elaboração teórica.

Segundo a teoria da soberania de Jean Bodin, o Estado não é somente uma unidade central, independentemente do exterior. Graças à soberania, ele é igualmente a origem da ordem jurídica. O soberano, que

França àquela oportunidade. Cf. ROSA, Daniel Aidar da. *A demonomania harmônica*: Jean Bodin, a bruxaria e a República. Faculdade de Filosofia, Ciências e Letras da Universidade de São Paulo. (Dissertação de Mestrado). São Paulo: USP, 2013, p. 98.

97 MACHADO, Marcelo Forneiro. *A evolução do conceito de soberania e a análise de suas problemáticas interna e externa*. Pontifícia Universidade Católica de São Paulo. (Dissertação de Mestrado). São Paulo: PUC/SP, 2009, p. 91.

98 BODIN, Jean. *Les six livres de la République*. Paris: Fayard, 1986, p. 154.

99 BODIN, Jean. *Les six livres de la République*. Paris: Fayard, 1986, p. 154-155.

100 BODIN, Jean. *Les six livres de la République*. Paris: Fayard, 1986, p. 155.

101 Originalmente, Jean Bodin identifica o temo "República" com o termo "Estado" em seu sentido moderno, cf. BODIN, Jean. *Les six livres de la République*. Paris: Fayard, 1986. Não se imagine, no entanto, que com isso ele seja um republicano, já que em sua obra ficará clara sua preferência pela monarquia, cf. DALLARI, Dalmo. *Elementos de teoria geral do Estado*. 2. ed. São Paulo: Saraiva, 1998, p. 77.

é responsável somente perante Deus, edita as leis. O direito teológico, ligado à tradição, é secularizado e colocado nas mãos do príncipe. Este pode promulgar, modificar ou revogar o direito. Ele tem o direito de fazê-lo, uma vez que está legitimado, já que dirige o Estado na qualidade de representante de Deus.[102]

A teoria da soberania de Bodin, portanto, consiste em um complexo sistema de conceitos que, por vezes, podem parecer contraditórios, ao estabelecer como soberano o poder que não reconhece nenhum outro acima de si, e, ao mesmo tempo, que se sujeita à lei divina, sem que isso implique direito de resistência dos súditos ou necessidade do soberano de justificar-se perante alguém e, ainda, a secularização do direito que tinha Deus como fonte primeira de legitimação.

A soberania de Jean Bodin era essencialmente impessoal, constituída de legitimidade graças ao modo como Deus organizou a existência, por intermédio de soberanias. Longe de designar o monopólio da dominação ou da coerção, a soberania seria a fonte básica da ordem jurídica, o que constitui no Estado o único motivo, necessário e suficiente, para se submeter à norma.[103]

Tanto assim que os sucessores de Bodin desenvolveram esse pensamento e reconheceram o poder como fundamento único do direito. Sob a lógica desenvolvida por Jean Bodin, pode promulgar leis quem tem o poder para tanto, e só o poder cria o direito. Dessa forma, não é apenas o Estado, também a posição do soberano se torna modificável. Se um soberano fosse destronado por um novo soberano que conquistou a soberania, este passaria, por sua vez, a ter o direito de editar leis.[104]

Assim, forma-se o vínculo entre Estado, direito e soberania, vínculo que se externaliza como uma evidência.[105] Em *Les six livres de la République,* Jean Bodin enuncia que esse vínculo se constitui como marca da soberania estatal, claramente no ponto em que se situa o poder de legislar.[106] Esse poder legiferante evidencia a marca mais notável da

---

102 GERSTER-FLEINER, Thomas. *Teoria geral do Estado*. São Paulo: Martins Fontes, 2006, p. 228.

103 GOYARD-FABRE, Simone. *Os princípios filosóficos do direito político moderno*. São Paulo: Martins Fontes, 2002, p. 203.

104 GERSTER-FLEINER, Thomas. *Teoria geral do Estado*. São Paulo: Martins Fontes, 2006, p. 228.

105 BRUCE-RABILLON, Eva. Propos introductifs: souveraineté d l'État et supranationalité normative. *Revue Politeia,* Bordeaux. n. 25, p. 113-124, 2014, p.115.

106 HAQUET, Arnaud. *Le concept de souveraineté en droit constitutionnel français*. Paris: PUF, 2004, p. 15-17.

soberania: o poder de dar e de desfazer as leis, o poder de criar o direito.[107] É inegável que, segundo o pensamento de Jean Bodin, o poder de criar o direito se destaca como o ponto fulcral da soberania.[108]

Em virtude desse vínculo original, o Estado dispõe do direito positivo, detendo o monopólio de edição das regras de direito. Esse vínculo orgânico entre o Estado e o direito introduz também o vínculo consubstanciado entre a soberania e o direito, de modo que o direito se coloca sob o selo da soberania através da mediação do Estado.[109]

Assim, verifica-se o quanto é vital a competência legislativa do Estado em comparação com outras potências estatais. É o elemento diferenciador, que edifica o Estado. É através dele que se exprime o poder soberano e pelo qual a norma jurídica expressa a sua existência, a expressão de seu poder de coerção e acima de tudo de seu poder de decisão. A relação que o Estado soberano mantém com o direito deve, em qualquer caso, ser descrita como existencial: é por meio do direito que o Estado determina a sua competência[110] e a sua soberania.

No entanto, se o soberano se exprime através do direito, a recíproca não é mais verdadeira: o direito não é mais produzido exclusivamente pelo Estado soberano. O vínculo que une direito, Estado e soberania é seriamente questionado. Por essa razão, passe-se ao estudo do fortalecimento e do enfraquecimento do conceito de soberania estatal.

1.2 A concepção clássica de soberania estatal

A Teoria Geral do Estado, considerada uma ciência alemã do direito e do Estado, passa a ser disciplinada na medida em que surgem as denominações *Allgemeine Staatslehre* e *Dottrina generalle dello Stato*, que tratam de problemas essenciais do Estado, quando se destacam os

---

[107] O presente trabalho tem por objetivo analisar a construção e a mitigação do vínculo Direito, Estado, soberania, sob a perspectiva da Teoria do Estado, sendo, portanto, irrelevantes as distinções feitas pela Teoria do Direito sobre lei, norma e Direito, já que essas distinções são irrelevantes para a formação do vínculo, *ex post*. Para tanto, cf. SOLON, Ari Marcelo. *Teoria da soberania como problema da norma jurídica e da decisão*. Porto Alegre: Sérgio Antonio Fabris, 1997.

[108] HAQUET, Arnaud. *Le concept de souveraineté en droit constitutionnel français*. Paris: PUF, 2004, p. 17. No original: Chez Bodin, le pouvoir de créer le droit se détache des autres marques de souveraineté.

[109] CHEVALLIER, Jacques. Souveraineté et droit. *In:* CHEVALLIER, Jacques. *Les evolutions de la souveraineté*. Paris: Montchrestien. Collection Grands colloques. 2006, p. 205.

[110] BRUCE-RABILLON, Eva. Propos introductifs: souveraineté d l'État et supranationalité normative. *Revue Politeia*, Bordeaux. n. 25, p. 113-124, 2014. p.115.

estudos sobre soberania, além dos que se relacionam com o povo e o território.[111]

Entendendo o Estado como um organismo não físico, mas ideal, ético, formado espiritualmente através do processo histórico, cria-se a noção de personalidade jurídica[112] com a qual a soberania está atrelada. Dá-se a conversão do Estado em centro de imputação jurídica de direitos e deveres, por Carl Friedrich Von Gerber (1823-1891), na obra "Fundamentos de um sistema de direito político alemão", de 1865.[113]

O Estado passa a ser visto como pessoa, a mais elevada que a ordem jurídica pode constituir. E se o Estado é pessoa, possui em si o elemento volitivo, que por sua vez ocupa lugar de destaque na ordem jurídica. A esse poder político, como força jurídica de mando, deu-se, precisamente, o nome de soberania.[114]

Com Otto Friedrich Von Gierke, em 1868, a ideia de personalidade jurídica do Estado se amplifica e ganha novos contornos, generalizando-se a todos os grupos sociais que se encontram entre o indivíduo e o Estado e que têm existência própria, diversa da de seus componentes individuais.[115] Atribui-se às pessoas coletivas existência tão real quanto a existência física dos seres humanos, como autênticos órgãos, no sentido biológico.

A personalidade do Estado se diferencia dos demais grupos pela maior soma de poder de que dispõe. A soberania, por sua vez, passa a ser entendida como propriedade do poder do Estado, por meio da qual se afirma sua superioridade genuína sobre outros poderes.[116]

---

111 BARACHO, José de Oliveira. As novas perspectivas da soberania: reflexos no direito interno, no direito internacional e no direito comunitário. *In:* TÔRRES, Heleno Taveira. *Direito e poder nas instituições e nos valores do público e do privado contemporâneos*: estudos em homenagem a Nelson Saldanha. Barueri: Manole, 2005, p. 347.

112 A expressão surge, pela primeira vez, no ano de 1837, em estudos do constitucionalista alemão Wilhelm Eduard Albrecht, que por sua vez influenciou Carl Friedrich Von Gerber e, posteriormente, os demais integrantes da escola alemã de direito público, entre eles Otto Friedrich Von Gierke e Georg Jellinek. Cf. RANIERI, Nina. *Teoria geral do estado*: do estado de direito ao estado democrático de direito. Barueri: 2013, p. 68.

113 PAUPÉRIO, Machado. *O conceito polêmico de soberania*. 2. ed. Rio de Janeiro: Forense, 1958, p. 112.

114 GERBER, Carl Friedrich Von *apud* PAUPÉRIO, Machado. *O conceito polêmico de soberania*. 2. ed. Rio de Janeiro: Forense, 1958, p. 113.

115 GIERKE, Otto Friedrich Von *apud* PAUPÉRIO, Machado. *O conceito polêmico de soberania*. 2. ed. Rio de Janeiro: Forense, 1958, p. 113.

116 Àquela oportunidade, Gierke conceitua a soberania como propriedade do poder do Estado. Contemporaneamente, a investigação científica mostra que soberania e poder, apesar de imbricados, não se equivalem perfeitamente. Cf. PAUPÉRIO, Machado. *O conceito polêmico de soberania*. 2. ed. Rio de Janeiro: Forense, 1958, p. 113.

Essas ideias[117] permitiram compreender a aptidão do Estado para a prática de atos jurídicos, como sujeito de direitos e obrigações enquanto técnica jurídica que possibilitou a compreensão e a racionalização do fenômeno estatal[118] e, principalmente, que permitiu compreender o Estado como depositário da soberania estatal.

Rejeitando-se a ideia de atribuição de poder supremo a um homem, a uma família ou a uma coletividade qualquer, passou-se a ver o poder na entidade política e jurídica que constitui o Estado, dando-se maior valor ao poder público e à força de dominação do Estado, que passou a se identificar com a própria soberania.

Assim, para a escola alemã, o titular da soberania deixa de ser uma vontade individual ou coletiva e passa a ser a vontade da pessoa jurídica Estado. Essa vontade individual ou coletiva, por meio da qual se manifesta o poder, não é mais que um órgão do Estado, e a soberania está difundida em todos os seus órgãos.[119]

1.2.1 Fortalecimento conceitual

Como instrumento de racionalização e legitimação do poder, a teoria da soberania ganhou extraordinário impulso. O contexto político em que a Europa se encontrava enfronhada àquela oportunidade estava marcado pelos conflitos e divisões político-religiosas que se seguiram no mundo medieval, bem como por novas controvérsias sobre a natureza da autoridade política. Por isso, a soberania em seus contornos clássicos encontra-se intimamente relacionada à formação dos Estados europeus.

Do século XV ao XVIII, duas formas diferentes de regime político se cristalizaram na Europa: as monarquias "absolutas" que têm na

---

117 Adverte Nina Ranieri que a ideia de personificação do Estado não era novidade, mesmo àquela oportunidade. As teorias contratualistas já a haviam elaborado, fosse pela noção de coletividade ou de nação, a exemplo do Estado hobbesiano, encarnado na figura do Leviatã – ser de vontade própria, criado e fortalecido pelos direitos de autogoverno que os indivíduos lhe cediam ao se tornarem membros da sociedade estatal. A importância dos estudos de Gerber reside, sobretudo, em seu apurado fator técnico-jurídico. Cf. RANIERI, Nina. *Teoria geral do estado*: do estado de direito ao estado democrático de direito. Barueri: 2013, p. 69. A esse respeito, afirma Luigi Ferrajoli que é à Hobbes que se atribui a primeira formulação das ideias do Estado-pessoa e da personalidade do Estado, que servirão para oferecer um firme ancoradouro da definição de soberania. Cf. FERRAJOLI, Luigi. *Direito e razão*: teoria do garantismo penal. São Paulo: RT, 2002, p. 19.

118 RANIERI, Nina. *Teoria geral do estado*: do Estado de Direito ao Estado Democrático de Direito. Barueri: 2013, p. 69.

119 PAUPÉRIO, Machado. *O conceito polêmico de soberania*. 2. ed. Rio de Janeiro: Forense, 1958, p. 114.

França, Prússia, Áustria, Espanha e Rússia exemplos mais acentuados, e as monarquias e repúblicas "constitucionais" encontradas na Inglaterra e na Holanda,[120] muito embora existam importantes diferenças conceituais e institucionais entre elas. Importa aqui analisar o fenômeno da concentração do poder, tanto político quanto jurídico.

Nessa toada, o absolutismo assinalou o surgimento de uma forma de Estado baseada na absorção de unidades políticas menores e mais fracas em estruturas políticas maiores e mais fortes e ainda em uma capacidade reforçada de governar uma área territorial unificada, o que implicou a formação de um sistema mais rigoroso de lei e ordem aplicado em todo o território. A aplicação de uma regra "mais unitária, contínua, calculável e eficaz" por um único vértice promoveu a cristalização da ideia de soberania.[121] [122]

Embora o poder real dos governantes absolutistas tenha sido muitas vezes exagerado, essas mudanças marcaram um aumento substancial de uma autoridade concentrada, verticalizada, exercida de cima para baixo, impondo um novo sistema de direito que foi progressivamente centralizado e ancorado no poder supremo e indivisível da soberania.

Aponta David Held seis pontos nodais na história do sistema de Estados que se desenvolveram nesse período: (i) a crescente coincidência de fronteiras territoriais com um sistema uniforme de governo; (ii) a criação de novos mecanismos de legislação e execução; (iii) a centralização do poder administrativo; (iv) a alteração e extensão da gestão fiscal; (v) a formalização das relações entre os Estados através do desenvolvimento de instituições diplomáticas; e (vi) a introdução de um exército permanente. Assim, o absolutismo ajudou a dar início a um processo de criação de Estados que começou a reduzir a variação social, econômica e cultural dentro dos espaços territoriais.[123]

---

120 HELD, David. *Democracy and the global order*: from the modern State to cosmopolitan governance. Stanford: Stanford University Press, 1995, p. 34.

121 HELD, David. *Democracy and the global order*: from the modern State to cosmopolitan governance. Stanford: Stanford University Press, 1995, p. 35-36.

122 Assevera Nina Ranieri que dessa formulação advieram muitas das atuais tensões entre Estado, povo e nação, que são antes consequências do postulado do poder estatal homogêneo e territorial do que resultado da imprecisão e da superação de conceitos jurídicos e sociológicos. RANIERI, Nina. Estado e nação: novas relações? *In:* CLÈVE, Clèmerson Merlin; BARROSO, Luís Roberto. *Doutrinas essenciais de direito constitucional*: teoria geral do Estado. São Paulo: RT, 2011, p. 356.

123 HELD, David. *Democracy and the global order*: from the modern State to cosmopolitan governance. Stanford: Stanford University Press, 1995, p. 39.

O absolutismo e o sistema interestatal que ele iniciou eram as fontes próximas do Estado moderno. Ao condensar e concentrar o poder político em suas próprias mãos e ao procurar criar um sistema central de governo, o absolutismo preparou o caminho para um sistema secular e nacional de poder.[124] Esse Estado centralizado era inicialmente o domínio de governantes que reivindicavam poderes formidáveis para si mesmos. Mas o discurso da soberania desencadeou um debate sobre essa afirmação e sobre a posição do Estado em relação a outras coletividades.[125]

Sobre essa questão, ainda com David Held é possível visualizar diversas inovações atreladas ao Estado moderno: (i) territorialidade: embora todos os Estados tenham reclamado territórios, é apenas com o sistema de Estados modernos que as fronteiras foram fixadas; (ii) controle dos meios de violência: a reivindicação do monopólio da força e os meios de coerção (sustentada por um exército permanente e pela polícia) tornou-se possível apenas com a "pacificação" dos povos, com a derrubada de centros rivais de poder e autoridade no interior do Estado nacional (esse elemento, no entanto, só foi plenamente atingido no século XIX, e foi uma conquista frágil em muitos países); (iii) estrutura impessoal do poder: a ideia de ordem política impessoal e soberana, isto é, uma estrutura legalmente circunscrita de poder com jurisdição suprema sobre um território não poderia prevalecer enquanto direitos políticos, obrigações e deveres fossem concebidos como intimamente ligados à religião e às reivindicações de grupos tradicionalmente privilegiados. Essas matérias permaneceram em disputa na Europa nos séculos XVIII e XIX e ainda permanecem em Estados em que mesmo hoje o "Estado de Direito" está em questão; (iv) legitimidade: foi somente quando alegações de "direito divino" ou "direito estatal" foram desafiadas e erodidas que se tornou possível aos seres humanos como "indivíduos" e como "povos" conquistarem um lugar como "cidadãos ativos" na ordem política. A lealdade dos cidadãos tornou-se algo a ser conquistado pelos Estados modernos – invariavelmente, isso envolveu uma reivindicação do Estado como legítima, porque refletia e/ou representava as visões e os interesses desses cidadãos.[126]

---

124 HELD, David. *Democracy and the global order*: from the modern State to cosmopolitan governance. Stanford: Stanford University Press, 1995, p. 36-37.

125 HELD, David. *Democracy and the global order*: from the modern State to cosmopolitan governance. Stanford: Stanford University Press, 1995, p. 46.

126 HELD, David. *Democracy and the global order*: from the modern State to cosmopolitan governance. Stanford: Stanford University Press, 1995, p. 48-49.

A formação da ideia do próprio Estado moderno, no entanto, provavelmente recebeu seu ímpeto mais claro das amargas lutas entre facções religiosas que se espalharam pela Europa Ocidental durante a última metade do século XVI. Com a Paz de Westphalia[127] estabeleceu-se o mútuo reconhecimento da soberania no território nacional e a igualdade no plano internacional,[128] firmando-se a tríade povo, território e soberania como elementos fundamentais do Estado.

A partir daí, os Estados modernos se desenvolveram como Estados-nação – aparato político altamente calcado na congregação de elementos de coesão sociais, como língua, religião e costumes comuns, bem assim comprometido com a padronização e com a ordenação.[129] E ainda, com jurisdição demarcada territorialmente e com monopólio coercitivo de poder, gozando de legitimidade como resultado de um nível mínimo de lealdade entre o povo.[130] [131]

Assim, a emergência do Estado, enquanto comunidade política, sinalizou um novo terreno discursivo, encorpado em reivindicações de soberania e legitimidade, o que ressignificou radicalmente o entendimento sobre direito, comunidade e política até então vigentes, promovendo, outrossim, o fortalecimento da teoria da soberania, como amálgama de todos esses elementos.

Enquanto personalidade jurídica, a emergência do Estado representou a consolidação da teoria da soberania. O Estado passou a ser tomado como sujeito de direitos e, nesse sentido, aproximou-se do conceito de entidade jurídica em que é possível subsumi-lo.[132] A ideia

---

127 Denominam-se "Tratados de Westphalia" ou "Paz de Westphalia" os tratados que encerraram duas guerras religiosas entre católicos e protestantes. O Tratado Hispano-holandês, de 30 de janeiro de 1648, pôs fim à Guerra dos Oitenta Anos, e o Tratado de 24 de outubro de 1648, que celebrou a paz entre o sacro imperador romano-germânico, o rei da França e seus aliados no contexto da Guerra dos Trinta Anos. RANIERI, Nina. *Teoria do Estado*: do estado de direito ao estado democrático de direito. Barueri: 2013, p. 97.

128 RANIERI, Nina. *Teoria do Estado*: do Estado de Direito ao Estado Democrático de Direito. Barueri: 2013, p. 97.

129 MAGALHÃES, José Luís Quadros. Estado moderno, direito à diversidade e pluralismo epistemológico. *In:* JUBILUT, Liliana Lyra; BAHIA, Alexandre Gustavo Melo Franco; MAGALHÃES, José Luís Quadros. *Direito à diferença*. São Paulo: Saraiva, 2013, p. 229.

130 HELD, David. *Democracy and the global order*: from the modern State to cosmopolitan governance. Stanford: Stanford University Press, 1995, p. 48.

131 Sobre as diferenças entre Estado e nação, e entre ambos e povo, soberania popular e soberania nacional, Hermam Heller tece severas críticas, afirmando serem de um pluralismo de diferentes polos e realidades, ao que o próprio estudo da Teoria do Estado permite concordar. HELLER, Herman. *Teoria do Estado*. São Paulo: Mestre Jou, 1968, p. 71.

132 JELLINEK, Georg. *Teoría general del Estado*. Ciudad de México: Fondo de Cultura Económica, 2012, p. 195. Na edição traduzida para a Língua Espanhola, em vez de entidade

de entidade jurídica é um conceito puramente jurídico, uma forma de síntese jurídica para expressar as relações jurídicas da unidade de associação e seu enlace com a ordem jurídica. Entendido o Estado como entidade jurídica, o caráter de personalidade não constitui mera hipótese ou ficção, mas uma relação entre essa entidade e a ordem jurídica.

Como conceito de direito, o Estado é, segundo Georg Jellinek, a entidade jurídica formada por um povo, dotada de um poder de mando originário e assentada sob determinado território,[133] ou, aplicando uma terminologia mais aceita, segundo o mesmo autor, a entidade jurídica territorial dotada de um poder de mando originário,[134] que se realiza na doutrina da soberania.

O Estado, compreendido como valor absoluto, realiza-se por meio do conceito de soberania. Somente dessa maneira o Estado se diferencia de modo fundamental e absoluto de todas as outras comunidades, inclusive as entidades jurídicas territoriais análogas, como os Estados-membros ou os municípios, nos Estados federados, por exemplo, e compreendê-las como partes integrantes do Estado e submetidas a ele. O Estado, através da soberania, passa a ser a entidade jurídica suprema.[135]

A afirmação da soberania do Estado enquanto sujeito de direitos permitiu ainda o deslocamento da soberania da pessoa do governante para o Estado, ponto nodal para a compreensão da teoria da soberania, que persiste até os dias atuais. Essa ideia de desvinculação delineada pelos teóricos do Estado de corrente alemã é fortalecida pela teoria da imputação,[136] formulada por Hans Kelsen.

---

jurídica, consta a expressão "*corporación*", *in verbis*: "*El Estado desde su aspecto jurídico, según las anteriores observaciones críticas, no puede considerarse sino como sujeto de derecho, y em este sentido, está próximo el concepto de la corporación em el que es posible subsumirlo*". Consultando o dicionário Michaelis Espanhol-Português, a expressão "*corporación*" corresponde a "corporação", em Língua Portuguesa. No entanto, consultando o dicionário *on-line* "Linguee", versão Espanhol-Português, em que é possível verificar a aplicação numa frase, após a sua tradução, a expressão "*corporación*" tem mais ocorrências e aplicações ligadas ao Direito Empresarial. Por isso, opta-se pela expressão "entidade jurídica", que o dicionário aponta como tradução possível, além da expressão "corporação", que se adéqua melhor ao contexto proposto pelo autor originalmente. Disponível em: http://www.linguee.com.br/portugues-espanhol/search?source=espanhol&query=corporaci%C3%B3n. Acesso em: 21 jul. 2016.

133 JELLINEK, Georg. *Teoría general del Estado*. Ciudad de México: Fondo de Cultura Económica, 2012, p. 195.

134 JELLINEK, Georg. *Teoría general del Estado*. Ciudad de México: Fondo de Cultura Económica, 2012, p. 196.

135 KELSEN, Hans. *Teoría general del Estado*. Ciudad de México: UNAM, 1959, p. 151.

136 KELSEN, Hans. *Teoria geral do direito e do Estado*. São Paulo: Martins Fontes, 2000, p. 275.

Partindo do pressuposto de que o Estado não é um corpo visível ou tangível, Hans Kelsen identifica certas ações humanas como ações do Estado. Nem todo indivíduo é capaz de executar ações que têm o caráter de atos do Estado, e nem toda ação de um indivíduo capaz de executar atos do Estado tem esse caráter. O julgamento por meio do qual se atribui uma ação humana ao Estado, como pessoa invisível, significa uma imputação de uma ação humana ao Estado. Os indivíduos cujas ações são consideradas atos do Estado e cujas ações são imputadas ao Estado são designados "órgãos" do Estado.[137]

O critério pelo qual se imputa uma ação humana ao Estado ocorre quando a ação humana corresponde à ordem jurídica pressuposta. Assim, a imputação de uma ação humana ao Estado é possível apenas sob a condição de que essa ação seja determinada de um modo específico por uma ordem normativa; e essa ordem é a ordem jurídica.[138] Assim, todos os atos dos órgãos e agentes estatais são imputados ao próprio Estado.[139]

Dessa forma, o Estado passa a titularizar a soberania, e não o indivíduo que a exerce. Como tal, o Estado passa a ter uma autoridade como nenhuma outra entidade ou pessoa. O Estado se transforma em "técnica"[140] e, acima de tudo, técnica jurídica,[141] uma entidade dotada do monopólio do poder coercitivo.[142] Constrói-se, assim, a ideia de supremacia da ordem estatal, que segundo Hans Kelsen se traduz na convicção de que a vontade do Estado não tem sobre si nenhuma outra vontade superior e não deriva sua validade de nenhuma outra, revelando um sentido formal à soberania.[143]

As razões da elaboração do conceito empírico do poder superior do Estado não nasceram de mera especulação, e sim de necessidades sociais específicas, associadas à eliminação da fragmentação feudal. Paradigma do direito constitucional e do direito internacional público, o conceito de um poder estatal de domínio, superior a todos os outros

---

137 KELSEN, Hans. *Teoria geral do direito e do Estado*. São Paulo: Martins Fontes, 2000, p. 276.

138 KELSEN, Hans. *Teoria geral do direito e do Estado*. São Paulo: Martins Fontes, 2000, p. 276.

139 RANIERI, Nina. Estado e Nação: novas relações? *Política externa*, São Paulo, v.13, n.1, jun-ago, 2004, p. 32.

140 ORTEGA Y GASSET, José *apud* RANIERI, Nina. *Teoria do Estado*: do Estado de Direito ao Estado Constitucional de Direito. Barueri: Manole, 2013, p. 85.

141 RANIERI, Nina. *Teoria do Estado*: do Estado de Direito ao Estado Constitucional de Direito. Barueri: Manole, 2013, p. 85.

142 WEBER, Max. *Economia e sociedade*. Brasília: UnB, 1994, p. 4.

143 KELSEN, Hans. *Teoria general del Estado*. Ciudad de México: UNAM, 1959, p. 93.

poderes nele existentes em dado território nacional, encontra o seu fundamento na evolução histórica e nas vicissitudes políticas do Estado moderno, relativos à justificação e legitimação do poder do Estado, que remontam à gestação e ao nascimento do Estado moderno.[144]

Antes da teorização efetuada pela doutrina alemã, o poder do Estado era absoluto e sem qualquer limitação, verificando-se assim um predomínio da ideia política de soberania sobre sua ideia ou conteúdo jurídico. Para organizar o poder estatal que se passa a teorizar a soberania e a definir as qualidades essenciais deste, a fim de manter aquele afastado, e a utilizá-la como forma de delimitação do poder.[145]

O problema da limitação do poder, mesmo que repousado no Estado, não é despercebido pelos teóricos do Estado. Nesse ponto, os juristas alemães criam a teoria da autolimitação, segundo a qual o Estado não pode ser obrigado, vinculado ou limitado senão por sua própria vontade, que se consuma na soberania.[146]

Se a soberania não é em si um poder sem limites, ao menos é da essência do Estado soberano que lhe determine esses limites, por sua própria vontade, as regras que formam a limitação da soberania. Essa é a essência do sistema do Estado de Direito, com a diferença de que esse, em linhas gerais, implica que o Estado não pode agir sobre os sujeitos sem conformidade com uma regra preexistente e que não pode exigir dos particulares senão o que através de regras esteja preestabelecido. Já a noção de limitação do Estado tem uma ideia mais alargada: no sistema do Direito Público moderno, toda organização estatal produz um efeito positivo ou negativo, pois a Constituição determina as condições de exercício da potência estatal e confere poderes aos órgãos que ela enumera.[147]

O conceito de soberania calcado na personalidade do Estado se fortalece, alterando profundamente o conteúdo e o sentido que o conceito tinha à época de sua formulação. Ao passo que a teoria da soberania se identifica com o Estado e com seu poder, a sua afirmação passa, do reconhecimento do poder quase que ilimitado, primeiramente do poder

---

144 RANIERI, Nina. *Teoria do Estado*: do Estado de Direito ao Estado Constitucional de Direito. Barueri: Manole, 2013, p. 85.

145 JUBILUT, Liliana Lyra. O conceito de soberania: modificações e responsabilidade. *In:* FRANCA FILHO, Marcílio Toscano; MIALHE, Jorge; JOB, Ulisses. *Epitácio Pessoa e a codificação do direito internacional*. Porto Alegre: Fabris, 2013, p. 7.

146 JELLINEK, Georg. *Teoría general del Estado*. Ciudad de México: Fondo de Cultura Económica, 2012, p. 159.

147 JELLINEK, Georg *apud* CARRÉ DE MALBERG, Raymond. *Contribution a la théorie générale de l'État*. Paris: Dalloz, 2004, p. 232.

real, assim como na prescrição de Jean Bodin, para depois, num poder autolimitado pelo Estado, que se imiscui no poder político, no lugar do monarca, como entidade jurídica carreada de neutralidade e abstração.

Assim, ao lado do Estado, a soberania constitui um poderoso instrumento a fim de assegurar a unidade e a centralidade do poder estatais, possibilitando não apenas a teorização jurídica do poder, mas a sua exteriorização, através do direito. Desta feita, a elaboração do conceito de soberania se traduz na expressão da unidade e da validade da ordem jurídica. Desse ponto de vista, soberania e personalidade jurídica do Estado constituem aspectos de uma mesma realidade.[148]

Ao lado dessas construções teóricas, também o constitucionalismo alterou profundamente as concepções acerca da soberania estatal. Num primeiro momento, pelo seu fortalecimento, e, posteriormente, para o seu enfraquecimento. Em ambos os casos, em razão de novas interpretações e preenchimentos de sentido, fruto das necessidades políticas: no século XIX até o início do século XX, seu fortalecimento se dá em virtude da exegese de centralidade e unidade do poder político, e a partir da segunda metade do século XX, com o pós-guerra, seu enfraquecimento ocorre em razão das exigências pelo respeito aos direitos humanos.

Inicialmente, o constitucionalismo,[149] enquanto movimento cujo mote central remete à ideia de limitação do poder do governo por meio de um documento escrito que estabeleça os respectivos direitos e deveres,[150] teve função importante no fortalecimento da soberania estatal.

Com a ideia de limitação do poder como influxo do constitucionalismo, a concepção de soberania lastreada no Estado e limitada pelo direito estatal segundo a teorização alemã do século XIX é fortalecida e se espraia, juntamente com esse mesmo movimento. Na medida em

---

148 RANIERI, Nina. *Teoria do Estado*: do Estado de Direito ao Estado Constitucional de Direito. Barueri: Manole, 2013, p. 85.

149 Designa-se por constitucionalismo o resultado de movimentos constitucionalistas dos séculos XVII e XVIII, conforme as lições de José Joaquim Gomes Canotilho, "na teoria (ou ideologia) que ergue o princípio do governo limitado e indispensável à garantia dos direitos em dimensão estruturante da organização político-social de uma comunidade", pressupondo, portanto, contenção de poder. CANOTILHO, José Joaquim Gomes. *Direito constitucional e teoria da constituição*. 6. ed. Coimbra: Almedina, 1994, p. 51. Karl Loewenstein aponta, inclusive, que a história do constitucionalismo é a história da busca do homem pela limitação do poder absoluto. A limitação se dá com a distribuição do poder, e, limitado, o poder é restringido e controlado. LOEWENSTEIN, Karl. *Teoría de la constituición*. Barcelona: Ariel, 1986, p. 150.

150 MATTEUCCI, Nicola. Contratualismo. *In:* BOBBIO, Norberto; MATTEUCCI, Nicola; PASQUINO, Gianfranco. *Dicionário de política*. Brasília: UnB, 1998, p. 281.

que o constitucionalismo passa a traduzir de modo concreto a maneira pela qual se aplica e se realiza o sistema democrático representativo,[151] a soberania em sua formulação de *summa potestas*, extremamente concentradora de poder, tal qual a formulação do século XVI, torna-se uma contradição e, por fim, acaba por se tornar com ele incompatível. A soberania estatal, limitada pelo direito, amoldou-se aos postulados de limitação do poder e sistemas de garantias exigidos pelo constitucionalismo, o que, por fim, só reforçou a sua conceituação.

Se, por um lado, o conceito de soberania estatal se acoplou ao constitucionalismo, por outro lado esse mesmo conceito precisou se adequar, já que a partir do direito constitucional deu-se a imposição de limites não somente ao poder estatal de modo geral, mas ao uso deste poder de modo específico. O Estado passa a ter seus poderes organizados e limitados por um pacto político (por exemplo, a partir das regras de separação de poderes, de freios e contrapesos e de estabelecimento de competências e procedimentos). Passa-se, assim, a se verificar a existência de uma soberania estatal limitada tanto do ponto de vista formal quanto do ponto de vista do conteúdo.[152]

Após a Segunda Guerra Mundial, no entanto, as atrocidades cometidas pelo regime nazista levantaram dúvidas sobre a doutrina positivista, bem assim sobre a soberania estatal, mesmo com seus limites, que a essa altura se mostraram insuficientes e pouco efetivos, provocando "a revivência da ideia de que o direito não é meramente o comando do poder, mas para merecer o nome há de ter um conteúdo de justiça".[153] Ganha força, a partir de então, o movimento constitucionalista, segundo o qual a Constituição está submetida a um direito, a normas supraconstitucionais ou suprapositivas.[154] Verifica-se a necessidade de um arcabouço normativo que reconheça e assegure os direitos humanos e traga, desta feita, limitações procedimentais e substantivas a atuação do Estado.[155] O conceito de soberania estatal começa a se enfraquecer.

---

151 MATTEUCCI, Nicola. Constitucionalismo. *In:* BOBBIO, Norberto; MATTEUCCI, Nicola; PASQUINO, Gianfranco. *Dicionário de política*. Brasília: UnB, 1998, p. 257.

152 JUBILUT, Liliana Lyra. O conceito de soberania: modificações e responsabilidade. *In:* FRANCA FILHO, Marcílio Toscano; MIALHE, Jorge; JOB, Ulisses. *Epitácio Pessoa e a codificação do direito internacional*. Porto Alegre: Fabris, 2013, p. 12.

153 FERREIRA FILHO, Manoel Gonçalves. *Princípios fundamentais do direito constitucional*. 2. ed. São Paulo: Saraiva, 2010, p. 504.

154 CARVALHAL, Ana Paula Zavarize. *Constitucionalismo em temos de globalização*: a soberania nacional em risco? 2014. Tese (Doutorado em Direito do Estado) – Faculdade de Direito, Universidade de São Paulo, São Paulo: 2014, p. 46.

155 JUBILUT, Liliana Lyra. O conceito de soberania: modificações e responsabilidade. *In:* FRANCA FILHO, Marcílio Toscano; MIALHE, Jorge; JOB, Ulisses. *Epitácio Pessoa e a codificação do direito internacional*. Porto Alegre: Fabris, 2013, p. 12.

1.2.3 O enfraquecimento do conceito

Lembra Nina Ranieri que desde a edição da Carta da Organização das Nações Unidas, em 1945, e da Declaração Universal dos Direitos do Homem (DUDH), em 1948, a soberania dos Estados deixou de ser uma espécie de "carta branca" para o exercício do poder. Esses documentos limitam formalmente a soberania dos Estados, subordinando-a, juridicamente, a duas obrigações principais: a garantia da paz e o respeito aos direitos humanos.[156]

A partir da Segunda Guerra Mundial, o direito internacional passa a ter um impulso normativo significativo, não apenas com uma maior produção de normas, mas com o estabelecimento de órgãos com maior poder jurisdicional e procedimentos mais vinculados ao direito. A tais fatos se acresce o aparecimento, por um lado, de temas globais, que exigem atuação coordenada para sua solução e, por outro lado, de valores compartilhados, que combinados exigem o surgimento de normas de cooperação a serem somadas às tradicionais normas de coexistência típicas do direito internacional clássico.[157] Verifica-se, desta feita, uma alteração significativa do direito internacional, que passa a trazer para si temas anteriormente englobados no domínio reservado dos Estados.[158]

No plano interno, a soberania, outrora ilimitada, já havia cedido com o desenvolvimento do constitucionalismo; também o seu reflexo no plano internacional passa a ser limitado por um sistema de normas imediatamente obrigatório para os Estados.[159] Isso significa que quando o direito internacional passou a regular o tema da soberania, o mesmo deixou de ser domínio reservado dos Estados.[160] Deste modo, quanto mais abrangente o escopo de regulamentações pelo direito internacional, mais limitada estava a soberania estatal.

---

156 RANIERI, Nina. *Teoria do Estado*: do Estado de Direito ao Estado Constitucional de Direito. Barueri: Manole, 2013, p. 85.

157 JUBILUT, Liliana Lyra. Os fundamentos do direito internacional contemporâneo: da coexistência aos valores compartilhados. *Anuário Brasileiro de Direito Internacional*, 2010, p. 203.

158 JUBILUT, Liliana Lyra. O conceito de soberania: modificações e responsabilidade. *In:* FRANCA FILHO, Marcílio Toscano; MIALHE, Jorge; JOB, Ulisses. *Epitácio Pessoa e a codificação do direito internacional*. Porto Alegre: Fabris, 2013, p. 12.

159 FERRAJOLI, Luigi. *A soberania no mundo moderno*: nascimento e crise do Estado nacional. São Paulo: Martins Fontes, 2007, p. 41.

160 JUBILUT, Liliana Lyra. O conceito de soberania: modificações e responsabilidade. *In:* FRANCA FILHO, Marcílio Toscano; MIALHE, Jorge; JOB, Ulisses. *Epitácio Pessoa e a codificação do direito internacional*. Porto Alegre: Fabris, 2013, p. 12.

Além disso, no final do século XX, as relações Estado-nação passam a ser questionadas. Emergiram estudos acerca da crise da unidade do Estado, em razão da fragmentação dos poderes públicos. Nos ordenamentos unitários, a instituição e posterior multiplicação das entidades públicas nacionais e o surgimento de figuras híbridas, constituídas de organismos semipúblicos, puseram em questão a centralidade do Estado.[161]

Atualmente há uma vasta literatura que se refere diretamente à crise do Estado-nação. Tal "crise" se relaciona com o fato de que muitas das tarefas, responsabilidades e competências tradicionais do Estado-nação (como defesa, gestão econômica, comunicação, administração e sistema legal) não são mais executadas sem a cooperação de outros Estados ou de agentes internacionais não estatais. Os Estados têm tido que aprimorar seu nível de integração política com outros Estados e/ou aumentar as negociações multilaterais. Assim, o que a crise do Estado apresenta não é necessariamente o fim dos Estados nacionais por algum fator contemporâneo que os torne inviáveis, mas a conscientização da excepcionalidade da sua realização: a constatação não é a de que o Estado-nação não seja possível, mas de que foi rompida uma intenção de se manter formalmente o conceito de Estado-nação como modelo universalmente realizável.[162]

Com tudo isso, pode-se dizer que a soberania estatal foi perdendo relevância analítica para as Relações Internacionais, bem como para a Ciência Política. Diferentemente da literatura majoritária, Stephen Krasner tem ressaltado a necessidade de se retomar o foco da reflexão política das relações internacionais, que não combina mais com velhas noções teóricas, ou jamais combinou.[163]

Ele propõe uma noção de soberania que não se enquadra mais como um princípio incontestável de legitimidade política, mas como uma das instituições políticas criadas pelo ser humano, algo constituído num determinado momento, segundo certas contingências. Esta perspectiva institucional da soberania permite a revisão da noção de "Estado soberano" ou "Estado independente" como um tipo de Estado que pode

---

161 CASSESE, Sabino. *A crise do Estado*. São Paulo: Saberes, 2010, p. 32.

162 TOSTES, Ana Paula. *União européia:* o poder político do direito. Rio de Janeiro: Renovar, 2004, p. 55.

163 Cf. KRASNER, Stephen. *Soberanía:* hipocresía organizada. Barcelona: Ediciones Paidós Iberica, 2001.

desaparecer ou variar, ou seja, mudar em função das transformações das condições que propiciaram o seu aparecimento ou permanência.[164]

Além desse fenômeno de introdução das normas de Direito Internacional no território dos Estados, movimentos teóricos questionadores da soberania estatal começaram a ganhar força, sobretudo no final do século XX. Com a intensificação da globalização e a ocorrência de fenômenos correlatos, como o da transnacionalização[165] [166] e o da

---

164 Cf. KRASNER, Stephen. *Soberanía:* hipocresía organizada. Barcelona: Ediciones Paidós Iberica, 2001.

165 Ensinam David Held e Thomas Hale que o termo "transnacional" descreve atividades através de fronteiras, sejam elas físicas ou não, desenvolvidas por atores estatais ou não. Isso o distingue das atividades tradicionais entre Estados no âmbito internacional, bem como das atividades e instituições domésticas, próprias de cada Estado. Essa distinção, no entanto, é por vezes bastante tênue, principalmente em um universo híbrido, entre agentes governamentais e não governamentais e entre fronteiras cada vez mais (in) distintas, como é inerente à globalização. HELD, David; HALE, Thomas. Editor's introduction. *In:* HELD, David; HALE, Thomas. *The handbook of transnational governance*: institutions and innovations. Cambridge: Polity Press, 2011, p. 15. Assevera Joana Stelzer que a "ultravalorização do sistema econômico [proveniente da globalização] articula o ordenamento jurídico à margem da soberania dos Estados, fomentando a intensificação das relações sociais de emergentes sujeitos no plano externo que desencadeiam uma rede de interação caracterizada muito mais pelo trespasse estatal (transnacional) do que pela relação ponto a ponto (*inter*) os Estados (inter-nacional). Nesse contexto marcado pela fragilização estatal de um lado e de outro, pelo reforço de outros centros de poder é que emerge a transnacionalização. (...) O fenômeno da transnacionalização representa o novo contexto mundial, surgido principalmente a partir da intensificação das operações de natureza econômico-comercial no período do pós-guerra caracterizado – especialmente – pela desterritorialização, expansão capitalista, enfraquecimento da soberania e emergência de ordenamento jurídico gerado à margem do monopólio estatal". STELZER, Joana. O fenômeno da transnacionalização da dimensão jurídica. *In:* STELZER, Joana; CRUZ, Paulo Márcio. *Direito e transnacionalidade*. Curitiba: Juruá, 2009, p. 15-16.

166 O presente estudo cinge-se à problematização da transnacionalidade enquanto fenômeno decorrente da globalização e que interfere na soberania estatal. Assim, a teoria do chamado "direito transnacional" não será objeto de análise, muito embora também interfira na soberania dos Estados. Essa teoria, concebida por Philip Jessup, parte da percepção de interdependência entre os Estados. Ele cunha o termo "transnacional" para tratar dos problemas aplicáveis à comunidade mundial interrelacionada. Considerando que a comunidade mundial está criando laços cada vez mais complexos, defende o teórico que a expressão "Direito Internacional" estaria superada, porque teria deixado de atender às exigências conceituais da atualidade. Assim, consignou a expressão "Direito Transnacional" para incluir todas as normas que regulassem atos e fatos para além das fronteiras nacionais, sob o fundamento do consenso. Cf. JESSUP, Philip. *Direito transnacional*. São Paulo: Fondo de Cultura, 1965, p. 12. No entanto, há no presente trabalho concordância com a assertiva de Paulo Borba Casella, segundo a qual seria deveras dificultoso encontrar consenso e se falar em "comunidade" a respeito do contexto internacional. Pela falta de coesão tantas vezes demonstrada entre os seus elementos componentes, quanto se permitiria falar em comunidade, ou se tornaria preferível falar em sociedade internacional, porquanto pode esta ter existência, de fato ou de direito, sem que se tenha de determinar os elementos de conexão que a caracterizem como tal. A sociedade internacional é fato, já a comunidade internacional é algo que se gostaria poder dizer que exista, ou que pode vir a ser construída. Cf. CASELLA, Paulo Borba. *Direito internacional dos espaços*. São Paulo: Atlas, 2009, p. 697.

desterritorialização,[167] o paradigma teórico da soberania estatal começou a ceder espaço para formas paralelas de produção do direito, fazendo com que a ideia de soberania como centralidade e concentração de poder jurídico no Estado fosse enfraquecida, abrindo caminho para a emergência de conceitos análogos, bem como para a quebra do vínculo entre direito, Estado e soberania. Passa-se a analisar a soberania contemporânea, bem como os novos esforços conceituais.

1.2.4 Soberania contemporânea: estado da arte e novos esforços conceituais

Dalmo de Abreu Dallari identifica dois grandes segmentos em que as diversas teorias da justificação do poder se agrupam: teorias teocráticas e teorias democráticas.[168] Por essa razão, recorre-se a esse teórico do Estado para explicitá-las a fim de se delinear os novos esforços conceituais.

As teorias teocráticas tiveram predominância no fim da Idade Média, período em que a conceituação de soberania já se prenunciava, bem como o período absolutista do Estado moderno. Seu ponto de partida é o princípio cristão *omnis potestas a Deo*, externado por São Paulo, segundo o qual todo poder vem de Deus. Essas teorias apresentavam-se como direito divino sobrenatural, em que o próprio Deus concedera poderes ao príncipe, e como direito divino providencial, em que a soberania vem de Deus, assim como todas as coisas terrenas, mas diretamente vem do povo, razão pela qual apresentam incoerências. Mas em ambos os casos, o titular da soberania residia na pessoa do monarca.[169]

Já as teorias democráticas sustentam que a soberania se origina no povo. Essas teorias apresentam três fases sucessivas, nitidamente distintas. Na primeira, aparece o próprio povo, como massa amorfa,

---

167 A desterritorialização significa a deslocalização das relações sociais de um entorno físico determinado. Não se restringe ao domínio da esfera produtiva, mas constitui um modo necessário de articulação no contexto de uma sociedade globalizada e interconectada. A desterritorialização não significa, porém, o fim das fronteiras ou o esvaziamento do espaço, mas a diluição das fronteiras conhecidas através da criação de novos contornos. ORTIZ, Renato. Mundialização, cultura e política. *In:* DOWBOR, Ladislau; IANNI, Octávio; RESENDE, Paulo-Edgar. *Desafios da globalização*. Petrópolis: Vozes, 1997, p. 272.

168 DALLARI, Dalmo de Abreu. *Elementos de teoria geral do Estado*. 2. ed. São Paulo: Saraiva, 1998, p. 33.

169 DALLARI, Dalmo de Abreu. *Elementos de teoria geral do Estado*. 2. ed. São Paulo: Saraiva, 1998, p. 33.

situada fora do Estado. Na segunda, que se consolida na Revolução Francesa e que influi sobre as concepções políticas do século XIX e início do século XX, aparece a nação, como povo concebido numa ordem integrante.[170]

Na terceira fase, pontua Dalmo Dallari, chega-se à afirmação de que o titular da soberania é o Estado, o que começaria a ser aceito na segunda metade do século XIX e alcançaria grande prestígio no século XX,[171] dado o seu elevado grau de rigor científico.[172]

Contemporaneamente, a preocupação com o aspecto democrático que deveria permear os estudos jurídicos sobre a soberania fez com que grande parte das análises teóricas confluíssem para a figura do povo, reabrindo uma senda de debates calcada na reformulação das teorias clássicas da soberania popular e da soberania do povo. Esse debate, majoritariamente, provém das teorias contemporâneas da soberania de origem francesa que atribuem à soberania e ao povo expressiva carga semântica, como demonstram estudos mais recentes.

A teoria da soberania do povo foi revisitada e ganhou novo vigor após os estudos de Olivier Beaud, preconizando que após a Revolução Francesa o Estado passa de um Estado de sujeitos, atrelado ao personalismo do Antigo Regime, para um Estado de cidadãos, e a soberania, assim, repousaria no povo através de sua maior expressão, o poder constituinte e a Constituição, em última análise.[173] [174]

Também pensando a soberania como princípio indissociável à Constituição e ao Direito Constitucional, Arnauld Haquet, também na França, formula uma teoria jurídica da soberania a partir da teoria clássica da soberania do povo a fim de demonstrar que a essa se faz

170 DALLARI, Dalmo de Abreu. *Elementos de teoria geral do Estado*. 2. ed. São Paulo: Saraiva, 1998, p. 33.

171 DALLARI, Dalmo de Abreu. *Elementos de teoria geral do estado*. 2. ed. São Paulo: Saraiva, 1998, p. 33.

172 Ainda sobre o rigor científico, é importante assinalar que as observações que se seguem indicam apenas uma revisão bibliográfica das teorias contemporâneas da soberania, não importando em esforço taxonômico ou analítico sobre elas, até porque careceria dos aportes epistemológicos necessários, dado o seu alto grau de heterogeneidade, o que desvirtuaria os objetivos geral e específicos inicialmente traçados neste trabalho.

173 Cf. BEAUD, Olivier. *La puissance de l'État*. Paris: PUF, 1994.

174 Também na senda da teoria da soberania do povo, Pierre Rosanvallon, em perspectiva histórica, demonstra que há um imperativo necessário entre democracia e soberania, construído a partir da Revolução Francesa, a permear toda a construção teórica da soberania francesa. Cf. ROSANVALLON, Pierre. *La democratie inachevée*: histoire de la souveraineté du people en France. Paris: Gallimard, 2000.

necessário imprimir a evolução do próprio Direito Constitucional, bem assim, a ideia central de Estado de Direito e de cidadania.[175]

Juliana Neuenschwander Magalhães, no Brasil, revisitando a teoria da soberania popular, assevera que o termo "soberania", na sua origem, designava aquele que detinha de modo absoluto o poder, como demonstram as primeiras linhas teóricas acerca da soberania de caráter teocrático. Com o avanço do processo de democratização, o termo passou a significar aquele que não detém de modo nenhum o poder, demonstrando, destarte, a passagem da soberania monárquica para a popular. O que à primeira vista poderia parecer o relato de um fracasso, seria, provavelmente, a história da condição do sucesso da soberania popular, acentuando que essa condição exitosa reside exatamente no deslocamento do poder do príncipe para o povo.[176]

Também no Brasil, e especificamente sobre a soberania contemporânea no contexto brasileiro, Gilberto Bercovici assevera que a consequência política da globalização mais evidenciada pela doutrina é a limitação da soberania dos Estados. Todavia, a soberania brasileira, nos aspectos externo e interno, sempre apresentou a condição de uma "soberania bloqueada".[177] Esse bloqueio da soberania de um Estado periférico, como o Brasil, não decorre apenas de fatores externos, mas também internos: poderosos atores econômicos nacionais limitam o exercício da soberania e do constitucionalismo. Ou seja, esse poder submete o Estado, que deveria estar sob controle da soberania popular, fazendo com que recursos públicos sejam empregados para atender a interesses privados.[178]

Em que pese a existência de esforços para imprimir à soberania expressão mais democrática (ou a indicar a falta dela, em alguns casos) através das novas teorias da soberania popular e do povo, teóricos do Estado alinhados à teoria da soberania calcada no Estado se esforçaram a fim de demonstrar que também essa construção é dotada de democraticidade, mas não sem antes assinalar severas críticas.[179]

---

175 Cf. HAQUET, Arnaud. *Le concept de souveraneté en droit constituttionnel français*. Paris: Presses Universitaires de France, 2004.

176 Cf. MAGALHÃES, Juliana Neuenschwander. *Formação do conceito de soberania*: história de um paradoxo. São Paulo: Saraiva, 2016.

177 BERCOVICI, Gilberto. *Soberania e constituição*: por uma crítica do constitucionalismo. São Paulo: Quartier Latin, 2008, p. 36.

178 Cf. BERCOVICI, Gilberto. *Soberania e constituição*: por uma crítica do constitucionalismo. São Paulo: Quartier Latin, 2008.

179 Entre as críticas à soberania estatal, a de Stephen Krasner é uma das mais contundentes. Segundo ele, a soberania, enquanto pilar das relações internacionais desde a Paz de

Adverte Ari Marcelo Solon que o reconhecimento do próprio Estado como depositário da soberania, conquanto seja contabilizado como um progresso científico em relação às teorias subjetivas jusnaturalistas da soberania dos "homens" (príncipe ou povo), sofreu uma penetrante crítica por parte de Hans Kelsen, que, por sua vez, tinha na soberania a espinha dorsal da sua teoria pura do direito. Assim, a soberania para Kelsen seria a soberania da ordem jurídica, e não a soberania do Estado, tese com o qual o autor coaduna.[180]

Também em severas críticas sobre a soberania do Estado pura e simples, o Direito Internacional na atualidade passa a exigir do seu conceito e, sobretudo, da sua prática, conteúdo normativo afinado à proteção dos direitos humanos e a entendê-la não como um direito dos Estados, mas como uma responsabilidade. Em face disso, Kofi Annan explica que "a soberania estatal, em seu sentido mais básico, está sendo redefinida – nomeadamente pelas forças da globalização e da cooperação internacional. Estados atualmente são amplamente entendidos como instrumentos a serviço de seus povos, e não o contrário".[181] Esta formulação abre as portas para se tratar os Estados não como agentes livres, mas como membros de uma comunidade internacional, de que

Westphalia, tem sido usada de quatro maneiras: (i) como soberania legal internacional, para ações de independência dos Estados; (ii) como soberania westphaliana, para organizações baseadas na exclusão de atores externos às estruturas de autoridade de um dado território; (iii) como soberania interna, para a organização formal da autoridade política dentro do Estado e controle efetivo dentro das suas fronteiras; (iv) como soberania interdependente, como capacidade das autoridades de desregulamentar o fluxo de informações, bens e pessoas através das fronteiras estatais. Dessa forma, sugere que os Estados podem desfrutar de uma dessas soberanias, sem prejuízo das demais. Para essa análise, Krasner não parte do Estado como o principal ator das relações internacionais, nem mesmo da necessidade de sobrevivência e valorização dos Estados em um ambiente que pode ser hostil, mas do fato de que são os governantes, e não o Estado, os verdadeiros atores centrais do sistema internacional, e em razão disso pautam suas ações de acordo com as suas próprias prioridades. Cf. KRASNER, Stephen. *Soberanía*: hipocresía organizada. Barcelona: Paidós, 2001. Em que pese a relevância da teoria realista de Krasner, o presente estudo e, especialmente, esse tópico, cuidam da teoria jurídica da soberania, razão pela qual essa formulação deixa de ser analisada como conceitual, tampouco como uma teoria jurídica contemporânea da soberania.

180 SOLON, Ari Marcelo. *Teoria da soberania como problema da norma jurídica e da decisão*. Porto Alegre: Sérgio Antonio Fabris, 1997, p. 49. Segundo o mesmo autor, isso se deve ao fato de que não poderia o Estado limitar-se pelo direito que ele mesmo cria. Essa ideia, porém, não é esposada no presente trabalho, em razão do referencial teórico adotado, já que a limitação do poder do Estado pelo direito que ele mesmo cria constitui o fundamento do constitucionalismo e da própria formulação geral de Estado de Direito, através dos quais esse trabalho se fundamenta.

181 ANNAN, Kofi. Two concepts of sovereignty. *The Economist*, 18 de setembro de 1999, p. 1.

se espera adesão às normas em desenvolvimento daquela comunidade no que tange ao que é considerado legítimo.[182]

Luigi Ferrajoli, partindo do pensamento de Francesco de Vitória (1485-1546) – primeiro sobre a existência de Estados soberanos a atuar em uma sociedade internacional, segundo, sobre a existência de um direito natural das gentes e dos povos; e, terceiro, sobre a possibilidade de cada Estado empreender "guerras justas" – entende ser possível a identificação do Estado. A partir das noções de soberania interna e externa, ele propõe os limites e as possibilidades de criação de um constitucionalismo de Direito Internacional, tendo em vista as transformações que a globalização impõe.[183]

Já Enrique Ricardo Lewandowski defende a teoria da soberania estatal compartilhada em face do contexto da globalização e da regionalização contemporâneas. Segundo essa teoria, os Estados, ao ingressarem em blocos regionais (tomando como parâmetro a União Europeia), não renunciam à sua soberania nem mesmo a parcelas dela em favor do todo. Passam a atuar de modo conjunto em determinadas áreas, sobretudo no campo da economia, de maneira a conferir maior eficácia às respectivas ações. Isso porque os Estados não têm mais condições, na atualidade, de lidar eficazmente com as consequências de fenômenos que ocorrem além de suas fronteiras.[184] Por tal razão, os Estados-membros passam a compartilhar as respectivas soberanias com outros Estados, em áreas consideradas críticas, por intermédio dos órgãos supranacionais, aos quais atribuem um certo número de competências, taxativamente explicitadas nos tratados constitutivos. Compartilhar a soberania significa conferir-lhe operacionalidade, ou seja, possibilidade de intervir de forma objetiva na realidade fática, e assim a soberania, ao menos no que ela tem de essencial, não seria afetada.[185]

Todos esses novos esforços conceituais foram relevantes porque abriram caminho para compreensão da soberania na contemporaneidade. Nenhuma delas, porém, analisa o seu conceito e a sua aplicabilidade a partir do vínculo original, estabelecido por Jean Bodin, entre direito,

---

[182] Etzioni, Amitai. Sovereignty as responsibility. *ORBIS*, Foreing Policy Research Institute, Winter 2006, p. 71.

[183] FERRAJOLI, Luigi. *A soberania no mundo moderno*: nascimento e crise do Estado nacional. São Paulo: Martins Fontes, 2007, p. 41.

[184] LEWANDOWSKI, Enrique Ricardo. *Globalização, regionalização e soberania*. São Paulo: Juarez de Oliveira, 2004, p. 291.

[185] LEWANDOWSKI, Enrique Ricardo. *Globalização, regionalização e soberania*. São Paulo: Juarez de Oliveira, 2004, p. 291-300.

Estado e soberania. A tese da soberania estatal democrática[186] parte da construção desse vínculo e, partir dele, tece análises que vão desde a sua concepção, calcada na estatalidade, até a sua mitigação, com a pós-modernidade, contexto em que a globalização se encontra inserida. Essa tese, segundo a qual, paralelamente ao Estado, múltiplos sujeitos provenientes do tecido social, democraticamente, passaram a compor o direito, reformula a concepção de soberania vigente[187] até então e é necessária para a compreensão da soberania de caráter híbrido, delineada a partir dos processos de globalização e de desglobalização que este trabalho busca demonstrar, como se verá adiante.

186 ALVES, Angela Limongi Alvarenga. *Limites e potencialidades da soberania estatal na pós-modernidade*. 2017. Tese (Doutorado em Direito do Estado) – Faculdade de Direito, Universidade de São Paulo, São Paulo, 2017.

187 ALVES, Angela Limongi Alvarenga. *Limites e potencialidades da soberania estatal na pós-modernidade*. 2017. Tese (Doutorado em Direito do Estado) – Faculdade de Direito, Universidade de São Paulo, São Paulo, 2017.

CAPÍTULO 2

SOBRE A SOBERANIA E A GLOBALIZAÇÃO

Em uma primeira acepção, a globalização[188] pode indicar algo extremamente recente para a ciência. Porém, não se trata de um fenômeno novo, mas uma tendência que caracteriza a humanidade desde os primórdios.[189] [190] Constitui um processo que vem se desenvolvendo

---

188 É importante salientar que o termo "globalização" tem caráter polissêmico e comumente é designado como um conceito impreciso – e, por isso, passível de equívocos. FARIA, José Eduardo. *Sociologia jurídica*: direito e conjuntura. Série GVLaw. São Paulo: Saraiva, 2011, p. 17. O ideal seria compreender a globalização como fenômeno transepocal.

189 GASPARDO, Murilo. *Democracia e policentrismo do poder*. São Paulo: Alameda, 2016, p. 109.

190 Assevera André-Jean Arnaud que a globalização atual constitui uma nova fase do capitalismo, sendo certo que é possível encontrar semelhanças com a globalização no passado. Porém, adverte que esses acontecimentos históricos, bem como os esforços sucessivos de dominação que se seguiram estavam muito longe do que se entende hoje por globalização, que, por sua vez, representa uma ruptura radical com o modo de pensar e de agir da modernidade. ARNAUD, André-Jean. Globalização. *In:* ARNAUD, André-Jean; JUNQUEIRA, Eliane Botelho. *Dicionário da globalização*. Rio de Janeiro: Lumen Juris, 2006, p. 222. Em que pese a relevância desse argumento, entende-se que a ruptura com a modernidade se dá com a pós-modernidade, apesar das críticas que essa terminologia engendra. A pós-modernidade é descritiva de um fenômeno que altera a concepção tradicional de modernidade, e, sobretudo, constitui a superação do positivismo na contemporaneidade, marcada pela intensificação do risco e da insegurança, tornando tênue a demarcação entre Estado e sociedade e porosas as suas relações, alterando de forma indelével o direito e a soberania. Por isso, é importante estabelecer, ainda que brevemente, um contraponto entre pós-modernidade e globalização. A globalização compreende um processo paradigmático, multidimensional que acaba por enfraquecer os Estados nacionais. Já a pós-modernidade pressupõe novas formas de conceber o mundo e a vida por sistemas de pensamento calcados na efemeridade, na diluição de certezas e paradigmas, na porosidade das relações e na compressão entre tempo e espaço. A pós-modernidade tem no ser humano a sua centralidade, diferentemente da globalização, que a tem na economia e tudo o mais que isso implica. A globalização, apesar de ser um fenômeno multifacetado, constitui, assim, uma parte da pós-modernidade, que por sua vez compreende algo muito maior. Cuida-se de pensar que os termos "globalização" e "pós-modernidade" não são sinônimos, mas não são, com efeito, excludentes. ALVES, Angela Limongi Alvarenga. *Limites e potencialidades da soberania estatal na pós-modernidade*. 2017. Tese (Doutorado em Direito do Estado) – Faculdade de Direito, Universidade de São Paulo, São Paulo, 2017, p. 10-11.

desde o passado remoto da humanidade, começando com as migrações humanas, passando pelas conquistas dos antigos romanos, a expansão do cristianismo e do Islã, as grandes navegações da modernidade, a difusão dos ideais da Revolução Francesa, o neocolonialismo do século XVIII, ganhando especial impulso depois da Segunda Guerra Mundial,[191] especialmente com a ordem global que se estabeleceu na sequência.[192]

Até a segunda metade do segundo milênio, a globalização caminhou sem um curso definido, avançando e retrocedendo ante as vicissitudes históricas. O fenômeno somente passou a apresentar um desenvolvimento mais consistente a partir dos séculos XV e XVI, ao que Enrique Ricardo Lewandowski atribui à revolução copernicana, em que o ser humano se convenceu de que habitava um globo,[193] iniciando-se assim o período das grandes navegações, conquistas e do mercantilismo europeus.

Desde então, a integração do mundo não conheceu mais limites, progredindo exponencialmente, sobretudo em função de interesses comerciais. A globalização alcançou especial impulso após a Segunda Guerra Mundial, "configurando uma intensa circulação de bens, capitais e tecnologia através de fronteiras nacionais, com a consequente criação de um mercado mundial".[194] [195] A globalização contemporânea,[196]

---

191 LEWANDOWSKI, Enrique Ricardo. *Globalização, regionalização e soberania*. São Paulo: Juarez de Oliveira, 2004, p. 50.

192 HELD, David. *Democracy and the global order*: from the modern State to cosmopolitan governance. Stanford: Stanford University Press, 1995, p. 8.

193 LEWANDOWSKI, Enrique Ricardo. *Globalização, regionalização e soberania*. São Paulo: Juarez de Oliveira, 2004, p. 291.

194 LEWANDOWSKI, Enrique Ricardo. *Globalização, regionalização e soberania*. São Paulo: Juarez de Oliveira, 2004, p. 50-51.

195 O termo "globalização" admite múltiplos conceitos. Anthony Giddens considera que as divergências conceituais se referem, fundamentalmente, ao conflito ideológico-político entre neoliberais e social-democratas ou socialistas e/ou, ainda, entre direita e esquerda. Cf. GIDDENS, Anthony. *A terceira via*: reflexões sobre o impasse político atual e o futuro da social-democracia. Rio de Janeiro: Record, 2006. Esse debate, entretanto, não constitui objeto de estudo no presente trabalho, muito embora a faceta política da globalização o seja. Isso porque o objetivo é analisar os impactos do sistema da política no direito, especificamente, para a soberania estatal, concentrando esforços no comportamento dos sistemas da política e do direito, em detrimento de análises das correntes teóricas acerca do conceito de globalização. De se assinalar que, inobstante a face econômica da globalização seja a mais estudada, ainda existem polêmicas a respeito dos seus aspectos mais conhecidos. Com muito mais ênfase isso se dá em relação à dimensão política, em razão do fato de ser muito menos estudada, o que por si só justificaria a necessidade de estudos mais acurados.

196 Sobre a globalização contemporânea, José Henrique de Faria assinala que ela pode ser entendida "como resultado de um determinado momento histórico da economia do

no entanto, apresenta traços distintivos e remonta origens na década de 1970,[197] em grande medida, pelo desgaste do modelo keynesiano[198] e do desenvolvimento das tecnologias de comunicação.

Além disso, a globalização contemporânea contempla múltiplas dimensões, sendo a econômica, a financeira, a política, a cultural, a ambiental e a tecnológica as mais conhecidas. Desses diferentes aspectos, os mais visibilizados e estudados são o econômico, o financeiro e, mais recentemente, o tecnológico. Não por acaso, as duas primeiras temáticas dominaram os estudos sobre a globalização, bem assim a produção intelectual sobre o tema[199] durante os anos 1990 e início dos anos 2000. A revolução tecnológica, no entanto, constitui importante catalisador das transformações globalizantes na atualidade.

Apesar disso, todos esses fatores, congregados, favoreceram a marca da globalização contemporânea: a da crise do Estado nacional,[200] dada a permeabilidade entre as searas interna e externa estatais, o desbordamento de fronteiras e multifatorial de espaços, o deslocamento da política e da economia, bem assim dos seus modos de produção e a transnacionalização das suas relações, típicas do contexto globalizatório.

A ordem global estabelecida após a Segunda Guerra Mundial passa a ser confrontada pela globalização, e a soberania é progressivamente

---

poder, ou seja, como resultado da fixação de novos padrões de acumulação ampliada do capital e das transformações das relações de produção, sobre as organizações, em termos de efeitos e consequências: (a) sobre a economia, especialmente os processos de mudanças nas bases tecnológicas, a reestruturação produtiva e as relações de trabalho; (b) sobre as instituições políticas e de organização da sociedade e; (c) sobre os comportamentos éticos e democráticos, as relações de intimidade e os valores sociais presentes nas relações interpessoais". Nessa perspectiva, a globalização se revela como resultado do movimento próprio das relações sociais e de produção, e não como sua causa, sendo, portanto, um processo decorrente das relações sociais e de produção, e não a sua origem. Cf. FARIA, José Henrique. *The contemporary State and globalization*. Sunderland: University of Sunderland, 1998.

197 GASPARDO, Murilo. *Democracia e policentrismo do poder*. São Paulo: Alameda, 2016, p. 109-110.

198 Teoria econômica formulada pelo britânico John Maynard Keynes, durante a década de 1930, momento em que o capitalismo atravessava uma de suas maiores crises. Questionando o modelo econômico liberal vigente na época, pautado no pensamento de Adam Smith, Keynes propôs uma teoria que, em linhas gerais, fundamentava-se na intervenção estatal na economia, e a sua obra central, intitulada "Teoria geral do emprego, do juro e da moeda", ganhou notoriedade e aplicabilidade. A partir da década de 1970, no entanto, novas correntes de pensamento econômico passaram a combater esse modelo, ante as evidências do seu esgarçamento. Cf. KEYNES, John Maynard. *Teoria geral do emprego, do juro e da moeda*. São Paulo: Saraiva, 2005. Nesse mesmo sentido, LEWANDOWSKI, Enrique Ricardo. *Globalização, regionalização e soberania*. São Paulo: Juarez de Oliveira, 2004.

199 FORJAZ, Maria Cecília Spina. Globalização e crise do Estado nacional. *RAE FGV EAESP*, São Paulo, v. 40, n. 2, p.1-14, 2000, p. 2.

200 CASSESE, Sabino. *A crise do Estado*. Campinas: Saberes, 2010, p. 24-33.

reconfigurada por movimentos de deslocamento e deslocalização: é transferida do âmbito estatal e das fronteiras nacionais para entidades paralelas, para além do Estado e passa a ser gerida e gestada por mecanismos de governança cuja localização é dificilmente identificada e identificável, de forma que novos atores e sujeitos da ordem internacional passam a influenciar e a produzir o direito à revelia estatal.

Nesse cenário, a soberania estatal é radicalmente transformada e se torna o ponto de convergência de intensos debates, especialmente no tocante à erosão do Estado e ao esfacelamento do seu poder político e, sobretudo, jurídico. A principal consequência apontada pela literatura especializada é a da sua redução.[201]

Assim, passa-se a analisar a globalização como fenômeno paradigmático que, dada a sua abrangência e profundidade, acaba por enfraquecer os Estados nacionais, em especial a sua principal consequência política: a erosão da soberania a partir da quebra do vínculo entre direito, Estado e soberania.

2.1 Globalização

A globalização é a marca da atualidade.[202] [203] Isso, porém, não faz com que a sua compreensão seja tarefa das mais simples. Como ponto de partida para examinar algumas das mudanças políticas associadas à noção de globalização, é importante refletir sobre algumas das maneiras pelas quais o seu significado tem sido usado para informar os debates políticos contemporâneos.

Inicialmente, é preciso pontuar que a globalização implica a centralização do poder nas mãos de algumas grandes organizações (e talvez até indivíduos).[204] Essa noção se entrelaça à ideia de poder como dominação, enfatizando o papel de agentes específicos a exercer poder e influência sobre outros.[205]

---

201 GASPARDO, Murilo. *Democracia e policentrismo do poder*. São Paulo: Alameda, 2016, p. 109.

202 Asseveram David Held e Anthony McGrew que a grande diferença entre a globalização da atualidade para os processos anteriores é o influxo de caráter mercadológico, produzido pelas empresas. HELD, David; McGrew, Anthony. *Prós e contras da globalização*. Rio de Janeiro: Zahar, 2001. p. 16.

203 A literatura da globalização, no entanto, encontra seu ápice produtivo entre o final dos anos 1990 e início dos anos 2000, época convergente à intensificação do processo, como poderá se verificar nos tópicos seguintes do presente trabalho.

204 ALLEN, John. Power: its institutional guises (and disguises). *In:* HUGHES, Gordon; FERGUSSON, Ross. *Ordering lives*: family, work and welfare. London: Routledge, 2004, p. 8.

205 DAHL, Robert. The concept of power. *Behavioral Science*, 1957, p. 201.

Nesse contexto, surgem as questões centrais sobre a importância do Estado para a organização humana, ou melhor, sobre a erosão do seu poder – e da razão da sua própria existência – frente à globalização. Quanto a esse particular, David Held identifica três posições teóricas na literatura sobre globalização: globalismo, inter-nacionalismo e transformacionalismo.[206]

Resumidamente, os globalistas argumentam que se vive uma atualidade cada vez mais global, em que os Estados estão sendo submetidos a interferências cada vez maiores do sistema da economia, acarretando mudanças profundas nos processos políticos. Estes, por sua vez, estão se desgastando e fragmentando os Estados-nação, diminuindo gradativamente o poder estatal. Nessas circunstâncias, os Estados são cada vez mais impelidos a se tornar "tomadores de decisão", e não "decisores",[207] ou seja, têm diminuídas as suas capacidades diretiva e de comando, passando a apenas responder às demandas e ainda assim de forma reduzida, em detrimento do potencial criativo para estimular e promover novas questões.

Os inter-nacionalistas resistem fortemente a essa visão e acreditam que as circunstâncias globais contemporâneas têm sido superestimadas. A intensificação da globalização estimulou as interações sociais e isso reforçou e fortaleceu os poderes do Estado em muitos locais. Por isso, observa-se a construção de novas instituições a fim de responder de todas as formas possíveis aos desafios postos pela nova realidade.[208]

Os transformacionalistas assumem uma posição diferente. Eles discutem que a globalização está criando novas circunstâncias econômicas, políticas e sociais, que estão transformando os poderes estatais e o contexto no qual os Estados operam. Eles não preveem o resultado – que permanece incerto –, mas acreditam que a política não é mais, e não pode ser, simplesmente baseada no formato tradicional dos Estados-nação. O contexto socioespacial dos Estados está sendo alterado, bem assim a sua natureza, a sua forma e as suas operações.[209]

---

206 HELD, David. Introduction. *In:* HELD, David. *A globalizing world?* Culture, economic, politics. London: Routlege, 2004, p. 2.

207 HELD, David. Introduction. *In:* HELD, David. *A globalizing world?* Culture, economic, politics. London: Routlege, 2004, p. 2.

208 HELD, David. Introduction. *In:* HELD, David. *A globalizing world?* Culture, economic, politics. London: Routlege, 2004, p. 2.

209 HELD, David. Introduction. *In:* HELD, David. *A globalizing world?* Culture, economic, politics. London: Routlege, 2004, p. 2.

Padrões atuais de globalização levantam questões profundas sobre como as sociedades contemporâneas são governadas e sobre como deveriam ser, normativamente falando. Anthony McGrew assinala que os globalistas argumentam que, em um mundo globalizado, Estados e governos nacionais são cada vez mais impotentes e irrelevantes. Enquanto eles são muito pequenos para lidar com os problemas que afetam seus cidadãos, como o aquecimento global ou o comércio ilegal de drogas, por exemplo, eles são grandes demais para lidar com questões locais, como a reciclagem de lixo. Por outro lado, os inter-nacionalistas sustentam que a capacidade dos governos nacionais de regular a vida dos seus cidadãos e de gerir assuntos globais nunca foi tão extensa. Ao invés do fim do Estado-nação, os inter-nacionalistas concluem que a globalização está reafirmando a centralidade dos governos nacionais na gestão dos assuntos humanos. Os transformacionistas discordam dos dois argumentos sustentando que, no mundo criado pelas forças da globalização, os governos nacionais estão tendo que adaptar seus papéis e funções. Como resultado, uma reconfiguração significativa no poder, jurisdição, autoridade e legitimidade dos Estados está em andamento.[210]

Da ótica transformacionalista, os governos nacionais não têm tanto poder a perder, mas têm que se ajustar a um novo contexto em que seu poder e soberania permanecem em concorrência e são constantemente permutados entre muitas outras agências públicas e privadas acima, abaixo e ao lado do Estado-nação,[211] os mecanismos de governança que atuam em múltiplos níveis e camadas.

O mesmo se dá em relação ao poder estatal de formulação do direito: ao lado da soberania estatal (entenda-se a produção do direito pelo Estado nacional) colocam-se os mecanismos de governança (compreendendo-se nessa senda a produção do direito para além do Estado, pela via da *soft law*). Parece ser esta a posição mais congruente com o cenário atual, já que não há que se falar em fim do Estado nacional,[212] mas na sua transformação.

Assim, a globalização implica a interpenetração entre o interno e o externo ao contexto estatal, promovendo a transnacionalização das

---

210 McGREW, Anthony. Power shift: from national government to global governance? *In:* HELD, David. *A globalizing world?* Culture, economic, politics. London: Routlege, 2004, p. 125-126.

211 McGREW, Anthony. Power shift: from national government to global governance? *In:* HELD, David. *A globalizing world?* Culture, economic, politics. London: Routlege, 2004, p. 126.

212 ARNAUD, André-Jean. Prefácio. *In:* ARNAUD, André-Jean; JUNQUEIRA, Eliane Botelho. *Dicionário da globalização*. Rio de Janeiro: Lumen Juris, 2006, p. x.

suas relações. Isso se dá nos seus diversos domínios, com o favorecimento das interações de redes e organizações que conectam pessoas, negócios e comunidades através das fronteiras nacionais. Senão vejamos.

2.1.1 Globalização e suas características

Se de um lado argumenta-se que os processos econômicos, políticos e culturais na sociedade contemporânea ocorrem lado a lado do cidadão, no âmago do Estado nacional, de outro, eles também se estendem através dos seus limites, de modo que os eventos e decisões em um determinado local do mundo produzem efeitos sobre os outros.

Por essa razão, algumas características podem ser identificadas, tais como a ampliação das relações sociais e econômicas, a intensificação dos fluxos, o aumento da interpenetração de práticas econômicas e sociais e o surgimento de uma infraestrutura global.[213]

A ampliação das relações sociais na atualidade está associada a uma intensificação dos fluxos e redes de interação e interconectividade que transcendem os Estados nacionais. Isso porque a densidade da comunicação e da interação favorecidas pela tecnologia promove o alargamento das relações sociais e, ao mesmo tempo, uma intensificação das redes de comunicação e de interação.[214]

O espaço social compartilhado através da tecnologia passa a ser distinto do espaço territorial, que por sua vez é localizado. As distâncias físicas são encurtadas, e os espaços não promovem afastamentos. Com a intensificação dos fluxos, há o aumento da densidade de comunicação e de interação através da conectividade em todo o mundo,[215] o que implica afirmar que as relações sociais e políticas estão deslocalizadas e que os impactos dos eventos são sentidos em múltiplos locais simultaneamente e com mais intensidade do que antes.

A crescente extensão e intensidade das interações globais está mudando a tônica das relações entre o local e o global. Como as relações sociais se estendem, há uma crescente interpenetração das práticas econômicas e sociais, aproximando culturas e sociedades, na medida em que determinadas práticas e/ou produtos são "exportados"

---

213 HELD, David. Introduction. *In:* HELD, David. *A globalizing world?* Culture, economic, politics. London: Routlege, 2004, p. 5.

214 COCHRANE, Allan; PAIN, Kathy. A globalizing society? *In:* HELD, David. *A globalizing world?* Culture, economic, politics. London: Routlege, 2004, p. 15-16.

215 COCHRANE, Allan; PAIN, Kathy. A globalizing society? *In:* HELD, David. *A globalizing world?* Culture, economic, politics. London: Routlege, 2004, p. 16.

e "importados" para outros locais – "a Coca-Cola, o McDonald's ou filmes de Hollywood são exemplos óbvios da maneira pela qual as expressões de uma cultura (neste caso, dos EUA) são exportadas para outros países".[216][217] Esse processo funciona de outra maneira também, já que as culturas ocidentais refletem cada vez mais influências culturais de todo o mundo – o maior exemplo é a presença da cultura indiana em Londres, que, de tão apreendida, passa a ser mostrada (e comercializada) como se londrina fosse.

Nesse sentido, a globalização pode ser vista como uma reformulação do antigo poder das relações coloniais, embora sem a necessidade de ocupação física e real de um território – exceto pelo fato de que cidades globais como Londres ou Nova York estão, elas mesmas, agora sendo colonizadas por pessoas cujos países foram fisicamente ou economicamente colonizados pelo Ocidente.[218]

Pensar a interpenetração significa também refletir até que ponto as culturas e sociedades em princípio distantes geograficamente se defrontam umas com as outras em determinado local, criando maior diversidade e possibilidades, ampliando, destarte, capacidades e potenciais criativos.

---

216 COCHRANE, Allan; PAIN, Kathy. A globalizing society? *In:* HELD, David. *A globalizing world?* Culture, economic, politics. London: Routlege, 2004, p. 16.

217 Sobre esse particular, Boaventura de Sousa Santos distingue dois modos de produções característicos da globalização: globalismo localizado e localismo globalizado. O primeiro consiste no processo pelo qual um fenômeno específico, sejam as atividades de uma multinacional bem-sucedida, a transformação da língua inglesa em uma língua franca, a globalização do *fast food* ou música popular ou a adoção mundial das mesmas leis de propriedade intelectual, patentes ou telecomunicações passa a ser, de forma agressiva, promovido pelos EUA. Nesse modo de produção da globalização, o que é globalizado é o vencedor de uma luta pela apropriação ou valorização de recursos ou para o reconhecimento hegemônico de uma dada cultura, raça, diferença sexual, étnica, religiosa ou regional. Essa vitória se traduz na capacidade de ditar os termos de integração, competição e inclusão. Já o localismo globalizado consiste no impacto específico nas condições locais produzidas pelas empresas transnacionais, suas práticas e imperativos. Ao responder a esses imperativos transnacionais, as condições locais são desintegradas, oprimidas, excluídas, destruídas e, eventualmente, reestruturadas como uma inclusão subordinada. Tais globalismos localizados incluem: a eliminação do comércio tradicional e da agricultura de subsistência; a criação de enclaves ou zonas de livre comércio; desmatamento e destruição maciça de recursos naturais, a fim de pagar dívidas externas; o uso de tesouros históricos, cerimônias religiosas ou locais, artesanato e vida selvagem para o benefício da indústria do turismo global; *dumping* ecológico; a conversão da agricultura de subsistência em agricultura para exportação como parte de "ajuste estrutural"; e a etnização do local de trabalho. SANTOS, Boaventura de Sousa. *Conhecer para libertar*: os caminhos do cosmopolitismo multicultural. Rio de Janeiro: Civilização Brasileira, 2003, p. 71.

218 COCHRANE, Allan; PAIN, Kathy. A globalizing society? *In:* HELD, David. *A globalizing world?* Culture, economic, politics. London: Routlege, 2004, p. 16.

Noutra senda, tecnologias de informação e comunicação fornecem parte da infraestrutura de interação que suporta o crescimento dos mercados globais. Dessa forma, Estados-nação acabam fragilizados, já que permanecem à mercê desses mercados, cujos efeitos são bastante efetivos e poderosos. Com isso, os Estados nacionais têm a sua capacidade política reduzida e, em última análise, desafiada a sua soberania.

Além disso, o desenvolvimento tecnológico promoveu a compressão do tempo e do espaço nas relações humanas, favorecendo o processo globalizatório. Dessa forma, também o tempo-espaço do Estado nacional foi ressignificado.

O tempo-espaço nacional é composto por diversas temporalidades e ritmos que, por sua vez, são compatíveis entre si (temporalidade da política, do processo legislativo, eleitoral, judicial, da segurança social etc.), sendo a coerência entre essas temporalidades o que compõe o tempo-espaço nacional. Todavia, essa engrenagem é questionada pela interferência causada pelo espaço-tempo global, causando a sua disfuncionalidade. Isso leva à reflexão de que o tempo estatal estaria em descompasso com o tempo da globalização, que é instantâneo. Esse descompasso faz com que o Estado tenha dificuldades em oferecer uma resposta satisfatória à sociedade no que tange ao cumprimento de suas funções típicas – legislativa, executiva e jurisdicional, minimizando a sua capacidade e, consequentemente, a sua legitimidade.[219]

O desenvolvimento tecnológico,[220] sobretudo das tecnologias da informação e da comunicação (TICs),[221] proporciona o conceito de

---

219 SPENGLER, Fabiana Marion; WRASSE, Helena Pacheco. A ressignificação do paradigma estatal em tempos de globalização. *Direito, Estado e Sociedade*, Rio de Janeiro, n. 80, p. 127-146, jan./jun. 2019, p. 132

220 Sobre o desenvolvimento tecnológico, interessante a reflexão de José Eduardo Faria acerca da inovação tecnológica. Essa, segundo ele, tem um tempo de durabilidade comercial cada vez menor, ou seja, o tempo que se tem para produzir uma inovação, explorá-la comercialmente e amortizar os investimentos nela empreendidos é cada vez menor. Em 1960, na economia capitalista, uma novidade industrial durava três anos. Nos anos 1980, uma novidade industrial durava algo em torno de dois anos. No início dos anos 1990, uma novidade industrial durava apenas um ano. Em 1995, na média, uma novidade industrial durava algo em torno de seis meses apenas. Isso significa que se tem, hoje, muito pouco tempo para que uma tecnologia seja patenteada e permita o seu retorno a partir da exploração comercial. Em muito pouco tempo aquela tecnologia é sucateada, portanto, aquele investimento tem um fator de risco: ou ele retorna rapidamente ou representa perda. É exatamente esse fator de risco que leva os mercados a se transnacionalizarem. É nesse momento em que os conglomerados econômicos percebem que não podem mais trabalhar com um mundo com um conjunto de economias nacionais que interagem, mas com um mundo visto na perspectiva de um único sistema, que não conhece fronteiras territoriais. Cf. FARIA, José Eduardo. Globalização, soberania e direito. *In:* MAUÉS, Antonio Moreira. *Constituição e democracia*. São Paulo: Max Limonad, 2001, p. 141.

221 As tecnologias de informação e comunicação (TICs) são ferramentas utilizadas para favorecer a comunicação através da tecnologia da informação, que inclui o *hardware* de

"sociedade em rede", cunhado por Manuel Castells. Para ele, a sociedade em rede designa a nova morfologia social da era da informação, em que o capitalismo se reformula a partir da evolução da tecnologia para um capitalismo informacional em que os mercados, os fluxos financeiros e assim também as relações sociais, políticas e produtivas desconhecem fronteiras, favorecendo a transnacionalização.[222] Com isso, o Estado deixa de ser o ponto de referência para o direito, abrindo espaço para a desregulamentação e para a deslegalização, e assim também a própria sociedade que passa a se "orientar" a partir desses novos referenciais.[223] Para além das características da globalização: ampliação das relações sociais e econômicas, a intensificação dos fluxos, aumento da interpenetração de práticas econômicas e sociais e surgimento de uma infraestrutura global, há importantes efeitos que do plano da política atravessam – e impactam – o sistema do direito, quais sejam, força do mercado, transnacionalização e desterritorialização, levando a disputas de poder e, por fim, perda de centralidade estatal, levando à produção do direito por múltiplos sujeitos, para do Estado. É o que se passa a analisar.

---

um computador, rede de telemóveis, *software*, bem como todos os meios utilizados para tanto. Elas desenvolvem diversas ações, como, por exemplo, a facilitação da educação à distância. Cf. MARTINS, Ronei Ximenes. *Tecnologias para educação sem distância*. Lavras: UFLA, 2012.

222 Cf. CASTELLS, Manuel. *A sociedade em rede*. Rio de Janeiro: Paz e Terra, 2002.

223 José Eduardo Faria traça severa crítica a essa sociedade globalizada. Segundo ele, os mesmos fatores que provocaram a transnacionalização dos mercados também aceleraram o esvaziamento do indivíduo como única unidade moralmente relevante de ação. E quanto maior a velocidade do fenômeno da globalização, principalmente a partir dos anos 1990, mais rapidamente as novas formas de ordenação da vida econômica se generalizam como formas de atuação política e de orientação básica para o comportamento social, alimentando o potencial sinalizador, balizador, polarizador e condicionador do direito da produção na sua intersecção com as demais ordens jurídicas. No âmbito dessa sociedade, os cidadãos já não seriam mais capazes de forjar um acordo fundamental sobre o que seria bom ou mau, justo ou injusto, limitando-se, quando muito, a aceitar e seguir acriticamente as diretrizes impostas pelas organizações às quais estão vinculados e nas quais estão inseridos, gerando o que ele denomina de "sociedade organizacional". FARIA, José Eduardo. *O direito na economia globalizada*. São Paulo: Malheiros, 2004, p. 169-173. Essa crítica, no entanto, é rebatida por estudos pormenorizados sobre a sociedade civil, porque, se por um lado a sociedade de alguma forma se alienou dos processos político-decisórios, por outro, a facilitação do acesso à informação favoreceu a formulação e participação crítica de importante parcela dessa mesma sociedade, o que contribui em muito para a participação política e reforço democrático. Nesse mister, ver ALVES, Angela Limongi Alvarenga. *Limites e potencialidades da soberania estatal na pós-modernidade*. 201. Tese (Doutorado em Direito do Estado) – Faculdade de Direito, Universidade de São Paulo, São Paulo, 2014, p. 107-132.

2.1.1.1 Força do mercado

Avaliar um único fator como determinante para engendrar as transformações globais é extremamente temerário. Ignorar suas origens e tratar a globalização como fato posto seria incorrer em comodismo. Propõe-se, assim, a indicação da força do mercado como importante catalisador, verdadeiro motor de outras mudanças que vieram na sua esteira, mas não como fator único e universal.

As empresas tornaram-se, efetivamente, atores com atuação múltipla: atuam no âmbito econômico e social, nacional e internacional, cujas estratégias interagem e se entrelaçam com o Estado. As relações que as empresas, sobretudo as internacionais, mantêm com o Estado são complexas: desenvolvendo uma estratégia global, concebida em escala mundial. Assim, essas empresas tendem a ignorar fronteiras estatais e a construir dispositivos de regulação de suas relações mútuas, independentes de intervenção estatal,[224] como mecanismos de autorregulação.

Entretanto, essas empresas não podem ignorar a existência da regulação posta pelo Estado, no sentido de garantir a estabilidade e a segurança jurídicas. Tais empresas dependem do Estado para garantir que a sua autorregulação não seja embaraçada pela regulação estatal. Por outro lado, o Estado também depende das empresas para assegurar o equilíbrio de trocas, reforçar o tecido industrial e preservar o emprego. As relações entre Estado e empresas é o que Jacques Chevalier denomina de "relações ambidirecionais":[225]

> A "diplomacia econômica" formaria então um "triângulo", cujos lados seriam constituídos pelas relações entre empresas, pelas relações entre os Estados e pelas relações entre empresas e Estados: sobre esse aspecto, as relações se fariam em duplo sentido, as empresas sendo constrangidas a se apoiar sobre os Estados e os Estados destinando-se a se transformar em porta-vozes e defensores dos interesses econômicos (*competitive States*).226

O ordenamento jurídico acaba perdendo a sua centralidade e, principalmente, a sua exclusividade no Estado e passa cada vez mais a sofrer as influências da força do mercado. Os interesses econômicos

---

[224] FARIA, José Eduardo. *Sociologia jurídica*: direito e conjuntura. Série GVLaw. São Paulo: Saraiva, 2011, p. 62.

[225] CHEVALLIER, Jacques. *O Estado pós-moderno*. Belo Horizonte: Fórum, 2009, p. 48.

[226] CHEVALLIER, Jacques. *O Estado pós-moderno*. Belo Horizonte: Fórum, 2009, p. 49.

procuram utilizar os Estados como instrumentos de ação para fazer prevalecer seus interesses. O ordenamento jurídico nacional, ainda que continue permanecendo como fonte de referência para os cidadãos, na prática, passa a sofrer a concorrência de outras orientações, determinações e formas de gestão.[227]

Os operadores econômicos não são mais somente os destinatários das normas, nacionais e internacionais, mas efetivamente seus coautores, através de pressões que exercem por ocasião da elaboração delas. O processo de transnacionalização que a globalização engendra promove uma interpenetração cada vez maior dos interesses do "dentro" e do "fora", dos interesses públicos e privados[228] [229] tornando assim obsoleta a concepção tradicional de soberania.

Com isso, o direito deixa de ser o eixo único, com feições piramidais e assentado em um conjunto hierarquizado de regras subordinantes, para se tornar um polissistema, com formas e categorias públicas, privadas e híbridas; ao mesmo tempo, deixa de ser a fonte de legitimidade de uma ordem jurídica autocentrada nos limites do território nacional e passa a se abrir progressivamente a normas provenientes de organismos multilaterais, de centros de poder transnacionais, bem como agentes de mercado que, valendo-se de seu poder econômico e financeiro, transformam faticidade em normatividade e disputam com o Estado o monopólio da produção do direito.[230] Do ponto de vista estatal, este vai deixando de ser um ator exclusivo e privilegiado e passa a ser apenas mais um marco entre tantos outros nas negociações econômicas, políticas e sociais. Assim, ele deixa de ser um produtor do ordenamento

---

[227] FARIA, José Eduardo. *Sociologia jurídica*: direito e conjuntura. Série GVLaw. São Paulo: Saraiva, 2011, p. 63.

[228] CHEVALLIER, Jacques. *O Estado pós-moderno*. Belo Horizonte: Forum, Fórum, 2009. p. , p. 49.

[229] Jacques Chevalier exemplifica essas relações com a formalização em 1997, pela Organização das Nações Unidas, das suas intenções de estabelecer parcerias com o setor privado, fazendo-o participar das atividades da Organização; com o lançamento do "Acordo Global" pela mesma organização, em julho de 2000, programa visando associar às ações da Organização as empresas internacionais, os sindicatos e também as organizações não governamentais; do mesmo modo, a Organização Mundial do Comércio, desacreditada por sua falta de abertura e transparência, busca se abrir à sociedade civil por meio da organização de "simpósios", o primeiro em julho de 2000. Cf. CHEVALLIER, Jacques. *O Estado pós-moderno*. Belo Horizonte: Fórum, 2009, p. 49. No âmbito nacional brasileiro, também as parcerias com a sociedade civil são incentivadas e até formalizadas através de parcerias público-privadas, mais recentemente, regulamentadas pela Lei nº 13.019/14.

[230] FARIA, José Eduardo. *Sociologia jurídica*: direito e conjuntura. Série GVLaw. São Paulo: Saraiva, 2011, p. 63.

jurídico, cujo poder real em muitos casos só lhe permite adequar-se a um quadro que muito o transcende:[231]

> Do ponto de vista da arquitetura interior, o ordenamento jurídico se destaca por sua legislação basicamente "descodificada", formada pela multiplicação de leis especiais sobre matérias cada vez mais específicas nos planos cível, societário, falimentar, econômico, tributário, fiscal, administrativo, previdenciário, sindical, trabalhista, penal, ambiental etc. expressando-se sob a forma de uma combinatória de normas de organização, normas de conduta, normas programáticas ou principiológicas, cláusulas gerais e conceitos indeterminados. Essas leis, entrecruzando-se mutuamente, terminam produzindo inúmeros microssistemas e distintas cadeias normativas no âmbito do direito positivo.[232]

Assim, as políticas públicas tendem a ser cada vez mais ditadas pelo mercado, de tal modo que o "bem comum" passa a ser a adaptação a esses objetivos privados.[233] Conceitos como "interesse geral" e "fim social" das leis já não conseguem mais ser concebidos como totalizantes, destinados a articular, integrar e harmonizar interesses específicos nas sociedades pluralistas, mas socialmente divididas.[234]

Assumindo a forma de redes, esses inúmeros microssistemas legais e essas distintas cadeias normativas se caracterizam pela extrema multiplicidade e heterogeneidade diante da provisoriedade de suas regras e procedimentos, já que as regras não são mais estáveis e previsíveis. Há o acolhimento de uma pluralidade de pretensões contraditórias e, a bem das vezes, excludentes, exigindo dos operadores do Direito não apenas conhecimentos do direito positivo, mas de economia, engenharia financeira, contabilidade, técnicas de auditoria e *compliance*, ciências atuariais, tecnologia e análise de riscos etc.[235]

---

231 FARIA, José Eduardo. *Sociologia jurídica*: direito e conjuntura. Série GVLaw. São Paulo: Saraiva, 2011, p. 63.

232 FARIA, José Eduardo. *Sociologia jurídica*: direito e conjuntura. Série GVLaw. São Paulo: Saraiva, 2011, p. 63.

233 Aqui, interessante o contraponto de Celso Fernandes Campilongo, no sentido de que "No plano público, as dificuldades trazidas por esse contexto revelam-se na incapacidade de implementação de políticas públicas pelo Estado e, especialmente, em sua impotência nesse equilíbrio de forças. No plano privado, o chamado 'ajuste estrutural' desorganiza o processo de industrialização, mantém a estagnação econômica e inibe a produção e o consumo". Cf. CAMPILONGO, Celso Fernandes. *Direito na sociedade complexa*. São Paulo: Max Limonad, 2000, p. 53.

234 FARIA, José Eduardo. *Sociologia jurídica*: direito e conjuntura. Série GVLaw. São Paulo: Saraiva, 2011, p. 64.

235 FARIA, José Eduardo. *Sociologia jurídica*: direito e conjuntura. Série GVLaw. São Paulo: Saraiva, 2011, p. 63.

Devido ao seu potencial persuasivo, esses conceitos podem até continuar a ser preservados, simbólica e retoricamente, nos textos legais, sobrevivendo aos processos de flexibilização, desregulamentação atualmente em curso. Mas, seja por razões formais, seja por razões substantivas, eles já não têm o mesmo peso ideológico ou funcional[236] que tinham ao tempo em que o Estado ainda não estava engendrado pela globalização contemporânea.

2.1.1.2 Transnacionalização

As profundas alterações trazidas pela globalização solaparam as bases conceituais do Estado, do seu direito e da sua soberania. A liberalização do mercado mundial progrediu muito. A mobilidade do capital acelerou exponencialmente, e o sistema industrial foi modificado, saindo da produção de massa e passando a se adequar à "flexibilidade pós-fordista".[237] Com os mercados cada vez mais integrados e interdependentes, o equilíbrio entre o mercado e o Estado foi alterado, prejudicando claramente a autonomia e a capacidade de ação político-econômica dos Estados,[238] fomentando outros tipos de relações e a emergência de outros atores no relacionamento entre os Estados.

A ultravalorização do sistema econômico articula o ordenamento jurídico à margem da soberania dos Estados, fomentando a intensificação das relações sociais de emergentes sujeitos no plano externo que desencadeiam uma rede de interação caracterizada muito mais pelo trespasse estatal (transnacional) do que pela relação ponto a ponto (*inter*) entre os Estados (inter-nacional). Nesse contexto marcado pela fragilização estatal de um lado e, de outro, pelo reforço de outros centros de poder é que emerge a transnacionalização:[239]

> O fenômeno da transnacionalização representa o novo contexto mundial, surgido principalmente a partir da intensificação das operações de natureza econômico-comercial no período do pós-guerra caracterizado – especialmente – pela desterritorialização, expansão capitalista,

---

[236] FARIA, José Eduardo. *Sociologia jurídica*: direito e conjuntura. Série GVLaw. São Paulo: Saraiva, 2011, p. 64.

[237] HABERMAS, Jürgen. *A constelação pós-nacional*: ensaios políticos. São Paulo: Litera Mundi, 2001, p. 99.

[238] CRUZ, Paulo Márcio; BODNAR, Zenildo. A transnacionalidade e a emergência do Estado e do direito transnacionais.*Revista Eletrônica do CEJUR*. v. 1, n. 4, Curitiba: UFPR, 2009, p. 3.

[239] STELZER, Joana. O fenômeno da transnacionalização da dimensão jurídica. *In:* STELZER, Joana; CRUZ, Paulo Márcio. *Direito e transnacionalidade*. Curitiba: Juruá, 2009, p. 15-16.

enfraquecimento da soberania e emergência de ordenamento jurídico gerado à margem do monopólio estatal.[240]

A transnacionalização[241] que enfraquece a soberania, com efeito, reforça a ideia de permeabilidade de fronteiras, de relações espacialmente não localizadas e de ultracapitalismo.

---

240 STELZER, Joana. O fenômeno da transnacionalização da dimensão jurídica. *In:* STELZER, Joana; CRUZ, Paulo Márcio. Direito e transnacionalidade. Curitiba: Juruá, 2009, p. 16.

241 Na oportunidade, é interessante pontuar que Joana Stelzer diferencia conceitos essenciais para a compreensão da transnacionalização: "A ideia de internacionalização traz em si o relacionamento predominante entre países, ausente percepção de alcance global. Na internacionalização as relações político-jurídicas desenvolvem-se de forma bilateral ou multilateral, mas sem que tal circunstância esteja envolvida com a multiplicação de enlaces decorrentes das transformações tecnológicas, de comunicação ou de transporte em escala planetária. Desse ponto de vista, o fenômeno da internacionalização está firmemente escorado na ideia de relações entre soberanias. A cooperação entre Estados é a característica dominante e a relação que se estabelece caracteriza-se por ser abreviada entre as partes. Entre os Estados vigora o respeito mútuo e a ideia de soberanias em semelhante plano. A multinacionalização é o fenômeno associado à ideia de expansão para outros países, porém, não ainda em escala global. A economia mundial no período do pós-guerra, momento também denominado período fordista, experimentou o surgimento de organizações governamentais de influência global e de empresas privadas, que começaram o fracionamento das unidades de produção. Do ponto de vista financeiro, os excedentes petrolíferos acumulados desde a década de setenta alteram o papel dos bancos, que se sentiram estimulados para deixar de operar exclusivamente na esfera local. Esse é um dos importantes momentos para a expansão do capital financeiro. Para as empresas, o modelo multinacional dizia respeito à capacidade de desenvolver inovações e transferi-las para o mundo. Nesse sentido, as companhias precisavam desenvolver estratégias e capacidades organizacionais que permitissem a elas serem receptivas às diferenças entre os ambientes nacionais e o resto do mundo sendo, por isso, chamadas de companhias multinacionais. Esse é o momento germinal da globalização. O termo multinacionalização dificilmente é utilizado na ciência política e jurídica, mas é uma constante na concepção organizacional das empresas, fato que motiva a denominação 'empresas multinacionais'. Trata-se das empresas localizadas em vários Estados (multi-Estados, a rigor). Nessa ocasião histórica, as firmas ainda mantinham forte identidade com o país de origem e as unidades no exterior repetem as estruturas internas de organização da matriz. O mercado mundial é entendido, ainda, como um conjunto de Estados, simples somatório das unidades territoriais. No caso das multinacionais, há a multiterritorialização da atividade produtiva, viabilizando operações em outros países através de filiais ou subsidiárias. Esse movimento, que foi muito presente nas décadas de 1960 e 1970, por sua vez, acabou impulsionando as empresas para nova inteligência de expansão que ocorrerá à luz da transnacionalização. Dreifuss defende que houve dinamização de três grandes processos de transformação transnacionalizante: de mundialização de estilos, usos e costumes; de globalização tecnológica, produtiva e comercial; e de planetarização da gestão. A globalização (ou mundialização) é um processo paradigmático, multidimensional, de natureza eminentemente econômico-comercial, que se caracteriza pelo enfraquecimento soberano dos Estados-nacionais e pela emergência dos novos focos de poder transnacional à luz da intensificação dos movimentos de comércio e de economia, fortemente apoiado no desenvolvimento tecnológico e no barateamento das comunicações e dos meios de transportes, multiplicando-se em rede, de matriz essencialmente heurística. (...) Trata-se de fenômeno mais intenso que a internacionalização, não se restringindo à concepção de expansionismo estatal. Não se identifica com a multinacionalização, pois de igual modo não se limita à multiplicação das relações empresariais em mais de um Estado". STELZER, Joana. O fenômeno da transnacionalização da dimensão jurídica. *In:* STELZER, Joana; CRUZ, Paulo Márcio. *Direito e transnacionalidade*. Curitiba: Juruá, 2009, p. 18-19.

No âmbito das ciências sociais e da economia, Paulo Alves de Lima Filho, em breve histórico, identifica três momentos cruciais e interdependentes para o processo de transnacionalização, cujas bases estão amalgamadas à transnacionalização do capital: a expansão pura e simples deste, a do capital financeiro e a do capital produtivo industrial.[242]

A internacionalização do capital se expande sob a forma de complementaridade nos redutos nacionais dos capitalismos autônomos e de subordinação na periferia ex-colonial do capitalismo, gerando a potencialização dos processos de complementaridade e de subordinação, o que "transformará o espaço econômico mundial, fazendo com que a força conjugada do núcleo econômico-político complementar imante irremediavelmente o espaço político-econômico da subordinação ampliada".[243]

A trajetória de escape do capital financeiro teria ocorrido através da internacionalização do sistema bancário estadunidense, logo seguida por outros países. Disso resultaria a criação de um sistema privado financeiro que desconhece fronteiras territoriais e legislativas, fora do controle de qualquer órgão público ou mesmo dos Estados Nacionais, sistema esse que substituiria, de fato, as instituições criadas em *Bretton Woods*.[244] [245]

A trajetória de escape do capital produtivo industrial será a expressão da revolução tecnológica, observada entre os anos de 1950 e 1970, no bojo da expansão do capital transnacional e cuja centralidade se

---

242 LIMA FILHO, Paulo Alves de. A emergência do novo capital. *In:* DOWBOR, Ladislau; IANNI, Octávio; RESENDE, Paulo-Edgar. *Desafios da globalização*. Petrópolis: Vozes, 1997, p. 240.

243 LIMA FILHO, Paulo Alves de. A emergência do novo capital. *In:* DOWBOR, Ladislau; IANNI, Octávio; RESENDE, Paulo-Edgar. *Desafios da globalização*. Petrópolis: Vozes, 1997, p. 240.

244 Acordo de Bretton Woods é o nome com que ficou conhecida uma série de disposições acertadas por 44 países aliados, em julho de 1944, com o objetivo de definir os parâmetros regentes da economia mundial após a Segunda Grande Guerra. Com tal acordo, estabeleceu-se a dolarização da economia, fazendo com que o dólar estadunidense se tornasse a moeda forte, referencial mundial, em substituição ao ouro. Enrique Ricardo Lewandowski assevera que, além disso, o acordo de Bretton Woods tinha como objetivo estabelecer uma nova ordem monetária internacional, que promovesse simultaneamente o pleno emprego, a estabilidade dos preços e o equilíbrio nas contas externas, eliminando ao máximo restrições ao comércio internacional. Esse sistema, no entanto, funcionou bem até o final da década de 1950. Já nos anos 1970, diante da recessão econômica que se instalou, o sistema concebido tornou-se impraticável, e o keynesianismo cedeu ao neoliberalismo. LEWANDOWSKI, Enrique Ricardo. *Globalização, regionalização e soberania*. São Paulo: Juarez de Oliveira, 2004, p. 55-65.

245 LIMA FILHO, Paulo Alves de. A emergência do novo capital. *In:* DOWBOR, Ladislau; IANNI, Octávio; RESENDE, Paulo-Edgar. *Desafios da globalização*. Petrópolis: Vozes, 1997, p. 240.

encontra no complexo industrial-militar das principais potências, intensificada pela Guerra Fria. Com o computador, na década de 1970, dá-se a multiplicação acelerada de novas e poderosas forças produtivas para o capital, tanto em sua evolução enquanto máquina com seu acoplamento ao trabalho, como nos múltiplos processos do metabolismo industrial necessários à valorização do capital:[246]

> Essa expansividade acelerada e crescentemente poderosa das novas forças produtivas de base microeletrônica será expressão de um capital potenciado, de um novo capital, nascido e expandido sob a égide do capital transnacional. Este, doravante, tenderá a estar crescentemente determinado pela expansão desse novo capital, matriciador de uma nova revolução industrial (sob variada denominação).[247]

Além disso, a intensificação do desenvolvimento tecnológico, sobretudo das tecnologias da informação e da comunicação proporcionam a ideia de "sociedade em rede", proposta por Manuel Castells. Para ele, a sociedade em rede designa a nova morfologia social da era da informação, em que o capitalismo se reformula a partir da evolução da tecnologia para um capitalismo informacional em que os mercados, os fluxos financeiros e assim também as relações sociais, políticas e produtivas desconhecem fronteiras, favorecendo a transnacionalização.[248] Com isso, o Estado deixa de ser o ponto de referência para o direito, abrindo espaço para a desregulamentação e para a deslegalização, e a produção do direito por mecanismos extraestatais, e assim também a própria sociedade, que passa a se "orientar" a partir desses novos referenciais.[249]

2.1.1.3 Desterritorialização

Ao lado da ultravalorização do capitalismo e da transnacionalização, a desterritorialização é outra importante característica da globalização, que se evidencia pela dificuldade de localização dos relacionamentos jurídico-político-sociais.

---

246 LIMA FILHO, Paulo Alves de. A emergência do novo capital. *In:* DOWBOR, Ladislau; IANNI, Octávio; RESENDE, Paulo-Edgar. *Desafios da globalização*. Petrópolis: Vozes, 1997, p. 240-241.

247 LIMA FILHO, Paulo Alves de. A emergência do novo capital. *In:* DOWBOR, Ladislau; IANNI, Octávio; RESENDE, Paulo-Edgar. *Desafios da globalização*. Petrópolis: Vozes, 1997, p. 241.

248 Cf. CASTELLS, Manuel. *A sociedade em rede*. Rio de Janeiro: Paz e Terra, 2002.

249 FARIA, José Eduardo. *O direito na economia globalizada*. São Paulo: Malheiros, 2004, p. 169-173.

Desterritorialização significa a deslocalização das relações sociais de um entorno físico determinado. Não se restringe ao domínio da esfera produtiva, mas constitui um modo necessário de articulação no contexto de uma sociedade globalizada e interconectada. A desterritorialização não significa, porém, o fim das fronteiras ou o esvaziamento do espaço, mas a sua diluição, através da criação de novos contornos:[250]

> A desterritorialização é uma das principais circunstâncias que molda o cenário transnacional, especialmente porque diz respeito ao aspecto além fronteira, pois não é o espaço estatal e também não é o espaço que liga dois ou mais espaços estatais. O território transnacional não é nem um nem outro e é um e outro, posto que se situa na fronteira transpassada, na borda permeável do Estado. Com isso, por ser fugidia, borda também não é, pois fronteira delimita e a permeabilidade traz consigo apenas o imaginário, o limite virtual. Aquilo que é transpassável não contém, está lá e cá.[251]

Essas transformações do espaço têm implicações profundas. Primeiro, na esfera cultural, sua dilatação redefine a noção de territorialidade. Ela já não se encontra mais colada à materialidade do entorno físico. Pode-se então falar da existência de relações sociais planetarizadas, isto é, de um modo real e imaginário que se estende, de forma diferenciada, por todo o planeta. O "local" e o "nacional" são, dessa forma, atingidos no seu âmago. A própria oposição "global" – "nacional" – "local" torna-se problemática. O que se denomina por "local" já contém em si elementos do "nacional" e do "global". O problema é como compreender esse entrecruzamento de níveis.[252]

A fim de superar as instabilidades da dicotomia "interno/externo" decorrente tanto das transformações do cenário internacional quanto das mutações dos espaços, Karoline Postel-Vinay propõe a adoção de uma noção de espaço para além da territorialidade, de visualização ainda confusa, mas que tem na regionalização sua manifestação mais tangível. Para ela, a região é entendida como uma terceira dimensão,

---

250 ORTIZ, Renato. Mundialização, cultura e política. *In:* DOWBOR, Ladislau; IANNI, Octávio; RESENDE, Paulo-Edgar. *Desafios da globalização*. Petrópolis: Vozes, 1997, p. 272.

251 STELZER, Joana. O fenômeno da transnacionalização da dimensão jurídica. *In:* STELZER, Joana; CRUZ, Paulo Márcio. *Direito e transnacionalidade*. Curitiba: Juruá, 2009, p. 25.

252 ORTIZ, Renato. Mundialização, cultura e política. *In:* DOWBOR, Ladislau; IANNI, Octávio; RESENDE, Paulo-Edgar. *Desafios da globalização*. Petrópolis: Vozes, 1997, p. 273-274.

que permitiria transcender o nacional e o internacional, o local e o global, já que as fronteiras seriam mera ficção.[253]

Richard Rosecrance, por sua vez, identifica, em razão da compressão de tempo e espaço e da intensificação do desenvolvimento tecnológico, sobretudo nas comunicações, a emergência de um Estado virtual no qual o território não significa poder, dado que a economia depende de fatores móveis de produção. Assim, o Estado virtual especializa-se em técnicas e serviços de pesquisa; suas rendas derivam não apenas da fabricação de bens de alto valor, também do capital intelectual neles projetado, tais como o *design* de produtos, *marketing* e finanças, atividades para as quais o tamanho e as fronteiras físicas do Estado não são determinantes.[254]

A desterritorialização representa a própria deslocalização da cadeia produtiva: uma única mercadoria é criada e montada em várias partes do mundo, dependendo de condições que lhe sejam mais favoráveis, seja matéria-prima ou mão de obra, objetivando o maior lucro.

Isso reflete a concepção espacial além dos limites territoriais do Estado. A lógica da produção empresarial não está atada à lógica do sistema político-jurídico de um determinado Estado, mas se prende aos benefícios econômico-comerciais que a "não localização" permite. Não há necessidade de coincidência do binômio "empresa-Estado" ou mesmo "mercadoria-Estado", já que diversos produtos são feitos no mundo, sendo mesmo difícil precisar a origem e identificar a nacionalidade dos respectivos componentes de forma a se precisar a origem estatal do bem.[255] [256]

Além disso, o processo de desterritorialização também traz implicações ao contexto do Estado-nação. A cultura nacional, que até

---

253 POSTEL-VINAY, Karoline. A transformação espacial das relações internacionais. *In:* SMOUTS, Marie-Claude. *As novas relações internacionais*: práticas e teorias. Brasília: UnB, 2004, p. 166-167.

254 Cf. ROSECRANCE, Richard. The rise of the virtual state. *Foreing Affairs*, Tampa, v. 75, n. 4, p. 45-63.

255 STELZER, Joana. O fenômeno da transnacionalização da dimensão jurídica. *In:* STELZER, Joana; CRUZ, Paulo Márcio. *Direito e transnacionalidade*. Curitiba: Juruá, 2009, p. 27.

256 Paulo Borba Casella fornece exemplo bastante elucidativo: "Desde 1995, o Brasil não mais adota o critério da territorialidade estrita como limite para tributar seus residentes. Estes são agora sujeitos à tributação universal. Companhias brasileiras, ademais, devem incluir em suas bases de cálculo o total de lucros de investimentos estrangeiros, mesmo que tenham sido auferidos através de uma pessoa jurídica independente (subsidiária). O crédito tributário é garantido, desde que a empresa estrangeira tenha sido tributada". Cf. CASELLA, Paulo Borba. União Europeia e terceiros Estados. *Revista de Direito Tributário Atual*, São Paulo, v. 26, p. 66-75, 2011, p. 71.

então detinha o monopólio de definição do sentido da vida coletiva, encontra-se desafiada por uma dimensão que é forjada fora do seu alcance. Muito da crise de identidade das sociedades contemporâneas decorre desse fato. Até um passado recente, a nação, por ter suas fronteiras relativamente respeitadas, definia, no seu interior, aquilo que lhe interessava – acreditava-se na possibilidade de se construir um projeto nacional, uma proposta endógena de "desenvolvimento". Esse aspecto encontra-se fragilizado. A memória nacional, construída na história particular de cada Estado, é entrecortada por sentidos que lhe escapam.[257]

Um outro aspecto diz respeito ao "lugar" da política. Tradicionalmente, a política que emergiu com o advento das sociedades industrializadas teve como espaço privilegiado o âmbito do Estado-nação, e a sua prática implicava na circunscrição de seu território. O movimento de desterritorialização destrói essa lógica e esvazia as fronteiras do "fazer política", não mais confinada ao contorno do Estado-nação.[258]

Além disso, as interconexões que cruzam as fronteiras dos Estados nacionais operam fora dos sistemas de regulação e controle estatais individuais e são globais não só em suas operações, mas em sua infraestrutura institucional.[259] [260] Isso porque, com a globalização, e ante a necessidade de cooperação, criou-se um sistema de governança que, por sua vez, estabeleceu, paralelamente aos Estados, uma infraestrutura global para a administração de inúmeras temáticas que transcendem os seus domínios e as suas fronteiras, tanto política quanto juridicamente.

---

[257] ORTIZ, Renato. Mundialização, cultura e política. *In:* DOWBOR, Ladislau; IANNI, Octávio; RESENDE, Paulo-Edgar. *Desafios da globalização*. Petrópolis: Vozes, 1997, p. 274.

[258] ORTIZ, Renato. Mundialização, cultura e política. *In:* DOWBOR, Ladislau; IANNI, Octávio; RESENDE, Paulo-Edgar. *Desafios da globalização*. Petrópolis: Vozes, 1997, p. 274-275.

[259] COCHRANE, Allan; PAIN, Kathy. A globalizing society? *In:* HELD, David. *A globalizing world?* Culture, economic, politics. London: Routledge, 2004, p. 16.

[260] Asseveram Allan Cochrane e Kathy Pain que há inclusive organizações que apoiam a ideia de um mundo globalizado dotado de uma infraestrutura institucional básica para governar o sistema global. A Organização das Nações Unidas e suas diversas agências têm um papel nos setores político e social, aprovando resoluções sobre as atividades de Estados como o Iraque e Israel e fornecendo assistência para a saúde, refugiados, educação, locais culturais e assim por diante. O Banco Mundial e o Fundo Monetário Internacional são vistos como a base para regular e estabilizar as finanças globais, enquanto a Organização Mundial do Comércio é vista como reguladora do comércio global. COCHRANE, Allan; PAIN, Kathy. A globalizing society? *In:* HELD, David. *A globalizing world?* Culture, economic, politics. London: Routledge, 2004, p. 16. Para tanto, entende-se que seria necessário uma ampla e geral reforma nas estruturas e nos procedimentos dos diversos níveis de governança global, já que a principal crítica reside exatamente nos déficits democráticos dessa infraestrutura.

O crescimento do número de organismos multilaterais na atualidade é o maior exemplo disso, bem assim a ampliação do seu escopo e atuação: organizações inter, supra e extraestatais fornecem amplo cabedal prático sobre essa infraestrutura global, tão potente e concreta quanto o é a realidade estatal, criando, outrossim, conceitos análogos ao de soberania e estabelecendo poderes concorrentes. É que se passa a analisar.

2.1.2 Soberania e conceitos análogos

Com o impulsionamento da globalização, novas lógicas e poderes afetaram a forma pela qual o Estado administra seu próprio poder e interage com os diversos setores sociais, alterando, drasticamente, a soberania. Importa aqui, com efeito, analisar as alterações sofridas pelo Estado conquanto a sua forma de produzir o direito – a face jurídica da soberania.

Neste tópico serão analisados os mecanismos de controle dessas novas e emergentes fontes de poder, paralelas ao Estado, convergentes na governança, seja ela empresarial (exercida pelo mercado) ou global (através de organismos internacionais), que por sua vez produzem um direito negociado, pactuado pela via da *soft law*, a fim de analisar quem de fato é soberano no cenário atual: o Estado, de acordo com o discurso da soberania sedimentado no Estado (e consolidado pela tradicional Teoria do Estado) ou mecanismos e instâncias para além dele, fruto do crescimento acentuado da globalização, a partir dos anos 1990.

É importante notar que, se por um lado a globalização favoreceu as forças do mercado, bem como o flanco da governança empresarial, através de suas forças transnacionais e desterritorializadas, por outro, também fomentou a emergência de uma sociedade civil global, bem como a interação de múltiplos agentes e sujeitos a compor o direito, pulverizando essa dinâmica através de plúrimos mecanismos, construindo uma lógica que promoveu a internacionalização do Estado e, paralelamente, também favoreceu a ampliação dos direitos humanos e da democracia globalmente, o que também impactou as forças soberanas estatais.

Cuida-se de pensar em elementos análogos à soberania, que se encontram com ela imbricados, mas cujo teor e significado são diferentes – como o são os que se congregam através da governança –, mas essenciais para a compreensão do jogo de forças que se estabelece na produção do direito na atualidade, rumando a novas construções teóricas da soberania, mais consentâneas ao cenário atual e de como esse processo vem induzindo o sistema da política a reclames por uma retomada da soberania jurídica concebida e localizada no Estado e, transformada, cerne do presente estudo.

Dentro dessa perspectiva serão tecidas as análises sobre a erosão da soberania e sua relação com o direito e o Estado, dadas as influências da globalização. Para uma análise mais adequada, parte-se da ideia de governança, compreendendo-a em suas diferentes formas de expressão e acepções, quais sejam: a governança empresarial e a governança global.[261] Serão analisados, outrossim, o fenômeno inerente à governança, a *soft law*, bem como a possibilidade de uma governança sem governo. A se questionar quem de fato produz o direito na atualidade: o Estado em sua soberania ou instâncias e mecanismos para além dele.

2.1.2.1 Governança

A governança é um termo polissêmico. Por essa razão, é necessário contextualizá-lo, para diferenciá-lo de outros conceitos, tais como o de governo e de governabilidade. A diferença entre governo e governança é delineada por James Nathan Rosenau, que é categórico: governança não é o mesmo que governo. O governo sugere atividades sustentadas por uma autoridade formal, pelo poder de polícia que garante a implementação das políticas devidamente instituídas, enquanto governança se refere a atividades apoiadas em objetivos comuns, que podem ou não derivar de responsabilidades legais e formalmente prescritas e não se sustentam, necessariamente, no poder de polícia para que sejam aceitas e vençam resistências.[262] [263]

---

261 Adverte Orlando Villas Boas Filho que para a compreensão adequada do fenômeno da governança é preciso compreendê-lo em suas múltiplas formas de expressão, a partir de diversos níveis (local, regional, nacional e internacional) de ação coletiva (multinível), o que, por si só, demandaria um extenso trabalho de pesquisa. Por essa razão, optou-se por concentrar esforços nos impactos produzidos pela governança empresarial e global, a fim de cumprir com os objetivos geral e específicos inicialmente traçados. Cf. VILLAS BOAS FILHO, Orlando. O impacto da governança sobre a relação jurídica contemporânea: uma abordagem a partir de André-Jean Arnaud. *Revista Redes*, Canoas, v. 4, n.1, p. 145-171, 2016, p. 153.

262 Cf. ROSENAU, James Nathan. Governance, order and change in world politics. *In:* ROSENAU, James Nathan; CZEMPIE, Ernst Otto. *Governance without government*: order and change in world politics. Cambridge: Cambridge University Press, 2003. Vale notar ainda que a governança é um conceito suficientemente amplo para conter dentro de si a dimensão governamental. Para Rosenau, "governança é um fenômeno mais amplo que governo; abrange as instituições governamentais, mas implica também mecanismos

Jacques Chevallier, partindo do conceito elaborado por James Nathan Rosenau, entende a governança como conjunto de mecanismos complexos de interação que se desenvolve entre uma multiplicidade de atores, públicos, privados e autônomos, com o intuito de elaborar o direito coletivamente.[264]

André-Jean Arnaud define governança como a expressão de uma dinâmica complexa de relações e inter-relações transformadoras que articulam e realinham os mais diversos segmentos sociais e instituições,[265] tais como os Estados-nacionais, a sociedade civil, grupos de interesses,

---

informais, de caráter não-governamental, que fazem com que as pessoas e as organizações dentro da sua área de atuação tenham uma conduta determinada, satisfaçam suas necessidades e respondam às suas demandas". Cf. ROUSENAU, James Nathan *apud* GONÇALVES, Alcindo. O conceito de governança. *In: Anais do XIV do Congresso Nacional do Conpedi*. Florianópolis: Fundação Boiteux, 2005, p. 6.

263 A diferenciação entre governabilidade e governança também é trabalhada por Alcindo Gonçalves, na mesma obra, como: "A governabilidade refere-se mais à dimensão estatal do exercício do poder. Diz respeito às 'condições sistêmicas e institucionais sob as quais se dá o exercício do poder, tais como as características do sistema político, a forma de governo, as relações entre os Poderes, o sistema de intermediação de interesses' (Santos, 1997, p. 342). (...) o termo governabilidade refere-se à arquitetura institucional, distinto, portanto, de governança, basicamente ligada à performance dos atores e sua capacidade no exercício da autoridade política (*apud* Santos, 1997, p. 342). Se observadas as três dimensões envolvidas no conceito de governabilidade apresentadas por Diniz (1995, p. 394): capacidade do governo para identificar problemas críticos e formular políticas adequadas ao seu enfrentamento; capacidade governamental de mobilizar os meios e recursos necessários à execução dessas políticas, bem como à sua implementação; e capacidade de liderança do Estado sem a qual as decisões tornam-se inócuas, ficam claros dois aspectos: a) governabilidade está situada no plano do Estado; b) representa um conjunto de atributos essencial ao exercício do governo, sem os quais nenhum poder será exercido. Já a governança tem um caráter mais amplo. Pode englobar dimensões presentes na governabilidade, mas vai além. Veja-se, por exemplo, a definição de Melo (apud Santos, 1997, p. 341): 'refere-se ao *modus operandi* das políticas governamentais – que inclui, dentre outras, questões ligadas ao formato político institucional do processo decisório, à definição do mix apropriado de financiamento de políticas e ao alcance geral dos programas'. Como bem salienta Santos (1997, p. 341) 'o conceito (de governança) não se restringe, contudo, aos aspectos gerenciais e administrativos do Estado, tampouco ao funcionamento eficaz do aparelho de Estado'. Dessa forma, a governança refere-se a 'padrões de articulação e cooperação entre atores sociais e políticos e arranjos institucionais que coordenam e regulam transações dentro e através das fronteiras do sistema econômico', incluindo-se aí 'não apenas os mecanismos tradicionais de agregação e articulação de interesses, tais como os partidos políticos e grupos de pressão, como também redes sociais informais (de fornecedores, famílias, gerentes), hierarquias e associações de diversos tipos (SANTOS, 1997, p. 342). Ou seja, enquanto a governabilidade tem uma dimensão essencialmente estatal, vinculada ao sistema político-institucional, a governança opera num plano mais amplo, englobando a sociedade como um todo". Cf. GONÇALVES, Alcindo. O conceito de governança. *In: Anais do XIV do Congresso Nacional do Conpedi*. Florianópolis: Fundação Boiteux, 2005, p. 3.

264 CHEVALLIER, Jacques. *O Estado pós-moderno*. Belo Horizonte: Fórum, 2009, p. 18-19.

265 ARNAUD, André-Jean. *La governance*: un outil de participation. Paris: LGDJ, 2014, p. 58-59.

lobbies, redes sociais, empresas e atores implicados na gestão de negócios públicos locais.[266]

A partir desses conceitos é possível apontar a participação, o Estado de Direito, a transparência, a capacidade de resposta, orientação ao consenso, equidade e inclusão, efetividade e eficiência como algumas das características que permeiam a governança.[267] De se notar que ela consiste em um exercício que envolve Estados e também, e principalmente, a sociedade civil e o setor empresarial.[268]

Assim, a governança tende a transcender a ideia de tomada de decisões de cima para baixo, subvertendo o esquema piramidal de governo e de produção do direito,[269] emanada do direito e da soberania estatal. Sob a perspectiva do direito, a governança passa a ser utilizada para designar as interferências cada vez mais marcantes sobre o Estado, o seu governo e o seu direito.

Através de suas práticas, observa-se, a progressiva substituição, no debate jurídico, dos conceitos clássicos de "governo", "lei" e "regulamentação" pelos de "governança", "ação direta", "resolução de conflitos" e, especialmente, "regulação".[270] [271]

2.1.2.2 Governança empresarial

Enquanto mecanismo de interação social e produtor do direito pela via do mercado, a governança empresarial é marcada por novas problemáticas e caracterizações.

---

266 VILLAS BOAS FILHO, Orlando. O impacto da governança sobre a relação jurídica contemporânea: uma abordagem a partir de André-Jean Arnaud. *Revista Redes*, Canoas, v. 4, n.1, p. 145-171, 2016, p. 150.

267 GONÇALVES, Alcindo; COSTA, José Augusto Fontoura. *Governança global e regimes internacionais*. São Paulo: Almedina, 2011, p. 31.

268 GONÇALVES, Alcindo; COSTA, José Augusto Fontoura. *Governança global e regimes internacionais*. São Paulo: Almedina, 2011, p. 30.

269 VILLAS BOAS FILHO, Orlando. O impacto da governança sobre a relação jurídica contemporânea: uma abordagem a partir de André-Jean Arnaud. *Revista Redes*, Canoas, v. 4, n.1, p. 145-171, 2016, p. 151.

270 Segundo André-Jean Arnaud, a governança se expressa de três maneiras: (i) desenvolvimento de agências reguladoras; (ii) ingerência de uma atividade advinda de *standards* e indicadores; (iii) o incremento de formas de intervenção participativa dos cidadãos. Cf. ARNAUD, André-Jean. *La governance*: un outil de participation. Paris: LGDJ, 2014, p. 181-182. No entanto, a análise de cada um desses elementos, dada a sua complexidade, por si só demandaria extenso trabalho de pesquisa, o que escaparia dos objetivos geral e específicos do presente trabalho.

271 ARNAUD, André-Jean. *La governance*: un outil de participation. Paris: LGDJ, 2014, p. 181-182.

A primeira delas deve-se ao fato de que a propriedade das empresas, antes concentrada em uma única pessoa ou em um pequeno grupo, na atualidade encontra-se bastante dividida e disseminada em um grande número de acionistas, que são os que contribuem com o capital social.[272] Tal mister exige maiores esforços no sentido de se encontrar coesão e identidade num contexto em que a vontade é externalizada, mas não tem, aparentemente, um rosto. Isso porque nas grandes empresas transnacionais cuja sociedade é anônima, o nome e a individualização dos sócios acionistas pouco importam.

Nesta perspectiva, um sistema de governança surge exatamente para procurar resolver o problema oriundo da separação da propriedade do controle das corporações. Na medida em que a corporação tem sua propriedade pulverizada e seu controle entregue a gestores e executivos não proprietários, coloca-se o problema de como garantir que o comportamento desses agentes esteja afinado com a maximização do valor para os acionistas[273] e, também, com um conjunto de normas e diretivas que a corporação se propõe a cumprir.

Esse arcabouço é necessário não apenas para maximizar lucros, mas para garantir processos e procedimentos que fortaleçam a corporação, já que uma empresa mal administrada se torna vulnerável, perde valor e pode vir a ser comprada por outra.

Além da pulverização da titularidade da propriedade, a propriedade, de *per si*, transformou-se. Sobre a mutação do caráter da propriedade privada, Richard Rosencrance sublinha que o desenvolvimento de valores incorpóreos na economia mundial, marcada pela passagem do corpóreo e visível para o invisível ou incorpóreo é a marca da atualidade.[274] Segundo ele, a propriedade caracterizava-se pelo seu caráter corpóreo: bens, produtos, móveis e imóveis, que podiam ser tangenciados pela existência material. Todo potencial criativo (incorpóreo) era destinado a melhorar ou produzir mais bens corpóreos, a fim de alimentar a sociedade de consumo.[275]

272 MARTIN, Nilton Cano; SANTOS, Lílian Regina dos; DIAS FILHO, José Maria. Governança empresarial, riscos e controles internos: a emergência de um novo modelo e controladoria. *Revista Contabilidade & Finanças USP*, São Paulo, v. 15, n. 34, p. 7-22. Jan-abril 2004, p. 8.

273 RABELO, Flávio; SILVEIRA, Maria José. Estruturas de governança e governança corporativa: avançando na direção da integração entre as dimensões competitivas e financeiras. *Revista IE UNICAMP*, Campinas, n. 77, p. 1-24. Jul 1999, p. 5.

274 ROSENCRANCE, Richard. *Débat sur l'État virtuel*. Paris: Presses de Sciences Po, 2002, p. 97-98.

275 Como exemplo, o autor fornece a hipótese do esforço criativo humano (e, portanto, incorpóreo) para o melhoramento do veículo Porsche (corpóreo) para torná-lo mais

Na atualidade, porém, os bens corpóreos adquirem um componente incorpóreo: para o mercado, estimular a fidelidade para a aquisição dos produtos é de suma importância, revelando que a marca, ou seja, o bem incorpóreo tem mais valor que o próprio produto, ou seja, a marca vale mais do que o próprio bem corpóreo que é adquirido. E assim, observa-se a virtualização da propriedade privada, ou seja, aquela em que tem tanto mais valor quanto mais está situada no plano das ideias e dos bens incorpóreos.[276]

Além disso, a propriedade privada – corpórea e incorpórea – não se prende mais a localizações espaciais: parte da empresa pode estar situada em um país da América Latina, sua linha de produção, no Leste asiático, seu gerenciamento, nos Estados Unidos, enquanto os canais de atendimento ao cliente estão na Índia,[277] por exemplo. Tal prática é comum entre empresas transnacionais que buscam reduzir custos e aumentar lucratividade.

Esse expediente de desterritorialização, no entanto, acaba por reduzir o papel e a ação estatal, seu direito e a sua soberania, forçando os Estados a reduzirem seu papel regulador e se limitarem ao exercício de adequação ao que a governança empresarial impõe enquanto estrutura, como:

> um conjunto de formas organizacionais que condiciona o relacionamento entre agentes que estão empenhados em uma atividade, determinando os incentivos individuais e a alocação dos recursos (quando, onde, de que forma) disponíveis. As estruturas de governança incluem as formas específicas de direito de propriedade dos ativos, as regras básicas – contratuais ou não – que regulam as relações entre agentes, a utilização de ativos comuns e individuais, a distribuição das rendas, previstas em contratos ou residuais, os instrumentos de premiação e punição utilizados pelo grupo e o arcabouço legal/institucional da economia que ampara as regras de convivência e os contratos estabelecidos entre agentes.[278]

---

atrativo a seus consumidores. Cf. ROSENCRANCE, Richard. *Débat sur l'État virtuel*. Paris: Presses de Sciences Po, 2002, p. 98.

276 ROSENCRANCE, Richard. *Débat sur l'État virtuel*. Paris: Presses de Sciences Po, 2002, p. 99.

277 FARIA, José Eduardo. *Sociologia jurídica*: direito e conjuntura. Série GVLaw. São Paulo: Saraiva, 2011, p. 64.

278 RABELO, Flávio; SILVEIRA, Maria José. Estruturas de governança e governança corporativa: avançando na direção da integração entre as dimensões competitivas e financeiras. *Revista IE UNICAMP*, Campinas, n. 77, p. 1-24. Jul 1999, p. 4.

Assim, a governança empresarial constitui um sistema por meio do qual se exerce e se monitora o controle nas corporações. Nele, produzem-se as regras internas a que as corporações estão sujeitas. Esse sistema está intimamente vinculado à estrutura de propriedade, às características do sistema financeiro, à densidade e profundidade dos mercados de capitais e ao arcabouço legal de cada economia.[279] Além das transformações da propriedade privada, o mercado de capitais, extremamente integrado, é marcado pela fluidez e volatilidade, exigindo práticas e dinâmicas cada vez mais versáteis, nem sempre acompanhadas pelo direito estatal.

Nesse contexto, o Estado, para garantir a competitividade das suas empresas frente às de outros Estados, acaba incorporando a governança empresarial ao seu direito ou simplesmente adotando condutas absenteístas, deixando a continuidade da produção do direito por conta dos instrumentos e mecanismos de autorregulação, dado o caráter ambidirecional[280] das relações existentes entre as empresas e o Estado.

O desenvolvimento da governança empresarial pelas instituições financeiras egressas de *Bretton Woods* consistiria essencialmente no enquadramento da atividade soberana dos Estados ao "Consenso de Washington": disciplina fiscal, abertura comercial, estímulo a investimentos financeiros, privatização de empresas públicas, desregulação e respeito à propriedade privada.[281]

Isso evidencia o recuo do Estado, visível através do desenvolvimento da normalização e da certificação dos poderes econômicos privados, mas, por certo, contando com a participação, comissiva ou omissiva, do Estado através do entrelaçamento entre os poderes públicos e o setor privado na produção do direito.[282]

2.1.2.3 Governança global

Com o estabelecimento da governança empresarial, a partir do setor empresarial-financeiro, criou-se um ambiente favorável para

---

279 RABELO, Flávio; SILVEIRA, Maria José. Estruturas de governança e governança corporativa: avançando na direção da integração entre as dimensões competitivas e financeiras. *Revista IE UNICAMP*, Campinas, n. 77, p. 1-24. Jul 1999, p. 4.

280 CHEVALLIER, Jacques. *O Estado pós-moderno*. Belo Horizonte: Fórum, 2009, p. 48.

281 VILLAS BOAS FILHO, Orlando. O impacto da governança sobre a relação jurídica contemporânea: uma abordagem a partir de André-Jean Arnaud. *Revista Redes*, Canoas, v. 4, n.1, p. 145-171, 2016, p. 155.

282 ARNAUD, André-Jean. De la régulation par le doit à l'heure de la globalisation: quelques observations critiques. *Revue Droit et Societé*, Paris, n. 35, p. 11-35, 1997, p. 12.

que outras questões também pudessem ser dirimidas pela via da governança. André-Jean Arnaud assinala a passagem – não por mera coincidência – da *corporate governance* para a *global governance*. A governança global teria sido concebida como a gestão dos negócios mundiais no nível das organizações e das agências internacionais.[283] Cuida-se pensar que a governança global tem sua base fulcrada no processo de globalização.[284]

Assim, a Organização das Nações Unidas, afinada com essa tendência e também preocupada com a participação da sociedade nos processos relativos à governança, bem como à tendência democratizante contida em tal prática, criou, em 1992, a Comissão sobre Governança Global.[285] Em 1994, relatório da comissão definiu governança global como "a totalidade das diversas maneiras pelas quais os indivíduos e instituições, públicas e privadas, administram seus problemas comuns. É um processo contínuo pelo qual é possível acomodar interesses conflitantes e realizar ações cooperativas".[286]

A Comissão sobre Governança Global avança, introduzindo novos mecanismos e atores nas discussões acerca da solução de problemas, a fim de afirmar que:

> Governança diz respeito não só a instituições e regimes formais autorizados a impor obediência, mas também a acordos informais que atendem aos interesses de pessoas e instituições. (...) No plano global, a governança foi vista primeiramente como conjunto de relações intergovernamentais, mas agora deve ser entendida de forma mais ampla, envolvendo organizações não governamentais (ONGs), movimentos civis, empresas multinacionais e mercados de capital globais. Com estes interagem os meios de comunicação de massa, que exercem hoje enorme influência.[287]

---

283 VILLAS BOAS FILHO, Orlando. O impacto da governança sobre a relação jurídica contemporânea: uma abordagem a partir de André-Jean Arnaud. *Revista Redes*, Canoas, v. 4, n.1, p. 145-171, 2016, p. 155.

284 GONÇALVES, Alcindo; COSTA, José Augusto Fontoura. *Governança global e regimes internacionais*. São Paulo: Almedina, 2011, p. 32.

285 GONÇALVES, Alcindo. Governança global e o direito internacional público. *In:* JUBILUT, Liliana Lyra. *Direito internacional atual*. São Paulo: Elsevier, 2014, p. 84.

286 Comissão sobre Governança Global. Nossa comunidade global. *In: Relatório da Comissão sobre Governança Global*. Rio de Janeiro: FGV, 1996, p. 2.

287 Comissão sobre Governança Global. Nossa comunidade global. *In: Relatório da Comissão sobre Governança Global*. Rio de Janeiro: FGV, 1996, p. 2.

A partir de então, diversos teóricos empreenderam esforços em estudar e compreender as relações entre todos os atores envolvidos,[288] bem como as implicações e as consequências delas provenientes. A "governança global" começou a se legitimar entre os teóricos sociais e tomadores de decisão a partir do final da década de 1980, basicamente para designar atividades geradoras de instituições e criadoras do que ele denomina de "regras do jogo" que garantem que um mundo formado por Estados-nação se governe sem que se disponha de um governo central, atividades para as quais também contribuem a sociedade civil, os governos nacionais e as organizações internacionais.[289]

Assim, sob a expressão "governança" conjugam-se tanto organismos estatais ou interestatais, como instituições privadas, formalizadas ou não, como também organismos não governamentais e conjuntos de regras/normas que identificam alguma área específica. A governança pressupõe, pois, a pluralidade de atores, pluralidade de instituições, pluralidade de intenções, pluralidade de ações, pluralidade de normas.[290]

Não há poder concentrado, como na estrutura tradicional do Estado, em que o poder de dizer o direito é pautado pela centralidade. A governança implica o contrário: o poder é descentralizado e difuso. E, assim, a produção do direito.

A governança diz respeito à arquitetura de um sistema, que, em perspectiva global, refere-se à organização do sistema internacional. Assim, quando se menciona a construção de novas formas de governança em uma determinada entidade internacional, há claramente a preocupação com sua estrutura de funcionamento. Mas é importante ressaltar que a governança não é mero arranjo no plano da organização. Tem sentido mais amplo, que Alcindo Gonçalves resume em quatro dimensões: (i) a governança é meio e processo capaz de produzir resultados eficazes diante de problemas comuns; (ii) ela só é possível se

---

288 Quanto aos atores envolvidos, Alcindo Gonçalves chama a atenção para a grande discussão sobre a personalidade jurídica de entidades, como organizações não governamentais e empresas transnacionais. Em que pese sua a importância para a construção e o exercício desses novos arranjos, a governança global lida com esses diversos atores sem a preocupação com a sua personalidade jurídica, mas com vistas à legitimidade da produção normativa frente à sociedade civil. GONÇALVES, Alcindo. Governança global e o direito internacional público. *In:* JUBILUT, Liliana Lyra. *Direito internacional atual*. São Paulo: Elsevier, 2014, p. 90-91.

289 VEIGA, José Eli da. *A desgovernança mundial da sustentabilidade*. São Paulo: Editora 34, 2013, p. 13.

290 VIEIRA, Andréia Costa. O direito internacional e as relações internacionais moldados por uma nova estrutura de governança global e regimes internacionais. *In:* JUBILUT, Liliana Lyra. *Direito internacional atual*. São Paulo: Elsevier, 2014, p. 130.

existir a participação ampliada nos processos de decisão, envolvendo as dimensões estatal e não governamental; (iii) nos processos e ações de governança é destacada a figura do consenso e da persuasão, muito mais do que a coerção e a obrigação de cumprir; e (iv) para a efetiva governança há o pressuposto da existência de um conjunto de normas e regras a sustentá-la, ou seja, um arcabouço institucional mínimo.[291]

Com efeito, esses novos arranjos acabaram por influenciar a forma pela qual os Estados se relacionam, para com seus cidadãos, instituições (nacionais e internacionais) e entre si mesmos. Dá-se assim a substituição progressiva de um sistema verticalizado e centrado no Estado para um sistema pulverizado e deslocalizado, caracterizado pela ausência de uma produção normativa ordenada e sem atos de governo impostos a partir de uma instância central.[292] A soberania estatal, ainda calcada na exclusividade de dizer o direito, foi profundamente afetada.

2.1.2.4 *Soft law*

Diante do crescimento da inserção da governança global na contemporaneidade, observa-se a sua estreita relação com a *soft law*, uma espécie de normatividade flexível que expressa o progressivo descentramento da regulação jurídica de sua forma estatal de expressão.[293] Não há, no entanto, um conceito único de *soft law*, mas uma pluralidade de concepções.

No âmbito jurídico, Salem Hikmat Nasser, fundado em Jean Salmon, aduz o conceito genérico de *soft law* como regras cujo valor normativo seria limitado, seja porque os instrumentos que as contêm não seriam juridicamente obrigatórios, seja porque as disposições em causa, ainda que figurando em um instrumento constringente, não criariam obrigações de direito positivo, ou não criariam senão obrigações pouco constringentes.[294]

---

291 GONÇALVES, Alcindo. Governança global e o direito internacional público. *In:* JUBILUT, Liliana Lyra. *Direito internacional atual*. São Paulo: Elsevier, 2014, p. 85-86.

292 VILLAS BOAS FILHO, Orlando. O impacto da governança sobre a relação jurídica contemporânea: uma abordagem a partir de André-Jean Arnaud. *Revista Redes*, Canoas, v. 4, n.1, p. 145-171, 2016, p. 155.

293 VILLAS BOAS FILHO, Orlando. O impacto da governança sobre a relação jurídica contemporânea: uma abordagem a partir de André-Jean Arnaud. *Revista Redes*, Canoas, v. 4, n.1, p. 145-171, 2016, p. 155.

294 NASSER, Salem Hikmat. *Fontes e normas do direito internacional*: um estudo sobre a *soft law*. 2. ed. São Paulo: Altas, 2006, p. 25.

Há, segundo ele, um desdobramento desse conceito, segundo o qual a *soft law* pode ser entendida como instrumento preparado por entes não estatais com a pretensão de estabelecer princípios orientadores do comportamento dos Estados e de outros entes e tendendo ao estabelecimento de novas normas jurídicas,[295] parecendo ser esta a perspectiva mais condizente com a governança na contemporaneidade.

Como instrumento de regulamentação, a *soft law* atuaria no sentido de sedimentar a "boa governança" a partir da coordenação de atores, grupos sociais, instituições envolvidas na ação pública/política com a finalidade de definir os objetivos discutidos e definidos coletivamente, bem como a elaboração de programas de ação e de políticas públicas coordenadas, suscetíveis de permitir o adimplemento dos objetivos fixados, bem como a intenção de articulação de lógicas de ação divergentes através da negociação e, se necessário, pelo compromisso ou pela arbitragem.[296] [297]

Diferentemente do que ocorre com os governos, cujas decisões se fundam em normas de direito positivo, através da governança, no que concerne aos instrumentos de que dispõem os atores que com ela operam, a regulação produzida se dá em caráter de *soft law*. E, assim, em diversas hipóteses, os *standards* e os indicadores que a compõem demandam, em tese, a intervenção dos Estados para se converterem em normas de direito impositivas.[298]

Apesar disso, ressalta Orlando Villas Boas Filho que em diversos domínios – da Organização Mundial do Comércio ao Banco Mundial, passando pelos indicadores de agências de avaliação de risco, como *Standard & Poors* e *Moody's*, a intervenção estatal não é indispensável para que tais regulações assumam imposição efetiva.[299]

---

295 NASSER, Salem Hikmat. *Fontes e normas do direito internacional*: um estudo sobre a *soft law*. 2. ed. São Paulo: Altas, 2006, p. 25.

296 ARNAUD, André-Jean. *La governance*: un outil de participation. Paris: LGDJ, 2014, p. 276.

297 Por tudo isso, assinala Irineu Strenger que, ainda que incompleto, esse sistema é dotado de regras jurídicas próprias, criadas fora dos direitos estatais, pelos próprios operadores do comércio internacional. Trata-se de um *tertium genus*, distinto dos direitos nacionais e do direito internacional público. Cf. STRENGER, Irineu. *Contratos internacionais de comércio*. 2. ed. São Paulo: RT, 1992, p. 144-145.

298 VILLAS BOAS FILHO, Orlando. O impacto da governança sobre a relação jurídica contemporânea: uma abordagem a partir de André-Jean Arnaud. *Revista Redes*, Canoas, v. 4, n.1, p. 145-171, 2016, p. 157.

299 VILLAS BOAS FILHO, Orlando. O impacto da governança sobre a relação jurídica contemporânea: uma abordagem a partir de André-Jean Arnaud. *Revista Redes*, Canoas, v. 4, n.1, p. 145-171, 2016, p. 157

Nesse contexto se insere a *lex mercatória,*[300] que pode ser considerada como grande corpo de normas de natureza transnacional e, apesar de ter seu advento na Idade Média, revela extrema atualidade, de vez que possui características bastante atuais, que o Direito Internacional se refere como *soft law*, pois se traduz em regras que nascem e se desenvolvem longe dos comandos estatais, embora sejam reconhecidas e aplicadas diariamente no comércio mundial.

Nesse espeque, é relevante ressaltar que o conceito de Estado nacional e *lex mercatoria* são praticamente excludentes, uma vez que o primeiro preceitua plena soberania, e o segundo, a criação de um sistema de normas relativas ao comércio internacional de caráter transnacional:[301]

> O crescente entrelaçamento dos mercados, ampliando em níveis jamais vistos o volume das trocas econômicas, foi responsável pelo aparecimento de práticas comerciais também inéditas, que vêm sendo denominadas de nova *lex mercatoria*. O recurso à arbitragem, aos princípios gerais do direito e aos costumes mercantis nos contratos internacionais tem servido muitas vezes como meio de evitar a aplicação do direito estatal. Os códigos de conduta das empresas transnacionais e das associações econômicas internacionais acabam por se constituir em uma espécie de direito mundial, que frequentemente se choca com

---

[300] José Eduardo Faria ensina que a *lex mercatoria* foi forjada a partir dos séculos XI e XII com base nas necessidades dos comerciantes e navegadores empenhados em abrir novos mercados, de contar com uma nova ordem jurídica que servisse aos seus interesses onde quer que atuassem. A *lex mercatoria* é um conjunto de regras e princípios costumeiros reconhecidos pela comunidade empresarial e aplicado nas transações comerciais internacionais independentemente de interferências governamentais. Tendo aparecido muito tempo antes do advento do Estado moderno, esse *'law merchant'* lida com um grupo particular de pessoas (os mercadores) em locais específicos (feiras, mercados, portos etc.); é totalmente distinto dos direitos locais, feudais, reais e eclesiásticos; tem um caráter auto-regulador em escala transnacional; é administrado não por juízes, mas pelos próprios comerciantes, utilizando como critério básico o princípio da equidade e se destaca pela vinculação e segurança propiciada aos contratos, pela diversidade de procedimentos para o estabelecimento, a transmissão e o recebimento dos créditos e pela rapidez e informalidade da adjudicação. Com o tempo, porém, a economia internacional se expandiu, a comunidade empresarial se diversificou internamente, e as práticas e os costumes comerciais se tornaram cada vez mais complexos, perdendo assim a transparência e a previsibilidade originárias. A partir do Estado moderno, seu ordenamento jurídico progressivamente incorporou o "direito dos mercadores", e a evolução do comércio mundial abriu caminho para o aparecimento do Direito Internacional Privado. FARIA, José Eduardo. *O direito na economia globalizada*. São Paulo: Malheiros, 2004. p.160-161.

[301] STELZER, Joana. O fenômeno da transnacionalização da dimensão jurídica. *In:* STELZER, Joana; CRUZ, Paulo Márcio. *Direito e transnacionalidade*. 2. ed. Curitiba: Juruá, 2011, p. 40.

os vários direitos nacionais. As empresas transnacionais passam a ter o seu próprio direito, que regula as suas atividades onde quer que elas se situem.[302]

No que se refere à ausência de intervenção estatal para o efetivo cumprimento de suas normas, no âmbito das instituições, a atuação da Câmara de Comércio Internacional (ICC)[303] é digna de nota. Em seu âmbito de atuação figuram os "Termos Internacionais de Comércio" (*International Commercial Terms*), conhecidos pela abreviatura *Incoterms*,[304] designando direitos e obrigações para as partes envolvidas.

Representam referências comerciais padronizadas, definindo direitos e deveres assumidos pelo importador e pelo exportador nas operações de comércio mundial. Sua criação se deve à necessidade de se estabelecer responsabilidades entre as partes envolvidas, ante a ausência de regras de natureza internacional oriundas dos Estados. Uma vez agregados aos contratos de comércio, os termos passam a ter força legal, assegurando execução judicial, caso necessário. Apesar de ausente regra nacional que incorpore tal direito, os termos incorporam-se ao uso jurídico cotidiano nos negócios mundiais.[305]

Entre as regras mais utilizadas no meio empresarial, também figura o *Uniform Customs and Practices for Documentary Credits* (UCP), que regulamenta as cartas de crédito nos negócios internacionais, considerado um dos mais importantes instrumentos de pagamento bancário utilizados no mundo. Se hoje é possível contar com harmonia procedimental nas negociações bancárias, isso ocorre porque houve uniformidade na iniciativa privada ao abrigo da CCI.[306]

---

302 AMARAL JÚNIOR, Alberto do. *Curso de direito internacional público*. São Paulo: Atlas, 2011, p. 20.

303 Sediada em Paris, a ICC (*International Chamber of Commerce*) foi fundada em 1919 com o objetivo de servir ao mundo empresarial através da promoção comercial e de investimento, bem como para abrir os mercados de bens, serviços e livre fluxo de capitais. Cf. INTERNATIONAL CHAMBER OF COMMERCE. *What is icc?* Disponível em: http://www.iccwbo.org/iccbfdfc/index.html. Acesso em: 10 set. 2016.

304 Os *Intercoms* são condições de compra e venda de um bem, condensadas em uma sigla de três letras, na qual se estipula a divisão de custos (composição do preço da mercadoria) e o momento de transferência de riscos (local da entrega do bem ao comprador). Cf. STELZER, Joana. O fenômeno da transnacionalização da dimensão jurídica. *In:* STELZER, Joana; CRUZ, Paulo Márcio. *Direito e transnacionalidade*. 2. ed. Curitiba: Juruá, 2011, p. 41-42.

305 STELZER, Joana. O fenômeno da transnacionalização da dimensão jurídica. *In:* STELZER, Joana; CRUZ, Paulo Márcio. *Direito e transnacionalidade*. 2. ed. Curitiba: Juruá, 2011, p. 41-42.

306 STELZER, Joana. O fenômeno da transnacionalização da dimensão jurídica. *In:* STELZER, Joana; CRUZ, Paulo Márcio. *Direito e transnacionalidade*. 2. ed. Curitiba: Juruá, 2011, p. 42.

Nesse mesmo sentido, emergiram também as disposições da *International Standard Banking Practices* (ISBP), que visam a interpretação uniforme das regras internacionais no que se refere à prática bancária, indicando aos bancos as obrigações a que estão vinculados. Na realidade, reflete a norma internacional para a prática bancária relativa ao crédito bancário, em complementação à UCP.[307]

Além disso, há ainda a solução privada de arbitragem em recintos especializados. A arbitragem comercial retrata um campo jurídico que não se identifica com o território nacional e tampouco com regras de ordem pública a serem obedecidas. Nas transações comerciais, interessa a tecnicidade das soluções de lides privadas, a *expertise* dos julgadores envolvidos, a precisão na abordagem da causa, a celeridade do rito processual, a desvinculação com preocupações de caráter social e o alcance de resposta ágil, sem as amarras do poder público estatal.[308]

Além disso, a *soft law* surge em foros internacionais como potente instrumento político que expressa a vontade dos Estados no âmbito do direito internacional público dirigido à sociedade internacional e às relações internacionais. Não obstante, acaba influenciando, também, a arquitetura do direito interno dos Estados, com a reprodução e adequação, nos ordenamentos nacionais, de diversas normas, desenhadas e prescritas naqueles foros internacionais, posicionando-se, assim, como uma importante fonte não apenas para o Direito Internacional, também para o próprio direito interno dos Estados.[309]

O resultado disso é que os cidadãos cada vez mais consomem e obedecem a um direito aparentemente interno, produzido dentro de todos os rigores legislativos disciplinados pelo direito interno, mas, na realidade, esse direito é geneticamente internacional, pois é produzido e derivado de foros internacionais e reproduzido, copiado, pelos Estados.[310] Dessa forma, evidencia-se a criação de outros *locus* de produção e de administração do direito para além do Estado, em detrimento da soberania estatal.

---

[307] STELZER, Joana. O fenômeno da transnacionalização da dimensão jurídica. *In:* STELZER, Joana; CRUZ, Paulo Márcio. *Direito e transnacionalidade*. 2. ed. Curitiba: Juruá, 2011, p. 43.

[308] Tal fato, no entanto, não se confunde com a possível execução do laudo arbitral em jurisdição estatal, pois o que se discute é a possibilidade de utilizar meio privado marginal à ação estatal. Cf. STELZER, Joana. O fenômeno da transnacionalização da dimensão jurídica. *In:* STELZER, Joana; CRUZ, Paulo Márcio. *Direito e transnacionalidade*. 2. ed. Curitiba: Juruá, 2011, p. 43.

[309] MENEZES, Wagner. *Ordem global e transnormatividade*. Ijuí: Unijuí, 2005, p. 155.

[310] MENEZES, Wagner. *Ordem global e transnormatividade*. Ijuí: Unijuí, 2005, p. 216.

2.1.2.5 Governança sem governo?

A despeito da interconectividade e interdependência entre os Estados intensificada na atualidade, não há um governo central no mundo. Os relacionamentos transnacionais e os mecanismos de governança expandiram-se de modo expressivo. Na ausência de um poder central mundial, as relações entre Estados e os diversos novos atores componentes do cenário internacional provocam uma discussão sobre uma "nova forma de governo", fundada na governança global.

Hedley Bull, considerando as transformações nas relações internacionais, pensa em uma sociedade internacional anárquica e reconhece que a formação dessa sociedade se dá não só por Estados, também por outros atores internacionais. Segundo ele, haveria um tipo de ordem internacional, ainda que rudimentar, ainda que anárquica. A expressão "anárquica" se refere a uma ordem internacional desprovida de governo central. Pondera que mesmo sendo anárquica, essa ordem internacional pode ser considerada preparatória de um caminho para se usufruir direitos, os mais distintos, no plano internacional.[311]

David Held atenta-se para o fato de que uma das consequências da transnacionalização da política é a necessidade de se reavaliar a própria ideia de governo, como consenso voluntário de pessoas livres e iguais, pois desde o surgimento do Estado representativo moderno o consentimento foi um princípio indiscutível do governo legítimo. Mas a interconexão de Estados e da política faz surgir a dificuldade de se verificar atualmente a legitimidade da ação política pela via do consentimento. Não apenas porque se perdeu uma delimitação precisa do espaço político, de onde saem as decisões e para onde estas devem se voltar, mas principalmente porque há uma complexa rede de instituições que interagem no jogo político, impulsionada por interesses e cálculos racionais.[312]

James Nathan Rosenau assevera que os arranjos internacionais que compõem a governança global são intencionais, ou seja, fazem-se para atingir os objetivos almejados, dentro de algum tipo de ordem internacional. No entanto, alerta que essa "ordem internacional" opera

---

311 BULL, Hedley. *A sociedade anárquica*. São Paulo: Imprensa Oficial do Estado de São Paulo/ Editora da Universidade de Brasília/Instituto de Pesquisa em Relações Internacionais, 2002, p. 71.

312 HELD, David. A democracia, o Estado-nação e o sistema global. *Lua Nova*, São Paulo, n. 23, p. 1-50, 1991, p. 6.

em um mundo sem governo central, e, nesse sentir, a ideia de "ordem" deve ser relativizada.[313]

Assim, algum cuidado deve existir no uso da expressão "governança sem governo". Ela pode significar, como assevera Anne-Marie Slaughter, o fim do Estado-nação e o movimento para instituições supra e subestatais, e, sobretudo, para a predominância de atores não estatais. Insurgindo-se contra essa corrente, ela defende uma nova ordem mundial baseada na existência e no funcionamento de redes transgovernamentais, capazes de permitir que os governos se beneficiem da flexibilidade e descentralização dos atores não estatais, mas ao mesmo tempo fortalecendo o Estado como ator principal no sistema internacional.[314]

Para ela, "governança sem governo é governança sem poder, e governo sem poder raramente funciona". Muitos dos problemas internacionais e domésticos urgentes resultam do poder insuficiente dos Estados para estabelecer a ordem, realizar a infraestrutura e prover serviços sociais mínimos. Atores privados podem assumir algum papel, mas não há substituto para o Estado,[315] até porque há que se pensar em quem garantirá a exequibilidade do direito e dos direitos. A ideia da "governança sem um governo" não exige, necessariamente, a exclusão dos governos nacionais ou subnacionais,[316] mas implica um mínimo de ordem e de entendimentos rotinizados,[317] que só o Estado pode garantir.

Também na seara das transformações no direito provocadas pela globalização, a atuação da sociedade civil no plano global demonstra que, muito embora o poder e a atuação política do Estado tenham sido gradativamente reduzidos diante da globalização, outras fontes de poder e de política emergiram. Ao mobilizar e organizar interesses comuns através das fronteiras, a sociedade civil, através de organizações não

---

313 ROSENAU, James Nathan. Governance, order and change in world politics. *In:* ROSENAU, James Nathan; CZEMPIE, Ernst Otto. *Governance without government*: order and change in world politics. Cambridge: Cambridge University Press, 2003, p. 71.

314 SLAUGHTER, Anne-Marie *apud* GONÇALVES, Alcindo. O conceito de governança. *In: Anais do XIV do Congresso Nacional do Conpedi*. Florianópolis: Fundação Boiteux, 2005, p. 12.

315 SLAUGHTER, Anne-Marie *apud* GONÇALVES, Alcindo. O conceito de governança. *In: Anais do XIV do Congresso Nacional do Conpedi*. Florianópolis: Fundação Boiteux, 2005, p. 12.

316 GONÇALVES, Alcindo. O conceito de governança. *In: Anais do XIV do Congresso Nacional do Conpedi. Florianópolis: Fundação Boiteux,* 2005, p. 6.

317 ROSENAU, James Nathan. Governance, order and change in world politics. *In:* ROSENAU, James Nathan; CZEMPIE, Ernst Otto. *Governance without government*: order and change in world politics. Cambridge: Cambridge University Press, 2003, p. 71.

governamentais, procura moldar não apenas as políticas de organismos regionais e globais, mas inclusive seus próprios governos nacionais.[318] [319] É que o se passa a analisar.

2.1.2.6 Sociedade civil global

Não há um marco teórico conceitual sobre a sociedade civil global.[320] Na atualidade, no entanto, ela é posta em perspectiva em razão das imbricações que produz: é problemática a delimitação e a espacialidade em que a sociedade civil atua, já que a demarcação das próprias fronteiras dos Estados nacionais contemporâneos é dificultosa. E o monopólio exercido pelo Estado sobre as relações internacionais é igualmente questionado pelo crescimento das organizações não governamentais de caráter internacional.

A constante hibridização entre o nacional e o internacional, o interno e o externo, o local e o global, bem como a crescente interdependência do mundo globalizado levaram a reavaliações epistemológicas. No afã de responder prontamente a esse cenário, diversos conceitos sobre a sociedade civil global foram formulados a partir de perspectivas empíricas nacionais que foram transpostas para o plano global, distanciando-se das teorias originárias.[321]

Com a globalização, o alargamento nos estudos sobre a sociedade civil global se dá muito mais por evidências empíricas do que teóricas. E é sob esse viés que se seguem as análises, eis que importa aqui muito

---

318 McGREW, Anthony. Power shift: from national government to global governance? *In:* HELD, David. *A globalizing world?* Culture, economic, politics. London: Routledge, 2004, p. 133.

319 Sobre esse ponto, interessante alerta é feito por Moisés Naim no sentido de que a mesma infraestrutura global que facilita a cooperação transnacional e a comunicação entre os agentes da sociedade civil, tais como *Greenpeace* ou o Movimento Mundial das Mulheres, por exemplo, também favorece redes transnacionais da sociedade "incivil", ou seja, o crime organizado e os movimentos terroristas, que a partir da sociedade globalizada, desconhecem fronteiras e barreiras físicas. Cf. NAIM, Moisés. *Ilícito*: o ataque da pirataria, da lavagem de dinheiro e do tráfico à economia global. São Paulo: Zahar, 2006.

320 Diante da falta de consenso acerca do próprio conceito de sociedade civil global, as expressões "sociedade civil global", "mundial", "internacional" e "transnacional" são aqui tratadas como designativas do mesmo fenômeno: a sociedade civil que atua para além do Estado, a partir da globalização.

321 BALESTRIN, Luciana. Sociedade civil internacional: um conceito incipiente de uma realidade já tardia, ou, esboço para uma ideia de associativismo transnacional. *Anais do 31º Encontro Nacional da ANPOCS*. Caxambu: ANPOCS, 2007, p. 2. Essa discussão teórica, porém, não é objeto de estudo no presente trabalho.

mais a compreensão acerca da atuação da sociedade civil para além dos Estados, bem como as suas interferências na produção do direito e na soberania estatal, do que a sua conceituação.

Com a globalização deu-se a percepção de que as pautas reivindicatórias da sociedade civil não se circunscreviam aos limites dos Estados nacionais, bem como suas fronteiras não significavam barreiras, mas potencialidades, oportunidades de fortalecimento e representatividade, reconhecimento e ampliação de participação política. E assim, as organizações não governamentais começaram a expandir suas atividades para outros Estados em que identificavam oportunidades de crescimento e consolidação.

Algumas dessas organizações que se lançaram na empreitada para além dos Estados nacionais de origem obtiveram sucesso tal que, afinadas à globalização e a tudo mais que ela implica, constituem verdadeiros "grupos" muito estruturados, com ramificações no mundo inteiro,[322] como a Anistia Internacional, por exemplo, que está presente em mais de 150 países,[323] e o *Greenpeace*, em todos os continentes, em 47 países.[324]

Essas organizações têm ações coordenadas por secretariados internacionais e são dotadas de relevantes recursos financeiros e humanos, a exemplo da organização Médicos sem Fronteiras (MSF), cujos recursos se aproximam a 360 milhões de euros[325] e 36.000 profissionais de diferentes áreas e nacionalidades pelo mundo.[326]

Assegurando a presença direta de indivíduos sobre a cena internacional, essas organizações são parte integrante da construção da ordem internacional atual. Além disso, ao manter relações com as organizações internacionais estabelecidas pelos Estados, as organizações

322 CHEVALLIER, Jacques. *O Estado pós-moderno*. Belo Horizonte: Fórum, 2009, p. 50.

323 ANISTIA INTERNACIONAL. *Quem somos*. Disponível em: https://anistia.org.br/conheca-a-anistia/quem-somos/. Acesso em: 09 out. 2020.

324 GEENPEACE. *Quem somos*. Disponível em: http://www.greenpeace.org/brasil/pt/quem-somos/. Acesso em: 09 jul. 2021. Durante a consulta ao portal da instituição, verificou-se a existência de uma campanha com abaixo-assinado aberto com os seguintes dizeres: "Chega de destruição na Amazônia. Ajude a frear o desmatamento da nossa floresta". E continua: "Vamos juntos proteger a Amazônia: seja um doador – Sendo um doador do Greenpeace você garante a independência de nossas ações para confrontar empresas e governos. Trabalhamos com autonomia para expor crimes ambientais, como o desmatamento da Amazônia".

325 MEDECINS SANS FRONTIERS. *Financial Report*. Disponível em: http://www.msf.org.br/sites/default/files/msf_financial_report_2015.pdf. Acesso em: 09 out. 2020.

326 MÉDICOS SEM FRONTEIRAS. *Quem somos*. Disponível em: http://www.msf.org.br/quem-somos. Acesso em: 09 out. 2020.

não governamentais promovem a integração entre a sociedade civil para com diferentes Estados.

Assevera Jacques Chevallier que a conferência organizada pela Organização Mundial do Comércio em Seatle (EUA), em 30 de novembro de 1999, foi o ponto de partida para as mobilizações sistemáticas de um conjunto de associações por ocasião das grandes reuniões internacionais ou paralelamente a elas, como o Fórum Social Mundial, concomitante ao Fórum Econômico Mundial de Davos. Essas ações têm por objetivo a modulação do processo de globalização pela tomada em conta de novas exigências.[327]

Além disso, uma das principais formas de influência na política governamental pela sociedade civil global se dá como "efeito bumerangue", em que se impõem mudanças de normas internas em razão da pressão internacional oriunda de atores não estatais com visibilidade internacional. Isso porque as ações em rede maximizam influências que a sociedade civil não consegue exercer sobre o seu próprio governo em função de sua dinâmica. Além de penetrarem debates no âmbito da sociedade civil e das instituições, podem vir a transformar posições políticas, eventualmente procedimentos e comportamentos.[328]

A emergência de uma sociedade civil global ilustra o potencial pelo qual o cidadão pode fazer-se ouvir diretamente, independentemente de seus governantes e por intermédio de associações representativas, sobre as grandes questões de interesse comum. A pressão exercida pela sociedade civil conduziu a maior parte das organizações internacionais, como FMI, Banco Mundial, OMC, Organização para a Cooperação e Desenvolvimento Econômico (OCDE) e outras, a estabelecer dispositivos de contato com as organizações não governamentais a fim de neutralizar, de antemão, as suas críticas.[329]

Mais profundamente, as organizações não governamentais, ao estabelecerem negociações com essas entidades, passam a se envolver nos processos decisionais, tomando parte ativa na reflexão dos grandes problemas internacionais e na elaboração das novas normas de Direito Internacional, seja em meio ambiente (Rio 92), nos direitos humanos (Viena, 1993), da população e do desenvolvimento (Cairo, 1994), do

---

327 CHEVALLIER, Jacques. *O Estado pós-moderno*. Belo Horizonte: Fórum, 2009, p. 50.

328 TOSTES, Ana Paula. Um casamento feliz: direito internacional e sociedade civil global na formação dos regimes internacionais. *Revista Sociologia Política*, Curitiba, n. 27, p. 65-77, 2006, p. 67.

329 CHEVALLIER, Jacques. *O Estado pós-moderno*. Belo Horizonte: Fórum, 2009, p. 50.

crime organizado (Nápoles, 1994), do desenvolvimento social (Copenhague, 1995), das mulheres (Pequim, 1995), do desenvolvimento sustentável (Joanesburgo, 2002) etc.[330]

As organizações não governamentais que alcançam visibilidade acabam por se integrar ao sistema internacional pela via do processo de credenciamento perante a Organização das Nações Unidas. Esse procedimento confere a essas organizações um estatuto consultivo que as permite participar das atividades da organização. E assim são chamadas a atuar conjuntamente com a entidade, em parceria através de missões de subcontratação, notadamente em matéria humanitária.[331]

Além da intensificação da globalização econômica (produção, finanças, mercado etc.) e a aproximação entre Estado, mercado e sociedade civil, também o Direito Internacional favoreceu a emergência da sociedade civil global na atualidade. A ratificação de tratados e regras internacionais, especialmente na área de direitos humanos, demonstra que os Estados se mostram cada vez mais receptivos à sua atuação. Se, por um lado, a ação transnacional de atores não estatais, grupos e associações civis de alcance internacional e organizações não governamentais depende de institucionalização internacional, por outro lado, a atual realidade do ambiente internacional combina o aumento da institucionalização com o crescente povoamento de atores da sociedade civil.[332]

Esse potencial transformador da sociedade civil global é visto por alguns teóricos como alternativa ao enfraquecimento do Estado e da soberania contra a força emergente dos operadores econômicos e das redes transnacionais. Os determinismos que a globalização impõe favorecem um contexto político a que grande parte da literatura identifica como "crise do Estado",[333] expressão que designa a perda da capacidade estatal de regulação dos assuntos domésticos, cada vez mais dependentes de conjunturas que lhe são externas.

---

330 CHEVALLIER, Jacques. *O Estado pós-moderno*. Belo Horizonte: Fórum, 2009, p. 51. Exemplifica o autor que algumas convenções internacionais, tais como a Convenção de Ottawa sobre as minas terrestres, foram resultado da ação de sensibilização conduzidas pelas organizações não governamentais, em especial pela Handicap Internacional.

331 CHEVALLIER, Jacques. *O Estado pós-moderno*. Belo Horizonte: Fórum, 2009, p. 51. Para tanto, a ONU criou, em 1992, um "Gabinete de coordenação das questões humanitárias".

332 TOSTES, Ana Paula. Um casamento feliz: direito internacional e sociedade civil global na formação dos regimes internacionais. *Revista Sociologia Política*, Curitiba, n. 27, p. 65-77, 2006, p. 66.

333 Cf. CASSESE, Sabino. *A crise do Estado*. Campinas: Saberes, 2010.

Esses problemas refletem a inadaptabilidade do Estado às circunstâncias debilitadoras da sua soberania, o que corresponde também a um déficit de legitimidade e de competência. Segundo Friedrich Müller, o empenho da sociedade civil global contra os efeitos adversos provenientes da globalização só seria possível se pensadas novas formas de democratização fora do contexto estatal. Nesse sentido, a sociedade civil internacional, nos moldes da sociedade civil interna, seria capaz de uma consciência social mundial a modular as dificuldades de proteção ao direito interno que a globalização impõe,[334] sobretudo a econômica. Em razão disso, defende-se a consolidação de uma sociedade civil global que atue sem o amparo estatal, coordenada pacificamente e formadora de opiniões favoráveis aos bens públicos globais, sobretudo os direitos humanos, e mantendo vivo o dissenso político, tão caro à democracia pluralista[335] e à própria sociedade civil atual, deveras policontextualizada. Essa contextura também passou a influenciar os Estados e suas práticas.

2.1.3 Compreendendo as mudanças globais na soberania

A compreensão das mudanças globais na soberania perpassa a ideia de poder e política do Estado-nação, bem assim os seus limites na organização da vida econômica e social, que, diante da globalização atual, transcende as jurisdições territoriais. No entanto, esse princípio de territorialidade esteve vigente desde a construção da ordem jurídico-política internacional que remonta à Paz de Westphalia.

Com ela, o mundo se organizou em comunidades políticas territoriais, os Estados-nacionais, espaço de exercício da territorialidade. Dentro desses espaços, os Estados reivindicavam a soberania – o poder de dizer direito, ao mesmo tempo em que apareciam como centros autônomos da atividade política, social e econômica que as fronteiras fixas proporcionavam, separando a esfera doméstica do mundo externo

[334] MÜLLER, Friedrich. A limitação das possibilidades de atuação do Estado-nação face à crescente globalização e o papel da sociedade civil em possíveis estratégias de resistência. *In:* BONAVIDES, Paulo; LIMA, Francisco Gérson Marques de; BEDÊ, Faya Silveira: *Constituição e democracia:* Estudos em homenagem ao professor J. J. Gomes Canotilho. São Paulo: Malheiros, 2006, p. 120.

[335] MÜLLER, Friedrich. A limitação das possibilidades de atuação do Estado-nação face à crescente globalização e o papel da sociedade civil em possíveis estratégias de resistência. *In:* BONAVIDES, Paulo; LIMA, Francisco Gérson Marques de; BEDÊ, Faya Silveira: *Constituição e democracia:* Estudos em homenagem ao professor J. J. Gomes Canotilho. São Paulo: Malheiros, 2006, p. 121.

como autonomia. Assim, essa estrutura de Estados dominou a paisagem política internacional, uma vez que eles passaram a controlar, com primazia, o acesso aos seus territórios e aos seus recursos econômicos, humanos e naturais. Uma de suas principais funções era a garantia de segurança, de bem-estar e de proteção dos seus cidadãos em face de ameaças e interferências externas.[336]

A partir de então, o sistema de Estados se estabeleceu e se sedimentou, incorporando uma concepção do espaço político, de base territorial, atrelado às fronteiras nacionais. A soberania seguiu essa mesma lógica, amalgamada ao Estado nacional e ao seu território. O conceito de soberania se fortaleceu e se consolidou como poder quase absoluto.

Foi só no final do século XX que esse sistema começou a se enfraquecer, muito embora existam divergências teóricas quanto a esse particular. Anthony McGrew aponta que entre os inter-nacionalistas, o sistema westphaliano ainda permanece central para a constituição da vida política moderna e para compreender a natureza e a dinâmica de como o mundo é governado. Para os globalistas e os transformacionalistas, o ideal de Westphalia parece estar em desacordo com a escala e a expansão sobre as quais os fatores econômicos, culturais e políticos estão atualmente organizados.[337]

Entretanto, é preciso reconhecer que a ordem de Estados estabelecida desde Westphalia continua vigente em muitos aspectos. Há ainda paradigmas que reforçam a dicotomia percebida entre assuntos internos e internacionais: a própria existência (e resistência) do Estado talvez seja o principal, já que ainda hoje ele segue como pedra de toque da atividade política e jurídica (bem como para toda a episteme referente às ciências sociais e humanas). Além disso, há ainda a coexistência das duas realidades – interna e internacional –, já que o âmbito doméstico continua a ser definido pela existência dos governos nacionais, que são as instituições centrais de domínio político na seara interna, e na esfera internacional, por sua evidente ausência.[338]

---

336 McGREW, Anthony. Power shift: from national government to global governance? *In:* HELD, David. *A globalizing world?* Culture, economic, politics. London: Routlege, 2004, p. 128.

337 McGREW, Anthony. Power shift: from national government to global governance? *In:* HELD, David. *A globalizing world?* Culture, economic, politics. London: Routlege, 2004, p. 130.

338 McGREW, Anthony. Power shift: from national government to global governance? *In:* HELD, David. *A globalizing world?* Culture, economic, politics. London: Routlege, 2004, p. 130.

Apesar disso, também é preciso reconhecer que o poder não é mais primariamente organizado e exercido em âmbito nacional. Com a globalização, adquiriu dimensões transnacionais, regionais ou mesmo globais. Como consequência, Estado e política, bem como soberania, tornaram-se mais internacionalizados e globalizados. E mais que isso: os poderes estatais, em especial a soberania e seu poder de dizer o direito, passaram a sofrer a interferência de múltiplos sujeitos.

Nesse contexto, deu-se a gradativa internacionalização do Estado. Essa operacionalização abrange quase todos os aspectos estatais, desde questões de tributação,[339] meio ambiente, padrões de segurança até as iniciativas de cooperação internacionais propriamente ditas. Nos últimos anos, notadamente a partir do final da Segunda Guerra Mundial, houve uma internacionalização significativa das atividades estatais principalmente sobre o modo como os Estados nacionais tentam controlar ou regular essas atividades e solucionar problemas que, cada vez mais, escapam à sua jurisdição ou que têm suas raízes no exterior.[340]

No âmbito global, a atividade de organismos multilaterais se intensificou, ampliando-se a rede de organizações e os mecanismos de governança. Assim, deu-se a necessidade de aplicação da *soft law*, como um direito dotado de maior plasticidade, ao menos no que se refere à sua elaboração. Assim, órgãos como Organização das Nações Unidas e suas respectivas agências, instituições egressas do sistema de gerenciamento econômico internacional, conhecido como "Sistema de Bretton Woods", FMI, Banco Mundial, Acordo Geral sobre Tarifas e Comércio (em inglês, *General Agreement on Tariffs and Trade* – GATT) – atual OMC passaram a fazer uso desse tipo de normatividade, que por sua vez passa a integrar

---

339 O maior exemplo da internacionalização da atividade tributária estatal é *o Foreign Account Tax Compliance Act* (FATCA), legislação norte-americana que exige que instituições financeiras e algumas entidades não financeiras estrangeiras relatem ativos financeiros estrangeiros mantidos por titulares de contas nos Estados Unidos ou que estejam sujeitas à retenção tributária junto à fonte pagadora. Também compreende esse conjunto normativo a exigibilidade de cidadãos norte-americanos relatarem ao governo norte-americano suas contas e ativos financeiros estrangeiros, dependendo do valor. Cf. UNITED STATES OF AMERICA GOVERNMENT – INTERNAL REVENUE SERVICE (IRS). *Foreign Account Tax Compliance Act (FATCA)*. Disponível em: https://www.irs.gov/businesses/corporations/foreign-account-tax-compliance-act-fatca. Acesso em: 02 set. 2019. No Brasil, o FATCA tem aplicabilidade através do Decreto nº 8.506/2015, que promulgou o Acordo entre o Governo da República Federativa do Brasil e o Governo dos Estados Unidos da América para a Melhoria da Observância Tributária Internacional e Implementação do FATCA, firmado em Brasília em 23 de setembro de 2014.

340 McGREW, Anthony. Power shift: from national government to global governance? *In:* HELD, David. *A globalizing world?* Culture, economic, politics. London: Routledge, 2004, p. 132.

o que se compreende por direito, alterando profundamente a política e a soberania estatais.

Se por um lado a globalização está associada à internacionalização do Estado, ela também promoveu uma correspondente transnacionalização da política, enquanto atividade que transcende ou atravessa as sociedades, com a ampliação de contatos, redes e organizações que ligam pessoas, negócios e comunidades através das fronteiras nacionais.[341] Dessa forma, a atividade política (e também a jurídico-normativa) encontra-se deslocalizada, entre o interno e o internacional, o transnacional e o global, e, portanto, dificilmente localizável. Esse é um cenário segundo o qual a soberania não está imune: a soberania também se encontra deslocada do eixo central do Estado.

Por isso, assevera Anthony McGrew que a vertente política da globalização contemporânea é marcada por uma série de transformações globais, a saber: (i) a notável institucionalização de organizações intergovernamentais e de redes transnacionais de interação política, expressa entre outros fatores, pela formalização de organizações como a ONU, por exemplo; (ii) o crescimento de novos centros de autoridade acima, abaixo e ao lado dos Estados. O caso do Reino Unido é um exemplo: o governo britânico (e, portanto, seus cidadãos) pode estar sujeito, ao mesmo tempo, às ações de órgãos como a OMC, as Assembleias Galesa e Escocesa e as corporações multinacionais; (iii) o surgimento de uma política global, apesar de frágil e incipiente. Embora não exista um governo central no mundo, a multiplicidade de organismos globais e regionais que foram criados para lidar com assuntos que atravessam fronteiras nacionais, como o Escritório das Nações Unidas sobre Drogas e Crimes (UNODC)[342] e a União Europeia, por exemplo, constituem um

---

341 McGREW, Anthony. Power shift: from national government to global governance? *In:* HELD, David. *A globalizing world?* Culture, economic, politics. London: Routledge, 2004, p. 133.

342 O Escritório das Nações Unidas sobre Drogas e Crimes (UNODC) descreve suas atividades da seguinte forma "implementa medidas que refletem as três convenções internacionais de controle de drogas e as convenções contra o crime organizado transnacional e contra a corrupção. O trabalho do UNODC está baseado em três grandes áreas: saúde, justiça e segurança pública. Dessa base tripla, desdobram-se temas como drogas, crime organizado, tráfico de seres humanos, corrupção, lavagem de dinheiro e terrorismo, além de desenvolvimento alternativo e de prevenção ao HIV entre usuários de drogas e pessoas em privação de liberdade. (...) Os três pilares do trabalho do UNODC são: trabalho normativo, para ajudar os Estados na ratificação e na implementação dos tratados internacionais, no desenvolvimento de suas legislações nacionais em matérias de drogas, criminalidade e terrorismo, além de oferecer serviços técnicos e operacionais para órgãos de execução e controle estabelecidos pelos tratados internacionais; pesquisa e análise, para aumentar o conhecimento e a compreensão dos problemas relacionados

sistema global (e regional) de governança. A governança global refere-se a um processo de coordenação política entre governos, agências intergovernamentais e transnacionais (públicas e privadas). Ele trabalha para propósitos comuns ou metas coletivamente acordadas, através de implementação de regras globais ou transnacionais e gestão de problemas transfronteiriços. Isso difere dramaticamente de um conceito de governo mundial, que pressupõe a ideia de uma autoridade pública global central que legisla para a humanidade – ou mesmo a ideia de uma ordem soberana mundial. Em vez disso, a noção de governança global refere-se ao processo pelo qual governos individuais, organizações intergovernamentais, organismos como as Nações Unidas, organizações não governamentais e transnacionais, como o World Wildlife Fund[343] ou UNODC, por exemplo, mobilizam-se para estabelecer regras, normas e padrões globais ou para regular ou resolver os problemas transfronteiriços, como questões socioambientais ou o comércio global de drogas. Mas isso não significa que todos os governos ou grupos têm igual poder na tomada de decisões globais. Pelo contrário, existem claras desigualdades de poder, acesso e influência. Organizações terroristas globais, como a Al-Qaeda, podem ser vistas como resultante de tais desequilíbrios de poder; (iv) juntamente com esta política global está uma infraestrutura de uma sociedade civil transnacional. Organizações não governamentais e transnacionais como a Câmara Internacional de Comércio, redes de defesa de direitos como *Greenpeace* ou Médicos sem Fronteiras e os grupos de cidadãos desempenham um papel de mobilizar, organizar e exercitar o poder das pessoas através das fronteiras nacionais. Isso tem sido facilitado pela velocidade e facilidade das comunicações globais atuais e crescente conscientização de interesses comuns entre pessoas de diferentes Estados e regiões do mundo. Esta explosão de "diplomacia cidadã" constitui um exemplo de atuação da sociedade civil global, ou seja, uma arena política em que cidadãos e interesses privados colaboram através das fronteiras nacionais para alavancar seus objetivos mútuos ou para trazer governos e instituições formais de governança

---

às drogas e à criminalidade e para ampliar a definição de políticas e de estratégias com base em critérios baseados em evidências; assistência técnica, por meio de cooperação internacional, para aumentar a capacidade dos Estados-membros em oferecer uma resposta às questões relacionadas às drogas ilícitas, ao crime e ao terrorismo". Cf. UNITED NATIONS OFFICE ON DRUGS AND CRIME (UNODC). *Sobre o UNODC*. Disponível em: https://www.unodc.org/lpo-brazil/pt/sobre-unodc/index.html. Acesso em: 03 set. 2019.

343 Organização não governamental que atua contra a degradação socioambiental. Cf. WWF-BRASIL. *Quem somos*. Disponível em: https://www.wwf.org.br/wwf_brasil/. Acesso em: 03 set. 2019.

global para implementar suas atividades; (v) a existência de um sistema de governança global e a sociedade civil transnacional associado a novas formas de política multinacional, transnacional e global. No campo diplomático, o governo britânico pode ser derrotado em certas questões, enquanto regras de comércio dentro da OMC podem ser igualmente vinculativas para todos os governos e podem ser impostas por sanções comerciais contra aqueles que se recusam a aderir a elas. O interesse nacional muitas vezes pode ser redefinido. Assim, por exemplo, a política de defesa nacional da Grã-Bretanha tornou-se indistinguível da política da Organização do Tratado do Atlântico Norte (OTAN).[344] Os governos e seus cidadãos foram incorporados em redes mais expansivas e camadas de governança regional e global. De fato, a forma e a intensidade da globalização política contemporânea colocam desafios profundos aos Estados, uma vez que desafiam as premissas básicas da concepção westphaliana do mundo.[345]

De se ressaltar que para os transformacionalistas o espaço não é mais coincidente com o território nacional, e os governos nacionais não são mais os únicos senhores do seu próprio destino ou dos seus cidadãos. Mas isso não significa que os Estados ou a política nacional foram eclipsados pelas forças econômicas e políticas da globalização. Eles ainda fazem guerra – a guerra contra o Iraque, após os ataques de 11 de setembro de 2001, em Nova York e Washington, demonstrou que o "inimigo" não é um único Estado e muito menos que se encontra em um território localizado. O Estado não está em declínio, como muitos globalistas sugerem, mas seu poder e autoridade foram reconfigurados no contexto de um sistema de governança global de múltiplas camadas.[346]

---

[344] Criada em 4 de abril de 1949, através do Tratado do Atlântico Norte, mais conhecido como "Tratado de Washington", a Organização do Tratado do Atlântico Norte (OTAN, sigla em inglês NATO) se autodenomina uma aliança política e militar, de defesa coletiva que promove a ligação transatlântica entre seus membros (Estados europeus e da América do Norte), permitindo a cooperação e a condução de operações multinacionais de gerenciamento conjunto de crises. Ela parte do princípio da defesa coletiva de que um ataque contra um ou vários de seus membros é considerado um ataque contra todos (princípio da defesa coletiva, artigo 5º do respectivo tratado – até o momento, esse princípio foi invocado apenas uma vez, por ocasião dos atentados de 11 de setembro de 2001, nos Estados Unidos). Cf. NORTH ATLANTIC TREATY ORGANIZATION (NATO-OTAN). *What is NATO*? Disponível em: https://www.nato.int/nato-welcome/index.html. Acesso em: 03 set. 2009.

[345] McGREW, Anthony. Power shift: from national government to global governance? *In:* HELD, David. *A globalizing world?* Culture, economic, politics. London: Routledge, 2004, p. 134-135.

[346] McGREW, Anthony. Power shift: from national government to global governance? *In:* HELD, David. *A globalizing world?* Culture, economic, politics. London: Routlege, 2004, p. 135.

Esse cenário, próprio da globalização, indica a ascensão da governança de nível global e a transformação das lógicas de poder, tanto no âmbito internacional quanto interno dos Estados. Na medida em que política e direito, mormente a soberania, são reformulados, novos padrões são estabelecidos. Se no campo teórico a soberania já vinha sofrendo significativas alterações, no contexto fático, seu enfraquecimento leva à conclusão de que há uma contundente incompatibilidade entre o seu conteúdo teórico e o seu conteúdo prático, ao menos segundo a literatura tradicional, mas compatíveis com os novos esforços conceituais, especificamente a soberania estatal democrática.[347]

Isso porque a globalização (embora tenha forte viés hegemônico, conforme argumentam os inter-nacionalistas, e tenha forte apelo capitalista, como a compreendem os globalistas) contribui para uma reconfiguração do poder e da autoridade dos Estados nacionais, segundo transformacionalistas. A soberania tem uma formatação bastante diferente do ideal forjado em Westphalia, bem assim, o Estado, constantemente transformado – a própria configuração da União Europeia confirma esse argumento.

2.1.3.1 Internacionalização do Estado

No contexto globalizado, o Estado se insere na ordem internacional e se internacionaliza,[348] passando a interagir para com os múltiplos sujeitos da sociedade civil global, em especial para com as organizações internacionais[349] e seus mecanismos de governança.[350] Paralelamente, outros sujeitos que apesar de não terem a personalidade reconhecida, mas aos quais o direito assegura tutela jurídica, como a humanidade, a nação, os povos, o meio ambiente[351] e outros, passam a interagir com o Estado promovendo uma rede complexa de interações voltadas para a construção de valores, em especial a necessidade de estabelecimento

347 ALVES, Angela Limongi Alvarenga. *Limites e potencialidades da soberania estatal na pós-modernidade*. 2017. Tese (Doutorado em Direito do Estado) – Faculdade de Direito, Universidade de São Paulo, São Paulo, 2017.

348 RANIERI, Nina. *Teoria do Estado*: do Estado de Direito ao Estado Democrático de Direito. Barueri: Manole, 2013, p. 173.

349 AMARAL JÚNIOR, Alberto. *Curso de direito internacional*. São Paulo: Atlas, 2018, p. 183.

350 GONÇALVES, Alcindo; COSTA, José Augusto Fontoura. *Governança global e regimes internacionais*. São Paulo: Almedina, 2011, p. 21-85.

351 RANIERI, Nina. *Teoria do Estado*: do Estado de Direito ao Estado Democrático de Direito. Barueri: Manole, 2013, p. 173.

de princípios e regras concernentes à atuação da sociedade internacional. Nesse sentir, relevantes transformações são apontadas por David Held, razão pela qual recorre-se a esse autor para a condução do seu itinerário.[352]

No modelo das relações internacionais construído desde a Paz de Westphalia, o mundo consistia na divisão entre Estados soberanos que não reconheciam autoridade superior. Nesse plano, o processo de elaboração do direito, o estabelecimento de padrões de resolução de disputas e os mecanismos de constrição do direito repousavam nos Estados, e o Direito Internacional era orientado para o estabelecimento de regras mínimas de coexistência, com o objetivo de criação de relações duradouras entre Estados e povos, mas apenas na medida em que permitissem o alcance dos objetivos políticos nacionais.

Também a responsabilidade por atos ilícitos transfronteiriços consistia em "assuntos privados" que diziam respeito apenas aos afetados, já que todos os Estados eram considerados iguais perante a lei, e as regras jurídicas não levavam em consideração as assimetrias de poder. Assim, as diferenças entre os Estados podiam ser, em última análise, resolvidas pela força, visto que o princípio do poder efetivo prevalecia e os padrões legais internacionais ofereciam apenas a proteção mínima.

Já com modelo da Carta da ONU, estabelecido no período do pós-guerra, a ordem internacional se transforma. A sociedade internacional passa a ser percebida como um grande conjunto de Estados soberanos conectados através de uma rede densa de relações institucionalizadas. Indivíduos e grupos são vistos como atores legítimos das relações internacionais, embora com atribuições limitadas. Inobstante a isso, a certos povos oprimidos por poderes coloniais, regimes racistas ou ocupações estrangeiras são reconhecidos direitos e papéis de articulação em seus interesses e futuro.

Há uma aceitação gradual de padrões e valores que colocam em questão o princípio do poder efetivo; consequentemente, as principais violações de determinadas regras internacionais não devem, em teoria, ser consideradas legítimas. Restrições são impostas ao recurso à força, incluindo o uso não autorizado da força econômica. São criadas novas regras, procedimentos e instituições destinadas a auxiliar a formulação e aplicação do direito em assuntos internacionais, a partir da adoção de princípios jurídicos que delimitam a forma e o alcance da conduta

---

352 HELD, David. *Democracy and the global order*: from the modern State to cosmopolitan governance. Stanford: Stanford University Press, 1995, p. 21 e ss.

de todos os membros da comunidade internacional, fornecendo-se um conjunto de diretrizes para a estruturação de normas.

Há ainda a preocupação fundamental para com os direitos dos indivíduos, e um corpo de regras internacionais é criado a fim de coagir os Estados a observar certos padrões no tratamento de todos, incluindo seus próprios cidadãos. A preservação da paz, o avanço dos direitos humanos e o estabelecimento de maior justiça social são as prioridades coletivas declaradas: os "assuntos públicos" incluem o papel da comunidade internacional. Com respeito a certos valores, como paz e proibição do genocídio, são estabelecidas regras internacionais que passam a prever a responsabilização de Estados e agentes, em caso de ilícitos. Também às desigualdades sistemáticas entre povos e Estados são reconhecidas novas regras, incluindo o conceito de patrimônio comum da humanidade, estabelecidas para criar formas de governar a distribuição, apropriação e exploração do território, propriedade e recursos naturais.

Esse processo favorece a difusão, no plano internacional, de valores e padrões concernentes aos direitos humanos,[353] que por sua vez passam a influenciar o âmbito interno dos Estados. A normatividade ínsita na Declaração Universal de Direitos Humanos passa a induzir as decisões internacionais e a normatizar a atuação dos Estados, tornando os planos nacional e internacional altamente permeáveis. Não por acaso, assinala Nina Ranieri que tais transformações provocaram um duplo movimento: de constitucionalização do direito internacional e de internacionalização do direito constitucional,[354] no que convergem três importantes alterações:

> a) Ampliação do campo de incidência das normas internacionais para as áreas econômicas, cultural, educacional, de proteção de direitos humanos, do meio ambiente, desenvolvimento, segurança coletiva etc.; b) consequentemente, o direito internacional passa a alcançar matérias antes reservadas à competência exclusiva dos Estados; c) a vigência dessas normas nos territórios nacionais torna-se obrigatória, em virtude de procedimentos previstos nas respectivas Constituições.[355]

---

353 HELD, David. *Democracy and the global order*: from the modern State to cosmopolitan governance. Stanford: Stanford University Press, 1995, p. 21 e ss.

354 RANIERI, Nina. *Teoria do Estado*: do Estado de Direito ao Estado Democrático de Direito. Barueri: Manole, 2013, p. 174.

355 RANIERI, Nina. *Teoria do Estado*: do Estado de Direito ao Estado Democrático de Direito. Barueri: Manole, 2013, p. 174.

Com a globalização contemporânea em marcha, a ordem global progressivamente vai adotando conformações adicionais. Tem-se a proliferação de agentes regionais, internacionais e transnacionais, organizações e instituições (governamentais e não governamentais); o crescimento global de interconectividade em diversas dimensões: econômica, política, tecnológica, comunicacional e jurídica; o crescimento de permeabilidade entre fronteiras.[356]

Dá-se o aumento da necessidade de cooperação interestatal e controle de resultado de políticas; o crescimento de agências e instituições internacionais, como mecanismos de sustentação e balanço de poder; expansão de regimes, desenvolvimento de organizações internacionais, diplomacia multilateral, bem como do escopo do Direito Internacional. As necessidades de cooperação entre os membros dessa estrutura global são ampliadas tanto entre atores estatais e não estatais, e para tal mister é criado um sistema de governança global, que teve como resultados a sustentação e a redefinição do poder dos Estados,[357] levando à necessidade de (re)compreensão da soberania estatal. A questão que se coloca é sobre a natureza dessa transformação e em que sentido esse poder estatal pode ser reconfigurado. Seria então possível pensar na governança como marca da globalização? Seria um cenário de pós-soberania?[358]

2.1.3.2 A era da pós-soberania?

Para além das características da globalização (ampliação das relações sociais e econômicas, intensificação dos fluxos, aumento da interpenetração de práticas econômicas e sociais e surgimento de uma infraestrutura global) e dos seus efeitos (força do mercado, transnacionalização e desterritorialização), Jan Aart Scholte identifica distintas proposições centrais para a globalização: globalização como internacionalização, como liberalização, como universalização e como ocidentalização.[359]

---

356 HELD, David. *Democracy and the global order*: from the modern State to cosmopolitan governance. Stanford: Stanford University Press, 1995, p. 21 e ss.

357 HELD, David. *Democracy and the global order*: from the modern State to cosmopolitan governance. Stanford: Stanford University Press, 1995, p. 21 e ss.

358 SCHOLTE, Jan Aart. The globalization of world politics. *In:* BAYLIS, John; SMITH, Steve; OWENS, Patricia. *The globalization of world politics*: an introduction to international relations. Oxford: Oxford University Press, 1997, p. 72.

359 SCHOLTE, Jan Aart. The globalization of world politics. *In:* BAYLIS, John; SMITH, Steve; OWENS, Patricia. *The globalization of world politics*: an introduction to international relations. Oxford: Oxford University Press, 1997, p. 72.

Segundo ele, a globalização como internacionalização se refere ao global como descritivo para o além-fronteiras. Como liberalização, refere-se ao processo de remoção das restrições impostas por Estados nacionais em relações para com outros, objetivando a criação de uma economia aberta em um mundo sem fronteiras. Como universalização, refere-se ao processo de abertura para objetos e experiências de vários povos em todas as partes do planeta. E como ocidentalização, à expansão das estruturas sociais ocidentais da modernidade (tais como capitalismo, racionalismo, industrialização) para outras partes do mundo, e, com isso, minando as culturas originárias e a autodeterminação local.[360]

Seu principal argumento, entretanto, é o de que a globalização constitui a desterritorialização das atividades sociais. Trata-se da reconfiguração dos espaços em que se dão as relações sociais que não mais estão limitadas às fronteiras territoriais. Disso deflui a forma pela qual a governança global tem sido ampliada e de como ela transcende os limites dos Estados nacionais, esvaziando a soberania estatal.[361]

Bertran Badie assevera que, muito embora a soberania seja o primeiro elemento a ser reconhecido no Estado, já que esse experiencia um universo de anarquia e de insegurança diante da globalização, dada a constatação de desigualdades de força e poder entre Estados soberanos, a soberania é reduzida e abandona à potência boa parte do seu conteúdo heurístico e empírico para se tornar uma ficção jurídica, cuja finalidade última é o respeito formal à distinção entre o externo e o interno a fim de proteger as relações internacionais do caos.[362]

Das várias acepções da soberania identificadas por Stephen Krasner, a doutrina realista, da qual é ele próprio consectário, preconiza ser ela muito mais um instrumento performativo do que normativo, embora reconheça que ela denota um rol de capacidades legais, privilégios e obrigações. Todavia, em razão dos vícios de suas características fundamentais – a desigualdade entre Estados soberanos no plano

360 SCHOLTE, Jan Aart. The globalization of world politics. *In:* BAYLIS, John; SMITH, Steve; OWENS, Patricia. *The globalization of world politics*: an introduction to international relations. Oxford: Oxford University Press, 1997, p. 72.

361 SCHOLTE, Jan Aart. The globalization of world politics. *In:* BAYLIS, John; SMITH, Steve; OWENS, Patricia. *The globalization of world politics*: an introduction to international relations. Oxford: Oxford University Press, 1997, p. 72.

362 Cf.BADIE, Bertran. *Um mundo sem soberania*: os Estados entre o artifício e a responsabilidade. Lisboa: Instituto Piaget, 2005. Nesse mesmo sentido: BADIE, Bertrand. Da soberania à competência do Estado. *In:* SMOUTS, Marie-Claude. *As novas relações internacionais*: práticas e teorias. Brasília: UnB, 2004, p. 38-39.

internacional –, a soberania legal internacional pode até ser respeitada em seus aspectos formais, mas a soberania nos moldes de Westphalia jamais teria existido, tratar-se-ia de um mito.[363]

Ele propõe uma noção de soberania que não se enquadra mais como um princípio incontestável de legitimidade política, mas como uma das instituições políticas criadas pelo ser humano, algo constituído num determinado momento, segundo certas contingências. Essa perspectiva institucional da soberania permite a revisão da noção de "Estado soberano" ou "Estado independente" como um tipo de Estado que pode desaparecer ou variar, ou seja, mudar em função das transformações das condições que propiciaram o seu aparecimento ou permanência.[364]

Todas essas reflexões empreendem esforços a fim de demonstrar que a soberania se encontra seriamente questionada e profundamente alterada em face da globalização contemporânea. A desigualdade, tanto no plano interno quanto no internacional, em última análise conflui para uma visão da soberania enquanto um ideal inalcançável. A desigualdade e a (des)ordem global proveniente da globalização teriam iniciado a era da pós-soberania?

De fato, esse cenário produz reflexos que não podem ser afastados, nem política e nem juridicamente. Mas é importante ressaltar que isso se dá em análises que levam em conta a soberania segundo os moldes de Westphalia. Dessa perspectiva, soberania e governança constituem uma contradição e são, portanto, incompatíveis: a soberania diante da globalização foi radicalmente transformada. Já quando contrastada pela governança, sobretudo em face do sistema de governança global multinível, a soberania não recebe a mesma carga semântica, muito menos, crítica. Tampouco quando a soberania é equiparada à governança enquanto conceito análogo. Sob esse prisma, soberania e governança constituem aspectos da mesma realidade, porém reformulada.[365]

Adverte David Held que a ordem global, tal como se apresenta na atualidade, é o produto dos interesses dos Estados soberanos conjugados com reivindicações universais referentes a padrões de direitos humanos e valores democráticos, ambos incorporados nos arranjos institucionais

---

[363] KRASNER, Stephen. *Problematic sovereignty*: contested rules and political possibilities. New York: Columbia University Press, 2001, p. 212.

[364] Cf. KRASNER, Stephen. *Soberanía:* hipocresía organizada. Barcelona: Ediciones Paidós Iberica, 2001.

[365] ALVES, Angela Limongi Alves. Sobre a soberania e a governança: itinerários para a construção de novos conceitos. *Revista Novos Estudos Jurídicos*, Itajaí, v. 27, n. 1, p. 22-48, jan-abr, 2022.

que conectam o mundo e facilitam a cooperação internacional.[366] No nível mais fundamental, essa ordem é caracterizada pelas interações de Estados soberanos, no entanto, ao longo do tempo, o próprio significado de soberania sofreu uma mudança significativa. A natureza dos problemas mudou,[367] mas ainda assim não é possível afirmar que a soberania, e muito menos o Estado, tenham perecido. Tampouco que os governos nacionais ou o próprio Estado estejam em declínio terminal ou estejam sendo eclipsados pelas forças da globalização.

A soberania está sendo redefinida, mas não foi necessariamente erodida. No contexto de sistemas transnacionais de regras com outros Estados e agências, os Estados usam a soberania menos como uma reivindicação legal do que como uma ferramenta de barganha. Dentro deste complexo sistema de governança multicamadas, a soberania é constantemente negociada entre as agências de poder em diferentes níveis.[368]

Ao invés de um mundo anárquico, no qual não há autoridade além do Estado soberano, a ordem global contemporânea pode ser melhor descrita como uma heterarquia, ou seja, um sistema no qual a autoridade política é compartilhada e dividida entre diferentes camadas de governança e em que muitas agências compartilham as respectivas atividades.[369] A concepção westphaliana da soberania enquanto monopólio estatal de produção normativa, de base territorial, indivisível e incontrastável foi deslocada por esse novo entendimento de soberania.

Esse cenário, porém, leva ao questionamento acerca da "perda" da soberania em face da globalização e da era de pós-soberania por ela inaugurada. Decorre daí, com mais precisão e acerto, o raciocínio segundo o qual a soberania foi transformada pela globalização,

---

366 Ressalta David Held que após 1945, as leis da guerra foram cada vez mais complementadas pelas convenções sobre direitos humanos que, em princípio, reformularam o significado da própria soberania. A soberania foi remodelada e reconcebida não mais como poder efetivo, mas como autoridade legítima; isto é, autoridade que defende os valores democráticos fundamentais e os padrões de direitos humanos. HELD, David. *Global covenant*: the social democratic alternative to the Washington Consensus. Cambridge: Polity Press, 2008.p. 73.

367 HALE, Thomas; HELD, David; YOUNG, Kevin. *Gridlock*: why global cooperation is failing when we need it most. Cambridge: Polity Press, 2013, p. 51.

368 McGREW, Anthony. Power shift: from national government to global governance? *In:* HELD, David. *A globalizing world?* Culture, economic, politics. London: Routlege, 2004, p. 155.

369 McGREW, Anthony. Power shift: from national government to global governance? *In:* HELD, David. *A globalizing world?* Culture, economic, politics. London: Routlege, 2004, p. 155.

reconhecendo-se que a produção normativa decorre, na contemporaneidade, de um conjunto de sujeitos deveras complexo e heterogêneo,[370] para além do corpo estatal. Assim, com as alterações plasmadas na soberania pela globalização evidencia-se que o vínculo direito, Estado e soberania também foi afetado.

2.1.3.3 Globalização e quebra do vínculo entre direito, Estado e soberania

Desde a teorização clássica de Jean Bodin, no século XVI, a soberania pressupõe o poder de legislar. Esse poder legiferante evidencia a capacidade de dar e de desfazer as leis, e assim, o poder de criar o direito, que por sua vez se submete ao soberano. Cria-se, assim, um vínculo original entre soberania, Estado e direito.

A partir da construção do conceito jurídico de Estado, pela escola alemã de direito público, no século XIX, também responsável pela consolidação do ideal abstrato de Estado, o vínculo entre direito, Estado e soberania se sofistica e se sedimenta: a soberania passa a pertencer ao Estado, e não mais ao soberano. Assim, compreendido o Estado como pessoa jurídica, distinta da sociedade e do governo, o monopólio de edição das regras de direito passa ao domínio estatal.

Esse cabedal teórico permitiu a centralização do Estado, cristalizada pelo amálgama entre direito, Estado e soberania, fonte exclusiva de produção do direito, que perdurou durante a modernidade como técnica jurídica. Com a globalização, no entanto, se o Estado soberano se exprime através do direito, a recíproca não é mais verdadeira: o direito não é mais produzido com exclusividade pelo Estado. O vínculo que une direito, Estado e soberania é mitigado.

Paulo Borba Casella assevera a preponderância da exclusividade estatal durante séculos no plano internacional, conquanto a operacionalidade do seu sistema, bem assim na produção dos fundamentos do

[370] Tese da soberania estatal democrática defendida no âmbito da pós-modernidade, reconhecendo-se a atuação de múltiplos sujeitos na composição do direito, paralelamente ao Estado, como os decorrentes dos mecanismos de governança (e, portanto, *soft law*) e sociedade civil (organizações não governamentais, movimentos sociais, terceiro setor, bem como através das diversas formas de participação favorecidas pela Política Nacional de Participação Social, vigente à época da construção da tese), conforme já explicitado alhures, no item 1.2.4. Cf. ALVES, Angela Limongi Alvarenga. *Limites e potencialidades da soberania estatal na pós-modernidade*. 2017. Tese (Doutorado em Direito do Estado) – Faculdade de Direito, Universidade de São Paulo, São Paulo, 2017.

seu direito. O contexto atual, porém, demonstra que se fazem presentes e atuantes outros agentes, além desses tradicionais Estados, sem que a esses se lhes tenham atribuído funções nem canais específicos de operação, aumentando a fragmentação e a aparente desconexão entre as partes desse sistema internacional, entendido como necessidade para a realização da convivência ordenada.[371] Essa mesma "ordem" é, portanto, subvertida com a globalização.

No âmbito interno dos Estados, Nina Ranieri anota que diante da prevalência da economia sobre a política, em grande parte por obra dos processos de transnacionalização dos mercados de insumos, produção, capitais, finanças e consumo, bem como da perda do controle estatal sobre a moeda, associadas à tecnologia da informação e à organização da sociedade em rede, as bases fundamentais da soberania estatal são erodidas.[372]

Esse contexto faz com que o Estado se defronte com uma pluralidade de centros decisórios e de produção do direito, não estatais ou supraestatais, que põem em xeque as premissas de centralidade do Estado, bem assim o dogma construído através da ideia plasmada no vínculo entre direito, Estado e soberania.

Com a globalização, o direito passa a assumir algumas tendências de alargamento e desformalização nos tradicionais procedimentos de elaboração legislativa. A abertura de espaços para que setores interessados possam intervir na elaboração de decisões normativas foi decisiva.[373] Quanto maiores são a complexidade e o risco na sociedade contemporânea, menos as instituições políticas formalmente encarregadas de conceber o arcabouço normativo manifestam-se dispostas a assumir, no exercício de suas atribuições funcionais, a responsabilidade exclusiva por ele.[374]

---

371 CASELLA, Paulo Borba. *Fundamentos do direito internacional pós-moderno*. São Paulo: Quartier Latin, 2008, p. 18.

372 RANIERI, Nina. Estado e nação: novas relações? *In:* CLÈVE, Clèmerson Merlin; BARROSO, Luís Roberto. *Doutrinas essenciais de direito constitucional*: teoria geral do Estado. São Paulo: RT, 2011, p. 359-361.

373 FARIA, José Eduardo. *Sociologia jurídica*: direito e conjuntura. Série GVLaw. São Paulo: Saraiva, 2011, p. 65.

374 Com José Eduardo Faria: "Isso tem ficado particularmente evidente na biociência, na biotecnologia, na biomedicina e em energia nuclear, em cujo âmbito os poderes executivo e legislativo cada vez mais procuram dividir ou partilhar essa responsabilidade, por meio de sistemas de consultas públicas, painéis de discussão, entendimento com setores sociais interessados, colaboração com comunidades profissionais estruturadas, assessoria de centros de pesquisa, diálogo com instituições universitárias de elite e pedidos de

Além disso, deu-se ainda uma progressiva redução do grau de imperatividade do direito positivo. Com a deslegalização e a desregulamentação, por um lado, e com a superposição de novas esferas de poder, por outro, muitas de suas normas já não mais se destacam por sua capacidade de atuar como um comando incontrastado. Ao contrário, elas se caracterizaram, justamente, por seu baixo grau de coercibilidade pela via estatal; pela ênfase à regulação negociada, por práticas mais flexíveis de enquadramento de comportamentos, pelo estímulo à participação da sociedade civil.

Assim, a nova ordem jurídica se destacou por seu viés pluralista e interativo. Ela se configurou como um mecanismo de resolução de problemas e litígios por meio do qual os atores, via negociação entre múltiplos poderes e distintos espaços, chegassem a compromissos aceitáveis por todos. Suas expectativas e seus interesses podem ser conflitantes, mas nenhum desses atores tem capacidade para impor uma solução de maneira unilateral – e se não chegarem a decisões mutuamente satisfatórias, permanecerão numa situação de paralisia decisória, correndo o risco de, ao final, saírem todos como perdedores.[375]

À medida que o direito busca viabilizar soluções em contextos plurais e cambiantes, essas normas acabam introduzindo no ordenamento jurídico uma flexibilidade desconhecida pelos padrões legais prevalecentes desde o advento do Estado moderno, bem como da criação do vínculo entre direito, Estado e soberania, de forma a demonstrar que a plasticidade do direito faz com que esse vínculo se encontre mitigado e, a partir disso, tem lugar a tese da soberania estatal democrática.[376]

---

relatórios técnicos e pareceres a cientistas, peritos e especialistas das mais diferentes áreas do conhecimento – enfim, o que os analistas de viés funcionalista chamam de 'comunidades epistêmicas'. No caso específico das instituições judiciais, esse processo se dá pela crescente presença, nos julgamentos, de atores *a priori* estranhos ao direito, mas familiarizados com sua linguagem. Trata-se dos *amici curiae*, os 'amigos do tribunal', que não são partes constitutivas de uma causa, mas que se empenham para exprimir seu ponto de vista com o objetivo de defender interesses mais gerais". FARIA, José Eduardo. *Sociologia jurídica*: direito e conjuntura. Série GVLaw. São Paulo: Saraiva, 2011, p. 65.

375 FARIA, José Eduardo. *Sociologia jurídica*: direito e conjuntura. Série GVLaw. São Paulo: Saraiva, 2011, p. 68.

376 ALVES, Angela Limongi Alvarenga. *Limites e potencialidades da soberania estatal na pós-modernidade*. 2017. Tese (Doutorado em Direito do Estado) – Faculdade de Direito, Universidade de São Paulo, São Paulo, 2017.

2.1.3.3.1 Soberania estatal democrática

A teoria da soberania estatal democrática[377] parte do entendimento de que, diante do contexto permeado pela globalização e pela pós-modernidade, paralelamente ao Estado, novos sujeitos passaram a produzir o direito. Dessa forma, o monopólio de produção normativa centrada no âmbito estatal foi mitigado. A soberania estatal, sedimentada no conceito segundo o qual o Estado tem o poder originário e exclusivo de declarar e assegurar por meios próprios o seu direito e de resolver em última instância sobre a validade de todos os seus ordenamentos jurídicos[378] não mais subsiste, carecendo, portanto, de nova interpretação e significação.

A soberania, assim, em sua conceituação clássica, construída e sedimentada na modernidade, enquanto capacidade exclusivista do Estado de produzir o direito e assegurar a sua coercitividade, não é mais viável. Por isso, essa teoria entende que, para além do Estado, novos atores através de mecanismos de governança (e, portanto, *soft law*) passam a produzir o direito. Essa teoria leva em conta ainda a participação da sociedade civil[379] (organizada ou não) na produção normativa para além do Estado, tanto no âmbito interno como externo dos Estados.[380]

---

377 ALVES, Angela Limongi Alvarenga. *Limites e potencialidades da soberania estatal na pós-modernidade*. 2017. Tese (Doutorado em Direito do Estado) – Faculdade de Direito, Universidade de São Paulo, São Paulo, 2017.

378 REALE, Miguel. *Teoria do direito e do Estado*. São Paulo: Saraiva: 2000, p. 157. Nesse mesmo sentido: LEWANDOWSKI, *Globalização, regionalização e soberania*. São Paulo: Juarez de Oliveira, 2004, p. 235.

379 Segundo Norberto Bobbio, pode-se afirmar que a sociedade civil é o lugar em que surgem e se desenvolvem os conflitos econômicos, sociais, ideológicos e religiosos que as instituições estatais têm o dever de resolver ou através da mediação ou através da repressão. São sujeitos desses conflitos e, portanto, da sociedade civil, exatamente enquanto contraposta ao Estado, as classes sociais ou mais amplamente os grupos, os movimentos, as associações, as organizações de classe, os grupos de interesse, as associações de vários gêneros com fins sociais, e indiretamente políticos, os movimentos de emancipação de grupos étnicos, de defesa dos direitos civis, de libertação da mulher, os movimentos de jovens etc. BOBBIO, Norberto. *Estado, governo, sociedade*: para uma teoria geral da política. São Paulo: Paz e Terra, 2011, p. 35.

380 Na atualidade deu-se a percepção de que as pautas reivindicatórias da sociedade civil não se circunscreviam aos limites dos Estados nacionais, bem como suas fronteiras não significavam barreiras, mas potencialidades, oportunidades de fortalecimento e representatividade, reconhecimento e ampliação de participação política. E assim, as organizações não governamentais começaram a expandir suas atividades para outros Estados em que identificavam oportunidades de crescimento e consolidação. Algumas dessas organizações que se lançaram na empreitada para além dos Estados nacionais de origem obtiveram sucesso tal que constituem verdadeiros "grupos" muito estruturados, com ramificações no mundo inteiro (CHEVALLIER, Jacques. *O Estado pós-moderno*. Belo Horizonte: Fórum, 2009, p. 50), a exemplo da Anistia Internacional, que está presente em mais de 150 países

A produção do direito pela via direta, conhecida por "meta-política",[381] é analisada sob a perspectiva das atividades de organizações não governamentais e pelos movimentos sociais,[382] atividades do terceiro setor,[383]

(Disponível em: https://anistia.org.br/conheca-a-anistia/quem-somos/. Acesso em: 09 out. 2020) e o Greenpeace, em todos os continentes, em 47 países (Disponível em: http://www.msf.org.br/sites/default/files/msf_financial_report_2015.pdf. Acesso em: 09 out. 2020). Essas organizações têm ações coordenadas por secretariados internacionais e são dotadas de relevantes recursos financeiros e humanos, a exemplo da organização Médicos sem Fronteiras (MSF), cujos recursos se aproximam de 360 milhões de euros (Disponível em: http://www.msf.org.br/sites/default/files/msf_financial_report_2015.pdf. Acesso em: 09 out. 2020) e 36.000 profissionais de diferentes áreas e nacionalidades pelo mundo (Disponível em: http://www.msf.org.br/quem-somos Acesso em: 09 out. 2020). Assegurando a presença direta de indivíduos sobre a cena internacional, essas organizações são parte integrante da construção da ordem internacional. Além disso, ao manter relações com as organizações internacionais estabelecidas pelos Estados, as organizações não governamentais promovem a integração entre a sociedade civil para com diferentes Estados. Assevera Jacques Chevallier que a conferência organizada pela Organização Mundial do Comércio em Seatle (EUA), em 30 de novembro de 1999 foi o ponto de partida para as mobilizações sistemáticas de um conjunto de associações por ocasião das grandes reuniões internacionais ou paralelamente a elas, como o Fórum Social Mundial, concomitante ao Fórum Econômico Mundial de Davos. Essas ações têm por objetivo a modulação do processo de globalização pela tomada em conta de novas exigências. CHEVALLIER, Jacques. *O Estado pós-moderno*. Belo Horizonte: Fórum, 2009, p. 50.

381 DELLA PORTA, Donatella. *Democracy in social moviments*. New York: Palgrave MacMillan, 2009, p. 26.

382 A literatura sobre a temática dos movimentos sociais perpassa a ciência política, a psicologia social, a sociologia e é bastante vasta, porém pouco uniforme. Em razão disso, Michael McCann enfatiza que os movimentos sociais são definidos pelos estudiosos de diversas formas e em diversos contextos. McCANN, Michael. *Law and social movements*. Washington: Ashgate Publishing, 2006, p. xiii. Apesar disso, algumas características dos movimentos sociais podem ser destacadas: (i) são lastreados em conflitos que se relacionam à utilização de recursos escassos; (ii) não se limitam a reagir a panoramas econômicos desvantajosos; (iii) o reconhecimento de liberdade não necessariamente se faz acompanhar de seu efetivo gozo (os movimentos se insurgem contra a sociedade sem perceberem que dela fazem parte); (iv) atuam em sociedades complexas, ou seja, com múltiplas facetas da vida social; (v) a sociedade em que atuam está relacionada à variabilidade, e assim o passado não é mais inspiração para o presente; (vi) a sociedade em que atuam tem a complexidade como essência; (vii) funcionam como catalisadores da variabilidade social do ambiente complexo em que vivem; (viii) os conflitos de classes não explicam o desempenho e a atuação dos movimentos sociais na pós-modernidade; (ix) requerem liberdade e informalidade para o atendimento de seus propósitos; (x) não são meros atores sociais ordinários (exemplo disso é a luta pelos direitos humanos), mas sujeitos de direito, o que permite perceber a coexistência e pertinência entre os movimentos sociais e o direito. CAMPILONGO, Celso Fernandes. *Interpretação do direito e movimentos sociais*: hermenêutica do sistema jurídico e da sociedade. 2011. Tese (Titularidade) – Faculdade de Direito, Universidade de São Paulo, São Paulo, 2011, p. 23-31. A promulgação da Lei Complementar 135/2010, que alterou a Lei Complementar 64/90, a fim de estabelecer casos de inelegibilidade e cassação de mandato eletivo, também conhecida como "Lei da Ficha Limpa", constitui um exemplo bastante ilustrativo. De iniciativa popular, a proposta contou com amplo envolvimento da sociedade civil (institucionalizada e não institucionalizada), que se mobilizou a fim de propor a lei. Assim, ensina Celso Fernandes Campilongo que a interferência dos movimentos sociais no direito pode se dar de três

bem como através das diversas formas de participação favorecidas pela Política Nacional de Participação Social[384] brasileira, instituída pelo

modos: "contra", "pelo" e "após" o direito. "Contra o direito" significa o embate pela sua revogação, substituição ou por nova interpretação do direito vigente. Identifica-se um obstáculo construído pelo direito e procura-se removê-lo também através do direito. Não se trata de transgressão ou colidência com o direito, mas de sua modificação. "Pelo direito" representa a luta pelo reconhecimento e afirmação de direitos ainda não estabelecidos: conquista de novos direitos. "Após o direito" consiste na busca por eficácia: adoção de políticas, reorientação da jurisprudência em conformidade com os avanços legislativos, mudança de comportamentos. CAMPILONGO, Celso Fernandes. *Interpretação do direito e movimentos sociais*. Rio de Janeiro: Elsevier, 2012, p. 28.

383 O declínio do Estado social e o ressurgimento do liberalismo, com a implementação dos ditames do Consenso de Washington (e no Brasil, de sua consequência direta, a reforma administrativa da década de 1990), o avanço tecnológico e a intensificação do processo de globalização levaram o Estado a uma redefinição. Assim, o Estado relega progressivamente um papel imperativo e provedor e assume uma postura mais consensual e relacional, conferindo à sociedade civil boa parcela das atividades inerentes à efetivação dos direitos sociais. Dessa forma, o Estado passa a concentrar apenas funções estratégicas, viabilizando um redesenho institucional e o desenvolvimento de capacidades gerenciais com o objetivo de desempenhar suas funções com mais eficiência, rompendo, outrossim, com o intervencionismo e impulsionando a transformação da Administração Pública, que perde a sua configuração impositiva e burocratizada e ganha feição consensual e gerencial, substituindo o mecanismo clássico da coerção pelo da colaboração e assim produzindo um novo sistema de gestão pública. OLIVEIRA, Gustavo Justino. *Direito do terceiro setor.* Belo Horizonte: Fórum, 2008, p. 15. A atuação da sociedade civil em atividades de caráter público através do terceiro setor revela a construção de uma nova forma de interação social e de produção do direito. A inscrição de espaços de participação da sociedade no arranjo constitucional das políticas sociais brasileiras apostou no potencial de novas institucionalidades, na transformação da cultura política com a introdução de novos atores na atuação do Estado. Mas não só. A produção do direito foi também profundamente afetada, passando a se dar diretamente, independentemente da mediação do Estado.

384 Instituída pelo Decreto nº 8.243/2014, a Política Nacional de Participação Social (PNPS) constituiu uma política pública voltada para a ampliação dos canais de participação da sociedade civil, buscando institucionalizá-los. Para tanto, explicitava as diretrizes gerais no artigo 3º: I – o reconhecimento da participação social como direito do cidadão e expressão de sua autonomia; II – complementaridade, transversalidade e integração entre mecanismos e instâncias da democracia representativa, participativa e direta; III – solidariedade, cooperação e respeito à diversidade de etnia, raça, cultura, geração, origem, sexo, orientação sexual, religião e condição social, econômica ou de deficiência, para a construção de valores de cidadania e de inclusão social; IV – direito à informação, à transparência e ao controle social nas ações públicas, com uso de linguagem simples e objetiva, consideradas as características e o idioma da população a que se dirige; V – valorização da educação para a cidadania ativa; VI – autonomia, livre funcionamento e independência das organizações da sociedade civil; e VII – ampliação dos mecanismos de controle social; e como objetivos, no artigo 4º: I – consolidar a participação social como método de governo; II – promover a articulação das instâncias e dos mecanismos de participação social; III – aprimorar a relação do governo federal com a sociedade civil, respeitando a autonomia das partes; IV – promover e consolidar a adoção de mecanismos de participação social nas políticas e programas de governo federal; V – desenvolver mecanismos de participação social nas etapas do ciclo de planejamento e orçamento; VI – incentivar o uso e o desenvolvimento de metodologias que incorporem múltiplas formas de expressão e linguagens de participação social, por meio da internet, com a adoção de tecnologias livres de comunicação e informação, especialmente, *softwares* e aplicações,

decreto nº 8.243/2014, tornando esse direito uma espécie de heterarquia, mais horizontal e democrática,[385] tendo em vista que a própria produção normativa passou a ser pulverizada, dispersa e, portanto, deslocalizada do Estado.

Assim, a soberania estatal enquanto monopólio de produção do direito dá lugar à soberania estatal democrática,[386] em que outros sujeitos também se apropriam do poder de dizer o direito e passam a fazê-lo enquanto prática, sem, necessariamente, necessitar do endosso estatal para a sua validade e efetividade.[387] A teoria encontra-se afinada ao contexto das transformações impostas pela globalização, bem assim leva em conta os conceitos análogos ao de soberania, consistentes na governança e nos mecanismos de *soft law*.

Essa teoria, porém, é passível de críticas, já que desconsidera o fato de que a globalização constitui por si mesma um poderoso instrumento de desigualdades. A ultravalorização do mercado, a transnacionalização e a desregulamentação, próprias da globalização, produziram vertiginosas disparidades e desigualdades econômico-sociais. Isso porque o capital tem em si a capacidade de autorreprodução, fazendo com que os ricos se tornem cada vez mais ricos e os pobres, cada vez mais pobres.[388] Assim, a produção do direito deslocada do eixo central do Estado e aspergida pela sociedade não seria de fato democrática, mas mero instrumento a favor do capital e das forças do mercado.

---

tais como códigos fontes livres e auditáveis, ou os disponíveis no Portal do *Software* Público Brasileiro; VII – desenvolver mecanismos de participação social acessíveis aos grupos sociais historicamente excluídos e aos vulneráveis; VIII – incentivar e promover ações e programas de apoio institucional, formação e qualificação em participação social para agentes públicos e sociedade civil; e IX – incentivar a participação social nos entes federados. De se destacar que durante a elaboração da presente pesquisa foi editado o Decreto Federal nº 9.759, em 11 de abril de 2019 que revogou expressamente o Decreto nº 8.243/2014, extinguindo instâncias participativas e estabelecendo novas diretrizes, regras e limitações para colegiados da administração pública federal direta, autárquica e fundacional. Tal decreto demonstra que o Brasil se encontra na atualidade bastante afinado à desglobalização e ao processo de retorno da soberania estatal concentrada no Estado.

[385] ALVES, Angela Limongi Alvarenga. *Limites e potencialidades da soberania estatal na pós-modernidade*. 2017. Tese (Doutorado em Direito do Estado) – Faculdade de Direito, Universidade de São Paulo, São Paulo, 2017, p. 167-173.

[386] ALVES, Angela Limongi Alvarenga. *Limites e potencialidades da soberania estatal na pós-modernidade*. 2017. Tese (Doutorado em Direito do Estado) – Faculdade de Direito, Universidade de São Paulo, São Paulo, 2017.

[387] ALVES, Angela Limongi Alvarenga. *Limites e potencialidades da soberania estatal na pós-modernidade*. 2017. Tese (Doutorado em Direito do Estado) – Faculdade de Direito, Universidade de São Paulo, São Paulo, 2017, p. 167-173.

[388] PIKETTY, Thomas. *O capital no século XXI*. Rio de Janeiro: Intrínseca, 2014, p. 543.

Todavia, em seu favor, essa teoria traz em si a soberania analisada sob perspectiva de uma globalização transepocal, calcada na pós-modernidade,[389] que, muito embora esteja imbricada à globalização, tem alcance e significado bastante diferentes, constituindo um fenômeno que por si só tem muito mais profundidade e abrangência. Não por acaso, a tese é construída no âmbito de *"Limites e potencialidades da soberania estatal na pós-modernidade"*.[390]

Essa crítica, no entanto, ampliada para as discussões gerais sobre os efeitos da globalização, mormente as desigualdades por ela produzidas, não passa desapercebida nem pelo direito, tampouco pelo sistema da política. Além disso, é bom lembrar que a globalização também promoveu a difusão dos direitos humanos, bem assim a sua internacionalização, em especial com o desenvolvimento do Direito Internacional

---

389 A terminologia "pós-modernidade" é, entretanto, bastante questionada por diversos teóricos, como por exemplo Niklas Luhmann, que prefere falar em "diferenciação funcional" (cf. LUHMANN, Niklas. *Sociologia del riesgo*. Guadalajara: Walter de GrurterCo., 1992), Anthony Giddens, em "modernidade reflexiva" (cf. GIDDENS, Anthony. *As conseqüências da modernidade*. Rio de Janeiro: Zahar, 2002), Ulrich Beck prefere falar em "sociedade do risco" como modo de vida "pós-industrial" (cf. BECK, Ulrich. *Sociedade de risco*: rumo a uma outra modernidade. São Paulo: Editora 34, 2010), Zygmunt Bauman, em "modernidade líquida" (cf. BAUMAN, Zygmunt. *Modernidade líquida*. Rio de Janeiro: Zahar, 2000), Jürgen Habermas, em "modernidade tardia", "madura" ou ainda "pós-modernidade" (cf. HABERMAS, Jürgen. *A constelação pós-nacional*. São Paulo: Litera Mundi, 2001) entre outros. Todos, no entanto, buscam designar uma nova formatação na contemporaneidade, diferente daquela tradicional da modernidade inaugurada após a Revolução Francesa, que tinha no Estado sua principal promessa de segurança. BARRETTO, Vicente de Paulo. *Dicionário de filosofia política*. São Leopoldo: UNISINOS, 2010, p. 71. Essa promessa de segurança e o Estado, enquanto projeto civilizacional, porém, não se cumpriram. No século XX, com as grandes guerras, o modelo ideal de Estado é questionado enquanto projeto civilizacional, já que o "projeto homem" não se materializa diante dos grandes massacres, genocídios e holocausto que marcaram os conflitos. Em razão disso, há o entendimento de que a pós-modernidade simplesmente não existe, porque a modernidade ainda estaria sendo desenhada e, portanto, ainda estaria vigente. BARRETTO, Vicente de Paulo. *Dicionário de filosofia política*. São Leopoldo: UNISINOS, 2010, p. 71. Em que pesem as críticas e as construções teóricas provenientes da sociologia do direito, a terminologia "pós-modernidade" é utilizada como descritiva de um fenômeno que altera a concepção tradicional de modernidade, pautada pela ideia de ordem, previsibilidade, racionalidade, calculabilidade, organização, dominação, previsibilidade e, sobretudo, como superação ao positivismo na contemporaneidade, marcada pela intensificação do risco e da insegurança, tornando tênue a demarcação entre Estado e sociedade e porosas as suas relações, alterando de forma indelével o direito e a soberania. Cf. ALVES, Angela Limongi Alvarenga. *Limites e potencialidades da soberania estatal na pós-modernidade*. 2017. Tese (Doutorado em Direito do Estado) – Faculdade de Direito, Universidade de São Paulo, São Paulo, 2017, p. 10.

390 Grifo nosso, ausente no original. ALVES, Angela Limongi Alvarenga. *Limites e potencialidades da soberania estatal na pós-modernidade*. 2017. Tese (Doutorado em Direito do Estado) – Faculdade de Direito, Universidade de São Paulo, São Paulo, 2017.

dos Direitos Humanos.[391] Além da ampliação de pautas humanistas, também se desenvolveram a democracia e o Estado de Direito (inclusive responsabilidades)[392] e, consequentemente, limites bastante expressivos para a atuação do Estado e para a sua soberania.[393]

Assim, em que pese o conceito jurídico, as transformações que o Estado e a soberania sofrem são indissociáveis de uma redefinição do liame político, ou seja, da relação entre governantes e governados. De modo mais geral, da consistência dos laços sociais, ou seja, da relação entre a sociedade e o Estado.

Na filosofia de Norberto Bobbio, sociedade civil e democracia ligam-se por um nexo profundo identificado nas associações civis. Segundo ele, na linguagem política chama-se "pluralismo" a concepção que propõe como modelo a sociedade composta de vários grupos ou centros de poder, mesmo que em conflito entre si, aos quais é atribuída a função de limitar, controlar e contrastar, até o ponto de eliminar, o centro do poder dominante, historicamente identificado com o Estado.[394] E prossegue: como tal, o pluralismo é uma das correntes do pensamento político que sempre se opuseram e continuam a se opor à tendência de concentração e unificação do poder, própria da formação do Estado moderno.[395]

Robert Dahl, na senda da ciência política, afirma que a organização da sociedade civil[396] independente do Estado é altamente desejável em uma democracia, ao menos em democracias de larga escala. Nessas, as organizações que surgem e se desenvolvem de forma autônoma[397] são fundamentais para reforçar a participação política e os laços democráticos. Além disso, assevera Robert Dahl que as organizações independentes ajudam a prevenir a dominação, criando formas de controle mútuo.

---

391 STEINER, Henry; ALSTON, Philip. *International human rights in context*: law, politics, morals. 2. ed. Oxford: Oxford University Press, 2000, p. 136-158, 237-275.

392 HELD, David. *Global politics after 9/11*: failed wars, political fragmentation and the rise of authoritarism. London: Global Policy, 2016, p. 16.

393 RANIERI, Nina. *Teoria do Estado*: do Estado de Direito ao Estado Democrático de Direito. Barueri: Manole, 2013, p. 85.

394 BOBBIO, Norberto. Pluralismo verbete. *In:* BOBBIO, Norberto; MATTEUCCI, Nicola; PASQUINO, Gianfranco. *Dicionário de política*. 11. ed. Brasília: Unb, 1998, p. 928-931.

395 BOBBIO, Norberto. Pluralismo verbete. *In:* BOBBIO, Norberto; MATTEUCCI, Nicola; PASQUINO, Gianfranco. *Dicionário de política*. 11. ed. Brasília: Unb, 1998, p. 928-931.

396 No original, o autor utiliza a expressão "*organization*". Cf. DAHL, Robert. *Dilemmas of pluralist democracy:* autonomy vs. control. New Haven: Yale University Press, 1982.

397 DAHL, Robert. *Dilemmas of pluralist democracy:* autonomy vs. control. New Haven: Yale University Press, 1982, p. 71.

Isso porque politicamente a principal alternativa construída para o exercício do controle pelo Estado e pelo seu governo é a hierarquia.[398] Assim, a participação dos diversos setores componentes do tecido social é importante, pois o uso exclusivo do recurso da hierarquia acaba favorecendo a dominação de quem controla o governo.

Há que se pontuar, entretanto, que a produção do direito nesse contexto pode provocar assimetrias. Por provocar um deslocamento ou uma delegação das competências do Estado para fora dele, seja através de organizações não estatais ou da autorregularão do mercado, como forma encontrada pelo legislador para forjar consensos e neutralizar o desgaste político de suas decisões jurídicas com efeitos morais, sociais, econômicos e ambientais desastrosos, adverte José Eduardo Faria que o problema da abertura do processo de elaboração legislativa para além do Estado reside na sua ambiguidade.

Em princípio, essa estratégia pode levar a um aprofundamento democrático, pois expande os mecanismos participativos, alarga o alcance dos procedimentos consultivos e amplia o escopo dos procedimentos deliberativos, o que permitiria maior envolvimento público na tomada de decisões vitais para a comunidade e possibilitaria formas mais avançadas de cidadania.[399] No entanto, pode também encerrar o risco de sua "captura" pelos setores sociais, econômicos e políticos interessados, que tendem a dispor de amplo controle da produção e circulação das informações específicas às suas respectivas áreas de atuação, podendo assim resultar no retorno a velhas práticas decisórias de natureza corporativista ou, então, numa autoprodução do direito em circuito fechado e imune a controles externos.[400]

Retomando as ideias de Robert Dahl, é possível vislumbrar que através da participação efetiva, para o processo de tomada de decisões obrigatórias, oportunidades adequadas e igualitárias são capazes de expressar as preferências do cidadão e evitar a cooptação por grupos de interesse contrários à própria democracia. Para tanto, o cidadão, além de colocar questões em pauta na agenda política, deve expressar as razões pelas quais a temática deve ser endossada pela maioria. Segundo

398 DAHL, Robert. *Dilemmas of pluralist democracy:* autonomy vs. control. New Haven: Yale University Press, 1982, p. 71.

399 FARIA, José Eduardo. *Sociologia jurídica*: direito e conjuntura. Série GVLaw. São Paulo: Saraiva, 2011, p. 66.

400 FARIA, José Eduardo. *Sociologia jurídica*: direito e conjuntura. Série GVLaw. São Paulo: Saraiva, 2011, p. 66.

ele, alguns procedimentos precisam ser observados, considerando-se a adequação das oportunidades desfrutadas e os custos que elas impõem para a expressão e a participação do *demos* na tomada de decisões obrigatórias.[401]

Para tanto, Robert Dahl aponta para a necessidade de corpos intermediários para além do Estado, cujos objetivos políticos são salutares para a democracia, indicando ser o pluralismo um elemento fundamental para a efetividade democrática. Esses corpos intermediários, o autor chama de "organizações", mas que poderiam ser tratadas como "associações", "grupos", e a sociedade civil em geral como designativos para grupos de pressão a definir a agenda política e a interferir na produção do direito.[402]

A participação política, para além de aspectos formais, envolve também uma cultura política fundada em uma série de atitudes, crenças e valores políticos, tais como o respeito às leis, participação efetiva e interesse político, tolerância, confiança interpessoal e institucional, que afetam o envolvimento das pessoas com a vida pública.[403] A subjetividade da democracia é o que Manuel Gonçalves Ferreira Filho denomina de fator condicionante da democracia: além da forma, a democracia exige espírito democrático.[404]

No âmbito da teoria da soberania estatal democrática,[405] compreendido o contexto de pluralidade, a democracia nas complexas sociedades de massa exige cidadãos ativos, capazes de formular e expressar suas preferências a seus concidadãos, governantes e representantes.[406] Exige, também, que os cidadãos tenham suas preferências consideradas por representantes e governantes na determinação de políticas públicas e agendas governamentais, sem discriminação de conteúdo ou fonte de

---

401 DAHL, Robert. *Dilemmas of pluralist democracy:* autonomy vs. control. New Haven: Yale University Press, 1982, p. 71.

402 DAHL, Robert. *Dilemmas of pluralist democracy:* autonomy vs. control. New Haven: Yale University Press, 1982, p. 71.

403 MOISÉS, José Álvaro. Cultura política, instituições e democracia: lições da experiência brasileira. *In:* MOISÉS, José Álvaro. *Democracia e confiança*: por que os cidadãos desconfiam das instituições públicas? São Paulo: Edusp, 2010, p. 85.

404 FERREIRA FILHO, Manuel Gonçalves. *A democracia no limiar do século XXI*. São Paulo: Saraiva, 2001, p. 12.

405 ALVES, Angela Limongi Alvarenga. *Limites e potencialidades da soberania estatal na pós-modernidade*. 2017. Tese (Doutorado em Direito do Estado) – Faculdade de Direito, Universidade de São Paulo, São Paulo, 2017.

406 Cf. RANIERI, Nina. *O Estado Democrático de Direito e o sentido da exigência de preparo da pessoa para o exercício da cidadania, pela via da educação.* Tese (Livre docência) – Faculdade de Direito, Universidade de São Paulo, São Paulo, 2009.

preferência.[407] [408] Assim, a produção do direito por outros elementos do tecido social, através de interferências do sistema social no sistema do direito, demonstra que à soberania estatal se agregam outros componentes, fruto da participação política ou metapolítica do tecido social na produção do direito.

É certo que, mesmo na modernidade, as vias tradicionais de representação política através de partidos políticos e sindicatos funcionavam como caixa de ressonância das aspirações e demandas sociais, que eram então captadas e levadas ao Estado para, após, serem transformadas em direito pela via estatal. Nesse cenário, no entanto, a participação política e a produção normativa são evidenciadas pelas interferências do sistema social e econômico no direito. São também transformadas em participação social e produção direta do direito, a bem das vezes fora dos canais institucionalizados de representação: se na modernidade, o direito dependia do Estado para ser compreendido como tal, na pós-modernidade, permeada pela globalização, essa recíproca não é mais verdadeira.

Há que se pontuar, no entanto, que as forças do mercado, da transnacionalização e da desterritorialização, a que Robert Dahl denomina de democracia de mercado, exercem uma relação conflituosa para com a democracia. Ao mesmo tempo em que o capitalismo de mercado se mostra como solvente de regimes autoritários, já que ele favorece o policentrismo decisório e evita a concentração de poder no Estado, há o problema de que esse capitalismo de mercado possa se tornar maior que o Estado.[409]

O ponto negativo dessa relação é que em nenhum momento o capitalismo de mercado está preocupado com o coletivo, sempre se concentrando na lucratividade individual. É impossível, porém, que essa preocupação com o todo não traga danos para a democracia. Essa preocupação, segundo Robert Dahl, acabaria gerando uma insatisfação com o sistema de mercado e geraria a exigência da sociedade por

---

407 RANIERI, Nina. *Teoria do Estado*: do Estado de Direito ao Estado Democrático de Direito. Barueri: Manole, 2013, p. 312.

408 Ainda com Nina Ranieri: "A consolidação da democracia representativa, enfim, é um fenômeno do século XX, como comprovam a segunda e a terceira ondas de democratização. No início do século XXI, contudo, o que está em questão não é apenas a manifestação da soberania popular ou o bom desempenho dos governos, mas a qualidade da democracia e a confiança que os cidadãos depositam nas instituições democráticas e, em particular, com seus representantes". RANIERI, Nina. *Teoria do Estado*: do Estado de Direito ao Estado Democrático de Direito. Barueri: Manole, 2013, p. 312.

409 DAHL, Robert. *Sobre a democracia*. Brasília: UnB, 2001, p. 120.

regulamentação estatal, o que poderia ensejar uma indesejada concentração de poder do Estado.

Segundo esse teórico, no entanto, a democracia e o capitalismo de mercado mantêm uma forte relação e acabaram, segundo ele, sustentando-se. Em uma economia capitalista de mercado há uma descentralização do poderio econômico. Isso se deve ao fato de que esse poder se encontra diluído, dividido entre inúmeros indivíduos, cada um a buscar seus lucros. Assim, essa fragmentação de poder acaba favorecendo a participação da sociedade civil, muito mais do que em uma economia centralizada.[410] Esse cenário promoveria, segundo Robert Dahl, o desenvolvimento do próprio Estado, fruto da competição econômica. Como consequência, dá-se o aumento da qualidade de vida e a diminuição da pobreza em níveis muito elevados. Além dessas vantagens, o desenvolvimento acaba gerando um acúmulo de excedentes que pode ser direcionado para a formação de uma sociedade instruída e educada, portanto mais cívica e democrática.[411] [412]

Percebe-se, dessa forma, que a democracia dificilmente é alcançada em uma economia centralizada.[413] Assim, a economia de mercado e a democracia, apesar de contraditórias (a primeira visa a individualidade na obtenção de lucro, e a segunda prima pela coletividade), não são excludentes, pois que uma favorece o desenvolvimento da outra. As vantagens e desvantagens advindas dessa relação, no entanto, não têm respostas no momento, mas certamente perpassarão o porvir. Dentro do contexto pós-moderno e globalizado, tanto a democracia quanto a economia de mercado podem ser vistas como alternativas possíveis. A participação efetiva da sociedade civil exsurge também como alternativa possível: influxo democrático, instância do pluralismo, força motriz do desenvolvimento estatal e da própria democracia.

Assim, a soberania estatal enquanto monopólio de produção do direito dá lugar à soberania estatal democrática, em que outros sujeitos também se apropriam do poder de dizer o direito e passam a fazê-lo enquanto prática, sem, necessariamente, necessitar do endosso

---

410 DAHL, Robert. *Sobre a democracia*. Brasília: UnB, 2001, p. 120.

411 DAHL, Robert. *Sobre a democracia*. Brasília: UnB, 2001, p. 120.

412 Nesse sentido: Cf. RANIERI, Nina. *O Estado Democrático de Direito e o sentido da exigência de preparo da pessoa para o exercício da cidadania, pela via da educação*. Tese (Livre docência) – Faculdade de Direito, Universidade de São Paulo, São Paulo, 2009.

413 DAHL, Robert. *Sobre a democracia*. Brasília: UnB, 2001, p. 120.

estatal para a sua validade e efetividade.[414] No contexto pós-moderno e globalizado em que a ultravalorização do mercado, a transnacionalização e a desterritorialização são uma realidade, a participação efetiva da sociedade civil em ambientes reconhecidamente plurais emerge como uma resposta à asfixia representada pela força do mercado, fruto da intensificação do processo de globalização, o qual constitui apenas uma parte da pós-modernidade.

A necessidade de participação efetiva dos cidadãos para uma democracia em larga escala vem demonstrar que a participação de outros elementos para além do Estado nesse processo não é apenas ideal e desejável, parte do procedimento necessário para a sua implementação, mas escopo de uma cultura democrática.

Há, por fim, nesse cenário, um pluralismo jurídico, sobretudo pela interpenetração dos direitos e dos seus sujeitos. Tal pluralismo é oriundo da fragmentação da soberania, tanto pelos modos de regulação do direito quanto pelas fontes dessa regulação, absorvendo mecanismos de regulação alternativa não estatal, dando origem a um pluralismo de racionalidades e que produz, no campo do direito, lógicas estilhaçadas pela flexibilização e diversificação de produção normativa que se multiplicaram[415] com vigor na pós-modernidade globalizada.

Todo esse estado de coisas, bem assim os novos esforços conceituais empreendidos em favor da soberania, em especial a teoria da soberania estatal democrática,[416] a essa altura já bastante democratizada, passam a conviver com um cenário conflitante, entrecortado pela desglobalização, como se verá adiante. Advém daí o contexto em que a atividade política passa a se concentrar na retomada do poder e da autoridade, bem como da decisão política no âmbito dos Estados nacionais. Esse movimento passa a reivindicar a soberania, como retomada do controle estatal perdido com a globalização. Os impactos do sistema da política sobre o direito, especificamente em relação à soberania, são o escopo central das análises sobre as quais esse trabalho se debruça.

---

414 ALVES, Angela Limongi Alvarenga. *Limites e potencialidades da soberania estatal na pós-modernidade*. 2017. Tese (Doutorado em Direito do Estado) – Faculdade de Direito, Universidade de São Paulo, São Paulo, 2017.

415 MENEZES, Wagner. *Ordem global e transnormatividade*. Ijuí: Unijuí, 2005, p. 207.

416 ALVES, Angela Limongi Alvarenga. *Limites e potencialidades da soberania estatal na pós-modernidade*. 2017. Tese (Doutorado em Direito do Estado) – Faculdade de Direito, Universidade de São Paulo, São Paulo, 2017.

CAPÍTULO 3

SOBRE A SOBERANIA E A DESGLOBALIZAÇÃO

Os avanços da globalização e as assimetrias dela decorrentes, em resposta, provocaram reações no sistema da política, que por sua vez vem causando interferências no sistema do direito. A ascensão de contramovimentos de "renacionalização",[417] sobretudo na Europa e nos Estados Unidos, acabou se aspergindo mundo afora, marcando indelevelmente o limiar dos anos 2000, tendo alcançado inclusive o Brasil.

Esse movimento, conhecido como "desglobalização", em grande medida propugnando uma agenda política antiglobalização e favorável a uma retomada da soberania estatal hierarquizada, de caráter exclusivista e centrada no Estado, passa a dominar o cenário político e a se concretizar a partir das eleições de líderes políticos nesse conjunto de países centrais, contrários aos parâmetros impostos pela globalização.

Assim, a questão central que se coloca seria a de que a soberania estatal, já bastante transformada pela globalização, seria capaz de retomar seus contornos originais de concentração e centralidade estatais? Ou o movimento de retração da globalização, também conhecido por "desglobalização", seria capaz de impactar a soberania estatal, globalizada, reformatando-a novamente e levando a uma redefinição? Seria o refluxo da onda democrática[418] hábil a recrudescer a soberania e reavivá-la aos moldes de Westphalia?

---

417 TEUBNER, Günther. Global bukowina: legal pluralism in the world society. *In:* TEUBNER, Günther. *Global law without State*. Brookfield: Dartmouth, 1997, p. 28.

418 Analogia ao paradigmático estudo de Samuel Huntington. Nele, o autor concebe a democracia como movimentos que ocorrem em curtos espaços de tempo, nos quais se operam transições entre regimes democráticos e autocráticos. A primeira onda

Em resposta, um contramovimento de retomada da soberania dos Estados, nos moldes westphalianos, passou a ser identificado, sobretudo em face do sistema da política, que por sua vez passou a impactar o do direito. Movimentos de renacionalização, de caráter nacionalista, de protecionismo econômico, de políticas anti-imigratórias e de xenofobismo, bem como a ruptura no processo de regionalização, marca da globalização contemporânea, representada pelo *Brexit*, além das eleições de líderes como Donald Trump, nos Estados Unidos, em 2017 e Jair Bolsonaro, no Brasil, em 2018, com agendas políticas de prevalência nacionalista em detrimento da tendência internacionalizada até então vigente com a globalização, passaram a ser designados como marcas da "desglobalização".[419]

A desglobalização, por sua vez, também constitui um movimento multifatorial e emerge por várias razões. É importante ressaltar que tanto a globalização como a desglobalização contemporâneas não se constituem em fenômenos lineares, mas multidimensionais, pois envolvem importantes mudanças e diversos domínios, sobretudo o econômico, o político, o tecnológico, o cultural e o ambiental, os quais interagem continuamente. Por essa razão, é impossível compreendê-las simplesmente projetando um campo sobre o outro, a exemplo da projeção da dinâmica do sistema econômico sobre os demais.[420] Por isso, as análises têm como ponto de partida a dimensão política da globalização e se desenvolvem com os impactos do sistema da política no sistema do direito, em especial, na soberania.

---

democrática teria ocorrido após a Revolução Francesa, entre os séculos XIX e XX, período em que o sufrágio se disseminou na Europa e nos Estados Unidos, no que foi seguida por movimentos autocráticos, marcados pelo fascismo e totalitarismo no início do século XX, na Itália e Alemanha, respectivamente. A segunda onda democrática, entre os anos 1940 e 1960, com a democratização da Alemanha, Itália e Coreia do Sul, a qual corresponde a onda reversa, marcada pela instauração de regimes militares ditatoriais na América Latina. A terceira onda, por fim, teria se iniciado com a Revolução dos Cravos, em Portugal, na década de 1970 e chegado, sucessivamente, ao sul da Europa, à América Latina e ao Leste europeu nas décadas que se seguiram. Cf. HUNTINGTON, Samuel. *A terceira onda*: a democratização no final do século XX. São Paulo: Ática, 1994.

419 RANIERI, Nina. *Teoria do Estado*: do Estado de Direito ao Estado Democrático de Direito. 2. ed. Barueri: Manole, 2018, p. 198.

420 HELD, David. Afterword. *In:* HELD, David. *A globalizing world?* Culture, economic, politics. London: Routledge, 2004, p. 172. HELD, David. Cosmopolitanism: ideas, realities and deficits. *In:* HELD, David; McGREW, Anthony. *Governing globalization*: power, authority and global governance. Cambridge: Polity, 2007, p. 305-306. HALE, Thomas; HELD, David; YOUNG, Kevin. *Gridlock*: why global cooperation is failing when we need it most. Cambridge: Polity Press, 2013, p. 3.

A seguir, análises sobre a desglobalização, compreendida como refluxo da globalização, consistente na paralisia política e, em grande medida, no (contra)movimento de retomada e de fortalecimento da soberania estatal, bem assim os reflexos do sistema da política no sistema do direito. Seguem seus recortes epistemológico e espaço-temporal, bem como o contexto mais recente de paralisia política para, então, compreender o processo de (re)assentamento e (re)acomodação da soberania no Estado.

3.1 Desglobalização

A partir da década de 1990 e da intensificação da globalização, a soberania do Estado enquanto poder jurídico de declarar e assegurar por meios próprios a positividade do seu direito passa a ser transformada pela introdução de normas internacionais e provenientes de plúrimos atores e sujeitos no âmbito interno aos Estados.[421] Com o "Consenso de Washington" e a abertura de mercados que se seguiu, bem como a formação de blocos regionais, o cenário que se descortinou fez com que a soberania estatal fosse cada vez mais enfraquecida diante da nova realidade que se impunha aos Estados: disciplina fiscal, abertura comercial, estímulo a investimentos financeiros, privatização de empresas públicas, desregulamentação e, principalmente, a produção normativa por outros sujeitos, para além do Estado.

Com a globalização, importantes transformações ocorreram no plano da economia. Com a liberalização do mercado internacional, deu-se a mobilidade do capital, favorecida pela revolução tecnológica. Vê-se então a sua reconfiguração, consistente na passagem do capital industrial para o capital financeirizado, levando a uma crescente volatilidade.[422] A partir de então, a mobilidade do capital acelerou exponencialmente, e o sistema industrial foi modificado, saindo da produção de massa e passando a se adequar à "flexibilidade pós-fordista".[423] Essas transformações conjugadas reverberaram em outros domínios.

---

421 RANIERI, Nina. *Teoria do Estado*: do Estado de direito ao Estado democrático de direito. Barueri: Manole, 2018, p. 85.

422 FARIA, José Eduardo. *O direito na economia globalizada*. São Paulo: Malheiros, 2004, p. 169.

423 HABERMAS, Jürgen. *A constelação pós-nacional*: ensaios políticos. São Paulo: Litera Mundi, 2001, p. 99.

Com os mercados cada vez mais integrados e interdependentes, o equilíbrio entre o mercado e o Estado foi alterado, prejudicando claramente a autonomia e a capacidade de ação político-econômica e, inclusive, normativa dos Estados,[424] cenário em que se desenvolveram outros tipos de relações, e a emergência de outros atores no relacionamento entre os Estados, tais como a OMC, o FMI, o Banco Mundial, além dos órgãos supranacionais oriundos dos blocos econômicos, como os componentes do quadro institucional da União Europeia (UE), por exemplo, levando a um contexto de harmonização normativa,[425] em detrimento da soberania estatal.

A ultravalorização do sistema econômico passou a articular o ordenamento jurídico à margem da soberania dos Estados, fomentando a intensificação das relações sociais de emergentes sujeitos no plano externo, que desencadeiam uma rede de interação caracterizada pela transnacionalização.[426] Assim, a teoria da soberania precisou ser adaptada a fim de se compatibilizar com a perda do monopólio normativo do Estado, abandonando suas feições originais de centralidade e exclusividade e adotando contornos mais condizentes com a cooperação, transmutando-se para uma ficção jurídica,[427] a fim de garantir a ordem internacional entre os Estados.[428]

Com a "quebra" do sistema econômico-financeiro internacional em 2008 e a crise que se seguiu, os efeitos da intensificação da globalização foram desvelados. A ultravalorização do mercado, a transnacionalização e a desregulamentação produziram vertiginosas

---

424 CRUZ, Paulo Márcio; BODNAR, Zenildo. A transnacionalidade e a emergência do Estado e do direito transnacionais. *Revista Eletrônica do CEJUR-UFPR*,Curitiba, v. 1, n. 4, 2009, p.3.

425 Cf. BARRAL, Weber; MUNHUZ, Carolina. Globalização e a prática do direito. *In:* GUERRA, Sidney. *Globalização*: desafios e implicações para o direito internacional contemporâneo. Ijuí: Unijuí, 2006; cf. MENDES, Rodrigo Otário Broglia. Sentido da teoria geral do direito, globalização e harmonização do método jurídico. *In:* CASELLA, Paulo Borba; VIEGAS, Vera Lúcia. *Direito da integração*. São Paulo: Quartier Latin, 2006.

426 A transnacionalização surgiu a partir da intensificação das operações de natureza econômico-comercial caracterizadas pela desterritorialização, expansão capitalista e enfraquecimento da soberania conquanto a emergência de ordenamento jurídico gerado à margem do monopólio estatal. STELZER, Joana. O fenômeno da transnacionalização da dimensão jurídica. *In:* STELZER, Joana; CRUZ, Paulo Márcio. *Direito e transnacionalidade*. Curitiba: Juruá, 2009, p. 16.

427 KRASNER, Stephen. *Soberanía*: hipocresía organizada. Barcelona: Ediciones Paidós Ibérica, 2001, p. 2

428 BADIE, Bertrand. Da soberania à competência do Estado. *In:* SMOUTS, Marie-Claude. *As novas relações internacionais*: práticas e teorias. Brasília: UnB, 2004, p. 39.

disparidades e desigualdades econômico-sociais. O aprofundamento de desigualdades socioeconômicas experienciado mundialmente provocou reações no sistema da política, que passou a adotar medidas mais restritivas aos processos integracionistas, impondo a desaceleração da globalização e, por sua vez, da cooperação internacional. Esse cenário foi ainda agravado pelas crises políticas e sociais provenientes das disfunções dos mecanismos de governança que já vinham se avolumando desde as chamadas "guerras falhas" no Oriente Médio, promovidas no pós-11 de setembro,[429] como se verá adiante.

Em um contexto em que há grande instabilidade do mercado financeiro, desequilíbrio econômico, pobreza e desigualdades globais – problemas agravados pelo terrorismo, exploração nuclear desregrada e crescimento da indústria de armas –, a cooperação transnacional torna-se cada vez mais ineficaz e degradada.[430] Esse contexto aponta para o que David Held, Kevin Young e Thomas Hale denominam "*gridlock*"[431] para descrever a principal característica da atualidade: Estados ensimesmados, avessos à integração e ao colaboracionismo, fazendo com que a cooperação se torne cada vez mais dificultosa e deficiente, exatamente no momento em que ela se faz mais necessária e urgente.[432]

São exemplos desse cenário, o retorno ao nacionalismo, as tendências de protecionismo econômico, o recrudescimento de políticas anti-imigração, o aumento do xenofobismo e de tensões oriundas de políticas de fechamento cultural e religioso, acompanhadas pelo conservadorismo das urnas e pela multiplicação de incitações ao fanatismo e do retorno às origens das doutrinas religiosas, expressões de um tempo de (des)orientação, em que o inimigo é rapidamente construído na face do outro.[433] Todo esse estado de coisas passa a ser legitimado pelo uso retórico da soberania.

---

[429] HELD, David. *Global politics after 9/11*: failed wars, political fragmentation and the rise of authoritarism. London: Global Policy, 2016, p. 6.

[430] HELD, David. *Broken politics*: from 9/11 to the present. Durham: Durham University; Global Policy Journal; Wiley Blackwell, 2016, p. 71.

[431] Expressão em Língua Inglesa utilizada pelos autores para designar o bloqueio político. Cf. HALE, Thomas; HELD, David; YOUNG, Kevin. *Gridlock*: why global cooperation is falling when we need it most. Cambridge: Polity Press, 2013.

[432] HALE, Thomas; HELD, David; YOUNG, Kevin. *Gridlock*: why global cooperation is falling when we need it most. Cambridge: Polity Press, 2013, p. 15.

[433] BITTAR, Eduardo Carlos Bianca. Crise econômica, desglobalização, direitos humanos: os desafios da cidadania cosmopolita na perspectiva da teoria do discurso. *Revista Mestrado em Direito*, Osasco, ano 12, n. 1, 2012, p. 267.

Esse movimento aponta para o que alguns teóricos denominam como "desglobalização" a fim de indicar que a atual desaceleração global dos processos de integração em razão do fracasso da economia é a pior desde a "grande depressão" de 1929,[434] bem assim a constatação de desigualdades socioeconômicas que afetam todo o mundo.[435] O termo traduz a ideia de uma era marcada pela retração econômica, pela apatia dos mercados, que trazem como decorrência efeitos concretos muito claramente identificáveis tanto do ponto de vista macroeconômico, como do ponto de vista político,[436] bem assim sua interpenetração no sistema do direito.

Assim, faz-se necessário um recorte epistemológico a fim de delimitar a desglobalização tendo a política como campo de estudo, suas compreensões e aplicações viáveis, os caminhos percorridos, bem como a sua incidência espaço-temporal. Com isso, objetiva-se compreender como e em que medida o sistema do direito responde às tendências do sistema político da atualidade, especificamente de que forma esse movimento impacta a soberania estatal e se é possível que a soberania retome seus contornos originais concentradores e exclusivistas, face às alterações e adaptações que a (re)formataram desde os anos 1990 – a se perquirir se a soberania como conceito desenvolvido ao longo da história como ponto de referência do Estado pode ser retomado após as alterações provenientes da intensificação do processo de globalização, seja enquanto prática jurídica e, ainda, como valor de autodefinição do Estado.

3.1.1 A política como campo de estudo

Muito se discute sobre a crise do processo de globalização, a se pensar em uma "era marcada pela desaceleração econômica, pela apatia dos mercados, que trazem como decorrência efeitos concretos muito claramente identificáveis".[437]

---

434 BELLO, Walden. *Desglobalização*: idéias para uma nova economia mundial. Petrópolis: Vozes, 2003, p. 139.

435 BELLO, Walden. The virtues of deglobalization. *TNI Publications*. Amsterdã: Transnational Institute, 2009, p. 1.

436 BITTAR, Eduardo Carlos Bianca. Crise econômica, desglobalização, direitos humanos: os desafios da cidadania cosmopolita na perspectiva da teoria do discurso. *Revista Mestrado em Direito*. Osasco, ano 12, n. 1, 2012, p. 266.

437 BITTAR, Eduardo Carlos Bianca. Crise econômica, desglobalização e direitos humanos: os desafios da cidadania cosmopolita na perspectiva da teoria do discurso. *Revista Mestrado em Direito*, Osasco, v.12, n.1, p. 259-293, p. 266.

Em que pese a importância do contexto econômico (e ainda, por ser esse, em grande medida, o principal vetor da globalização), bem como a sua ressonância em outros cenários e domínios, tendo em vista os novos esforços conceituais em favor da soberania, interfaciada pela governança e seus mecanismos, a perspectiva da política indica que a desglobalização e suas repercussões têm raízes muito mais profundas do que as análises eminentemente econômicas apontam – muito embora seja cediço que a política também contempla a economia, já que pensar a política dissociada da economia implicaria falhas não apenas estruturais, mas epistêmicas. Trata-se de projetar a política como primeiro plano de análise, como argumento de primeira ordem, para daí por diante analisar os seus desdobramentos. A partir dessas lentes, passa-se a analisar a desglobalização tendo a política como campo de estudo.

O processo desglobalizatório enquanto contramovimento da globalização passou a ser nominado de diferentes formas e estudado sob perspectivas e metodologias distintas. A maioria dos teóricos da globalização prefere utilizar a expressão "crise da globalização" para designar o momento atual de retração do fenômeno. David Held, Thomas Hale e Kevin Young utilizam o léxico "*gridlock*", expressão em Língua Inglesa cujo uso corrente significa "impasse", "engarrafamento" e é utilizada pelos autores para designar o bloqueio político da atualidade, a desglobalização, sob a perspectiva da crise política. O termo se refere especificamente a um conjunto de condições e mecanismos que impedem a cooperação nos presentes dias.[438] Entretanto, dada a consensualidade pelo uso do vocábulo "desglobalização", prefere-se essa terminologia em detrimento de outras.

Há ainda aqueles que entendem que a desglobalização não existe e que o momento atual importaria em uma nova fase da globalização, nominando-a de "globalização 2.0", em contraponto à retração da globalização ocorrida nos anos 1930, época da assim chamada "Grande Depressão". Nesse sentido, Bernard Hoekman[439] e Michael Bordo.[440]

---

438 HALE, Thomas; HELD, David; YOUNG, Kevin. Gridlock: why global cooperation is failing when we need it most. Cambridge: Polity Press, 2013. Nesse mesmo sentido, Camila Villard Duran, Andreas Klasen, Taylor St John, Anna Florini, Kyle McNally, James Orbinski, Tom Pegram, Garret Wallace Brown, Lucas Kello e Michael Clarke. Cf. HALE, Thomas; HELD, David *et al*. Beyond gridlock. Cambridge: Polity Press, 2017.

439 HOEKMAN, Bernard. *The global trade slowdown*: a new normal? London: Centre for Economic Policy Research, 2015.

440 BORDO, Michael. The second era of globalization is not yet over: an historical perspective. *National Bureau of Economic Research -Reinventing Bretton Woods Conference: living without globalization*, Cambridge, v. 6, p.1-21, set. 2017.

A par disso, passa-se a um esforço de construção de sentido para o termo "desglobalização", buscando delimitar a sua utilização no campo de estudo da política, sem, contudo, olvidar da interface econômica, a fim de compreender seus impactos no direito bem como a sua incidência no tempo e no espaço.

3.1.1.1 Compreensões possíveis e aplicações viáveis

O termo "desglobalização" foi cunhado por Walden Bello como proposta de alternativas e contrapesos ao capitalismo liberal instalado com a intensificação da globalização, a fim de mitigar as fissuras sociais provenientes das desigualdades dele decorrentes.[441] A partir de então, o termo foi disseminado e passou a ser utilizado de forma ampla, para designar o atual processo de desaceleração da globalização.[442] [443]

Na sua visão, a desglobalização não se desvincula da economia internacional, mas, ao invés, procura alcançar um equilíbrio saudável entre essa e as economias nacionais, em grande parte presididas por Estados que pragmaticamente empregam tarifas, cotas e outros mecanismos para garantir a sobrevivência e a saúde das suas indústrias, que por sua vez competem com as dos Estados centrais, em condições muito desiguais.[444] Dessa perspectiva, a desglobalização representa muito mais um mecanismo de "domesticação" da globalização[445] do que propriamente uma reação adversa em face dela, na medida em que trabalha *junto* dela e não *contra* ela.

---

441 BELLO, Walden. *Deglobalization*: ideas for a new world economy. London: Zed Books, 2002, com tradução brasileira, BELLO, Walden. *Desglobalização*: idéias para uma nova economia mundial. Petrópolis: Vozes, 2003, p. 139 e ss; RANIERI, Nina. *Teoria do Estado*: do Estado de direito ao Estado democrático de direito. 2. ed. Barueri: Manole, 2018, p. 198.

442 RANIERI, Nina. *Teoria do Estado*: do Estado de direito ao Estado democrático de direito. 2. ed. Barueri: Manole, 2018, p. 198.

443 De toda sorte, aponta Eduardo Bittar que o termo ganhou notoriedade a partir da sua utilização pelo Premiê britânico Gordon Brown. A partir de então, o termo foi disseminado e passou a ser utilizado de forma ampla, para designar o atual processo de desaceleração e de crise da globalização. BITTAR, Eduardo Carlos Bianca. Crise econômica, desglobalização e direitos humanos: os desafios da cidadania cosmopolita na perspectiva da teoria do discurso. *Revista Mestrado em Direito*, Osasco, v.12, n.1, p. 259-293, p. 266. Nesse mesmo sentido, RANIERI, Nina. *Teoria do Estado*: do Estado de direito ao Estado democrático de direito. 2. ed. Barueri: Manole, 2018, p. 198.

444 BELLO, Walden. *Desglobalização*: idéias para uma nova economia mundial. Petrópolis: Vozes, 2003, p. 139.

445 BELLO, Walden. The virtues of deglobalization. *TNI Publications*, Amsterdã, Transnational Institute, 2009, p. 1.

Da perspectiva da política econômica (que também é a de Walden Bello), porém com métodos e análises distintos, diversos estudos contrastam a desglobalização com a globalização, deixando claro, porém, que ambas não se constituem em realidades espelhadas.[446] Em grande medida, esses estudos apontam que a desglobalização (assim como a globalização), não constitui um fenômeno novo, tampouco se restringe à retração da globalização que se tem experienciado na atualidade. Desse prisma, desglobalização se refere aos períodos em que reduções significativas do comércio global podem ser assinaladas e, assim, a literatura majoritária aponta os períodos de recessão econômico-financeira da década de 1930, conhecida como a "Grande Depressão" e o momento atual, pós-crise de 2008, a que denominam como "Grande Recessão"[447] como períodos de desglobalização.

De maneira geral, esses estudos apontam as crises econômico-financeiras como motivadoras para a desglobalização, indicando a desregulamentação financeira[448] e seus respectivos desdobramentos – a financeirização, a desigualdade de renda e a concentração de riquezas – como principais fatores. Em linhas gerais, a financeirização se dá pelo desequilíbrio entre o mercado financeiro e a economia, ocasionado pelo aumento de influência dos mercados de ações sobre toda a tessitura econômica bem como sobre as instituições, inclusive as governamentais. Isso indica que o mercado de ações não está vinculado à economia real, o que configuraria uma grande patologia do capitalismo. Essa disparidade entre a criação e a liberação de valor de bens proporciona especulações, bolhas e, por fim, as crises econômico-financeiras. Já as desigualdades de renda e concentração de riqueza se entrelaçam na medida em que representam um efeito colateral direto da globalização.[449] Ao promover a ultravalorização do mercado, a transnacionalização e a desregulamentação, a globalização produz vertiginosas disparidades e desigualdades econômico-sociais.[450]

---

446 JAMES, Harold. Deglobalization as a global challenge. *CIGI Papers*, Waterllo, n. 135, p.1-20, jun. 2017; JAMES, Harold. Deglobalization: the rise of disembedded unilateralism. *Annual Review of Financial Economy*, Palo Alto, v. 10, p. 219-237, nov. 2018.

447 VAN BERGEIJK, Peter. *Deglobalization 2.0*: trade and openness during the Great Depression and the Great Recession. Cheltenham: Edward Elgar Publishing, 2019, p. 12.

448 Cf. FARIA, José Eduardo. *O direito na economia globalizada*. São Paulo: Malheiros, 2004.

449 FARIA, José Eduardo. *O Estado e o direito depois da crise*. São Paulo: Saraiva, 2011, p. 122.

450 PIKETTY, Thomas. *O capital no século XXI*. Rio de Janeiro: Intrínseca, 2014, p. 543.

Também na seara econômica, mas delimitado à crise da globalização contemporânea, Dani Rodrik enfrenta a temática de forma diversa (e com métodos diversos), ao que ele denomina de "hiperglobalização".[451] Apesar de as análises terem como ponto de partida o contexto econômico, seu pensamento oferece interessante senda de discussões sobre a temática central a que este trabalho se debruça: os impactos do sistema da política em face da soberania.

Partindo da necessidade de administrar a tensão entre o nacional e o global, levando em conta a globalização contemporânea e o Estado nacional, Dani Rodrik analisa essas implicações conjugando a globalização atual diante da soberania e da democracia, necessárias aos Estados nacionais. Essa é a composição do trilema que ele propõe em face da intensificação do processo de globalização,[452] o qual serve de fundamento para justificar a necessidade de retomada da soberania pelos Estados nacionais, muito embora ele mesmo não defenda essa ideia em sua obra.

Segundo ele, a convivência harmônica entre esses três elementos – globalização, soberania e democracia – simultaneamente é impossível. Dessa perspectiva, pode-se vislumbrar, no máximo, dois desses elementos ao mesmo tempo. Se há soberania e globalização, é impossível agregar a democracia, de vez que as decisões do Estado soberano em face da globalização esbarram no pressuposto democrático, e este, por sua vez, deverá ser esquecido, já que as decisões serão tomadas por um Estado que não leva em conta a vontade popular, ou que terá inevitavelmente reduzido o pressuposto democrático. Por outro lado, se há democracia e soberania, pouco espaço restará para a globalização, porque ela depende, em grande medida, do enfraquecimento do Estado nacional para a sua efetivação. Já a globalização e a democracia simultâneas tornam inviável o Estado nacional e, consequentemente, a sua soberania. Apesar das análises eminentemente econômicas, essa proposta revela um trilema político fundamental na atualidade: o do impasse da política decorrente da tensão oriunda do processo de globalização.

Essas transformações constituem também fontes de tensão entre a política global favorável aos mercados, a erosão da soberania e a

---

451 Cf. RODRIK, Dani. *The globalization paradox*: democracy and the future of the world economy. New York: W.W. Norton & Company, 2011.

452 RODRIK, Dani. *The globalization paradox*: democracy and the future of the world economy. New York: W.W. Norton & Company, 2011, p. 113-127.

estabilidade social no âmbito interno dos Estados. Dani Rodrik aponta para três grandes causas desse epifenômeno, senão vejamos.

Primeiramente, as barreiras comerciais entre Estados, uma vez reduzidas ao comércio e ao investimento, acentuaram a assimetria entre os grupos que podem e os que não podem cruzar as fronteiras internacionais. Na primeira categoria residem os proprietários do capital e os trabalhadores altamente especializados, livres para levar seus recursos e capital produtivo para onde haja maior demanda. Na segunda, a mão de obra não especializada, de média ou baixa qualificação, que pode ser facilmente substituída fora das fronteiras nacionais. Isso torna essa segunda categoria mais "elástica", porque implica a precarização do trabalho tanto no plano dos fatos como no do direito: a uma, porque há maior dificuldade em implementar melhorias e benefícios trabalhistas; a duas, porque esses trabalhadores precisam suportar maior instabilidade nos ganhos e nas horas trabalhadas, além de maior volatilidade das próprias relações de trabalho; a três, porque o poder de barganha desses trabalhadores é corroído e ainda a proteção dos direitos trabalhistas torna-se debilitada, dada a extrema facilidade de substituição.[453]

Em segundo lugar, a globalização gera relações conflituosas relacionadas às normas nacionais e às instituições sociais que as incorporam, dentro e fora dos Estados. À medida que a tecnologia de produção passa a se tornar cada vez mais especializada e difundida internacionalmente, os Estados nacionais com crenças, valores, normas e instituições muito diferentes começam a competir pelo comércio em condições muito desiguais, já que possuem níveis de desenvolvimento demasiado díspares. Isso leva ao enfraquecimento institucional dos Estados nacionais pela via do comércio.[454], [455] Ademais, a padronização e a

---

453 RODRIK, Dani. *A globalização foi longe demais?* São Paulo: Unesp, 2011, p. 6-7.

454 RODRIK, Dani. *A globalização foi longe demais?* São Paulo: Unesp, 2011, p. 7-8.

455 Sobre esse particular, Claude Barfield, no início dos anos 2000, assinalou que mesmo diante da globalização, a negociação internacional ainda preservava a soberania enquanto monopólio estatal. Evocando Jeremy Rabkin, àquela oportunidade, ele argumentou que o sistema de negociação comercial da OMC ainda era compatível com a noção tradicional de soberania westphaliana. Isso, porém, muitas vezes poderia conduzir a decisões disfuncionais, já que no plano fático a desigualdade entre os Estados no âmbito internacional consistia em uma realidade, como já havia sido apontado por Stephen Krasner. BARFIELD, Claude. Free trade, sovereignty, democracy: the future of the World Trade Organization. *Chicago Journal of International Law*, Chicago, v. 2, n. 2, p. 402-416. 2001, p. 410. Nesse mesmo sentido, Jeremy Rabkin (Cf. RABKIN, Jeremy. *Why sovereignty matters*. Washington: Aei Press, 1998).

harmonização normativas entre os Estados, voltadas para o incremento da atividade comercial transfronteiriça, constituem uma realidade desde a intensificação da globalização nos anos 1990,[456] transformando, outrossim, suas instituições e confrontando, diretamente, a soberania.

Em terceiro lugar, a globalização tornou dificultosa a implementação de mecanismos de segurança social pelos Estados – uma de suas funções primordiais e que favoreceu a manutenção da coesão social e política internamente, bem assim da ordem global estabelecida no pós-guerra. Com a globalização, os Estados têm dificuldade de assegurar direitos dos cidadãos, bem como de garantir a adequada prestação de serviços de caráter público.[457] Paulatinamente, os Estados vêm reduzindo suas obrigações sociais, notadamente, as relacionadas à seguridade social pública. Isso porque, com a crescente mobilidade do capital, os Estados se veem diante de desafios concernentes à flexibilidade tributária e dificuldades de arrecadação para a manutenção da máquina pública.[458]

Como consequência dessas tensões, dá-se a solidificação de uma nova divisão de classes nas sociedades globalizadas: entre aquelas que prosperaram na economia globalizada e aquelas que não tiveram o mesmo êxito. Decorrem daí as divisões entre aquelas que compartilham os mesmos valores e as que não compartilham; entre as que podem diversificar seus riscos e capitais e aquelas que não podem fazê-lo. Tem-se na sequência um aprofundamento das fissuras sociais[459] no âmbito interno dos Estados, levando a tensões, desestabilidades, antagonismos e, por fim, erosão dos laços sociais.

Da perspectiva da política, diferentemente da econômica, os estudos sobre a desglobalização apontam muito mais para problemas de geopolítica e para falhas decorrentes dos mecanismos de governança estabelecidos no pós-guerra do que para fatores econômicos. Isso sugere que a desglobalização tem raízes muito mais profundas do que as análises econômicas indicam, ainda que se leve em conta a importância do trilema de Dani Rodrik e as implicações políticas dele decorrentes.

---

456 BARRAL, Welber; MUNHOZ, Carolina. Globalização e a prática do direito. *In:* GUERRA, Sidney. *Globalização*: desafios e implicações para o direito internacional. Ijuí: Unijuí, 2006, p. 298.

457 Nesse mesmo sentido, FUKUYAMA, Francis. *Construção de Estados*. Rio de Janeiro: Rocco, 2005.

458 RODRIK, Dani. *A globalização foi longe demais?* São Paulo: Unesp, 2011, p. 8-9.

459 RODRIK, Dani. *A globalização foi longe demais?* São Paulo: Unesp, 2011, p. 10.

Pensar as crises econômico-financeiras do capital contemporâneo como fator desencadeador para a desglobalização implica, necessariamente, em desconsiderar que as crises do capital contemporâneo são recorrentes e nem sempre geram processos de desglobalização, a exemplo das recentes crises[460] na Ásia, em 1997,[461] na Rússia, em 1998[462] e no Brasil a partir de 2011.[463] Em face desse argumento, pode ser apontado o fato de que a crise de 2008, que está diretamente relacionada ao atual processo de desglobalização, foi deflagrada pelos Estados centrais, diferentemente das crises anteriores ora elencadas.

Todavia, como contra-argumento, é possível pensar no protagonismo que os Estados localizados fora do eixo do Atlântico Norte, considerados centrais economicamente, assumiram a partir da década de 1990, como apontam os estudos sobre o assim chamado "Sul Global".[464]

---

460 HOEKMAN, Bernard. *The global trade slowdown*: a new normal? London: Centre for Economic Policy Research, 2015; BORDO, Michael. The second era of globalization is not yet over: an historical perspective. *National Bureau of Economic Research-Reinventing Bretton Woods Conference:* living without globalization, Cambridge, v. 6, p.1-21, set. 2017, p. 1.

461 FISCHER, Stanley. The Asian crisis: causes and cures International Monetary Fund. *Finance and Development*, New York, v. 35, n. 2, June, 1998.

462 UNITED NATIONS CONFERENCE ON TRADE AND DEVELOPMENT – UNCTAD. *The Russian crisis*. Disponível em: https://unctad.org/system/files/official-document/poirrsd002.en.pdf. Acesso em: 14 dez. 2020.

463 SERRANO, Franklin; SUMMA, Ricardo. Aggregate demand and the slowdown of Bazilian economic growth in 2011-2014. *Nova Economia*, Belo Horizonte, v. 25, n. spe, p. 803-833, dez., 2015, p. 803. E, ainda, GILLESPIE, Patrick. Brazil falls deep into recession. *CNN*, New York, 28 Aug 2015. Disponível em: https://money.cnn.com/2015/08/28/news/economy/brazil-recession/. Acesso em: 14 dez. 2020.

464 A expressão "Sul Global" é utilizada pela literatura das relações internacionais para designar a emergência de novos arranjos pautados por novas vozes no cenário internacional, em referência aos Estados "emergentes". Ela se refere ao cenário geopolítico pós-Guerra Fria em que o mundo deixou de ser dividido em Leste (comunista) e Oeste (capitalista) e passou a sê-lo em Norte (países centrais e hegemônicos) e Sul (países em desenvolvimento, ex-colônias ou de industrialização tardia). Essa divisão, no entanto, não se refere à geográfica, estabelecida pela linha do Equador, mas antes às relações políticas. Cf. CAIXETA, Marina Bolfarini. *A cooperação Sul-Sul como nova tendência da cooperação internacional*: o discurso e a prática da cooperação técnica do Brasil com São Tomé e Príncipe para o combate à tuberculose. 2014. Dissertação (Mestrado em Desenvolvimento, Sociedade e Cooperação Internacional). CEAM/UnB, Brasília, 2014. A mesma autora chama a atenção para o fato de que esse debate deve assumir sentido conotativo ao invés do denotativo. Ela exemplifica a questão: o México, apesar de se situar no hemisfério Norte, é um país latino-americano, o que faz dele pertencente ao Sul; o mesmo se dá em relação à Rússia, outro país emergente; Austrália e Nova Zelândia, muito embora estejam situadas geograficamente no Sul, têm *status* de países do Norte. Já no campo das ciências sociais, desenvolveram-se as chamadas "teorias do Sul" ou ainda "teorias decoloniais" que decorrem de movimentos teóricos pós-coloniais, acompanhando as transformações no cenário político internacional e que trazem a lume o Sul e o conhecimento por ele

A par disso, é impossível olvidar que significativas alterações ocorreram, tanto em âmbito local como global. Um dos fatos mais marcantes da evolução política recente é a erosão da soberania no contexto da globalização contemporânea, tornando porosas as relações entre o interno e o internacional, o "dentro" e o "fora". A emergência de mecanismos de governança, pública e privada, demonstra que muito além da política, também a administração e a produção do direito foram deslocalizadas do paradigma estatal.

David Held, Thomas Hale e Kevin Young asseveram que, com a globalização, a ordem global passou a ser altamente enredada pelo comércio, finanças, comunicação, poluentes, violência e muitos outros fatores que fluem através das fronteiras nacionais. Isso criou uma vulnerabilidade na estrutural global: ações dantes localizadas deixaram de sê-lo, de vez que afetam diretamente as vidas em outros distantes cantos do mundo e vice-versa. Eles percebem o crescente *gap* entre as necessidades por soluções globais e a habilidade de sinalização das instituições multilaterais para encontrá-las. Isso representa o colapso da cooperação global[465] e evidencia a crise no processo globalizatório: a desglobalização.

O crescimento de poderes representando as mais diversas matrizes de interesses fazem o acordo internacional mais difícil. Os problemas provenientes da globalização têm crescido como questões políticas e jurídicas globais que penetram cada vez mais profundamente no contexto doméstico. Existem instituições e mecanismos de governança criados para um mundo diferente, fechadas em decisores disfuncionais, enquanto a proliferação de diferentes organizações na arquitetura

---

produzido, seus povos e suas sociedades, que, até então, estiveram distantes das lentes dos centros de produção científica. Nesse sentido, cf. SANTOS, Boaventura de Sousa. Para além do pensamento abissal: das linhas globais a uma ecologia dos saberes. *In:* SANTOS, Boaventura de Sousa; MENESES, Maria Paula. *Epistemologias do Sul*. Coimbra: Almedina, 2009; MORIN, Edgar. Para um pensamento do Sul. *In:* MORIN, Edgar. *Para um pensamento do Sul*: diálogos com Edgard Morin. Rio de Janeiro: SESC, 2011; ROSA, Marcelo. Epistemologias do Sul: ensaio bibliográfico sobre limites e perspectivas de um campo emergente. *Civitas*, Porto Alegre, v. 14, n. 1, p. 43-65, jan-abr. 2014; LANDER, Edgardo. *A colonialidade do saber*: eurocentrismo e ciências sociais, perspectivas latino-americanas. Buenos Aires: CLACSO, 2005. Também sobre a emergência do Sul, cf. ORGANIZAÇÃO DAS NAÇÕES UNIDAS – ONU. Relatório de desenvolvimento humano 2013 – A ascensão do Sul: progresso humano em um mundo diversificado. Disponível em: http://hdr.undp.org/sites/default/files/hdr2013_portuguese.pdf. Acesso em: 20 fev. 2020.

465 HALE, Thomas; HELD, David; YOUNG, Kevin. *Gridlock*: why global cooperation is failing when we need it most. Cambridge: Polity Press, 2013, p. 2.

institucional está cada vez mais fragmentada. Juntos, esses processos bloqueiam a cooperação[466] tanto no âmbito internacional como interno dos Estados.

Esse impasse político é explicado por David Held, Thomas Hale e Kevin Young pela própria estrutura global de governança. Eles argumentam que os sucessos anteriores da cooperação internacional (a criação do próprio sistema da ONU é bastante ilustrativa), facilitadores da globalização e fomentadores das relações econômicas,[467] aprofundaram a interdependência ao ponto em que a cooperação tornou-se mais dificultosa na atualidade.[468] [469] Isso sugere que a governança global lidou com sucesso com os problemas a que inicialmente se destinava, mas não conseguiu resolver os problemas que emergiram de sua própria existência. Isso porque a interdependência não apenas gera uma demanda por instituições internacionais, mas instituições internacionais eficazes também criam uma estrutura que, por sua vez, gera uma interdependência ainda mais forte,[470] levando a um impasse. Com menos cooperação, o processo de globalização encontra entraves, levando, outrossim, à sua desaceleração.

Esse cenário corrobora o que nomeadamente compreende-se por desglobalização, processo pelo qual se dá o refluxo da globalização.

---

466 HALE, Thomas; HELD, David; YOUNG, Kevin. *Gridlock*: why global cooperation is failing when we need it most. Cambridge: Polity Press, 2013, p. 2.

467 A criação do sistema ONU exemplifica a questão, bem assim a estrutura de cooperação internacional articulada no pós-guerra.

468 HALE, Thomas; HELD, David; YOUNG, Kevin. *Gridlock*: why global cooperation is failing when we need it most. Cambridge: Polity Press, 2013, p. 2.

469 O atual cenário de enfraquecimento da Organização Mundial do Comércio (OMC) em face do alargamento da Organização para a Cooperação e Desenvolvimento Econômico (OCDE) constitui um exemplo bastante ilustrativo: a atuação da OMC num contexto de globalização e plena cooperação fez com que a própria instituição se fortalecesse e alcançasse expressiva representatividade no cenário internacional ao deliberar sobre comércio; já num contexto de retração da globalização e da cooperação, a atuação da OCDE tem atraído muito mais Estados, mesmo em condições menos vantajosas, como é o caso do Brasil, que pleiteia atualmente o seu ingresso na organização. Isso porque, dado o número reduzido de participantes na OCDE, as negociações se tornam mais simples, facilitando as decisões comerciais. Isso em um contexto de desglobalização e isolamento político dos Estados se mostra extremamente vantajoso. Cf. NADDI, Beatriz. O alargamento da OCDE como estratégia de adaptação ao novo cenário internacional e o caso brasileiro. *Observatório do regionalismo*, São Paulo, 4 fev. 2020. Disponível em: http://observatorio.repri.org/artigos/o-alargamento-da-ocde-como-estrategia-de-adaptacao-ao-novo-cenario-internacional-e-o-caso-brasileiro/?fbclid=IwAR0sP9TDto6Ljg6YQvwCB3Gc93-mgI7XbIOkXV8FbxlpdI-SryDbeCWdXlw. Acesso em: 07 fev. 2020.

470 STUENKEL, Oliver. *Book review*: Gridlock: why global cooperation is failing when we need it most. *BJIR*, Marília, v. 4, n. 3, p. 694-699, set./fev. 2015, p. 695.

Entretanto, como a presente pesquisa tem por objetivo analisar os impactos produzidos pela desglobalização na soberania estatal, importando na compreensão da problemática da política e seus impactos no direito, a delimitação do tema nesse campo do conhecimento se faz necessária, a fim de traçar um itinerário condizente com as transformações globais atuais, pavimentando, destarte, as rotas para se compreender a desglobalização.

3.1.1.2 Caminhos da desglobalização

Como visto, o termo "desglobalização" pode assumir vários sentidos, sob diversas perspectivas. Do prisma da política, é importante trazer a lume a teoria elaborada por David Held, Thomas Hale e Kevin Young, segundo a qual a desglobalização consiste no impasse político da atualidade fundado, em grande medida, nos entraves enfrentados pela cooperação internacional que, por sua vez, afetam diretamente o sistema de governança global, refletindo, por fim, no âmbito doméstico. A premissa dessa teorização é a crise política institucionalizada de cooperação intergovernamental a que os autores denominam de "*gridlock*".[471] A crise defrontada pela cooperação internacional constitui a marca da desglobalização contemporânea.

Essa crise, porém, é multifatorial. Inobstante a diversidade de elementos que, interfaciados, promovem essas dificuldades, esses teóricos apontam a interdependência, inerente à cooperação, como questão chave de toda a dinâmica do processo desglobalizatório. Eles argumentam que o sucesso prévio da cooperação internacional, facilitando a paz e criando vínculos econômicos, fomentou a globalização e aprofundou (e reforçou) a interdependência para o ponto em que a cooperação se tornou mais dificultosa na atualidade.

Segundo esse raciocínio, a relativa estabilidade, pacífica, criada pela ordem liberal do pós-guerra facilitou a globalização econômica, criando um grau de interdependência sem precedentes, parcialmente endógeno ao processo de cooperação. Essa intensificação da interdependência econômica ao longo do tempo foi prevista e desejada pelos arquitetos institucionais dos anos 1940. Isso porque os horrores da

---

[471] Cf. HALE, Thomas; HELD, David; YOUNG, Kevin. *Gridlock*: why global cooperation is failing when we need it most. Cambridge: Polity Press, 2013.

Segunda Guerra Mundial deixaram clara a necessidade de um sistema institucionalizado de governança global para manter a paz e a prosperidade.[472] Mas nem mesmo os arquitetos da ordem global atual imaginaram o quão profunda essa interdependência poderia ser, especialmente por duas razões.[473]

A primeira, porque a interdependência se espalhou para além dos nexos originais e avançou pelas democracias industriais alcançando *status* global; e a segunda, porque inicialmente questões "domésticas" como meio ambiente, saúde, ou regulação, ao ultrapassarem as fronteiras nacionais, adquiriram atributos de interdependência. Isso proporcionou o seu alargamento, superando, inclusive, os mecanismos tradicionais utilizados para organizá-la, fornecidos pela governança através de barganhas e negociações estatais acerca da cooperação institucionalizada. Esse mecanismo cria o "*gridlock*".[474] Isso porque as instituições internacionais não são meras "telas em branco" para o poder estatal, tampouco são servas idealistas do bem público global. Elas constituem ferramentas estatais para resolver problemas de cooperação que os Estados não são capazes de solucionar.[475]

Diante de desacordos políticos, de fato, as instituições não são capazes de derrogar o poder político dos Estados, tampouco têm o poder de compeli-los ao cumprimento de um acordo quando seus interesses centrais os levam a denunciá-lo. Mas, a partir do momento em que o que acontece em um Estado produz efeitos em outro, e vice-versa, ambos ganham se permanecem cooperando.[476] E é exatamente essa a mais importante mudança na política desde 1945: os acontecimentos que

---

472 HALE, Thomas; HELD, David; YOUNG, Kevin. *Gridlock*: why global cooperation is failing when we need it most. Cambridge: Polity Press, 2013, p. 18.

473 HALE, Thomas; HELD, David; YOUNG, Kevin. *Gridlock*: why global cooperation is failing when we need it most. Cambridge: Polity Press, 2013, p. 17.

474 HALE, Thomas; HELD, David; YOUNG, Kevin. *Gridlock*: why global cooperation is failing when we need it most. Cambridge: Polity Press, 2013, p. 17.

475 KEOHANE, Robert. *After hegemony*: cooperation and discord in the world political economy. Princeton: Princeton University Press, 2005, p. 49. Essa assertiva já fazia parte do pensamento do autor desde 1984, ano de publicação da primeira edição da obra. Essa visão sobre as instituições, no entanto, embora se distancie da perspectiva realista, ainda permanece bastante afastada da idealista visão kantiana de mundo racionalizado pelo direito: as instituições ainda permanecem voltadas para servir os interesses dos Estados hegemônicos em primeiro lugar e, acima de tudo, dentro desses Estados.

476 KEOHANE, Robert. *After hegemony*: cooperation and discord in the world political economy. Princeton: Princeton University Press, 2005, p. 49.

afetam um Estado repercutem nos demais – interpenetração e interconexão, marcas da globalização, tornaram-se onipresentes.[477]

Assevera David Held que a globalização pode ser definida como uma transformação nos espaços das relações sociais, uma intensificação de sua extensão, em intensidade, velocidade e impacto. Esse processo – ou conjunto de processos – gera fluxos transcontinentais e interregionais, redes de atividades, de interação e de exercício de poder.[478] O resultado dessas mudanças é uma interdependência muito mais profunda do que a que foi imaginada pelos criadores da ordem do pós-guerra.[479]

Essa interdependência criou a demanda por instituições internacionais, e estas, por sua vez, demandaram mais institucionalização, providenciada pelos Estados, procurando pelos benefícios da cooperação, começando o ciclo novamente: ao longo do período do pós-guerra, ao longo do fim da Guerra Fria e além, o mundo usufruiu de um período de autorreforço da interdependência.[480]

Assim, fatores exógenos provenientes da ordem do pós-guerra, do aumento da tecnologia e da lógica capitalista expansionista levaram à interdependência, que da sua parte levou a fatores endógenos, demandando por mais governança global e por um edifício institucional compatível e capaz de comportar essas demandas. O efeito pretendido era a estabilidade da economia global e da ordem internacional.[481] Essa engrenagem, no entanto, provocou o reforço da interdependência.

Nesse processo, não apenas as instituições internacionais deram causa à dinâmica da globalização atual: mudanças na natureza do capitalismo global e na divisão do trabalho,[482] incluindo os avanços no transporte da tecnologia da informação, são obviamente diretivas para a interdependência. Contudo, todas essas mudanças foram permitidas porque tiveram lugar na aberta, pacífica, liberal e institucionalizada ordem mundial do pós-guerra.[483]

---

477 HALE, Thomas; HELD, David; YOUNG, Kevin. *Gridlock*: why global cooperation is failing when we need it most. Cambridge: Polity Press, 2013, p. 25.

478 HELD, David *et al*. *Global transformations*: politics, economics and culture. Stanford: Stanford University Press, 1999, p. 3.

479 HALE, Thomas; HELD, David; YOUNG, Kevin. *Gridlock*: why global cooperation is failing when we need it most. Cambridge: Polity Press, 2013, p. 25.

480 HALE, Thomas; HELD, David; YOUNG, Kevin. *Gridlock*: why global cooperation is failing when we need it most. Cambridge: Polity Press, 2013, p. 26.

481 HALE, Thomas; HELD, David; YOUNG, Kevin. *Gridlock*: why global cooperation is failing when we need it most. Cambridge: Polity Press, 2013, p. 26.

482 RODRIK, Dani. *A globalização foi longe demais?* São Paulo: Unesp, 2011, p. 10.

483 HALE, Thomas; HELD, David; YOUNG, Kevin. *Gridlock*: why global cooperation is failing when we need it most. Cambridge: Polity Press, 2013, p. 29.

O aprofundamento da interdependência foi uma consequência lógica do edifício institucional liberal que se seguiu à Segunda Guerra Mundial. Todavia, convolou outros aspectos que não haviam sido inicialmente previstos, engendrando novos poderes e novas questões. Essas consequências não pretendidas foram parte da interdependência exógena, conduzindo ao crescimento de vínculos econômicos, alargando esse escopo em dois caminhos: o número e o tipo de países implicados e o alcance e o aprofundamento das questões contempladas.[484]

Nesse contexto, David Held, Thomas Hale e Kevin Young identificam quatro elementos que, conjugados, reforçam a interdependência ao ponto de levar ao impasse político da atualidade, viabilizando, destarte, a desglobalização: crescimento da multipolaridade, inércia institucional, problemas difíceis e fragmentação. Embora constituam elementos distintos, encontram-se interrelacionados.[485] Senão vejamos.

3.1.1.2.1 Crescimento da multipolaridade

Em 1945, a ONU contava com 51 Estados-membros. Com o processo de descolonização da Ásia, África e Oriente Médio entre as décadas de 1940 e 1960, bem como os movimentos de autodeterminação que se seguiram e o fim da União Soviética (URSS), em 1991, adicionaram-se mais 142, para um total de 193. Muitos desses países têm pouco peso na política global, mas ainda assim essa lista tem crescido consideravelmente desde 1945.

Naquela época, o número total de atores políticos para coordenar e direcionar a maioria das questões que se sobrepunham era infinitamente menor. Com o número reduzido de *players*, os acordos políticos foram relativamente fáceis de alinhavar e a criação de uma ordem global "ordenada" e "organizada", favorável à globalização, também. Apenas duas décadas depois, o cenário econômico foi radicalmente modificado, de modo que o número de atores políticos cresceu ainda mais. A interdependência foi ampliada para cobrir uma faixa muito maior do mundo do que antes.[486]

---

484 HALE, Thomas; HELD, David; YOUNG, Kevin. *Gridlock*: why global cooperation is failing when we need it most. Cambridge: Polity Press, 2013, p. 29.

485 HALE, Thomas; HELD, David; YOUNG, Kevin. *Gridlock*: why global cooperation is failing when we need it most. Cambridge: Polity Press, 2013, p. 9.

486 HALE, Thomas; HELD, David; YOUNG, Kevin. *Gridlock*: why global cooperation is failing when we need it most. Cambridge: Polity Press, 2013, p. 36.

Esse contexto de economia globalizada, para além dos Estados centrais, favoreceu ainda os países emergentes, notadamente os BRICS[487] – que alcançaram protagonismo político e jurídico[488] nas relações internacionais,[489] incrementando ainda mais a multipolaridade no cenário global, criando barreiras específicas para a cooperação. Isso se deve a três fatores: aumento dos custos de negociação, tendência de centralização institucional e a proeminência de uma gama diversificada de divergências.[490] Senão vejamos.

Primeiramente, sobre os custos de negociação. O aumento no número de atores políticos gerou custos para as transações. Isso porque, no nível mais básico, quanto mais países compõem uma mesa de negociações, mais difícil se torna qualquer tipo de acordo que sirva a todos. Por isso, os custos de negociação podem impor barreiras substanciais à cooperação.[491]

Segundo, sobre a centralização das instituições. Para providenciar informação e coordenação que podem facilitar a cooperação intergovernamental, até mesmo num grupo grande, instituições internacionais muito frequentemente centralizam autoridade. O "desenho racional" da literatura em relações internacionais nota que como o número de atores

---

487 O BRICS é o agrupamento formado por cinco Estados com economias emergentes – Brasil, Rússia, Índia, China e África do Sul –, que, juntos, representam cerca de 42% da população, 23% do Produto Interno Bruto, 30% do território e 18% do comércio mundial. O acrônimo BRIC foi cunhado em 2001 pelo banco de investimentos Goldman Sachs, para indicar as potências emergentes que formariam, com os Estados Unidos, as cinco maiores economias do mundo no século XXI. Em 2011, com o ingresso da África do Sul, o BRICS alcançou sua composição definitiva, incorporando um Estado do continente africano. Desde o início, o agrupamento buscava estabelecer governança internacional mais condigna com seus interesses nacionais, por meio, por exemplo, da reforma de cotas do Fundo Monetário Internacional, que passou a incluir, pela primeira vez, Brasil, Rússia, Índia e China entre os maiores cotistas. BRASIL. Ministério das Relações Exteriores. *O que é o BRICS*. Disponível em: http://brics2019.itamaraty.gov.br/sobre-o-brics/o-que-e-o-brics. Acesso: 24 de abr. 2020.

488 Cf. CASELLA, Paulo Borba *et al. International legal aspects of BRICS*. Belo Horizonte: D'Plácido Editora, 2019.

489 De se notar, entretanto, que a desglobalização alcança fortemente esses países na atualidade. CASELLA, Paulo Borba. Países do BRICS passam por período de retração econômica. *Jornal da USP*, São Paulo. Disponível em: https://jornal.usp.br/atualidades/paises-dos-brics-passam-por-periodo-de-retracao-economica/. Acesso em: 24 abr. 2020.

490 HALE, Thomas; HELD, David; YOUNG, Kevin. *Gridlock*: why global cooperation is failing when we need it most. Cambridge: Polity Press, 2013, p. 37.

491 HALE, Thomas; HELD, David; YOUNG, Kevin. *Gridlock*: why global cooperation is failing when we need it most. Cambridge: Polity Press, 2013, p. 37.

aumentou, instituições precisam se tornar mais centralizadas para fazer a coordenação política mais eficiente.[492] [493] As negociações sobre mudanças climáticas em que um pequeno grupo de países negocia um acordo entre eles mesmos, nas linhas secundárias de um encontro, antes de trazê-lo ao plenário,[494] constitui um exemplo bastante ilustrativo dessa realidade.

Terceiro, sobre a divergência de interesses. O aumento da multipolaridade significa o aumento de poder para países tradicionalmente muito diferentes do *stablishment*, dos poderes estabelecidos pelos Estados centrais, econômica, cultural e politicamente. Além disso, a diversidade cultural entre os países deve ser considerada. Se, por um lado, a globalização promoveu uma maior compreensão intercultural, por outro, revelou diferenças que podem, ao final, traduzir percepções indesejadas,[495] como as de não pertencimento, por exemplo, e a consequente necessidade de reconhecimento pelos pares e apreensão de poder político. Essas condições divergentes produzem diferentes interesses e diferentes agendas,[496] dificultando a cooperação.

3.1.1.2.2 Inércia institucional

As instituições internacionais constituem importantes ferramentas de cooperação entre Estados. Sua atuação consiste na criação de regras, no monitoramento de sua implementação e na sua execução, ainda que essa última não seja a sua função precípua. Elas não só viabilizam os acordos entre os Estados, mas, inclusive, conferem-lhes credibilidade. Elas promovem interesses e expectativas, implementando programas e políticas com variados graus de autonomia. A forma exata de atuação,

---

492 KOREMENOS, Barbara; LIPSON, Charles; SNIDAL, Duncan. The rational design of international institutions. *International Organization*, Cambridge, v. 55, n. 4, p. 761-799, 2001, p. 761.

493 HALE, Thomas; HELD, David; YOUNG, Kevin. *Gridlock*: why global cooperation is failing when we need it most. Cambridge: Polity Press, 2013, p. 38.

494 KOREMENOS, Barbara; LIPSON, Charles; SNIDAL, Duncan. The rational design of international institutions. *International Organization*, Cambridge, v. 55, n. 4, p. 761-799, 2001, p. 761.

495 BULL, Hedley. *A sociedade anárquica*. São Paulo: Imprensa Oficial do Estado de São Paulo/ Editora da Universidade de Brasília/Instituto de Pesquisa em Relações Internacionais, 2002, p. 127.

496 HALE, Thomas; HELD, David; YOUNG, Kevin. *Gridlock*: why global cooperation is failing when we need it most. Cambridge: Polity Press, 2013, p. 38-40.

com meios voltados para as finalidades para as quais foi criada, é, no entanto, variável. Na medida em que mudam os interesses dos criadores da instituição, negociações e instrumentos de barganha também são alterados. Nessa lógica, quando um desses fatores muda, o perfil e a compleição das instituições, também.[497]

Por essa razão, Steven Krasner sugere que as instituições políticas devem ser pensadas a partir de padrões de "equilíbrio pontuado": instituições são criadas em momentos fundacionais para lidar com as necessidades daquele tempo e refletem o atendimento à constelação de poderes e de interesses para os quais foi projetada. Mas esses interesses depois mudam e criam um desencontro entre as instituições, as condições e as finalidades para as quais foram pensadas.[498] Essas mudanças contextuais aprofundam a incongruência entre atuação e finalidade, pavimentando novos arranjos e (re)arranjos, mais alinhados às modificações nas condições iniciais.[499]

Também Robert Keohane e Joseph Nye oferecem uma segunda explicação para o distanciamento entre as instituições internacionais e as condições que lhes deram origem: a criação de uma instituição afeta as normas do entorno, as práticas e, portanto, a respectiva governança.[500] Isso, paralelamente às constelações subjacentes de poder e de interesses, afeta os resultados institucionais pretendidos, para os quais as instituições foram inicialmente arquitetadas.[501]

Da perspectiva de David Held, Thomas Hale e Kevin Young, a questão chave reside na capacidade de resiliência das instituições: a se saber se uma instituição é forte o suficiente para manter a sua função principal e a sua respectiva *performance*, mas não tão rígida a ponto de se tornar insensível e até mesmo incapaz de compreender e apreender as transformações provenientes do cenário global.[502]

---

497 HALE, Thomas; HELD, David; YOUNG, Kevin. *Gridlock*: why global cooperation is failing when we need it most. Cambridge: Polity Press, 2013, p. 41.

498 KRASNER, Stephen. *Soberanía:* hipocresía organizada. Barcelona: Ediciones Paidós Iberica, 2001, p. 121.

499 HALE, Thomas; HELD, David; YOUNG, Kevin. *Gridlock*: why global cooperation is failing when we need it most. Cambridge: Polity Press, 2013, p. 41-42.

500 KEOHANE, Robert; NYE, Joseph. *Power and independence*: world politics in transition. Boston: Little Brown, 1977, p. 71.

501 Esse argumento é endossado por David Held, Thomas Hale e Kevin Young. Cf. HALE, Thomas; HELD, David; YOUNG, Kevin. *Gridlock*: why global cooperation is failing when we need it most. Cambridge: Polity Press, 2013, p. 42.

502 HALE, Thomas; HELD, David; YOUNG, Kevin. *Gridlock*: why global cooperation is failing when we need it most. Cambridge: Polity Press, 2013, p. 42.

Na visão desses autores, nas últimas décadas, a ordem do pós-guerra geriu essa questão surpreendentemente bem, sobrevivendo a mudanças estruturais, como o processo de descolonização e o fim da Guerra Fria, bem como a momentos de tensão como a crise do petróleo, de 1973. O argumento dos autores, no entanto, é de que o *gap* entre a governança e a existência da ordem multilateral e os *public goods* é perigosamente grande. Essa é a divergência entre as constelações de poder e os interesses entranhados nas realidades que as instituições devem dirimir. Isso não apenas prejudica o seu funcionamento, mas inclusive podem torná-las emperradas.[503]

Os autores destacam dois mecanismos comuns que geram essa inércia. Primeiro, a natureza formal e baseada em tratados de muitas das instituições do pós-guerra que as torna rígidas e difíceis de mudar. O Conselho de Segurança da ONU, por exemplo, uma vez formalmente investido, sujeita-se a normas e regras das quais não pode declinar, bem assim a certos arranjos institucionais que ao fim e ao cabo levam à manutenção e à defesa constante de seu *status quo*. E, da mesma forma, outras instituições, formalmente criadas para defender interesses "x" ou "y" seguem essa mesma dinâmica. Segundo, instituições são mais que apenas regras específicas do jogo para o mundo político. Elas também servem como pontos focais para a expectativa de atores, crenças e práticas, o que também pode levar à estagnação ao longo do tempo.[504] [505]

Também esses autores fornecem um exemplo bastante ilustrativo dessa realidade. Durante um tempo, o Tratado pela Não Proliferação de Armas Nucleares (assinado em 1968) deu especial posição a um grupo de poderes chamado "Estados de armas nucleares", efetivamente os cinco membros permanentes do Conselho de Segurança da ONU. Enquanto o tratado declara explicitamente que o desarmamento nuclear constitui um objetivo de longo prazo desses países, eles, por sua vez, permaneciam desenvolvendo ativamente habilidades armamentistas desse talante. Ou seja, na realidade isso só reforça e legitima as posições privilegiadas desses países, revelando, por fim, a inércia institucional sobre a questão.

---

503 HALE, Thomas; HELD, David; YOUNG, Kevin. *Gridlock*: why global cooperation is failing when we need it most. Cambridge: Polity Press, 2013, p. 42.

504 HALE, Thomas; HELD, David; YOUNG, Kevin. *Gridlock*: why global cooperation is failing when we need it most. Cambridge: Polity Press, 2013, p. 42-43.

505 HALE, Thomas; HELD, David; YOUNG, Kevin. *Gridlock*: why global cooperation is failing when we need it most. Cambridge: Polity Press, 2013, p. 43.

3.1.1.2.3 Problemas difíceis

Uma das principais diferenças entre a interdependência contemporânea e a interdependência do pós-guerra é o grau de complexificação dos atuais problemas transfronteiriços, consideravelmente mais difíceis de abordar e de solucionar, do ponto de vista da política.[506]

David Held, Thomas Hale e Kevin Young apontam que há duas maneiras pelas quais os problemas se tornaram mais difíceis, em razão da própria dinâmica da globalização. Em primeiro lugar, questões que antes se encerravam nas fronteiras nacionais tornaram-se sujeitas à lógica da interdependência. Além disso, velhos e novos problemas agora penetram mais profundamente nas sociedades, exigindo maiores ajustes de políticas para alcançar a cooperação, ou seja, mais mudanças do que o equilíbrio doméstico poderia suportar,[507] sugerindo o aumento de extensão e de intensidade dos problemas transnacionais.[508]

A extensão refere-se ao "*alongamento de atividades sociais, políticas e econômicas através das fronteiras, de modo que eventos, decisões e atividades em uma região do mundo possam vir a ter significância para indivíduos e comunidades em regiões distantes do globo*".[509] Essa condição, entretanto, agora caracteriza uma série desconcertante de questões políticas, exemplificadamente: a regulamentação de hipotecas na Flórida determina a segurança dos depósitos bancários na Islândia; as emissões de poluentes na China determinam a sobrevivência dos Estados insulares, como Tuvalu; oportunidades educacionais no Paquistão afetam a segurança física dos transeuntes de ônibus em Londres. Em outras palavras, quase todas as áreas políticas hoje se tornaram mais integradas e mais extensas.[510]

Essas mudanças podem ser vistas como aspectos da extensão e da intensidade da interdependência. No âmbito da globalização

---

[506] HALE, Thomas; HELD, David; YOUNG, Kevin. *Gridlock*: why global cooperation is failing when we need it most. Cambridge: Polity Press, 2013, p. 43.

[507] HALE, Thomas; HELD, David; YOUNG, Kevin. *Gridlock*: why global cooperation is failing when we need it most. Cambridge: Polity Press, 2013, p. 44.

[508] HELD, David *et al. Global transformations*: politics, economics and culture. Stanford: Stanford University Press, 1999, p. 3.

[509] HELD, David *et al. Global transformations*: politics, economics and culture. Stanford: Stanford University Press, 1999, p. 15.

[510] HALE, Thomas; HELD, David; YOUNG, Kevin. *Gridlock*: why global cooperation is failing when we need it most. Cambridge: Polity Press, 2013, p. 44. Assevera David Held que a intensidade, por sua vez, captura a ideia de que "*conexões através de fronteiras não são apenas ocasionais ou aleatórias, mas sim regularizadas de tal forma que há uma crescente magnitude de interconectividade, padrões de interação e fluxos*" através das fronteiras nacionais. HELD, David *et al. Global transformations*: politics, economics and culture. Stanford: Stanford University Press, 1999, p. 15.

econômica, basta considerar o aprofundamento da dinâmica do comércio mundial. Durante grande parte da era do pós-guerra, as negociações comerciais concentraram-se na redução dos níveis tarifários dos produtos fabricados entre os países industrializados. Essas negociações tiveram grandes implicações econômicas para os produtores e consumidores dos produtos em negociação. A redução de tarifas pode trazer mais empregos e lucros para os produtores competitivos e afastá-los dos não competitivos, ao mesmo tempo em que reduz o custo dos produtos para os consumidores. O impacto do acordo comercial, no entanto, limitou-se em grande parte a essas questões distributivas básicas. Mas quando as tarifas foram reduzidas, as empresas descobriram que muitos outros aspectos da regulamentação, tais como padrões ambientais e de segurança divergentes (ou a falta deles), tornavam difícil o comércio transfronteiriço.[511] [512]

Essas questões, em grande parte, foram inicialmente resolvidas através de mecanismos de harmonização legislativa entre Estados, em um momento em que a globalização e, portanto, a cooperação encontram-se em forte marcha.[513] Porém, agora muitas questões são muito mais dificultosas de negociar, porque as questões básicas de distribuição – quem ganha e quem perde – tornaram-se mais complexas e imbricadas a outras questões políticas, que por si só já se constituem em novas ou tantas outras demandas políticas mais difíceis.

3.1.1.2.4 Fragmentação

O quarto caminho apontado por David Held, Thomas Hale e Kevin Young para a desglobalização enfatiza as maneiras pelas quais os sistemas fragmentados e inadequados de cooperação multilateral existentes podem sufocar o fornecimento de soluções pela via da governança.

O número de organizações internacionais se multiplicou desde o final da Segunda Guerra Mundial. De acordo com o anuário de organizações internacionais, em 1951 (o primeiro ano após o conflito

511 HALE, Thomas; HELD, David; YOUNG, Kevin. *Gridlock*: why global cooperation is failing when we need it most. Cambridge: Polity Press, 2013, p. 44-45.

512 Nesse mesmo sentido, cf. RODIRK, Dani. *A globalização foi longe demais?* São Paulo: Unesp, 2011.

513 BARRAL, Welber; MUNHOZ, Carolina. Globalização e a prática do direito. *In:* GUERRA, Sidney. *Globalização*: desafios e implicações para o direito internacional. Ijuí: Unijuí, 2006, p. 298.

em que existem dados disponíveis), havia 123 organizações intergovernamentais e 832 organizações internacionais não governamentais. Em 2020, esse número aumentou para 73.000 organizações internacionais, entre as intergovernamentais e não governamentais, em 300 países e territórios, das quais 41.000 são ativas.[514]

Ao mesmo tempo, em muitas áreas da governança, sobretudo econômica e ambiental, uma proliferação de instituições transnacionais (não governamentais) se instalou, envolvendo diversos atores, estatais e privados. A densidade e a complexidade da governança global conduziram, no entanto, efeitos positivos e negativos.

A diversidade de instituições pode permitir uma competição regulatória produtiva e saudável. Ela pode permitir o alargamento e a inclusão de atores para participar da governança global, criando foros especializados que contabilizem preferências divergentes. Essa flexibilidade pode também fazer a governança global mais adaptada e incrementada para acelerar as soluções adotadas. Por outro lado, a fragmentação pode conduzir a incertezas regulatórias, trazendo custos de transação para os atores, como corporações multinacionais, que operam através das fronteiras. Além disso, ao permitir que grupos com preferências divergentes possam criar seus próprios arranjos, pode-se inviabilizar a convergência política a curto e a longo prazos.[515] Posto isso, os autores se dedicam a compreender de que forma a fragmentação pode inviabilizar a coordenação global. Esse caminho, porém, contempla as mais variadas razões.

Primeiramente, a fraca coordenação entre instituições, seja em razão de jurisdições concorrentes ou simplesmente devido a dificuldades de comunicação, significa que a governança coletiva pode ser logisticamente difícil. A principal vantagem das instituições internacionais é que elas permitem que uma diplomacia seja conduzida de maneira eficiente no contexto do foro multilateral. As instituições também atuam como pontos focais para chamar a atenção dos atores para um determinado conjunto de questões e torná-las objeto de deliberação. Esse efeito é

---

[514] UNION OF INTERNATIONAL ASSOCIATIONS – UIA. The Yearbook of International Organizations. Disponível em: https://uia.org/yearbook. Acesso em: 25 jan. 2021. Thomas Hale, David Held e Kevin Young apontam que, em 2011, esses números eram 7.608 organizações intergovernamentais e 56.834 organizações internacionais não governamentais. HALE, Thomas; HELD, David; YOUNG, Kevin. *Gridlock*: why global cooperation is failing when we need it most. Cambridge: Polity Press, 2013, p. 45.

[515] HALE, Thomas; HELD, David; YOUNG, Kevin. *Gridlock*: why global cooperation is failing when we need it most. Cambridge: Polity Press, 2013, p. 45-46.

reduzido, todavia, se houver muitos fóruns em que os atores interajam e se engajem simultaneamente.[516]

É importante ressaltar que a proliferação de órgãos institucionais também pode difundir a vontade política necessária para pressionar os países a alcançar um acordo de cooperação. Embora a conscientização dos problemas de governança global esteja aumentando, mesmo a maioria do público instruído está bastante inconsciente dos detalhes de como as políticas globais são realmente realizadas. Instituições marginais e fracas podem, portanto, oferecer oportunidades para que os líderes nacionais e as burocracias das instituições internacionais apontem para determinadas agendas, aliviando, assim, a pressão sobre eles e, portanto, sob demanda para gerar planos mais ambiciosos de reforma.[517]

Segundo, a diversidade de instituições significa que a resolução de um problema pode ser fracionada, pensada e trabalhada em tarefas distintas. Quando essa divisão do trabalho é eficiente, a complexidade institucional pode ser vantajosa. Com efeito, pode também levar à redundância, à contemplação autoindulgente ou excessiva do problema em questão, em detrimento de uma visão mais ampla. Quando existe uma rede de instituições ligeiramente diferentes, a resposta reflexa a um dado problema de política é que cada instituição forneça uma contribuição para o problema político em questão, com base em sua própria especialização. As consequências são que muitos problemas pequenos e específicos podem até crescer, dando a falsa impressão de que o problema está sendo resolvido.[518] Não que uma divisão institucional avançada do trabalho seja necessariamente ruim. Todavia, alguns problemas são de uma escala e de uma magnitude tão significativas, que intervenções maiores são necessárias. Um conjunto de instituições diferentes que respondem a um problema político pode, em alguns casos, até conseguir mudar o *status quo*, mas dificilmente conseguirá estabelecer um novo equilíbrio político.[519]

---

516 HALE, Thomas; HELD, David; YOUNG, Kevin. *Gridlock*: why global cooperation is failing when we need it most. Cambridge: Polity Press, 2013, p. 46-47.

517 HALE, Thomas; HELD, David; YOUNG, Kevin. *Gridlock*: why global cooperation is failing when we need it most. Cambridge: Polity Press, 2013, p. 47.

518 HALE, Thomas; HELD, David; YOUNG, Kevin. *Gridlock*: why global cooperation is failing when we need it most. Cambridge: Polity Press, 2013, p. 47.

519 HALE, Thomas; HELD, David; YOUNG, Kevin. *Gridlock*: why global cooperation is failing when we need it most. Cambridge: Polity Press, 2013, p. 47. Explicitam os autores que a governança global dos mercados financeiros representa um bom exemplo. Não existe uma única instituição que estabeleça padrões globais para a regulamentação de

Por fim, instituições políticas fragmentadas também podem ajudar os atores a escapar de restrições institucionais, permitindo que escolham as mais favoráveis a elas. Este *forum-shopping* pode ser escolhido entre as regras de várias organizações – incluindo a OMC, Organização Mundial da Saúde (OMS), Organização para a Alimentação e Agricultura (FAO), União para a Proteção de Novas Variedades de Plantas e Organização Mundial da Propriedade Intelectual – para moldar como eles distribuem benefícios entre produtores e usuários.[520]

Ocorre, no entanto, que os interesses e as preferências dos Estados são muito divergentes para compartilhar a mesma instituição, o que aponta para um cenário desfavorável para a cooperação. Além disso, ao criar e reforçar uma lista cada vez maior de instituições, os Estados podem minar a utilidade de todas elas, enfraquecendo-as e, por fim, aumentando os custos de transação e reduzindo a centralidade de qualquer instituição na política global.[521] Isso impõe mais um entrave à cooperação e à governança, abrindo caminho para a desglobalização. Por essa razão, passa-se a analisar a sua incidência no tempo e no espaço.

3.1.2 Incidência espaço-temporal

Como mencionado, a literatura de vertente econômica da desglobalização contemporânea aponta, como marco temporal do processo, a crise econômico-financeira de 2008 até os presentes dias e suas repercussões em cascata como incidência global. Esse raciocínio é alinhado às teorias da globalização em suas variadas vertentes, globalistas, internacionalistas e transformacionalistas. Todas elas, em maior ou menor medida, impactam a soberania estatal.

Contudo, dados os novos esforços conceituais em favor da soberania, transformada e interfaciada pela governança, a perspectiva

---

riscos, monitoramento e comunicação de problemas comuns, mas sim uma rede complexa de instituições, tanto formais quanto informais, que governam os mercados financeiros de maneira solta e muitas vezes *ad hoc*. Esse arranjo reflete a maneira informal pela qual as instituições transnacionais surgiram para enfrentar problemas específicos, como se apresentam desde a década de 1970. Essa "emaranhada teia" não apenas duplica recursos, mas, mais importante, difunde a responsabilidade quando os resultados são ruins, como na crise financeira global de 2008. O problema só se multiplica quando se considera que a financeira é apenas uma das economias globais, o que significa que não há supervisão institucionalizada, por exemplo, das ligações entre finanças e comércio.

520 HALE, Thomas; HELD, David; YOUNG, Kevin. *Gridlock*: why global cooperation is failing when we need it most. Cambridge: Polity Press, 2013, p. 48.

521 HALE, Thomas; HELD, David; YOUNG, Kevin. *Gridlock*: why global cooperation is failing when we need it most. Cambridge: Polity Press, 2013, p. 48.

da política, acoplada às dificuldades de cooperação internacional, revelam que os problemas conjunturais que levam à desglobalização, emergentes da própria globalização e da arquitetura institucional por ela requerida, são muito mais profundos do que as análises eminentemente econômicas indicam, sem elidir, por certo, as teorias globalistas, inter-nacionalistas e transformacionalistas da globalização e seus reflexos no Estado.

Para além dos caminhos da desglobalização traçados por David Held, Thomas Hale e Kevin Young – crescimento da multipolaridade, inércia institucional, problemas difíceis e fragmentação –, questões essas que já se avolumavam ao longo do tempo e no âmbito da ordem global do pós-guerra, há ainda um importante componente do impasse político atual, a ser considerado como fator que agregado a esse estado de coisas, impulsionou o processo desglobalizatório até os presentes dias: a degradação do contexto político pós-11 de setembro.

Assevera David Held que os atentados terroristas de 11 de setembro de 2001 constituem crimes praticados não apenas contra os Estados Unidos (EUA), mas contra a humanidade. A questão que se põe se refere à resposta dos EUA em face deles, importando em novos crimes, atentados contra cidadãos ao redor do mundo, a democracia, a justiça e o Estado de Direito. Mas não apenas isso: a guerra no Iraque (e posteriormente no Afeganistão, Líbia e Síria), enfraqueceu o Direito Internacional e, na sequência, as instituições internacionais e, por fim, a estabilidade política inicialmente no Oriente Médio e, depois, mundo afora.[522]

Além de alimentar ainda mais o terrorismo, criar zonas de guerra, promover migrações em massa e diversas violações aos direitos humanos, o pós-11 de setembro significou a quebra e a falência da política global em muitos aspectos. Muitas dessas questões não representam novidades, mas, ao contrário, já foram experienciadas pela humanidade em outros períodos da História, sobretudo no entreguerras; porém, esses eventos trouxeram dificuldades adicionais a um contexto que já se encontrava deveras complexificado, dada a intensificação da globalização.

A partir de então, as guerras equivocadas que se seguiram desestabilizaram a política, bem assim a governança e a cooperação internacional, ao ponto em que a política negociada, pactuada e livre,

522 HELD, David. *Global politics after 9/11*: failed wars, political fragmentation and the rise of authoritarism. London: Global Policy, 2016, p. 6.

proveniente da ordem global institucionalizada no pós-guerra, deixou de ser um valor de autorreferência para os Estados. Isso não quer dizer que as rotas da desglobalização e do impasse político já não estivessem em construção – tanto é que a "guerra ao terror" pode ser considerada como resultado de falhas políticas.[523] O fato é que as guerras que se seguiram atuaram como potentes impulsionadores para a degradação da política global.

É certo que o processo contemporâneo de globalização passou por turbulências, sobretudo durante a Guerra Fria, em que EUA e União Soviética (URSS) lutaram durante 50 anos para dominar a influência política ao redor do mundo. A despeito disso, o pós-guerra e a era da "globalização governada" mantiveram a paz e a prosperidade ao redor do mundo. As instituições internacionais ajudaram a gerar uma ordem mundial aberta e relativamente estável, permitindo o crescimento econômico e o desenvolvimento de muitos Estados e, assim, estabeleceu um sistema global mais plural e multicêntrico.[524] Essas instituições criaram condições para o surgimento da multipolaridade, principalmente depois da dissolução da URSS, em 1991. Isso, contudo, com o passar do tempo e com o aumento da interdependência, alterou a habilidade de engajamento por uma cooperação global mais ampla, levando ao "*gridlock*".[525]

Na esteira das dificuldades de ordem política, as respostas ao 11 de setembro consistiram em decorrências desse impasse. As chamadas "guerras falhas" descortinaram um cenário composto por uma gama de problemas enfronhados em questões políticas. Assim, muito antes de demandas econômicas, a ordem de problemas da desglobalização é, sobretudo, política. Por essa razão, elege-se como marco temporal de análises para a desglobalização o período compreendido entre 2001 – ano dos atentados terroristas de 11 de setembro e a respectiva resposta, com as guerras falhas – até os presentes dias.

Nessa senda, a soberania, que durante a globalização contemporânea tinha como característica o entrelaçamento com a governança, procurando manter o equilíbrio entre política e direito e calibrando as forças nacionais e internacionais, passa a tomar outra conotação,

---

523 HELD, David. *Global politics after 9/11*: failed wars, political fragmentation and the rise of authoritarism. London: Global Policy, 2016, p. 6.

524 HELD, David. *Broken politics*: from 9/11 to the present. London: Global Policy, 2017, p. 1-10.

525 HELD, David. *Global politics after 9/11*: failed wars, political fragmentation and the rise of authoritarism. London: Global Policy, 2016, p. 11-12.

projetando-se como centro de poder exclusivista a ser (re)tomado pelo Estado. Essa perspectiva, com efeito, tem os Estados centrais como epicentro, espraiando-se mundo afora com e a partir deles, desde 2001, atingindo, por certo, dimensões globais.

Essa localização espaço-temporal, no entanto, não é excludente, de vez que é ainda possível contemplar simultaneamente a coexistência entre a globalização e a desglobalização, suas características, seus efeitos e repercussões em muitos aspectos na atualidade. Cuida-se de pensar em tendências e questões situacionais permeadas por ambas as realidades, imbricadas.

Para além disso, é importante analisar as dificuldades de cooperação e falhas nos mecanismos de governança global à luz das relações internacionais, mais precisamente da crise do multilateralismo, que por sua vez, para além dos caminhos e rotas da desglobalização, tem em vista alguns argumentos relevantes, calcados na democratização das relações de governança, ou melhor, na falta dela no contexto atual. Assim, passa-se a estudar essa dinâmica para que se possa compreender a soberania permeada por ambos os fenômenos, da globalização e da desglobalização. Este último, ainda incrementado por mais um elemento característico da realidade desglobalizada, a de crise do multilateralismo.

3.1.3 Crise do multilateralismo

Grande parte dos internacionalistas aponta para a crise do multilateralismo como causa para o impasse político contemporâneo. Embora o conceito de "multilateralismo" não seja consensual, essa literatura entende que multilateralismo e multipolaridade congregam ideias distintas e que não se confundem. Isso porque a multipolaridade, ou seja, a existência de inúmeros polos de poder no âmbito das relações internacionais não garante que mecanismos de inclusão e de participação estejam sendo colocados em prática.

Robert Keohane define multilateralismo como a prática de coordenar políticas nacionais em grupos de três ou mais Estados, através de acordos *ad hoc* ou por meio de instituições. Seria a ação entre Estados (incluindo ou não instituições) conectada a um conjunto de regras, formais ou informais, que prescrevem comportamentos, constrangem ações e influenciam expectativas.[526]

---

[526] KEOHANE, Robert. Multilateralism: an agenda for research. *International Journal*, Montreal, v. 45, n. 4, p.731- 764, 1990, p. 731-733.

John Gerard Ruggie assevera que o multilateralismo se refere à resolução de problemas de coordenação das relações entre três ou mais Estados, de acordo com certos princípios, a partir da lógica central de oposição ao bilateralismo.[527]

Dessa forma, como princípio organizativo, o multilateralismo encamparia propriedades de conduta generalizada, indivisibilidade e reciprocidade difusa. A primeira diz respeito àqueles que especificam o comportamento adequado para uma série de ações, sem se preocupar com os interesses particulares das partes ou de exigências estratégicas que possam existir em algum caso particular. A segunda está ligada à noção de uma coletividade, já que a indivisibilidade seria uma construção social específica na qual o multilateralismo teria as suas bases. Por fim, a da reciprocidade difusa refere-se ao fato de as partes integrantes entenderem que os acordos firmados no contexto multilateral podem proporcionar benefícios equivalentes no agregado e ao longo do tempo. A partir da ideia de reciprocidade difusa, entende-se que o multilateralismo seria capaz de resolver problemas de coordenação entre os Estados.[528]

Com efeito, na atualidade, o multilateralismo contempla ainda elementos de interação, institucionalização de espaços deliberativos, redução dos custos de transação, transparência, pluralidade de opiniões e de identidades e a legitimidade para sedimentar normas e valores essenciais para a sociedade internacional. A busca pela participação e pela reciprocidade teria como finalidade o processo de democratização entre os Estados.[529]

Alberto do Amaral Júnior acrescenta que o multilateralismo congrega ainda a ideia de pluralidade na resolução de demandas entre Estados pela aceitação de muitas das pretensões de países secundários no cenário internacional pelos países centrais e vice-versa. Dessa perspectiva, deve-se ao multilateralismo a criação de grande parte das instituições internacionais do pós-guerra.[530]

---

[527] RUGGIE, John Gerard. Multilateralism: the anatomy of an institution. *International Organization*, Cambridge, v. 46, n. 3, p. 561-598, Summer, 1992, p. 565-571.

[528] RUGGIE, John Gerard. Multilateralism: the anatomy of an institution. *International Organization*, Cambridge, v. 46, n. 3, p. 561-598. Summer, 1992, p. 565-571; CAPORASO, James. International relations theory and multilateralism: the search for foundations. *In:* RUGGIE, John Gerard. *Multilateralism matters:* the theory and praxis of an institutional form. New York: Columbia University Press, 1993, p. 51-90, p. 53.

[529] LIMA, Maria Regina Soares; ALBUQUERQUE, Marianna. *Policy Note*: reordenamento global, crise do multilateralismo e implicações para o Brasil. Brasília-Berlim: CEBRI-Konrad Adenauer Stiftung, 2020, p. 7.

[530] AMARAL JÚNIOR, Alberto. Multilateralismo internacional enfrenta crise de paralisia das suas instituições. *Rádio USP*, São Paulo, 29 set. 2020.

Ocorre que, mesmo esse instrumento voltado para a cooperação internacional entre Estados encontra-se em crise. Essa, por sua vez, apesar de influenciada por inúmeros aspectos da contextura internacional, também em crise, pode ser compreendida como a incapacidade das instituições e dos mecanismos multilaterais de oferecerem soluções para uma série de problemas, como os provenientes da própria estrutura global de governança, e envolve aspectos relacionados à paz e segurança, pandemias, direitos humanos, desenvolvimento sustentável etc. Por essas razões, a adoção de uma agenda política convergente se faz mais do que necessária. Entretanto, em fidelidade aos objetivos geral e específicos deste trabalho, as análises seguem conduzidas pelo sistema da política tendo seus aspectos econômicos como fio condutor para, por fim, compreender seus impactos no sistema do direito e na soberania.

3.1.3.1 Dificuldades na agenda multilateral

O multilateralismo, enquanto mecanismo que tem a cooperação internacional como principal função, é marcado por duas grandes tendências, a globalizada e a desglobalizada, que podem ser vistas como grandes "fases".

Em um primeiro momento, logo após a Segunda Guerra Mundial, com a criação da ONU, inaugurou-se um importante marco multilateral, humanista, voltado para a paz, a segurança e o desenvolvimento. Também remontam a essa fase os acordos criadores do GATT, em 1947, e a criação da Organização Europeia para a Cooperação Econômica (OECE),[531] em 1948, para gerir os recursos do Plano Marshall para a reconstrução da Europa, construindo-se um esforço coletivo para a cooperação em prol da liberalização da economia, bem assim para a construção da arquitetura institucional liberal do pós-guerra. Essa tendência permaneceu em marcha até a década de 1990.

Alinhada a essa tendência, com a Rodada do Uruguai, que teve início em 1986 e se estendeu até 1994, foram firmados os acordos mais relevantes da história recente em matéria de liberalização comercial:[532] o conjunto de textos de instrumentos legais negociados

---

531 A OECE precedeu a OCDE. É interessante assinalar que a própria criação da OCDE, na década de 1960, a fim de proporcionar a continuidade do fomento à cooperação internacional que já vinha sendo alinhavada pela OECE, corrobora a fase áurea da cooperação e da colaboração interestatais, instrumentalizadas pelo multilateralismo.

532 LAMPREIA, Luiz Felipe Palmeira. Resultados da Rodada do Uruguai: uma tentativa de síntese. *Estudos Avançados*, São Paulo, v. 9, n. 23, p. 246-260, 1995, p. 246.

foram apresentados, e foi criada a OMC reunindo, outrossim, todas as tratativas pactuadas durante a existência do GATT.[533] Os bem-sucedidos esforços em prol do comércio demonstram ter sido essa a fase áurea do multilateralismo, oportunidade em que a globalização também se encontrava em ascensão.

Foram firmados acordos multilaterais referentes ao comércio de bens, cobrindo os seguintes temas: agricultura; aplicação de medidas sanitárias e fitossanitárias; têxteis e confecções; barreiras técnicas ao comércio; implementação dos artigos VI e VII do GATT; inspeção pré-embarque; regras de origem; procedimentos relativos à licença de importação; subsídios e medidas compensatórias; salvaguarda. No que diz respeito a serviços, o acordo compreendeu três elementos: Acordo Geral sobre o Comércio de Serviços (Gats), acordo-quadro, cujas obrigações básicas se aplicam a todos os países membros; anexos referentes a situações especiais em setores específicos (movimento de mão de obra, serviços financeiros, telecomunicações, transportes aéreos); e listas nacionais de compromissos de liberalização, que seriam ampliados pela via da negociação. O Acordo sobre Aspectos dos Direitos de Propriedade Intelectual Relacionados ao Comércio (Trips) estabeleceu o tripé normativo da OMC, seus princípios básicos e dos acordos internacionais sobre propriedade intelectual, estipulando direitos e determinando medidas consideradas eficazes para fazê-los cumprir e ainda prevendo mecanismos para a solução multilateral de controvérsias – Conjunto de Regras e Procedimentos Relativos à Solução de Controvérsias (*Understanding on Rules and Procedures Governing the Settlement of Disputes* – DSU), uma das pedras fundamentais da ordem comercial multilateral.[534]

Já na Rodada de Doha para o Desenvolvimento, promovida pela OMC de 2001 a 2010, o multilateralismo não obteve o mesmo sucesso diante das dificuldades de cooperação interestatal. Nesse ponto, a globalização já se encontrava em refluxo, e a estrutura de governança global não foi capaz de articular acordos e iniciativas verdadeiramente multilaterais. Inicia-se a "segunda fase" do multilateralismo e a ideia de crise, sob a égide da desglobalização.

Além de divergências entre países centrais e periféricos em relação à agricultura, indústria e serviços, um dos atores centrais do comércio global, os Estados Unidos, já atravessava àquela oportunidade

---

533 LAMPREIA, Luiz Felipe Palmeira. Resultados da Rodada do Uruguai: uma tentativa de síntese. *Estudos Avançados*, São Paulo, v. 9, n. 23, p. 246-260, 1995, p. 247-248.

534 LAMPREIA, Luiz Felipe Palmeira. Resultados da Rodada do Uruguai: uma tentativa de síntese. *Estudos Avançados*, São Paulo, v. 9, n. 23, p. 246-260, 1995, p. 247-248.

disputas políticas internas, fortemente relacionadas às questões ambientais e de proteção ao trabalho. Os maiores obstáculos da Rodada relacionaram-se diretamente à intensificação da globalização, à maior competitividade no mercado global e os impactos decorrentes no âmbito interno dos Estados – os EUA não estavam e ainda não estão imunes a esses reflexos. Assim, pontos relacionados à introdução de cláusulas ambientais e trabalhistas nos acordos da OMC foram justificados por argumentos protecionistas, dificultando, destarte, as negociações multilaterais da Rodada.[535]

Além disso, outras explicações para o fracasso da Rodada residem nas transformações da economia e na própria dinâmica do comércio internacional,[536] profundamente alteradas pela globalização. Haveria, portanto, uma desconexão entre a proposta da OMC para essa Rodada

---

535 CARVALHO, Maria Isabel Valladão. Politização da política externa e as negociações da Rodada de Doha. UnB, 2008. Disponível em: https://d1wqtxts1xzle7.cloudfront.net/5422841/1.pdf?response-content-disposition=inline%3B+filename%3DPolitizacao_da_Politica_Externa_e_as_Neg.pdf&Expires=1607777903&Signature=caQUO3es0ZVLepMUogwVi48-gmeIrXDfwfKDdYIt2SYoIcCouO2as02Lkkm~6Y4Wx27SBVR-1EJVRGIqOBIalUuQ3DnboCAC6YBRg6VJ1SEzi7dkwcxtoGhBvQ-O6MgoPthZKG3XQc~i17jk1piNaY1tMoEMh-1hsgmqDQndT7thaY4Rbria~V0iTq~yJ6tHn156W0j16EgvrAinbeuOb~~Df8~LehhhzsXPKrZR-6XQsp5SUvuCNzaO4OGYaE53BiuR-Dq~3QPYW55wPJKMG-tVfi6CzACVkE41eTV-2CMTlZaUs2rJh9j-S0V6LO5SehfX7QHlVrVz93am5VA6KQ__&Key-Pair-Id=APKAJLOHF5GGSLRBV4ZA. Acesso em: 12 dez. 2020. No mesmo estudo, a autora aponta que também a França se mostrou contrária a várias iniciativas em prol da cooperação em agricultura, impondo-se, inclusive, em face da própria União Europeia durante as negociações da Rodada, primando por práticas e políticas protecionistas e nacionalistas, o que só reforça a ideia de desglobalização e de crise do multilateralismo. De se ressaltar, ainda, que ambos os países, Estados Unidos e França, países centrais no que se refere à política global, já defendiam políticas desglobalizadas (protecionistas e nacionalistas) mesmo durante a vigência de governos alinhados à globalização e ao multilateralismo na época, como o de Barack Obama, nos Estados Unidos, e de Jacques Chirac, na França. Isso demonstra uma tendência pela retomada da soberania estatal não apenas em contextos desglobalizados, mas inclusive em cenários políticos pró-globalização.

536 Essas transformações podem ser assim sintetizadas: "Em 1947, ano em que o GATT foi assinado, a fração de mercadorias exportada representava apenas 7% do total da produção mundial. Em 2001, quando a Rodada de Doha foi lançada pela OMC, mais de um quarto da produção mundial era transacionada internacionalmente. Entre 1947 e 2001, o volume de comércio tornou-se aproximadamente 22 vezes maior, englobando serviços além de *commodities* e produtos manufaturados. Paralelamente ao grande aumento nos fluxos comerciais nas últimas décadas, observou-se a gradual fragmentação e dispersão da produção industrial, gerando novas dinâmicas de trocas internacionais intra e entre empresas. Durante os dez anos de negociação da Rodada Doha (2001–2011), essas mudanças na estrutura do comércio internacional tornaram-se ainda mais evidentes, impulsionadas pela consolidação de países emergentes como proeminentes atores no cenário de comércio global, com destaque para a China". CESAR, Susan Elisabeth Martins; SATO, Eiiti. A Rodada de Doha, as mudanças no regime do comércio internacional e a política comercial brasileira. *Revista Brasileira de Política Internacional*, Brasília, v. 55, p. 174-193, p. 174.

e a realidade comercial global. Isso porque a atividade econômica também se complexificou com a globalização, e a crescente fragmentação e dispersão geográfica, altamente globalizadas, promoveram um maior engajamento na economia global, quer seja de compradores, provedores, vendedores, distribuidores, consultores ou prestadores de serviço.[537]

Uma das principais mudanças promovidas pela globalização reside no fato de que o papel do Estado se transformou radicalmente e passou a sofrer a concorrência de outros atores, notadamente as corporações industriais, comerciais e financeiras. Se antes havia o poder do Estado em moldar os sistemas globais de produção, por meio de tarifas e regras de conteúdo local aplicadas sobre o comércio de produtos, na atualidade essa premissa não é mais verdadeira: o principal ator do sistema de produção globalizado tornou-se a empresa, a corporação, a multinacional, e não o Estado, já que em contextos de liberalização comercial, a capacidade do Estado em aplicar tarifas e regras de conteúdo local foi muito reduzida.[538] Assim, a própria ideia estatocêntrica de multilateralismo ficou em segundo plano, necessitando, outrossim, de revisão.

Paralelamente, a emergência de novos *players* na arena global, como os BRICS, por exemplo, além de tornar mais altos os custos de negociação, impôs ainda uma questão de segunda ordem: a de que esses Estados passaram a defender seus próprios interesses e a construir as suas próprias agendas políticas, em detrimento de uma agenda verdadeiramente multilateral, porque:

> Ao tratar o multilateralismo como um meio em vez de uma meta, abrimos a possibilidade de que dispositivos de organização alternativos sejam iguais ou superiores à instituição do multilateralismo em sua utilidade para alcançar fins de nível superior, como a liberalização. A escolha das ferramentas depende, pelo menos em parte, da configuração do poder e dos interesses do Estado em áreas temáticas particulares. Assim, presumimos que os Estados têm interesses próprios e recorrem ao multilateralismo apenas se isso servir aos seus propósitos, quaisquer que sejam.[539]

---

537 CESAR, Susan Elisabeth Martins; SATO, Eiiti. A Rodada de Doha, as mudanças no regime do comércio internacional e a política comercial brasileira. *Revista Brasileira de Política Internacional*, Brasília, v. 55, p. 174-193, p. 176

538 CESAR, Susan Elisabeth Martins; SATO, Eiiti. A Rodada de Doha, as mudanças no regime do comércio internacional e a política comercial brasileira. *Revista Brasileira de Política Internacional*, Brasília, v. 55, p. 174-193, p. 176.

539 MARTIN, Lisa. Interests, power and multilateralism. *International Organization*, Cambridge, v. 46, n. 4, p. 765-792, 1992, p. 767.

A defesa dos Estados pelos seus próprios interesses em detrimento do multilateralismo reforça os caminhos da desglobalização traçados por David Held, Thomas Hale e Kevin Young.[540] Além disso, há ainda ameaças à ordem multilateral provenientes da esfera interna dos Estados.[541] Isso porque no âmbito doméstico há uma combinação entre o enfraquecimento do consenso político nacional e o descrédito das instituições, provocada em grande parte pela desglobalização, bem como o crescente nacionalismo. Então, a soma do populismo, dos regimes autoritários e do enfraquecimento da crença em uma ordem internacional baseada em abordagens e soluções multilaterais estaria ameaçando reverter não apenas o multilateralismo, inclusive a própria democracia do mundo como um todo.[542]

A incapacidade de alcançar soluções coletivas globais diante de situações críticas já se notabilizava em meio ao cenário desglobalizado da ordem internacional. A implementação da ordem liberal do pós-guerra, potencializada nos anos 1990 com o "Consenso de Washington" e a sequente liberalização do mercado, alinhada à globalização, provocou um aumento geométrico de desigualdades entre os países no âmbito internacional e no plano interno, entre classes de trabalhadores e indivíduos.

Essa problematização foi associada a uma sucessão de crises econômicas, inicialmente localizadas (tais como as já mencionadas na Ásia, Rússia e Brasil) e que culminaram com a crise de 2008, que por sua vez se aspergiu mundo afora a partir dos Estados Unidos, enquanto economia hegemônica – através das veias abertas da desregulamentação dos mercados globalizados.

Esse contexto trouxe sérias consequências nos níveis nacional – como aumento e crescimento de políticas conservadoras e de ultradireita, bem como o retorno de protecionismos e processos de renacionalização – e global, como o aumento de conflitos, incremento da pobreza extrema e crise migratória, por exemplo.

Em que pese a ideia de multilateralismo atrelada à cooperação internacional, bem como à de democratização das relações entre Estados

---

540 HALE, Thomas; HELD, David; YOUNG, Kevin. *Gridlock*: why global cooperation is failing when we need it most. Cambridge: Polity Press, 2013.

541 LINN, Johannes. Recent threats to multilateralism. *Global Journal of Emerging Market Economies*, Washington, v. 9, n.1-3, p. 86-113, 2018, p. 87-88.

542 THOMAZ, Laís Forti; PIO, Gabriela Melo da Silva. O multilateralismo na cooperação internacional para o desenvolvimento: os casos da OCDE e do IBAS. *Mundo e Desenvolvimento*, São Paulo, v. 2, n. 3, p. 136-156, 2019, p. 139.

travadas no âmbito global, como visto, a crise do multilateralismo pode ser analisada sob diversas perspectivas. Há, entretanto, uma abordagem relevante para os objetivos, geral e específicos, a que este trabalho se debruça, a que remete às tensões comerciais entre China e Estados Unidos, a impactar, por certo, o sistema da política e sequencialmente o do direito, em especial a soberania.

3.1.3.2 Tensões entre China e Estados Unidos: nova bipolaridade?

Muitos estudiosos, sob as mais diversas matrizes teóricas, asseveram que uma transformação na geopolítica global estaria em curso: um potente deslocamento de poder no âmbito global em face da hegemonia norte-americana, sugerindo uma nova ordem bipolar entre China e Estados Unidos.[543] [544] Esses estudos, de vertente internacionalista, apontam como epicentro dessa "nova bipolaridade" e a crise do multilateralismo que se seguiu, as mudanças das agendas políticas comercias de ambos os países a partir do início dos anos 2000. É o que se passa a analisar.

Durante a década de 1980, o Japão despontava como potência econômica a competir com os EUA pelos mercados globais.[545] Essa assertiva, porém, não se confirmou ao longo do tempo.[546] Paralelamente, mas ainda no âmbito asiático, o governo chinês mudou a sua estratégia comercial, até então alinhada à economia estatizada, para uma economia

---

543 MENDONÇA, Filipe; ROCHA, Mateus de Paula Narciso. A tensão sino-estadunidense e a crise do multilateralismo comercial. *Mundo e Desenvolvimento*, São Paulo, v. 2, n. 3, p. 89-112, 2019, p. 91.

544 Uma segunda linha de pensamento é a de que a ordem legal e liberal forjada no pós-guerra seria suficientemente flexível para acomodar poderes emergentes como a China, na premissa de que essa acabaria por aceitar e incorporar as normas legais e liberais que sustentam o arcabouço normativo da ordem global. Cf. IKENBERRY, John G. Liberal internationalism 3.0: America and the dilemmas of liberal world order. *Perspectives on Politics*, Cambridge, v. 7, n. 1, p. 71-87, mar. 2009.

545 Isso se deve à internacionalização de produtos e empresas japonesas, tais como Sony, Casio, Toyota e sistemas de administração como o "*just-in-time*" e "*kaban*", em que as empresas produzem somente a quantidade necessária, no momento necessário, de modo a atender à demanda dos centros consumidores. UEHARA, Alexandre Ratsuo. *A política externa do Japão no final do século XX*: o que faltou? São Paulo: Annablume-Fundação Japão, 2003, p. 12.

546 Cf. UEHARA, Alexandre Ratsuo. *A política externa do Japão no final do século XX*: o que faltou? São Paulo: Annablume-Fundação Japão, 2003. Segundo o autor, isso se deve a fatores exógenos, como a Guerra do Golfo e a crise asiática, durante os anos 1990 e endógenos, tais como as falhas da própria política externa japonesa, adotada nesse mesmo período.

de mercado[547] – que ainda recebe, porém, muitas interferências governamentais. Apesar disso, essa transformação na política mercadológica chinesa proporcionou a internacionalização de seus produtos e da sua economia, impulsionando a sua rápida ascensão.

Esse fato, bem como a projeção chinesa ao mercado global, acabaram levando a tensões para com os Estados Unidos, que a partir do pós-guerra já havia se firmado como potência hegemônica a preencher os espaços de poder até então ocupados pelo Império Britânico.[548] A nova ordem mundial liberal estabelecida também fomentou a construção de uma ideia de multilateralismo concatenada (e alinhada) às pretensões desse principal *player* político internacional. E o multilateralismo que se seguiu foi fruto desse protagonismo que, em sua essência, traduziu-se de forma institucional, alcançando amplitude e profundidade tais que passaram a moldar e a formatar as relações entre Estados, como resultado da hegemonia norte-americana.[549]

Assim, o multilateralismo pode ser compreendido como produto da hegemonia dos Estados Unidos, como um tipo de gestão mundial tipicamente estadunidense que teve como principal desdobramento a incorporação de valores desse país já na sua origem,[550] pois que:

> Em suma, o contexto de criação do GATT é um somatório dos seguintes fatores: a) a necessidade de escoar o excesso de produção dos Estados Unidos; b) a centralidade deste país, tanto na manutenção de alianças quanto na construção de regimes; c) a hegemonia do dólar, aceita internacionalmente como principal reserva de valor; d) a existência de mecanismos domésticos capazes de pressionar os países que não aderissem às regras do jogo e; e) a aceitação dos princípios estadunidenses mais gerais de comércio como a cláusula da nação mais favorecida, a eficiência do livre comércio e a reciprocidade.[551]

---

547 CARVALHO, Aline de Souza Pereira. *O reconhecimento da China como economia de mercado em 2016: análise hermenêutica do artigo 15(a) e 15(b) do Protocolo de Adesão da República Popular da China à Organização Mundial do Comércio*. 2017. Dissertação (Mestrado em Direito Internacional) – Faculdade de Direito, Universidade de São Paulo, São Paulo, 2017.

548 HALE, Thomas; HELD, David; YOUNG, Kevin. *Gridlock*: why global cooperation is failing when we need it most. Cambridge: Polity Press, 2013.

549 TUSSIE, Diana. Multilateralism revisited in a globalizing world economy. *Mershon International Studies Review*, Oxford, n. 1, v. 42, p. 183-193, May 1998, p. 190.

550 MENDONÇA, Filipe; ROCHA, Mateus de Paula Narciso. A tensão sino-estadunidense e a crise do multilateralismo comercial. *Mundo e Desenvolvimento*, São Paulo, v. 2, n. 3, p. 89-112, 2019, p. 94.

551 MENDONÇA, Filipe; ROCHA, Mateus de Paula Narciso. A tensão sino-estadunidense e a crise do multilateralismo comercial. *Mundo e Desenvolvimento*, São Paulo, v. 2, n. 3, p. 89-112, 2019, p. 94

Essa relação entre multilateralismo e protagonismo norte-americano depende, e muito, da estabilidade proporcionada pela ordem liberal forjada no pós-guerra.[552] Na medida em que a hegemonia dos Estados Unidos passa a ser questionada e surgem instabilidades,[553] a exemplo da ascensão econômica da China, também o multilateralismo passa a ser instável, levando a um contexto de crise. Esse mecanismo, porém, foi em parte acionado pela mudança na política chinesa, mas não se operacionalizou de forma isolada: contou também com uma revisão da estratégia político-comercial estadunidense.

Durante o governo de George W. Bush (2001-2009), a China e a sua ascensão geopolítica foram vistas de forma mais crítica pelos Estados Unidos, muito embora seu crescimento econômico não tenha sido considerado uma ameaça, já que a sua entrada na OMC contou, em grande parte, com o apoio norte-americano.[554] Essa política, no entanto, sinalizou que a China não poderia ser vista como parceira comercial, mas, antes, como uma competidora potencial.[555]

Durante o governo de Barack Obama (2009-2017), a China continuou a ser vista abertamente como uma concorrente comercial e, muitas vezes, como competidora econômica desleal, dando azo a uma série de políticas revisionistas.[556] Mas essa transformação política atingiu seu auge e se radicalizou com o governo de Donald Trump[557] (2017-2021).

---

552 David Held, Thomas Hale e Kevin Young destacam a importância da ordem liberal forjada no pós-guerra como estabilizadora das relações internacionais e, ainda, como principal fomento para o processo de globalização que se seguiu. Cf. HALE, Thomas; HELD, David; YOUNG, Kevin. *Gridlock*: why global cooperation is failing when we need it most. Cambridge: Polity Press, 2013.

553 O argumento favorável à estabilidade proporcionada pela ordem liberal do pós-guerra é reforçado por David Held em trabalho posterior: Cf. HELD, David. *Global politics after 9/11*: failed wars, political fragmentation and the rise of authoritarism. London: Global Policy, 2016. Dessa perspectiva, a estabilidade proporcionada pela ordem liberal global do pós-guerra, mais precisamente a falta dela, é tão relevante que marca, inclusive, a temporalidade da desglobalização, como visto no item 3.2.1.3.

554 MENDONÇA, Filipe; ROCHA, Mateus de Paula Narciso. A tensão sino-estadunidense e a crise do multilateralismo comercial. *Mundo e Desenvolvimento*, São Paulo, v. 2, n. 3, p. 89-112, 2019, p. 103.

555 PECEQUILO, Cristina. *A política externa dos Estados Unidos*: continuidade ou mudança. 3. ed. Porto Alegre: Editora UFRGS, 2011, p. 171.

556 MENDONÇA, Filipe; ROCHA, Mateus de Paula Narciso. A tensão sino-estadunidense e a crise do multilateralismo comercial. *Mundo e Desenvolvimento*, São Paulo, v. 2, n. 3, p. 89-112, 2019, p. 105.

557 As falas de Donald Trump não deixam dúvidas sobre uma "guerra" comercial contra a China. LONG, Heather. How China doesn't play fair on trade: Donald Trump calls the Chinese "cheaters" and "manipulators". *CNN*, New York, July, 12, 2016. Disponível em: https://money.cnn.com/2016/07/12/news/economy/china-trade-donald-trump/. Acesso em: 07 dez. 2020.

A partir de 2017, os Estados Unidos explicitaram a mudança na sua forma de condução geopolítica, inaugurando uma nova estratégia política, calcada no protecionismo e no nacionalismo, em detrimento de um multilateralismo de convicções liberais e humanitárias, "pela defesa pura e simples do seu próprio interesse nacional".[558] Essa mudança de postura, ainda, "seria produto de uma longa luta interna dentro da sociedade e do *establishment* americano que ainda está em pleno curso, sendo impossível, por enquanto, prever uma trajetória clara para o sistema mundial".[559] [560]

Dessa forma, os EUA se desvincularam de qualquer compromisso em conduzir uma ordem global favorável à coesão interestatal, dos regimes e sistemas internacionais, bem assim de uma perspectiva de multilateralismo voltado à democracia e à promoção do desenvolvimento no mundo, priorizando seus próprios interesses nacionais a qualquer custo:

> A velha "geopolítica das nações" voltou a ser a bússola do sistema mundial, o nacionalismo econômico voltou a ser praticado pelas grandes potências, e os grandes objetivos humanitários dos anos 1990 foram relegados a um segundo plano da agenda internacional. Assim, os EUA "desafiam e boicotam qualquer tipo de acordo multilateral ou regional, qualquer bloco ou instituição que represente ou se apoie no multilateralismo". Com essa nova mudança "arriscam sacrificar o multilateralismo e aprofundam a crise de legitimidade e de eficácia das organizações multilaterais".[561]

Muito embora a ascensão da China seja significativa, passando, inclusive, a figurar como importante *player* internacional, os Estados Unidos continuam sendo uma potência militar, com gasto superior a qualquer outra, inclusive ao agregado de China, Rússia, Índia, França

---

558 ALMEIDA, Célia; CAMPOS, Rodrigo Pires. Multilateralismo, ordem mundial e Covid-19: questões atuais e desafios futuros para a OMS. *Saúde em Debate*, Rio de Janeiro, Scielo Preprints, p.1-35, Set 2020, p. 15.

559 ALMEIDA, Célia; CAMPOS, Rodrigo Pires. Multilateralismo, ordem mundial e Covid-19: questões atuais e desafios futuros para a OMS. *Saúde em Debate*, Rio de Janeiro, Scielo Preprints, p. 1-35, Set 2020, p. 15.

560 Também Alberto do Amaral Júnior não vislumbra, em um horizonte próximo, qualquer expectativa de melhora nesse cenário. AMARAL JÚNIOR, Alberto. Multilateralismo internacional enfrenta crise de paralisia das suas instituições. *Rádio USP*, São Paulo, 29 set. 2020.

561 ALMEIDA, Célia; CAMPOS, Rodrigo Pires. Multilateralismo, ordem mundial e Covid-19: questões atuais e desafios futuros para a OMS. *Saúde em Debate*, Rio de Janeiro, Scielo Preprints, p.1-35, Set 2020, p. 22.

e Reino Unido somadas no ano de 2018; tecnológica, com centros de pesquisa e inovação com investimentos superiores a qualquer outra potência e financeira/monetária, já que o dólar segue como a principal moeda do mercado financeiro global.[562] [563]

Assim, o estabelecimento de uma nova bipolaridade entre Estados Unidos e China afeta diretamente o multilateralismo, levando-o a um contexto de crise. Isso acaba impactando a soberania, que passa de uma concepção pluralista e democrática, aspergida dentro da estrutura global de governança, para uma soberania centrada e focada no Estado.

Esse estado de coisas, em especial a crise do multilateralismo, recebeu mais um incremento: a pandemia de COVID-19. A partir de então, os problemas e as dificuldades de cooperação internacional ficaram ainda mais evidentes depois da crise sanitária que se seguiu. Diante da incapacidade de resolver demandas coletivas, os instrumentos multilaterais acabaram incorrendo em outras crises, como a de legitimidade, traduzindo a perda de confiança e credibilidade das instituições.[564]

Assim, passa-se a analisar as novas relações travadas entre direito e política concernentes à desglobalização, a se indagar como e em que medida a soberania se (re)liga às ideias originais de Estado e governo diante das transformações que a conectaram à governança durante a globalização, tendo em vista ainda esses novos acontecimentos.

---

562 MENDONÇA, Filipe; ROCHA, Mateus de Paula Narciso. A tensão sino-estadunidense e a crise do multilateralismo comercial. *Mundo e Desenvolvimento*, São Paulo, v. 2, n. 3, p. 89-112, 2019, p. 100.

563 Mas ainda assim, o estabelecimento de uma nova bipolaridade entre ambos é algo bastante plausível para alguns analistas, sendo esse, inclusive, o principal fator desencadeador da desglobalização para alguns teóricos, como é o caso de Boaventura de Sousa Santos. Esse teórico vê a disputa entre China e Estados Unidos em torno da tecnologia 5G como impulsionadora desse processo. SANTOS, Boaventura de Sousa. A ilusória desglobalização. *Outras Palavras*, São Paulo, 14 out. 2017. Disponível em: http://outraspalavras.net/capa/boaventura-a-ilusoria-desglobalizacao/. Acesso em: 11 nov. 2020.

564 LIMA, Maria Regina Soares; ALBUQUERQUE, Marianna. *Policy Note*: reordenamento global, crise do multilateralismo e implicações para o Brasil. Brasília-Berlim: CEBRI-Konrad Adenauer Stiftung, 2020, p. 7.

CAPÍTULO 4

SOBRE OS IMPACTOS NA SOBERANIA

A par das disjunções que levam às dificuldades de cooperação e coordenação entre os Estados – crescimento da multipolaridade, inércia institucional, problemas difíceis e fragmentação – conduzindo a desglobalização,[565] há ainda o fato de que o correto funcionamento e a estabilidade de qualquer sistema internacional, bem assim das suas relações, dependem do apoio e da aderência que recebem dos Estados que os compõem. Isso no plano fático foi gradual, mas rapidamente, deixando de ser observado de forma satisfatória[566] pelos Estados e, com ainda mais ênfase, no período subsequente às chamadas guerras falhas.

Somam-se a isso outras questões que se avolumam ao já intrincado arranjo institucional do pós-guerra. O aprofundamento da interdependência que perpassa a própria estrutura global de governança aliada à incapacidade no oferecimento de respostas satisfatórias para as demandas coletivas das mais diversas ordens, tais como questões de paz e segurança, pandemias, desenvolvimento sustentável e mudança climática, direitos humanos etc., por parte das instituições internacionais, além de levarem a questionamentos sobre a sua própria legitimidade,[567] levam à perda de confiança e de credibilidade no respectivo arcabouço institucional.[568]

---

565 Cf. HALE, Thomas; HELD, David; YOUNG, Kevin. *Gridlock*: why global cooperation is failing when we need it most. Cambridge: Polity Press, 2013.

566 SOUTO MAIOR, Luiz. A crise do multilateralismo econômico e o Brasil. *Revista Brasileira de Política Internacional*, Brasília, v. 47, n. 2, p. 163-190, p. 163.

567 FERNANDES, Oriol Costa. Introducción: el mutilateralismo en crisis. *Revista CIDOB D'Afers Internacionals*, Barcelona, n. 101, p. 7-25, abril, 2013, p. 7.

568 LIMA, Maria Regina Soares; ALBUQUERQUE, Marianna. *Policy Note*: reordenamento global, crise do multilateralismo e implicações para o Brasil. Brasília-Berlim: CEBRI-Konrad Adenauer Stiftung, 2020, p. 7-8.

Diante das dificuldades de resolução do amplo espectro de questões, cada vez mais complexificadas, os Estados passam a exercer uma centralidade na busca por soluções para os mais diversos problemas e a um protagonismo na persecução de seus propósitos, em detrimento da estrutura disponível nessas instituições para tal desiderato, o que, por fim, acaba revelando as tensões entre o nacional e o internacional: entre a soberania e a governança.

Paralelamente a isso, os impactos da globalização sobre a soberania, que por si mesmos já produziam questionamentos acerca da perda de controle e comando normativo por parte dos Estados, foram ganhando espaço na agenda política e cada vez mais adeptos ante a um sentimento crescente de perda de estatalidade, poder de mando e controle estatais em face da globalização.

Os avanços globalizatórios e as assimetrias decorrentes provocaram, em resposta, reações no sistema da política, que por sua vez vem causando interferências no sistema do direito. A ascensão de contramovimentos de "renacionalização",[569] sobretudo na Europa e nos Estados Unidos, acabou se aspergindo mundo afora, marcando indelevelmente o limiar dos anos 2000, tendo alcançado inclusive o Brasil.

Esse movimento, em grande medida propugnando uma agenda política antiglobalização e favorável a uma retomada da soberania estatal hierarquizada, de caráter exclusivista e centrada no Estado, passa a dominar o cenário político e a se concretizar a partir da adoção de políticas exclusivistas e autocentradas no âmbito doméstico, menos afetas à integração internacional. É o que se passa a analisar.

4.1 Ordem global e soberania (des)globalizada

Pensar a soberania estatal implica a compreensão de seu duplo desdobramento: entre poder político e jurídico. Assim, cuida-se de pensar como e em que medida o sistema da política impacta o sistema do direito, produzindo transformações de forma a alterar as suas (con) formações – indagando se a desglobalização, no plano político, afeta a soberania estatal no âmbito jurídico, a se saber se a soberania é capaz de retomar seus contornos originais e centralizadores, já profundamente alterados pela globalização.

---

569 TEUBNER, Günther. Global bukowina: legal pluralism in the world society. *In:* TEUBNER, Günther. *Global law without State*. Brookfield: Dartmouth, 1997, p. 28.

No plano da política, a desglobalização pode ser analisada através de argumentos de primeira ordem, decorrentes da globalização, como os da política econômica, adotada tanto por Estados como por entidades extraestatais, no que se sobressaem as análises relacionadas à crise de 2008 e as suas repercussões – análises essas feitas da ótica das ciências econômicas; e, ainda, sob argumentos de segunda ordem, endógenos, inerentes à própria globalização e às dificuldades de cooperação internacional, profundamente impactadas pela contextura política do pós-11 de setembro e as chamadas "guerras falhas"[570] – análises essas levadas a cabo pela ciência política e pelas relações internacionais.

Todavia, como já explicitado alhures, ambas as perspectivas convergem para uma só causa, um eixo comum, aquele em que as análises provenientes da política como campo de estudo apontam para a desglobalização consistente nas falhas dos mecanismos de governança global, que por sua vez são multifatoriais, mas que podem ser compreendidas no *gridlock*, segundo os caminhos traçados por David Held, Thomas Hale e Kevin Young: crescimento da multipolaridade, inércia institucional, problemas difíceis e fragmentação,[571] recorte epistemológico adotado no presente trabalho.

Essas questões levam ao impasse político da atualidade e, ainda, às crises do multilateralismo, tornando mais dificultosa a cooperação internacional na busca de soluções para problemas comuns, inerentes ao mundo globalizado e conectado pela interdependência, obstaculizando, inclusive, a democracia tanto no plano internacional quanto interno dos Estados.

Com efeito, na dimensão jurídica importa entender como esses acontecimentos no âmbito político impactam os Estados, tanto na dimensão interna quanto na internacional, e mais precisamente a sua produção normativa – a sua soberania. Esta, que com a globalização já tinha sido profundamente transformada, dada a introdução normativa internacional e extraestatal no plano interno dos Estados, o que, por fim, levou à mitigação do vínculo entre direito, Estado e soberania, diante da desglobalização é novamente posta em questão, já que há, de fato, novos influxos a reconfigurá-la.

---

570 HELD, David. *Global politics after 9/11*: failed wars, political fragmentation and the rise of authoritarism. London: Global Policy, 2016, p. 6.

571 Cf. HALE, Thomas; HELD, David; YOUNG, Kevin. *Gridlock*: why global cooperation is failing when we need it most. Cambridge: Polity Press, 2013.

Para tanto, passa-se a analisar uma série de eventos políticos que, concatenados à desglobalização, passaram a reformular a soberania contemporânea. Essas análises são feitas a partir de três casos paradigmáticos: a fissura na União Europeia, a partir da saída do Reino Unido do bloco, o "*Brexit*", e movimentos semelhantes na Grécia ("*Grexit*") e na França ("*Frexit*"); os Estados Unidos na "era Trump" e o Brasil no "governo Bolsonaro".

4.1.1 União Europeia: entre globalização e desglobalização

A União Europeia (UE) e mais precisamente seu aprofundamento e suas fissuras são bastante representativos da atualidade, globalizada e desglobalizada. Com o aprofundamento da cooperação internacional, bem como da institucionalização de mecanismos de governança, a União alcança padrões máximos de integração e de globalização. As fissuras, com os movimentos de saída, tais como o do Reino Unido, Grécia e França, a desglobalização. Importa aqui a análise dessa dinâmica para compreender os impactos na soberania estatal através das análises sobre a sua estrutura de governança e cooperação.

O modelo de integração regional adotado pela Europa, o seu grau de institucionalização, bem assim as suas peculiaridades, diferenciam-no das organizações internacionais e dos Estados, perfazendo um modelo de governança[572] bastante singular. Segundo Alberto do Amaral Júnior, a evolução da União Europeia representou a construção de um aparato institucional e jurídico sem precedentes.[573] Por essa razão, recorre-se a esse teórico para a breve contextualização que se segue.

Segundo ele, os primeiros projetos de integração surgiram no período entre guerras e tiveram como pano de fundo a experiência da Liga das Nações e o crescente poderio dos Estados Unidos no plano internacional. Bélgica, Holanda e Luxemburgo iniciaram, em 1944, entendimentos para o estabelecimento de uma união aduaneira, com uma tarifa externa comum imposta aos bens provenientes de outros mercados. O Benelux antecipou, em escala reduzida, certas conquistas

---

[572] TOSTES, Ana Paula. *União Europeia*: resiliência e inovação política no mundo contemporâneo. Curitiba: Appris, 2017, p. 165.

[573] AMARAL JÚNIOR, Alberto. A estrutura jurídica da união europeia. *In:* BAPTISTA, Luiz Olavo; MAZZUOLI, Valério de Oliveira. *Doutrinas essenciais de direito internacional*. São Paulo: RT, 2012, p. 459-460.

que os projetos de integração iriam, nas décadas posteriores, confirmar e ampliar.

No segundo pós-guerra reaparece o ideal de união pelo temor de que outro conflito viesse, em curto espaço de tempo, devastar novamente o continente. No bojo da reconstrução europeia, foi convocado o Congresso da Europa, que teve lugar em Haia, em 1948. Na oportunidade, o futuro da Europa foi visto a partir de duas óticas distintas. Impressionados com os horrores da Segunda Guerra Mundial, os federalistas reivindicavam a substituição das soberanias nacionais por uma federação similar à estadunidense. Já os pragmáticos, que contavam com o apoio dos chefes de Estado e de governo presentes ao encontro, defenderam a cooperação intergovernamental, sem restrição à competência dos Estados. Essa tese, em princípio vitoriosa, influenciou a criação, em 1949, do Conselho da Europa, que realçou o papel da cooperação nos planos econômico, social, cultural e científico.

A preocupação em impedir o rearmamento alemão inspirou a cooperação em prol do Plano Schuman, em 1950, que consistia em subordinar a produção do carvão e do aço ao controle de uma autoridade supranacional. Estava assim aberto o caminho para a conclusão, em 1951, do tratado criador da Comunidade Europeia do Carvão e do Aço (CECA), que reconhecia com pioneirismo o caráter de supranacionalidade de uma organização internacional. Contava com a participação de França, Alemanha, Holanda, Bélgica, Luxemburgo e Itália.

Dois tratados celebrados em Roma, em 1957, deram vida à Comunidade Europeia da Energia Atômica (CEEA) e à Comunidade Econômica Europeia (CEE), ampliando a cooperação que a CECA havia originariamente propiciado. O objetivo era garantir o uso pacífico da energia nuclear pelos Estados-membros, especialmente a Alemanha, e criar um mercado comum, com a livre circulação de pessoas, serviços, bens e capitais. As elevadas despesas decorrentes da manutenção das três comunidades, com idêntico aparato orgânico, levaram a Cúpula de Bruxelas, de 1965, a adotar uma única estrutura institucional. Pouco a pouco, as três comunidades se expandem com o ingresso de novos membros.

A década de 1980 viu renascerem os ideais de aprofundamento da cooperação europeia e foi a partir de então que o processo de integração se tornou um propósito. O Ato Único, de 1986, realizou a primeira modificação dos tratados comunitários e lançou as bases para a futura união econômica e monetária. Fixou-se um prazo final para que se concluísse a construção do mercado comum e para a adoção das medidas destinadas a harmonizar as legislações nacionais.

O Tratado de Maastricht, firmado em 1992 e em vigor desde 1993, criou a União Europeia (UE), composta por relações de cooperação entre Estados europeus em três campos diferentes: o plano comunitário, compreendendo a CECA, a CEE e a CEEA, formando o primeiro pilar; o plano da Política Externa e Segurança Comum (PESC), constituindo o segundo pilar; e o campo da cooperação policial e judiciária em matéria penal, o terceiro pilar. Essa conformação institucional significou uma solução de compromisso entre Estados que se manifestaram favoráveis à inserção da política externa no rol das atribuições comunitárias e os Estados que não queriam vincular-se à união econômica e monetária, como o Reino Unido.

Com o Tratado de Maastricht e a incorporação da noção de cidadania, moeda única e eficácia da política externa e da segurança comum, teve início uma fase constitutiva na qual se trabalhou em um processo de configuração da União. A partir de então se deu a construção de uma arquitetura institucional bastante complexa, delineada para enfrentar os desafios impostos pelo aprofundamento da integração.

O Tratado de Amsterdã consolidou os tratados anteriores e deu especial atenção à cidadania europeia. A questão da legitimidade democrática, presente desde os anos 1970 no debate europeu, voltou à baila na década de 1990, em virtude do aumento das competências das instituições comunitárias, e essa temática, em grande medida, foi contemplada.

O Tratado de Nice, de 2001, legitimou o Parlamento para propor ação de nulidade dos atos comunitários e para solicitar parecer prévio do Tribunal de Justiça sobre a compatibilidade de um acordo internacional com os tratados que regem o funcionamento da União. O grande desafio dos líderes europeus era, contudo, preparar o alargamento da União para incorporar antigos países comunistas que estiveram sob influência da União Soviética. A implantação de regimes democráticos e a adoção da economia de mercado foram os requisitos cumpridos pelos dez Estados que aderiram ao bloco, em 2004. Paralelamente, a Declaração de Laeken, de 2001, salientou o propósito de se superarem definitivamente as divisões do segundo pós-guerra, bem assim a aderência ao seu arcabouço institucional liberal, pacífico e estável, favorável à globalização.[574]

No Conselho de Nice, realizado em 2000, decidiu-se elaborar uma Constituição Europeia para enfrentar os desafios inerentes à

---

[574] Cf. HALE, Thomas; HELD, David; YOUNG, Kevin. *Gridlock*: why global cooperation is failing when we need it most. Cambridge: Polity Press, 2013.

intensificação da globalização. As diretrizes a orientar o projeto a ser preparado vieram à luz no Conselho de Laeken, em 2001, cujos principais aspectos destacavam a repartição de competência entre as instituições da União, a organização e divisão de competências entre a União e os Estados, bem como a definição da política externa, que envolvia a defesa, a segurança e a cooperação internacional. Os trabalhos finalizaram-se em 2004 com a perspectiva de que a Constituição fosse promulgada a partir de 2006, uma vez concluída a ratificação por parte dos membros.

O Tratado de Roma, que incorpora o espírito constitucional em voga, foi celebrado em 2004. Cada país deveria, como requisito para ratificar o tratado, submetê-lo ao referendo popular ou à aprovação pelos parlamentos nacionais. O abandono, ainda que temporário, da ideia de dotar a Europa de uma Constituição teve lugar em 2005, quando cidadãos franceses e holandeses manifestaram-se contrários à ratificação do Tratado de Roma.

Com o Tratado de Lisboa, de 2007, em vigor desde 1º de dezembro de 2009, a União Europeia termina a sua primeira fase de construção. Ele contém as reformas e as inovações mais importantes. Teve como objetivo principal reforçar a democracia e a eficácia das instituições da União para melhor responder às expectativas dos cidadãos, nomeadamente através de uma dimensão social melhor definida e mais alargada, reunindo valores fundantes como democracia, respeito aos Direitos Humanos, economia social de mercado, pleno emprego, justiça social, melhor segurança interna e externa e novos objetivos, tais como alterações climáticas e a política energética. Foi atribuída a personalidade jurídica à União e suprimida a estrutura de pilares instituída pelo Tratado de Maastricht, ainda que a PESC ficasse sujeita a processos de decisão específicos.[575]

4.1.1.1 Quadro institucional e estrutura de governança

Em linhas gerais, o quadro institucional da União Europeia na atualidade é constituído por uma complexa estrutura de governança, consistente no Parlamento Europeu, no Conselho Europeu, no Conselho da União Europeia, na Comissão Europeia, no Tribunal de Justiça da União Europeia, no Banco Central Europeu e no Tribunal de Contas.[576]

---

575 CRESPO, Enrique Barón. O tratado de Lisboa. *In:* BAPTISTA, Luiz Olavo; MAZZUOLI, Valério de Oliveira. *Doutrinas essenciais de direito internacional*. São Paulo: RT, 2012, p. 686.

576 Artigo 13 do Tratado de Lisboa.

O Conselho Europeu é composto pelos chefes de Estado ou de Governo dos Estados-membros, bem como pelo presidente da Comissão Europeia. É o foro de cúpula da União Europeia. Define os objetivos da União, as orientações gerais que serão concretizadas nos vários domínios. Ocupa-se de questões fundamentais como o aprimoramento das instituições a política externa e de segurança comum; busca superar as eventuais divergências entre os Estados e atua como principal instância para debelar as crises que vierem a surgir. Estabelece as diretrizes orientadoras das políticas comuns da União, fixando prioridades. Na qualidade de foro deliberativo supremo da União, o Conselho Europeu não se confunde com o Conselho da União Europeia, integrado pelos ministros dos Estados-membros, cujo papel, em conformidade com os tratados instituidores, é promover a coordenação política em áreas determinadas.[577]

Ao Conselho da União Europeia incumbe primordialmente a coordenação das políticas econômicas dos Estados-membros, a definição da política externa e de segurança comum da União Europeia, a partir das orientações do Conselho Europeu. Além disso, incumbe-lhe a adoção de medidas de cooperação policial e judiciária, a fim de combater o aumento da criminalidade.[578]

A Comissão Europeia é o órgão executivo da União Europeia. É um órgão colegiado, com mandato de cinco anos, que prima pela defesa dos interesses da União, em nítido contraste com a função do Conselho Europeu, no qual cada Estado é representado. Exerce funções de coordenação, de execução e de gestão em conformidade com as condições estabelecidas nos tratados. Com exceção da política externa e de segurança comum e dos casos restantes previstos nos tratados, a Comissão Europeia assegura a representação externa da União.[579]

O Parlamento Europeu é o órgão que representa os povos dos Estados-membros da União. É composto por 736 deputados provenientes de todos os Estados-membros, em número degressivamente proporcional, escolhidos por sufrágio universal direto, a cada cinco anos.[580]

---

577 AMARAL JÚNIOR, Alberto do. *Curso de direito internacional público*. São Paulo: Atlas, 2011, p. 462.

578 AMARAL JÚNIOR, Alberto do. A estrutura jurídica da união europeia. *In:* BAPTISTA, Luiz Olavo; MAZZUOLI, Valério de Oliveira. *Doutrinas essenciais de direito internacional*. São Paulo: RT, 2012, p. 459-460

579 AMARAL JÚNIOR, Alberto do. *Curso de direito internacional público*. São Paulo: Atlas, 2011, p. 468.

580 AMARAL JÚNIOR, Alberto do. *Curso de direito internacional público*. São Paulo: Atlas, 2011, p. 464.

Tem funções legislativas propriamente ditas, exercidas conjuntamente com o Conselho da União Europeia; fiscalizatórias, eis que exerce poder de controle sobre as atividades das demais instituições da União; e orçamentárias, as quais exerce conjuntamente com o Conselho da União Europeia.[581]

Com o Tratado de Lisboa, teve as suas funções alargadas. Ampliou-se a sua competência legislativa a fim de torná-lo efetivamente legislador, em igualdade com o Conselho da União Europeia. É o Parlamento Europeu que elege o Presidente da Comissão Europeia, órgão executivo da União. Passou a deliberar sobre todo o orçamento da União, e não apenas sobre despesas não obrigatórias. Além disso, passou a contar com a iniciativa de cidadania europeia, através da qual o Parlamento facilita os procedimentos de oitiva da sociedade civil, comprometendo-se a realizar audições sobre as iniciativas que tiverem recolhido o número necessário de assinaturas.[582]

O Tribunal de Contas destina-se a efetuar o controle das metas orçamentárias. Examina se os órgãos da União cumpriram as previsões de gastos constantes no orçamento. Deve, para tanto, informar o Parlamento e o Conselho Europeu sobre a legalidade das despesas contraídas no exercício financeiro anterior.[583]

O Tribunal de Justiça da União Europeia é o órgão responsável pela integridade da ordem jurídica. Foi instituído pelos tratados constitutivos da União com a finalidade de interpretar a aplicar o direito europeu. Sua atuação é independente dos Estados-membros e das demais instituições. Tem competência ampla e expressa, seja no campo do reenvio prejudicial, seja no plano de diversos tipos de ações e recursos. Não se admite, no entanto, que o Tribunal promova a anulação de leis e atos administrativos adotados pelos Estados. Do mesmo modo, não há a possibilidade de revisão das medidas internas que contrariem as normas da União.[584]

Essa arquitetura institucional da UE, bem como o aprofundamento da cooperação internacional e a atuação da estrutura de governança

---

581 SCHNEIDER, Jens-Peter. *Introdution to european public law*. Freiburg-São Paulo: University of Freiburg-University of São Paulo, 2016, p. 16.

582 UNIÃO EUROPEIA. Parlamento Europeu. Disponível em: http://www.europarl.europa.eu/aboutparliament/pt/20150201PVL00008/O-Tratado-de-Lisboa. Acesso em: 17 out. 2019.

583 AMARAL JÚNIOR, Alberto. *Curso de direito internacional público*. São Paulo: Atlas, 2011, p. 470.

584 AMARAL JÚNIOR, Alberto. *Curso de direito internacional público*. São Paulo: Atlas, 2011, p. 470-472.

passaram a afetar diretamente a produção normativa no âmbito doméstico dos Estados-membros, através da institucionalização do direito europeu e o subsequente deslocamento da produção do direito do Estado para as instituições supranacionais, afetando, destarte, a soberania estatal.

4.1.1.2 O direito europeu

A União Europeia constitui-se como uma ordem político-legislativa peculiar, baseada em um ordenamento jurídico autônomo. A constituição dessa autonomia jurídica e política se deve, inicialmente, aos acordos internacionais que estabeleceram princípios gerais comuns, supranacionais, que devem ser efetivados pelas instituições europeias.

O princípio da subsidiariedade dispõe que nos domínios que não sejam de sua competência exclusiva, a União intervém apenas se, e na medida em que, os objetivos da ação considerada não possam ser suficientemente alcançados pelos Estados-membros, tanto no nível central como no nível regional e local, podendo, contudo, devido às dimensões ou aos efeitos da ação considerada, ser mais bem alcançados no nível da União.[585]

Esse princípio garante que a democracia e a participação social no âmbito dos Estados-membros sejam preservadas. Assim, cada Estado-membro assegura mecanismos próprios de representatividade junto aos parlamentos locais e espaços de interação para com a sociedade civil em geral. Dessa forma, não apenas os Estados-membros e a própria União Europeia produzem o direito, também a sociedade, reforçada pela ideia de cidadania europeia, ínsita no Tratado de Maastricht.

Já o princípio da proporcionalidade dispõe que o conteúdo e a forma da ação da União não devem exceder o necessário para alcançar os objetivos dos Tratados. As instituições da União aplicam o princípio da proporcionalidade em conformidade com o protocolo relativo à aplicação dos princípios da subsidiariedade e da proporcionalidade.[586]

A partir da interpretação do artigo 5º do Tratado da União Europeia, o princípio da subsidiariedade responderia à questão "a União deve atuar?", enquanto o princípio da proporcionalidade responderia à questão "como a União deve atuar?".[587]

---

585 Artigo 5º do Tratado da União Europeia.

586 Artigo 5º do Tratado da União Europeia.

587 REX, Roger Valério de Vargas. O princípio da subsidiariedade na União Europeia. *Revista de Direito da UFSM*, Santa Maria, v. 7, n. 2, p. 250-279, 2012, p. 272.

A União Europeia possui, entretanto, métodos próprios de produção normativa. Seu processo de criação do direito é baseado em dois grandes eixos: atuação interdependente do Parlamento Europeu e do Conselho da União Europeia[588] e a atuação do Tribunal de Justiça da União Europeia, que também elabora normas gerais fundamentais para a vida política da comunidade de Estados europeus.

Os princípios fundamentais que revelam a autonomia do sistema jurídico europeu são: i) princípio do efeito direto, que estabelece a aplicação das normas de direito europeu, independentemente de qualquer processo de incorporação, sempre que a norma for clara, precisa e incondicional; ii) princípio da supremacia do direito europeu, no caso de conflitos com o direito nacional dos Estados-membros;[589] e iii) reparação de prejuízos causados pelo descumprimento de obrigações decorrentes do direito europeu.[590]

O princípio do efeito direto do direito europeu[591] foi formalizado pelo Tribunal de Justiça da União Europeia no julgamento do litígio sobre direitos aduaneiros invocado pela empresa holandesa Van Gend en Loos em face da Administração das Alfândegas Holandesas.[592] A partir de consulta formulada ao Tribunal, esse decidiu, em 1962, que:

---

588 UNIÃO EUROPEIA. Parlamento Europeu. Disponível em: http://www.europarl.europa.eu/aboutparliament/pt/20150201PVL00008/O-Tratado-de-Lisboa. Acesso em: 17 out. 2019.

589 SCHNEIDER, Jens-Peter. *Introdution to european public law*. Freiburg-São Paulo: University of Freiburg-University of São Paulo, 2016, p. 53.

590 AMARAL JÚNIOR, Alberto do. *Curso de direito internacional público*. São Paulo: Atlas, 2011, p. 473. Nesse mesmo sentido: TOSTES, Ana Paula. *União europeia:* o poder político do direito. Rio de Janeiro: Renovar, 2004, p. 258-259.

591 Alerta Alberto do Amaral Júnior que a expressão "direito comunitário" entrou em desuso após o Tratado de Lisboa, que revogou a estrutura de pilares prevista no Tratado de Maastricht, na qual se fundava a União Europeia. Isso porque o direito comunitário foi instituído pelo primeiro pilar. Assim, após a vigência do Tratado de Lisboa, em 2009, a expressão "direito comunitário" deu lugar à expressão "direito europeu". AMARAL JÚNIOR, Alberto do. *Curso de direito internacional público*. São Paulo: Atlas, 2011, p. 457. Apesar disso, no presente trabalho há menções à expressão "direito comunitário" como designativa das normas vigentes antes da ratificação do Tratado de Lisboa, em respeito às fontes consultadas, sobretudo as jurisprudenciais, anteriores ao referido tratado.

592 Esclarece Alberto do Amaral Júnior que a empresa de transportes Van Gend en Loos rebelou-se contra o pagamento de direitos aduaneiros fixados pelo governo holandês sob a alegação de que esse ato colidia com o tratado instituidor da Comunidade Econômica Europeia. O tribunal holandês não vacilou em atender ao pleito da empresa Van Gend en Loos, assegurando a primazia do direito comunitário sobre a regra jurídica nacional que dispunha de modo contrário. Cf. AMARAL JÚNIOR, Alberto do. *Curso de direito internacional público*. São Paulo: Atlas, 2011, p. 473.

> (...) os Estados limitaram os seus direitos soberanos e cujos sujeitos não são apenas Estados-membros, mas igualmente seus nacionais. (...) o direito comunitário independe da legislação dos Estados-membros, do modo que cria deveres para os particulares, cria também direitos que entram no seu patrimônio jurídico. (...) esses direitos nascem não só quando uma atribuição explícita é feita pelo tratado, mas também em virtude de obrigações que o tratado impõe, de forma bem definida, tanto aos particulares como os Estados-membros e instituições comunitárias (...) todas as disposições dos tratados originários podem ser aplicadas diretamente aos particulares, uma vez são formuladas sem reservas, são completas em si mesmas e juridicamente perfeitas, por esta razão, não necessitam de qualquer ação dos Estados-membros ou da Comissão para a sua eficácia.[593]

Note-se que autoaplicabilidade das normas não é uma simples técnica de inserção da norma europeia dentro da ordem jurídica interna, mas resultado da concepção do direito europeu como uma ordem cujos sujeitos não são apenas os Estados-membros, também os particulares, que passam a ser titulares de direitos e obrigações diretamente criados pelo direito europeu. As jurisdições nacionais também têm o dever de salvaguardar os direitos subjetivos constituídos pela União; logo, eles devem ser respeitados pelas instituições nacionais independentemente de qualquer processo de incorporação na legislação interna.[594]

Uma vez aceito o efeito direto das normas europeias, naturalmente começaram a surgir conflitos entre normas provenientes da União – autoaplicáveis – e normas internas nacionais, e em consequência disso a precedência das normas da União começou a aparecer como necessária para a consolidação da sua autonomia jurídica.[595]

O caso Costa *versus* E.N.E.L, julgado em 1964 pelas cortes italianas, consolidou o princípio da supremacia do direito europeu, no que concerne às normas instituídas por tratados, a partir de consulta formulada ao Tribunal de Justiça Europeu sobre a compatibilidade com

---

[593] UNIÃO EUROPEIA. Tribunal de Justiça da União Europeia. Jurisprudência. C-26/62. Caso Van Gend en Loos contra Administração das Alfândegas Holandesas. Disponível em: http://curia.europa.eu/juris/liste.jsf?pro=&nat=or&oqp=&dates=&lg=&language=pt&jur=C%2CT%2CF&cit=none%252CC%252CCJ%252CR%252C2008E%252C%252C%252C%252C%252C%252C%252C%252C%252C%252Ctrue%252Cfalse%252Cfalse&td=%3BALL&pcs=Oor&avg=&page=1&mat=or&parties=Van%2BGend%2Ben%2BLoos&jge=&for=&cid=796259. Acesso em: 17 out. 2020.

[594] TOSTES, Ana Paula. *União europeia:* o poder político do direito. Rio de Janeiro: Renovar, 2004, p. 260.

[595] TOSTES, Ana Paula. *União europeia:* o poder político do direito. Rio de Janeiro: Renovar, 2004, p. 260.

as normas europeias da lei de nacionalização do setor de produção e distribuição de energia elétrica na Itália. O Estado italiano foi considerado responsável pelos danos causados a dois empregados, em virtude da falência do empregador, por não ter adotado, no plano doméstico, as normas comunitárias de proteção aos trabalhadores nas hipóteses de insolvência das empresas para as quais trabalhavam.[596] Assim, o Tribunal firmou a supremacia do direito da União afirmando que:

> (...) é um princípio fundamental, estabelecido no Tratado, que um Estado-membro não pode prejudicar a particularidade que tem o direito comunitário de se fazer valer uniforme e completamente no conjunto da comunidade (...) emanado de uma fonte autônoma, o direito resultante do tratado não poderia, em razão de sua natureza específica original, ver-se judicialmente confrontado com um texto de direito interno, qualquer que fosse esse, sem perder o seu caráter comunitário e sem que fosse posta em causa a base jurídica da própria comunidade; (...) o primado não é somente uma obrigação que caberia ao constituinte ou ao legislador; é uma regra aplicável pelo juiz.[597]

O caso 11/70, interposto por International Handelsgesellschaft, em 1970, questionava o regime de cauções para a exportação de cereais praticado pela União, em detrimento do que dispunha o direito alemão. Segundo o seu pleito, o regime de cauções seria contrário a certos princípios estruturais do direito constitucional nacional que deveriam ser salvaguardados no âmbito do direito europeu, pelo que a primazia do direito supranacional deveria ceder perante os princípios da lei fundamental alemã. O Tribunal, no entanto, consolidou o princípio da supremacia do direito europeu sobre as Constituições dos Estados-membros, declarando:

> O recurso às regras ou noções jurídicas do direito nacional, para a apreciação da validade dos actos adoptados pelas instituições da Comunidade, teria por efeito pôr em causa a unidade e a eficácia do direito comunitário. A validade desses actos não pode ser apreciada senão em função do direito comunitário. Com efeito, ao direito emergente do Tratado, emanado de uma fonte autónoma, não podem, em virtude

---

596 AMARAL JÚNIOR, Alberto. *Curso de direito internacional público*. São Paulo: Atlas, 2011, p. 473.

597 UNIÃO EUROPEIA. Tribunal de Justiça da União Europeia. Jurisprudência. C-6/64. Caso Costa contra E.N.E.L. O caso versava sobre a nacionalização da produção e fornecimento de energia elétrica na Itália. Disponível em: http://curia.europa.eu/juris/liste.jsf?language=pt&jur=C,T,F&num=C-6/64&td=ALL. Acesso em: 17 out. 2020.

> da sua natureza, ser opostas em juízo regras de direito nacional, (...); portanto, a invocação de violações, quer aos direitos fundamentais, tais como estes são enunciados na Constituição de um Estado-membro, quer aos princípios da estrutura constitucional nacional, não pode afectar a validade de um acto da Comunidade ou o seu efeito no território desse Estado.[598]

No caso 8/74, Procurador du Roi *versus* Benoît e Gustave Dassonville, discutia-se a interpretação dos tratados da União em face de lei nacional belga que exigia a certificação de origem e teor alcoólico de bebidas importadas, estas de livre circulação na União. O Tribunal de Justiça decidiu que a imposição de exigências por lei nacional, além daquelas já previstas nos tratados da União, não podia ser aplicada. Prevaleceu o direito europeu.[599]

Além disso, as decisões da União ainda precisavam de mais uma medida que garantisse sua efetividade. Assim foi atribuída a responsabilidade do Estado-membro por danos causados em razão da violação do direito europeu. Só a garantia da reparação por eventual prejuízo causado em função de um direito lesado poderia dar efetividade tanto à primazia quanto à autoaplicabilidade das normas da União. A instituição do princípio da reparação também foi fruto da interpretação do direito europeu pelo Tribunal, inicialmente no caso Francovich, acórdão de 19 de novembro de 1991, e posteriormente precisado no caso Brasserie du pêcheur e Factortame, acórdão de 5 de março de 1996.[600]

Assim, o Tribunal de Justiça da União Europeia não apenas aplica as normas provenientes dos tratados da União ou das instituições comunitárias nos casos concretos que julga, mas é também responsável pela criação das normas fundamentais que sustentam a autonomia política da União. Comumente, no bojo das decisões do Tribunal, na parte dispositiva é possível encontrar uma sentença do tipo "a Corte determina como direito (...)",[601] e isso significa que as decisões judiciais da União

---

598 UNIÃO EUROPEIA. Tribunal de Justiça da União Europeia. 11/70. Caso International Handelsgesellschaft. Disponível em: http://curia.europa.eu/juris/showPdf.jsf?text=&docid=88063&pageIndex=0&doclang=PT&mode=lst&dir=&occ=first&part=1&cid=38488 . Acesso em: 19 out. 2016.

599 SCHNEIDER, Jens-Peter. *Introdution to european public law*. Freiburg-São Paulo: University of Freiburg-University of São Paulo, 2016, p. 46.

600 TOSTES, Ana Paula. *União europeia:* o poder político do direito. Rio de Janeiro: Renovar, 2004, p. 264.

601 CASELLA, Paulo Borba. *Comunidade européia e seu ordenamento jurídico*. São Paulo: LTR, 1994.

operam como fontes do direito europeu; logo, o Tribunal exerce um importante papel político e legislativo no seio da estrutura comunitária.[602]

Também o Parlamento Europeu e o Conselho da União Europeia produzem o direito. Eles têm competência legislativa nos domínios de meio ambiente, transportes, mercado interno, emprego e política social, educação, saúde pública e defesa do consumidor. Mais recentemente, foi acrescida pelo Tratado de Lisboa a competência legislativa nos domínios de agricultura e pesca, apoio às regiões mais pobres, segurança e justiça, política comercial, cooperação com terceiros países e atos de execução.[603]

Assim, apesar da previsão expressa do princípio da subsidiariedade, a atividade legiferante típica dos Estados foi, em grande medida, transferida para a União, e os Estados deixaram de decidir o conteúdo do direito que formulam no âmbito doméstico, já que estão adstritos aos *standards* normativos impostos pela União e pelo direito europeu.[604] Esse ponto, digno de nota: ainda que a União Europeia não legisle diretamente sobre determinado conteúdo, os Estados devem seguir os padrões normativos por ela impostos,[605] através de regulamentos e diretivas, por força do artigo 288 do Tratado de Funcionamento da União Europeia.[606]

Também o Tribunal de Justiça da União Europeia firmou entendimento sobre o efeito direto na aplicação, pelos Estados-membros, das diretivas emanadas da União através do caso 41/74,[607] em que Yvonne Van Duyn, de nacionalidade holandesa, teve o visto de trabalho negado pelo Reino Unido, infringindo, assim, a diretiva 64/221, sobre a livre circulação de trabalhadores.[608]

---

602 TOSTES, Ana Paula. *União europeia:* o poder político do direito. Rio de Janeiro: Renovar, 2004, p. 291.

603 UNIÃO EUROPEIA. Parlamento Europeu. Disponível em: http://www.europarl.europa.eu/aboutparliament/pt/20150201PVL00008/O-Tratado-de-Lisboa. Acesso em: 17 out. 2019.

604 BRUCE-RABILLON, Eva. Propos introductifs: souveraineté d l'État et supranationalité normative. *Revue Politeia,* Bordeaux, n. 25, p. 113-124, 2014, p. 114.

605 BRUCE-RABILLON, Eva. Propos introductifs: souveraineté d l'État et supranationalité normative. *Revue Politeia,* Bordeaux, n. 25, p. 113-124, 2014, p.114.

606 SCHNEIDER, Jens-Peter. *Introdution to european public law.* Freiburg-São Paulo: University of Freiburg-University of São Paulo, 2016, p. 46.

607 SCHNEIDER, Jens-Peter. *Introdution to european public law.* Freiburg-São Paulo: University of Freiburg-University of São Paulo, 2016, p. 50.

608 UNIÃO EUROPEIA. Tribunal de Justiça da União Europeia. Jurisprudência. 41/74. Disponível em: http://curia.europa.eu/juris/showPdf.jsf;jsessionid=9ea7d0f130d6f21ee2ac26ef4777857eade0449b39a3.e34KaxiLc3eQc40LaxqMbN4Pah4Me0?text=&docid=88751&pageIndex=0&doclang=PT&mode=lst&dir=&occ=first&part=1&cid=38488 Acesso em: 19 out. 2016.

Além disso, o direito europeu pode ser invocado diante de tribunais nacionais, seja por meio de ação ou de defesa, e tem primazia sobre as demais normas jurídicas dos Estados-membros. Ao final, a produção, a aplicação e a interpretação das normas aplicáveis dentro da ordem jurídica nacional são diretamente afetadas pelo direito europeu, e a capacidade dos Estados de dizer o direito é profundamente prejudicada, revelando uma mutação da soberania estatal,[609] em concorrência e evidente jogo de forças com a estrutura de governança criada pela UE.

O primado do direito europeu sobre o direito interno dos Estados pode ser sintetizado: (i) não apenas o direito europeu oriundo dos tratados, também os direitos deles derivados, que possuem prevalência sobre o direito nacional; (ii) em relação ao direito nacional anterior ao direito europeu, este detém a primazia e revoga aquele, assim também o direito nacional posterior ao direito europeu; (iii) a primazia das normas europeias incide também sobre as constitucionais. Ou seja, o direito europeu não precisa ser coincidente com as Constituições nacionais e nem pode ser avaliado por elas.[610]

Através do processo de transferência de poderes legislativos nacionais para os supranacionais, a União Europeia foi propiciando a consolidação da superioridade de sua competência sobre os direitos nacionais e do interesse da União sobre o interesse nacional.[611] Isso implica reconhecer que a União Europeia expandiu seus poderes, passando a agir como sujeito com capacidade de produzir o direito, a despeito da competência de mesmo talante dos Estados, o que deu azo a questionamentos acerca da soberania dos Estados-membros.

4.1.1.3 O "*Brexit*"

A saída do Reino Unido da União Europeia (UE), conhecida como "*Brexit*", bem como os demais movimentos de mesmo talante na Grécia ("*Grexit*") e na França ("*Frexit*") constituem relevantes emblemas do processo desglobalizatório, seus estudos e repercussões, sobretudo

---

609 BRUCE-RABILLON, Eva. Propos introductifs: souveraineté d l'État et supranationalité normative. *Revue Politeia*, Bordeaux, n. 25, p. 113-124, 2014, p.114.

610 KEGEL, Patrícia Luiza; AMAL, Mohamed. Instituições, direito e soberania: a efetividade jurídica nos processos de integração regional nos exemplos da União Europeia e do Mercosul. *Revista Brasileira de Política Internacional*, Brasília, v. 52, n. 1, p. 53-70, p. 64.

611 SCHNEIDER, Jens-Peter. *Introdution to european public law*. Freiburg-São Paulo: University of Freiburg-University of São Paulo, 2016, p. 55.

no direito e na soberania: trata-se de um produto da crise soberana que tem raízes no processo de globalização. Isso porque a UE representa um importante exemplo de instituição supranacional dotada de cooperação internacional[612] e de governança.[613] Composta por 27 Estados,[614] constitui muito mais do que um mercado comunitário, mas, antes, um modelo político, uma instituição política de elevada ordem, dado o seu alto grau de institucionalização.[615] Por essa razão, a saída do Reino Unido da União Europeia por decisão popular[616] proporciona interessante senda de discussões sobre os impactos da desglobalização na ideia central de supracionalidade e na soberania estatal,[617] no movimento que ficou conhecido como "*take back control*".[618]

Do ponto de vista das demandas, é importante assinalar que a consulta pública anterior, realizada no Reino Unido em 1975 e que decidiu pela permanência junto à União,[619] alinhava-se a um franco movimento pró-globalização. Já a consulta realizada em 2016 só foi convocada na tentativa de acomodar a polarização de interesses internos,[620]

---

612 BONNECKE, Svenja. Brexit: quo vadis? *Estudios Internacionales*, Santiago, v. 51, n. 193, p. 9-36, 2019, p. 10.

613 TOSTES, Ana Paula. *União Europeia*: resiliência e inovação política no mundo contemporâneo. Curitiba: Appris, 2017, p. 165.

614 Após a saída do Reino Unido, ao que a UE já começa a ser chamada pela literatura de "Europa dos 27". Cf. SZUCKO, Angelica. Brexit and differentiated European (dis) integration. *Contexto Internacional*, Rio de Janeiro, v. 42, n. 3, p. 621-646, nov. 2020.

615 EKSTEEN, Riaan. Brexit's political and economic consequences and historical realities. *Tydskr Geerteswet*, Pretoria, v. 59, n. 2, p. 265-291, 2019, p. 268.

616 O resultado da consulta popular realizada no Reino Unido em 23 de junho de 2016 sobre a sua saída ou permanência na União Europeia foi: 51,9% pelo *leave* (sair) e 48,1% pelo *remain* (continuar). UNITED KINGDOM. The Electoral Commission. Disponível em: https://www.electoralcommission.org.uk/find-information-by-subject/elections-and-referendums/past-elections-and-referendums/eu-referendum/electorate-and-%20count-information. Acesso em: 22 out. 2019.

617 A saída do Reino Unido, mediante a invocação do artigo 50 do Tratado de Lisboa, é a primeira desde o aprofundamento da integração, sob a vigência do direito europeu. Mas a saída de membros não é, de fato, inédita. A primeira se deu com a Argélia, que chegou a fazer parte da Comunidade Europeia, predecessora da União, enquanto parte da França. Após a sua independência, em 1962, a sua saída foi automática. Também a Groelândia, território dinamarquês dotado de autogoverno, em 1979, quando a Dinamarca lhe concedeu um estatuto de autonomia, oportunidade em que a sua saída também foi automática. GARCÍA-LOZANO, Soledad Torrecuadrada; GARCÍA, Fonte Pedro. ?Qué es el Brexit? Origen y possibles consequencias. *Anuario Mexicano de Derecho Internacional*, Ciudad de México, v. 17, n. 1, p.1-24, jan.-dez., 2017, p. 2.

618 SOARES, António Goucha. Brexit: o referendo de 2016. *Relações Internacionais*, Lisboa, v. 1, n. 61, p. 73-75, março 2019, p. 70.

619 MARTINO, Antonio. Brexit. *Revista de Reflexión y Análisis Políticas*, Buenos Aires, v. 21, n. 2, p. 565-575, 2017, p. 566.

620 O referendo decorre de uma promessa eleitoral de David Cameron por ocasião de sua

dada a insatisfação já existente na dimensão interna britânica em razão da soberania, caracterizando uma disputa política marcadamente nacionalista e antiglobalista *versus* cosmopolita e globalista,[621] bastante característica do processo de desglobalização. Apesar da integração à União, desde 1973, há no âmbito doméstico contemporâneo forte corrente política a defender que a soberania estatal é dura e constantemente atacada pela União e que as normativas provenientes dela, principalmente em razão do direito europeu, dificultam e até mesmo impedem o crescimento do Reino Unido econômica e socialmente.[622]

Além disso, outro ponto é digno de nota: o fato de que a consulta popular não tem natureza vinculante no Reino Unido, em virtude da regra constitucional da soberania do Parlamento britânico.[623] Isso, todavia, não impediu que ao referendo fosse reconhecida inquestionável força política, enquanto expressão deliberativa da opinião pública.[624] Prevaleceu, no caso, a regra geral de soberania popular,[625] própria do Estado de Direito,[626] em detrimento do postulado constitucional de soberania parlamentar. Assim, ainda que os resultados dos referendos no Reino Unido sejam meramente consultivos, nos termos do ordenamento constitucional, o sistema político observou a vontade manifestada pelos cidadãos,[627] ante o receio do desgaste político que pudesse vir a ser provocado frente ao eleitorado.

Considerando o padrão de votação e o perfil dos eleitores, infere-se que dos quatro países que compõem o Reino Unido, Escócia e Irlanda

---

reeleição como Primeiro-Ministro, em 2015. LABRANO, Roberto. A saída de um Estado-membro do processo de integração: o Reino Unido e a União Europeia. *RSTPR*, Assunção, v. 4, n. 8, p. 1-15, ago. 2016, p. 4.

621 ROBERTS, Sara. Fogos de artifício, bandeiras e signos: vozes das ruas de uma Inglaterra pós-Brexit. *Trabalhos em Linguística Aplicada*, Campinas, v. 59, n. 1, p. 491-506, 2020, p. 494.

622 CONSANI, Norberto; PÉRSICO, Juan Carlos. Las implicaciones del Brexit en Europa y el mundo. *Relaciones Internacionales*, La Plata, v. 28, n. 57, p. 1-11, dez. 2019, p. 2.

623 Cf. McCONALOGUE, Jim. *The British Constitution resettled*: parliamentary sovereignty before and after Brexit. London: Palgrave Macmillan, 2020.

624 SOARES, António Goucha. Brexit: o referendo de 2016. *Relações Internacionais*, Lisboa, v. 1, n. 61, p. 73-75, março 2019, p. 68.

625 Para alguns autores, não há que se falar em soberania popular, mas em reafirmação da soberania parlamentar, uma vez que detendo o poder de decisão final, o Parlamento Britânico decidiu sobre a saída da União Europeia, no exercício de sua representatividade, após a consulta aos eleitores. McCONALOGUE, Jim. *The British Constitution resettled*: parliamentary sovereignty before and after Brexit. London: Palgrave Macmillan, 2020, p. 243.

626 SANTORO, Emilio. Rule of Law e "liberdade dos ingleses". *In:* ZOLO, Danilo; COSTA, Pietro. *Estado de direito*: história, teoria, crítica. São Paulo: Martins Fontes, 2006, p. 214-229.

627 SOARES, António Goucha. Brexit: o referendo de 2016. *Relações Internacionais*, Lisboa, v. 1, n. 61, p. 73-75, março 2019, p. 68.

do Norte votaram pela permanência na UE (67% e 63%, respectivamente), e País de Gales e Inglaterra apoiaram a saída (cada qual com 53%). Entre os votantes (72,2% dos cidadãos aptos a votar), os que pretendiam permanecer eram, em sua grande maioria, jovens (entre 18 e 24 anos de idade, 73%) que possuíam nível superior de escolaridade (com bacharelado, 57%, e com mestrado, 65%), que tinham trabalho (em tempo integral ou parcial, 53%) e possuíam características étnicas diferentes (ascendência africana, 73%, e muçulmana, 70%). As pessoas que desejaram sair eram, majoritariamente, pessoas mais velhas (com 60 anos ou mais, 63%), com menos escolaridade (com ensino médio ou menos, 56%) e sem segurança econômica (desempregados e aposentados, 64%).[628] [629]

Além disso, por faixa etária, as classes médias eram mais propensas a votar para ficar, e as classes trabalhadoras, para sair, e dentro de cada classe, os jovens tinham mais chances de votar para ficar, e as pessoas mais velhas, maior propensão para votar em sair.[630] Por outro lado, de acordo com o gênero, entre as classes sociais de melhor renda e entre 35 e 54 anos, as mulheres tinham onze pontos a mais do que os homens para votar para ficar, assim como os trabalhadores (tempo integral ou parcial, setor público ou privado), estudantes, hipotecários e inquilinos; ao contrário de proprietários de casas, inquilinos de habitação social e aposentados, que votaram para sair.[631]

Esse cenário revela as desigualdades provenientes da própria globalização, entre "vencedores e vencidos",[632] evidenciando diferenças econômicas, sociais e culturais dentro do próprio Reino Unido: Londres e algumas das maiores cidades, consideradas como polos cosmopolitas na Europa, votaram para ficar; cidades menores, no centro e no norte, cuja produção industrial foi deslocalizada pelo processo globalizatório, deixando ressentimentos entre a classe trabalhadora branca, votaram

628 SHEA, Michael; CÁRDENAS, Elena Gutiérrez. Brexit: is the British Parliamentary and electoral system in crisis? *Política y Cultura*, Villa Quietud, v.1, n. 50, p. 83-106, 2019, p. 87.

629 Em Gibraltar, o voto a favor da permanência na União alcançou 96%, indicando a importância na manutenção da relação atual com a Espanha e com o bloco europeu para os gibraltinos. CONSANI, Norberto; PÉRSICO, Juan Carlos. Las implicaciones del Brexit en Europa y el mundo. *Relaciones Internacionales*, La Plata, v. 28, n. 57, p. 1-11, dez. 2019, p. 6.

630 SHEA, Michael; CÁRDENAS, Elena Gutiérrez. Brexit: is the British Parliamentary and electoral system in crisis? *Política y Cultura*, Villa Quietud, v.1, n. 50, p. 83-106, 2019, p. 87-88.

631 SHEA, Michael; CÁRDENAS, Elena Gutiérrez. Brexit: is the British Parliamentary and electoral system in crisis? *Política y Cultura*, Villa Quietud, v.1, n. 50, p. 83-106, 2019, p. 88.

632 GÓES, Eunice. Eleições no Reino Unido: efeitos Brexit e austeridade produzem surpresa eleitoral. *Relações Internacionais*, Lisboa, v. 1, n. 56, p. 77-92, dez. 2017, p. 85.

para sair. O próspero sul da Inglaterra votou para ficar; o norte, considerado abandonado, para sair.[633]

Os "derrotados" da globalização, que são eleitores mais velhos e com menos escolaridade e qualificação acadêmica, tendem a votar em partidos que defendem a soberania nacionalizada, o protecionismo econômico, políticas de controle da imigração e valores autoritários. Em contrapartida, os "vencedores" da globalização tendem a ser mais jovens, com qualificações universitárias, vivem em zonas urbanas e estão mais inclinados a votar em partidos europeístas e de valores cosmopolitas, que apoiam a imigração, o feminismo e o comércio livre, embora nem sempre de forma acrítica.[634]

Paralelamente, algumas correntes teóricas explicam a vitória soberanista e eurocética pela falta de identificação e afinidade dos britânicos para com a União continental. Isso porque pesquisas realizadas pelo Eurobarômetro,[635] após a implementação da cidadania europeia, a partir da década de 1990, apontam que os britânicos eram os que menos aceitavam a construção de uma "identidade europeia", bem como a aderência a um projeto coletivo supranacional europeu. Além disso, a percepção sobre o pertencimento a uma sociedade ou comunidade de direitos comuns e o grau de confiança dos britânicos sobre as instituições da União sempre foi igualmente baixo, o que leva a concluir que a atitude eurocética dos britânicos é antiga, continuada e independente das crises econômicas, em especial a de 2008, como se poderia imaginar:[636]

> Um exemplo de que a crise econômica não pode ser vista como um verdadeiro *turning point* no euroceticismo britânico é que, no caso dos países da zona do euro que sofreram violentamente com a crise econômica, tais como Portugal e Grécia, esses demonstraram uma queda significativa em sua avaliação sobre a democracia na UE na ocasião de suas reformas de ajuste sob a crise soberana. A grande maioria dos países, na verdade, pioraram sua avaliação sobre a democracia na União quando comparados os índices de 2010 e 2012. No entanto, o

---

633 SHEA, Michael; CÁRDENAS, Elena Gutiérrez. Brexit: is the British Parliamentary and electoral system in crisis? *Política y Cultura*, Villa Quietud, v. 1, n. 50, p. 83-106, 2019, p. 85.

634 GÓES, Eunice. Eleições no Reino Unido: efeitos Brexit e austeridade produzem surpresa eleitoral. *Relações Internacionais*, Lisboa, v. 1, n. 56, p. 77-92, dez. 2017, p. 85.

635 Mecanismo adotado pelo Parlamento Europeu para mensurar e compreender a opinião pública em todos os Estados-membros da UE. UNIÃO EUROPEIA. Eurobarometer. Disponível em: https://www.europarl.europa.eu/at-your-service/pt/be-heard/eurobarometer. Acesso em: 30 dez. 2020.

636 TOSTES, Ana Paula. *União Europeia*: resiliência e inovação política no mundo contemporâneo. Curitiba: Appris, 2017, p. 155-156.

Eurobarômetro revela que o Reino Unido não mudou sua posição no ranque da avaliação da democracia na UE, mantendo-se como o Estado-membro que pior avalia a democracia na região, ou seja, apenas 45% dos respondentes consideram a União democrática (em contraste com a Alemanha, que apresenta índice de 75% de avaliação positiva sobre a democracia na região).[637]

Com efeito, do ponto de vista econômico é preciso reconhecer que o *Brexit* indica, além de desglobalização, também desaceleração da economia. Em 2019, o FMI já apontava para o momento de vulnerabilidade e incertezas a gerar a desaceleração econômica global, mas isso antes mesmo da sua consumação, dadas as tensões comerciais entre China e Estados Unidos,[638] o que leva a crer que a fissura na União Europeia e as tensões do *Brexit* contemplam aspectos desglobalizatórios relacionados muito mais à crise política do que econômica,[639] bem assim, os aspectos relacionados à soberania estatal.

A soberania é uma questão que se encontra no cerne da ordem política internacional desde a Paz de Westphalia[640] em 1648.[641] A soberania contemporânea, porém, com a intensificação da globalização, passou a se descentralizar, desfocando-se e deslocando-se do eixo central do Estado para múltiplas fontes concorrentes de poder legiferante, provenientes da estrutura global de governança e, no caso do Reino Unido, há ainda o incremento da estrutura de governança da própria União.

Apesar dessa complexa estrutura que acabou por inaugurar um modelo híbrido de governança,[642] estatal e interestatal, ao longo do tempo, o Reino Unido usufruiu do melhor dos dois mundos,[643] nacional

---

637 TOSTES, Ana Paula. *União Europeia*: resiliência e inovação política no mundo contemporâneo. Curitiba: Appris, 2017, p. 156-157.

638 CONSANI, Norberto; PÉRSICO, Juan Carlos. Las implicaciones del Brexit en Europa y el mundo. *Relaciones Internacionales*, La Plata, v. 28, n. 57, p. 1-11, dez. 2019, p. 7.

639 MARTINO, Antonio. Brexit. *Revista de Reflexión y Análisis Políticas*, Buenos Aires, v. 21, n. 2, p.565-575, 2017, p. 570.

640 Ensina Nina Ranieri que a Paz de Westphalia foi firmada em 1648, após cerca de cem anos de guerras religiosas na Europa, e permitiu a constituição dos atributos de soberania estatal plena em determinado território e em relação a determinado povo, sintetizados na fórmula "na região dele, a religião dele". Cf. RANIERI, Nina. Estado e nação: novas relações? *In:* CLÈVE, Clèmerson Merlin; BARROSO, Luís Roberto. *Doutrinas essenciais de direito constitucional*: teoria geral do Estado. São Paulo: RT, 2011, p. 356.

641 KISSINGER, Henry. *Diplomacia*. São Paulo: Saraiva, 2012, p. 21.

642 TOSTES, Ana Paula. *União Europeia*: resiliência e inovação política no mundo contemporâneo. Curitiba: Appris, 2017, p. 165.

643 SZUCKO, Angelica. Brexit and differentiated European (dis)integration. *Contexto Internacional*, Rio de Janeiro, v. 42, n. 3, p. 621-646, nov. 2020, p. 621.

e integrado à UE, aceitando os bônus e dificilmente compartilhando dos seus ônus. No decurso da sua inserção na União, o Reino Unido conseguiu viabilizar uma série de exceções à integração mais estreita, valendo-se do que lhe era conveniente integrar e do que não era,[644] e ainda assim os apelos soberanistas e de renacionalização dos poderes soberanos foi decisivo para a decisão sobre a sua saída.

Além de não adotar o euro, moeda da União, o Reino Unido também guardou a exceção de não pertencer à área Schengen, de abertura de fronteiras e de livre circulação de pessoas na UE; duas exceções que não se estendem aos demais Estados-membros comuns da União. Antes do Reino Unido, o projeto europeu visava uma integração horizontal, sem regras à *la carte*. Com todas as exceções que o Reino Unido alcançou, o fato é que a sua população, em grande medida, permaneceu descolada das instituições europeias das quais fazia parte e, sobretudo, do direito europeu ao qual estava sujeita.[645]

Além disso, outras tentativas de conciliação entre as forças políticas eucêntricas e eurocéticas (e que, por fim, delineavam-se entre globalistas e soberanistas) foram feitas. No Conselho Europeu, realizado em fevereiro de 2016, David Cameron, então Primeiro-Ministro, obteve para o Reino Unido importantes concessões da UE em matéria de soberania, governança (sobretudo a econômica), competitividade, benefícios sociais e livre circulação, por ocasião da "Decisão Sobre o Novo Regime do Reino Unido na União Europeia", importando esclarecer, com efeito, que tal regramento só entraria em vigor se os britânicos decidissem pela permanência na UE.[646]

Se o Reino Unido usufruía do melhor que a União poderia oferecer, e se a soberania contemporânea, globalizada, não implica em soberania nacionalizada e concentrada no Estado, mas antes em uma relação estabelecida para com a governança, é interessante investigar as razões pelas quais o movimento soberanista (e antiglobalista) prevaleceu, a fim de retomar a soberania britânica perdida para a União.

A saída do Reino Unido da União Europeia descreve um processo de dificuldade da cooperação internacional.[647] A colaboração dentro da

---

644 CONSANI, Norberto; PÉRSICO, Juan Carlos. Las implicaciones del Brexit en Europa y el mundo. *Relaciones Internacionales,* La Plata, v. 28, n. 57, p. 1-11, dez. 2019, p. 2.

645 TOSTES, Ana Paula. *União Europeia*: resiliência e inovação política no mundo contemporâneo. Curitiba: Appris, 2017, p. 159.

646 CONSANI, Norberto; PÉRSICO, Juan Carlos. Las implicaciones del Brexit en Europa y el mundo. *Relaciones Internacionales,* La Plata, v. 28, n. 57, p. 1-11, dez. 2019, p. 2.

647 BONNECKE, Svenja. Brexit: quo vadis? *Estudios Internacionales,* Santiago, v. 51, n. 193,

própria União começa a ser desafiada, podendo, inclusive, gerar crises políticas e processos de ruptura ainda maiores em efeito dominó,[648] dentro do próprio Reino Unido, tais como o reavivamento dos processos separatistas na Escócia[649] e tensões históricas na Irlanda do Norte[650] e fora dele, como a retirada de outros Estados-membros, levando à desintegração da própria União, e, nesse sentido, os movimentos eurocéticos ganham cada vez mais espaço, como na França e na Grécia.[651] [652]

Decorre daí o raciocínio segundo o qual o *Brexit* é produto do impasse político da atualidade, decorrente do processo desglobalizatório. As disfunções nos mecanismos de governança da UE e a insatisfação do Reino Unido precedem ao *Brexit*. Ainda em 2013, o próprio governo britânico formulou um plano de "repatriamento de poderes" da UE para os Estados-membros. Para tanto, o Reino Unido exigiu que todos os seus ministérios, órgãos e sociedade civil em geral que compunha a sua estrutura interna de governança, estudassem cuidadosamente a situação jurídica no que dizia respeito à distribuição de competências entre a

---

p. 9-36, 2019, p. 10. No original, a pesquisa faz menção ao "encerramento" da cooperação internacional.

648 Cf. SZUCKO, Angelica. Brexit and differentiated European (dis)integration. *Contexto Internacional*, Rio de Janeiro, v. 42, n. 3, p.621-646, nov. 2020.

649 Um dos elementos-chave que encorajou os escoceses a decidir pela permanência no Reino Unido no referendo realizado em 18 de setembro de 2014 foi justamente a continuidade na União Europeia, já que, se optassem pela independência, teriam que solicitar a sua admissão diretamente junto à União e, a sua inclusão dependeria da aceitação, por unanimidade, de todos os Estados-membros, o que o Reino Unido, enquanto parte da UE, certamente, vetaria. GARCÍA-LOZANO, Soledad Torrecuadrada; GARCÍA, Fonte Pedro. ?Qué es el Brexit? Origen y possibles consequencias. *Anuario Mexicano de Derecho Internacional*, Ciudad de México, v. 17, n. 1, p. 1-24, jan.-dez., 2017, p. 8-9.

650 CONSANI, Norberto; PÉRSICO, Juan Carlos. Las implicaciones del Brexit en Europa y el mundo. *Relaciones Internacionales*, La Plata, v. 28, n. 57, p. 1-11, dez. 2019, p. 3-4.

651 TOSTES, Ana Paula. *União Europeia*: resiliência e inovação política no mundo contemporâneo. Curitiba: Appris, 2017, p. 136-154.

652 Além de França ("*Frexit*") e Grécia ("*Grexit*"), já se fala em uma possível saída da Holanda ("*Nexit*") e também da Polônia e Hungria, que poderiam considerar seus propósitos mais bem satisfeitos seguindo eventual modelo britânico, após a saída, do que mantendo seus estatutos como membros da UE. GARCÍA-LOZANO, Soledad Torrecuadrada; GARCÍA, Fonte Pedro. ?Qué es el Brexit? Origen y possibles consequencias. *Anuario Mexicano de Derecho Internacional*, Ciudad de México, v. 17, n. 1, p. 1-24, jan.-dez., 2017, p. 10. Também os xenófobos do Partido Alternativa para a Alemanha, o partido de extrema direita da Eslováquia, Partido do Povo Eslovaco e as forças políticas de direita da Dinamarca, Suécia e Áustria somam-se às mesmas reivindicações, enquanto na Itália, o Movimento Cinco Estrelas, em ascensão, reafirmou sua crítica ao curso europeu e a sua rejeição à continuidade do país no euro, enquanto a Liga do Norte revigorou sua demanda por um referendo para sair da União. CONSANI, Norberto; PÉRSICO, Juan Carlos. Las implicaciones del Brexit en Europa y el mundo. *Relaciones Internacionales*, La Plata, v. 28, n. 57, p. 1-11, dez. 2019, p. 6.

União e os Estados-membros. A principal hipótese era a de que muitas competências tinham sido transferidas para a UE no decurso das várias alterações aos tratados fundadores,[653] e muito de soberania estatal havia sido perdida para a estrutura geral de governança da União, sobretudo no que diz respeito à atividade legiferante.

O estudo do governo britânico foi realizado numa altura em que se convencia de que a reforma dos tratados fundadores ocorreria inevitavelmente na zona euro, presumindo que, neste caso, o Reino Unido poderia aceitar tal reforma em troca de uma modificação fundamental dos tratados fundadores, seja por meio de uma repatriação de poderes, seja pela aquisição de um *status* especial de "semi-membro" da UE. Isso, porém, não ocorreu; tampouco a zona do euro sinalizou um caminho reformista nesse sentido, preferindo celebrar acordos intergovernamentais e a formulação de diversas diretivas específicas através do Banco Central Europeu (BCE).[654]

Assim, esgotadas as tentativas políticas de acomodação de interesses soberanistas e eurocentristas e, ainda, diante da desestabilização da regra geral da soberania parlamentar no Reino Unido provocada pela União Europeia, somada ao direito europeu, que por sua vez também desafia a lógica constitucional do *commom law* britânico, bem assim a atuação dos tribunais nacionais para a formação de precedentes judiciários, ao Reino Unido coube o acionamento do artigo 50 do Tratado de Lisboa, que prevê a saída de membros da União Europeia e a subsequente (re)negociação de poderes, inclusive legiferantes, importando analisar as repercussões para a soberania do Reino Unido em suas expressões externa e interna, que ora se faz em itens apartados apenas para facilitar a compreensão do tema, dada a complexidade que o *Brexit* contempla.

4.1.1.3.1 "*Brexit*" e soberania do Reino Unido em sua face externa

Com o acionamento do artigo 50 do Tratado de Lisboa, que prevê a saída de membros da União Europeia, por parte do Reino Unido,

[653] BACA, Werner Miguel Kühn. Aspectos jurídicos y perspectivas políticas de una possible retirada de la Unión Europea por parte del Reino Unido. *RSTPR*, Assunção, v.4, n. 8, p. 64-94, 2016, p. 74.

[654] BACA, Werner Miguel Kühn. Aspectos jurídicos y perspectivas políticas de una possible retirada de la Unión Europea por parte del Reino Unido. *RSTPR*, Assunção, v.4, n. 8, p. 64-94, 2016, p. 74.

e em especial a partir da notificação acerca da intenção de retirada, determinada no acordo de saída para até 31 de dezembro de 2020, as partes principiaram as negociações de saída (tratados).[655]

Se de um lado a desglobalização foi a tônica até então, de outro, o estabelecimento de novas relações jurídicas internacionais foi a busca priorizada pelas partes, até porque a legislação do Reino Unido proibia a saída da União Europeia sem um acordo, o chamado "*Brexit no deal*".[656] Por parte do Reino Unido, a ideia era estabelecer acordos que trouxessem os benefícios da integração, mas sem os eventuais compromissos de um Estado-membro. Já da perspectiva da União Europeia, a ideia era não cortar definitivamente os laços para com o Reino Unido, mas sem concessões que pudessem incentivar novas saídas do bloco.[657]

Neste contexto, o texto provisório (*Draft text*) apresentado ao Reino Unido[658] era integrado por seis tópicos, intitulados de "Disposições Comuns, Economia e Comércio, Parceria de Segurança, Participação em Programas da União e Disposições Financeiras, Disposições Institucionais e Disposições Finais e Protocolos",[659] sendo que:

> Até meados de dezembro de 2020 um Acordo estava distante, esbarrando em aspectos como a pesca (Economia e Comércio), a proteção ambiental, os direitos dos trabalhadores, desnivelando os graus de competição entre os parceiros, governança e solução de controvérsias, entre outros temas complexos. Um ponto fulcral era o *Single Market*. Com a dificuldade em atingir um novo Acordo, as questões envolvendo o abatimento do Mercado **Único** preocupavam a todos. Com efeito, o *Single Market*, assegurando a "livre circulação de bens, serviços, capitais e pessoas no mercado **único** europeu", **é** uma parte ambiciosa, e até então inédita, da estruturação da União Europeia, cujo intuito maior foi o de eliminar

---

655 EUROPEAN COMMISSION. Draft text of the Agreement on the New Partnership with the United Kingdom, 2020. Disponível em: https://ec.europa.eu/info/publications/draft-text-agreement-new-partnership-united-kingdom_en. Acesso em: 10 maio 2021.

656 UNITED KINGDOM. The National Archives. Legislation. European Union (Withdrawal) Act 2018. Disponível em: https://www.legislation.gov.uk/ukpga/2018/16/contents/enacted. Acesso em: 20 jul. 2021.

657 ALVES, Angela Limongi Alvarenga; ALMEIDA, Daniel Freire. Desglobalização, Brexit e os novos acordos entre Reino Unido e União Europeia. *Revista de Direito Internacional*, Brasília, v. 18, n. 3, p. 33-51, 2021.

658 EUROPEAN COMMISSION. Draft text of the Agreement on the New Partnership with the United Kingdom, 2020. Disponível em: https://ec.europa.eu/info/publications/draft-text-agreement-new-partnership-united-kingdom_en. Acesso em: 10 maio 2021.

659 EUROPEAN COMMISSION. Draft text of the Agreement on the New Partnership with the United Kingdom, 2020. Disponível em: https://ec.europa.eu/info/publications/draft-text-agreement-new-partnership-united-kingdom_en. Acesso em: 10 maio 2021.

as fronteiras geográficas e institucionalizar mais ainda a ideia de um território uno, de proporções continentais.[660]

O impasse político perdurou até 24 de dezembro de 2020, com a celebração de três acordos. Inicialmente, um "Acordo de Comércio e Cooperação", seguido de um "Acordo de Cooperação Nuclear" e, por fim, um "Acordo sobre Procedimentos de Segurança para Troca e Proteção de Informações Classificadas". Nesse sentido, três tratados passaram a responder pelas relações entre a União Europeia e o Reino Unido.[661]

O primeiro acordo, o comercial, mais ambicioso, delineado em mais de 1400 páginas, destaca o âmago das necessidades entre as partes.[662] Com efeito, a cooperação e o comércio impulsionaram as tratativas e culminaram em um texto dividido em sete partes. Na primeira parte estão as disposições comuns e institucionais, seguindo (parte 2) do comércio, da cooperação na aplicação da lei e da justiça criminal (parte 3), das questões temáticas (parte 4, saúde e *cibersegurança*), da participação em programas da União (parte 5), das soluções de controvérsias (parte 6) e das disposições derradeiras do tratado (parte 7). Na perspectiva da desglobalização, dispensa o Reino Unido das obrigações e dos deveres para com a União Europeia, porém, deixando de receber os direitos e os benefícios disponíveis da integração.

Nesse sentido, a saída do Reino Unido da União Europeia passa a atingir frontalmente ambas as partes, ainda que preserve certa

---

660 FERNANDES, Isabella Alvares; FREIRE E ALMEIDA, Daniel. *A União Europeia e o Brexit*: paradigmas e implicações jurídicas dos novos acordos. New York: Lawinter Editions, 2021, p. 117-118.

661 EUROPEAN UNION. Trade and Cooperation Agreement Between the European Union and the European Atomic Energy Community, of the One Part, and the United Kingdom of Great Britain and Northern Ireland, of the Other Part, 2020. Disponível em: https://eur-lex.europa.eu/legal-content/EN/TXT/PDF/?uri=CELEX:22020A1231(01)&from=PT. Acesso em: 12 maio 2021; EUROPEAN UNION. Agreement Between the European Union and the United Kingdom of Great Britain and Northern Ireland Concerning Security Procedures for Exchanging and Protecting Classified Information, 2020. Disponível em: https://eur-lex.europa.eu/legal-content/EN/TXT/PDF/?uri=CELEX:22020A1231(02)&from=PT. Acesso em: 12 maio 2021; EUROPEAN UNION. Agreement Between the Government of the United Kingdom of Great Britain and Northern Ireland And the European Atomic Energy Community for Cooperation on the Safe and Peaceful Uses of Nuclear Energy, 2020. Disponível em: https://eur-lex.europa.eu/legal-content/EN/TXT/PDF/?uri=CELEX:22020A1231(04)&from=PT. Acesso em: 12 maio 2021.

662 EUROPEAN UNION. Trade and Cooperation Agreement Between the European Union and the European Atomic Energy Community, of the One Part, and the United Kingdom of Great Britain and Northern Ireland, of the Other Part, 2020. Disponível em: https://eur-lex.europa.eu/legal-content/EN/TXT/PDF/?uri=CELEX:22020A1231(01)&from=PT. Acesso em: 12 maio 2021.

autonomia ao Reino Unido em suas políticas aduaneiras, econômicas e de circulação de mercadorias e serviços. A saída do mercado **único**, no entanto, na esteira da desglobalização, faz desmoronar uma estrutura forjada sob a égide da globalização, e, portanto, da integração.[663] O afastamento do Reino Unido sintetiza que, não sendo mais componente da União, passe a encarar certos entraves em disposições aduaneiras aos produtos, restrições na prestação e importação de serviços, necessidades de vistos para estadias duradouras e o afastamento de programas da União Europeia, como o Erasmus+.[664] [665]

Ainda na área comercial, das exportações e importações, o novo acordo isenta de impostos aduaneiros, mas sujeita as transações a custos administrativos e alfandegários extras, resultantes do exercício dos órgãos de soberania, que encarecerão a compra e venda de mercadorias bem como o escoamento dos fornecimentos mútuos entre as partes.

Por outro lado, um aspecto revelador do cenário desglobalizante **é** que, pelos termos do acordo, a relação entre as partes **é** fundamentada pelo Direito Internacional, e não mais pelo direito europeu, apartando a jurisdição do Tribunal de Justiça Europeu e da legislação da União Europeia nos assuntos do Reino Unido a partir desse tratado,[666] ao menos *prima facie*. Este cenário, de fato, tenta afastar anos de um quadro jurídico integrado, resultando em aumento de poderes legiferantes na

---

663 ALVES, Angela Limongi Alvarenga; ALMEIDA, Daniel Freire. Desglobalização, Brexit e os novos acordos entre Reino Unido e União Europeia. *Revista de Direito Internacional*, Brasília, v. 18, n. 3, p. 33-51, 2021.

664 O Erasmus+ é o programa europeu que apoia a educação, a formação, a juventude e o desporto no âmbito da União Europeia. COMISSÃO EUROPEIA. *O que é o Erasmus+?* Disponível em: https://ec.europa.eu/programmes/erasmus-plus/about_pt. Acesso em: 22 maio 2021. Os estudantes da Irlanda do Norte, integrante do Reino Unido, entretanto, poderão continuar participando do programa em razão de um acordo com a República da Irlanda, esta integrante da União Europeia. ERASMUS+. *Que países são elegíveis?* Disponível em: https://www.erasmusmais.eu/paises. Acesso em: 19 jul. 2021.

665 EUROPEAN UNION. Trade and Cooperation Agreement Between the European Union and the European Atomic Energy Community, of the One Part, and the United Kingdom of Great Britain and Northern Ireland, of the Other Part, 2020. Disponível em: https://eur-lex.europa.eu/legal-content/EN/TXT/PDF/?uri=CELEX:22020A1231(01)&from=PT. Acesso em: 12 maio 2021; CHAPMAN, Ben. EU single market: what is it and why should we care if the UK leaves it? *The Independent UK*. Londres, 27 set. 2018. Disponível em: https://www.independent.co.uk/news/uk/politics/single-market-brexit-eu-trade-deals-what-is-uk-leave-european-union-why-a8557176.html. Acesso em: 15 maio 2021.

666 EUROPEAN UNION. Trade and Cooperation Agreement Between the European Union and the European Atomic Energy Community, of the One Part, and the United Kingdom of Great Britain and Northern Ireland, of the Other Part, 2020. Disponível em: https://eur-lex.europa.eu/legal-content/EN/TXT/PDF/?uri=CELEX:22020A1231(01)&from=PT. Acesso em: 12 maio 2021.

esfera britânica, muito embora o direito europeu ainda deva repercutir por longo período após o *Brexit*, como se verá adiante.

No mesmo sentido, a saída da Eurojust,[667] da Europol[668] e dos programas da União Europeia resgata aspectos da soberania do Reino Unido e o afasta das cooperações construídas pela integração do bloco. Igualmente, o acordo retoma a soberania do Reino Unido sobre suas **águas** pesqueiras, no combate ao crime organizado e ao terrorismo, na aplicação dos padrões laborais e climáticos, no contexto dos subsídios agrícolas e industriais e na saúde e segurança social.[669]

Por conseguinte, os novos acordos, também assegurados na questão nuclear e na proteção de informações classificadas, embora tímidos pela própria extensão limitada de seus textos,[670] revelam que a desglobalização foi fulcral para o contexto do *Brexit*, tanto no que o antecedeu quanto no que o sucedeu, em especial no âmbito dos novos acordos. Na direção oposta da construção integradora do bloco europeu, a saída e os consequentes tratados passam a instaurar um novo

---

[667] A Eurojust é a agência da União Europeia para a cooperação em matéria de justiça criminal, responsável por coordenar investigações de crimes transfronteiriços na Europa e fora dela. Enquanto centro da União Europeia para a cooperação judiciária, a Eurojust presta apoio às autoridades nacionais, promovendo intercâmbio de informações e estratégias para órgãos de acusação, como o Ministério Público, facilitando a utilização de instrumentos de cooperação judiciária e ações conjuntas. EUROJUST. European Union Agency for Criminal Justice Cooperation. *About us*. Disponível em: https://www.eurojust.europa.eu/about-us. Acesso em: 19 jul. 2021.

[668] A Europol é a agência da União Europeia para a cooperação policial, em especial, no combate ao terrorismo, crime organizado e *cibercriminalidade*. EUROPOL. European Union Agency for Law Enforcement Cooperarion. *About Europol*. Disponível em: https://www.europol.europa.eu/about-europol. Acesso em: 19 jul. 2021.

[669] EUROPEAN UNION. Trade and Cooperation Agreement Between the European Union and the European Atomic Energy Community, of the One Part, and the United Kingdom of Great Britain and Northern Ireland, of the Other Part, 2020. Disponível em: https://eur-lex.europa.eu/legal-content/EN/TXT/PDF/?uri=CELEX:22020A1231(01)&from=PT. Acesso em: 12 maio 2021.

[670] EUROPEAN UNION. Trade and Cooperation Agreement Between the European Union and the European Atomic Energy Community, of the One Part, and the United Kingdom of Great Britain and Northern Ireland, of the Other Part, 2020. Disponível em: https://eur-lex.europa.eu/legal-content/EN/TXT/PDF/?uri=CELEX:22020A1231(01)&from=PT. Acesso em: 12 maio 2021; EUROPEAN UNIOIN. Agreement Between the European Union and the United Kingdom of Great Britain and Northern Ireland Concerning Security Procedures for Exchanging and Protecting Classified Information, 2020. Disponível em: https://eur-lex.europa.eu/legal-content/EN/TXT/PDF/?uri=CELEX:22020A1231(02)&from=PT. Acesso em: 12 maio 2021; EUROPEAN UNION. Agreement Between the Government of the United Kingdom of Great Britain and Northern Ireland And the European Atomic Energy Community for Cooperation on the Safe and Peaceful Uses of Nuclear Energy, 2020. Disponível em: https://eur-lex.europa.eu/legal-content/EN/TXT/PDF/?uri=CELEX:22020A1231(04)&from=PT. Acesso em: 12 maio 2021.

paradigma internacional, revelador do fenômeno da desglobalização, em especial para a soberania estatal do Reino Unido.

4.1.1.3.2 "*Brexit*" e soberania do Reino Unido em sua face interna

Como parte do processo desglobalizatório, o *Brexit* despertou diversas discussões a respeito da retomada de uma soberania estatal (re) nacionalizada, de forma a retomar padrões westphalianos, caracterizados pela ausência de poderes político-normativos externos concorrentes.[671] Em princípio, representa a reafirmação da concepção britânica de soberania, que é interna por essência, localizada no Parlamento, e que, portanto, desafia o entendimento continental de soberania que, por sua vez, é muito mais receptivo à ideia de soberania em múltiplas camadas de autoridade, permeada pela globalização, e de governança multinível, bastante característica da União Europeia. Nessa esteira, emergiram importantes questões complicadoras.

A primeira delas referiu-se ao fato de que uma eventual saída do Reino Unido mediante participação no mercado comum[672] exigiria do mesmo a permanência sob a jurisdição do Tribunal de Justiça da União Europeia – algo que, por si só, afrontaria a sua soberania interna, ante a tradição do *common law* britânico – e foi, desde logo, descartado como "linha vermelha" de negociação britânica.[673] Em segundo lugar, a aceitação do Reino Unido em instituições da União Europeia, bem como em suas agências reguladoras, não seria possível sem expressivas contribuições financeiras para o orçamento da União,[674] algo que contrastaria a soberania interna do Reino Unido e a almejada retomada de liberdade legislativa, nesse caso relacionada ao direito financeiro. Por terceiro, um

---

671 ODERMATT, Jed. Brexit and international legal sovereignty. *In:* VARA, Juan Santos; WESSEL, Ramses; POLAK, Polly. *The Routledge handbook on the international dimension of Brexit*. London: Routledge, 2021, p. 316.

672 Isso porque a estratégia inicial de David Cameron baseava-se em convencer o Parlamento, bem como o eleitorado, a "permanecer, mas reduzir poderes". McCONALOGUE, Jim. *The British Constitution resettled*: parliamentary sovereignty before and after Brexit. London: Palgrave Macmillan, 2020, p. 237.

673 CHRISTIANSEN, Thomas; FROMAGE, Diane. Introduction. *In:* CHRISTIANSEN, Thomas; FROMAGE, Diane. *Brexit and democracy*: the role of parliaments in the UK and the European Union. London: Palgrave Macmillan, 2019, p. 2.

674 CHRISTIANSEN, Thomas; FROMAGE, Diane. Introduction. *In:* CHRISTIANSEN, Thomas; FROMAGE, Diane. *Brexit and democracy*: the role of parliaments in the UK and the European Union. London: Palgrave Macmillan, 2019, p. 2.

Brexit "duro", "*no deal*", ou seja, sem acordo, seria incompatível com a manutenção de fronteiras abertas entre a Irlanda do Norte e a República da Irlanda, e, portanto, em desalinho para com o Acordo da Sexta-feira Santa,[675] bem como a posição da União Europeia de apoio à Irlanda[676] e, ainda, a vedação imposta pela lei geral do *Brexit*.[677] Além disso, havia sérias preocupações acerca da proteção de direitos de cidadãos residentes, por ambas as partes em tal cenário,[678] além daqueles referentes aos cidadãos britânicos residentes na União Europeia e vice-versa.

Após o referendo de 23 de junho de 2016, que deliberou sobre o *Brexit*, outra celeuma jurídica envolvendo a soberania se instalou no Reino Unido, indagando se o acionamento do artigo 50 do Tratado de Lisboa poderia ser feito diretamente pelo governo do Reino Unido, como entendeu o mesmo à época, diante da incorporação normativa de efeito direto proveniente da União ao direito interno, ou se haveria a necessidade de lei proveniente do Parlamento britânico para tanto, em respeito à soberania parlamentar e, portanto, à Constituição. A questão só foi dirimida pela Suprema Corte do Reino Unido com o julgamento do caso R. Miller *v*. Secretário de Estado para a Saída da União Europeia,[679] em que se decidiu pela ordem constitucional. A prevalência

---

675 O Acordo de Belfast, conhecido como "Acordo da Sexta-feira Santa" ou "*Good Friday Agreement*" ou ainda, pela sigla em inglês "GFA", é acordo firmado entre Reino Unido, Irlanda do Norte e República da Irlanda, em 1998, destinado a pôr fim ao conflito político na Irlanda do Norte. UNITED KINGDOM GOVERNMENT. The Belfast Agreement. Disponível em: https://www.gov.uk/government/publications/the-belfast-agreement. Acesso em: 12 mar. 2021. Desde o referendo do *Brexit*, diversos protestos e episódios de violência eclodiram na Irlanda do Norte, reascendendo o conflito político entre lealistas pró-britânicos (defendentes da permanência da Irlanda do Norte no Reino Unido) e nacionalistas pró-irlandeses (favoráveis à unificação das duas Irlandas), mesmo após os novos acordos entre Reino Unido e União Europeia. LYONS, Emmet; CASSIDY, Amy. Brexit reacende protestos e conflitos na Irlanda do Norte. *CNN*, Nova Iorque, 10 de abril de 2021. Disponível em: https://www.cnnbrasil.com.br/internacional/2021/04/08/brexit-reacende-protestos-e-conflitos-na-irlanda-do-norte. Acesso em: 19 jul. 2021; FOX, Kara. O que está por trás da violência recente na Irlanda do Norte? *CNN*, Nova Iorque, 10 de abril de 2021. Disponível em: https://www.cnnbrasil.com.br/internacional/2021/04/10/o-que-esta-por-tras-da-violencia-recente-na-irlanda-do-norte. Acesso em: 19 jul. 2021.

676 CHRISTIANSEN, Thomas; FROMAGE, Diane. Introduction. *In:* CHRISTIANSEN, Thomas; FROMAGE, Diane. *Brexit and democracy*: the role of parliaments in the UK and the European Union. London: Palgrave Macmillan, 2019, p. 2.

677 UNITED KINGDOM. The National Archives. Legislation. European Union (Withdrawal) Act 2018. Disponível em: https://www.legislation.gov.uk/ukpga/2018/16/contents/enacted. Acesso em: 20 jul. 2021.

678 CHRISTIANSEN, Thomas; FROMAGE, Diane. Introduction. *In:* CHRISTIANSEN, Thomas; FROMAGE, Diane. *Brexit and democracy*: the role of parliaments in the UK and the European Union. London: Palgrave Macmillan, 2019, p. 2.

679 UNITED KINGDOM. Supreme Court. R Miller v. Secretary of State for Exiting the European Union. Disponível em: https://www.supremecourt.uk/cases/uksc-2016-0196.html. Acesso em: 20 jul. 2021.

da soberania interna discutida e decidida no caso já prenunciava que as dificuldades de cooperação no plano internacional aliadas às fissuras políticas provenientes do processo desglobalizatório elevaram o âmbito interno estatal ao primeiro plano e impactaram diretamente a soberania no plano interno dos Estados, mesmo em um contexto de integração aprofundada e de governança de alta complexidade como o da União Europeia: a primazia da soberania e do direito interno em detrimento da integração internacional.

Assim, após o julgamento pela Suprema Corte, em 24 de janeiro de 2017, declarando que o governo não poderia desencadear o artigo 50 do Tratado de Lisboa, mas apenas o Parlamento, por meio de legislação ordinária, foi introduzido o projeto de lei para a retirada, o *European Union Notification of Withdrawal Bill* (EUNOW Bill).[680] Seu objetivo não era estabelecer os detalhes dos termos de retirada do Reino Unido, mas conferir efeito legal ao referendo e autorizar o governo a notificar oficialmente a União Europeia sobre a retirada.[681]

Após debates e acréscimo de grande volume de emendas, o projeto foi aprovado na Câmara dos Comuns, novamente discutido e deliberado na Câmara dos Lordes, dada a bicameralidade do legislativo britânico e, por fim, recebeu o consentimento real em março de 2017.[682] A seguir, o EUNOW Bill foi seguido de um projeto de lei mais complexo, que previa a revogação da Lei das Comunidades Europeias de 1972 (a legislação fundamental que permitiu a adesão do Reino Unido ao mercado europeu) e estabeleceu o processo pelo qual a legislação da União Europeia seria mantida ou modificada,[683] o *European Union (Withdrawal) Act* (EUWA), que acabou recebendo o consentimento real em 26 de junho de 2018.

---

680 UNITED KINGDOM. Parliament. European Union Notification of Withdrawal Bill. Disponível em: https://publications.parliament.uk/pa/bills/lbill/2016-2017/0103/17103.pdf. Acesso em: 20 jul. 2021.

681 THOMPSON, Louise; YONG, Ben. What do we mean by parliamentary scrutiny of Brexit? A view from the House of Commons. *In:* CHRISTIANSEN, Thomas; FROMAGE, Diane. *Brexit and democracy*: the role of parliaments in the UK and the European Union. London: Palgrave Macmillan, 2019, p. 29.

682 SMITH, Julie. Fighting to 'take back control': the House of Lords and Brexit. *In:* CHRISTIANSEN, Thomas; FROMAGE, Diane. *Brexit and democracy*: the role of parliaments in the UK and the European Union. London: Palgrave Macmillan, 2019, p. 81.

683 THOMPSON, Louise; YONG, Ben. What do we mean by parliamentary scrutiny of Brexit? A view from the House of Commons. *In:* CHRISTIANSEN, Thomas; FROMAGE, Diane. *Brexit and democracy*: the role of parliaments in the UK and the European Union. London: Palgrave Macmillan, 2019, p. 31.

Durante as negociações do *Brexit*, novamente a soberania estatal entrou em voga. Enquanto o Reino Unido almejava o acesso ao mercado europeu de aproximadamente 450 milhões de consumidores, a União Europeia preocupava-se em garantir que os britânicos não reduzissem os padrões relativos à legislação ambiental e aos compromissos climáticos, bem como aos direitos sociais e trabalhistas, de forma a tornarem-se mais competitivos do que suas contrapartes europeias.[684] Isso porque a União Europeia desenvolveu regras robustas nessas áreas e tem se envolvido ativamente na cooperação internacional para tal mister, haja vista que a sua estrutura de governança é reconhecida como uma das mais sofisticadas do mundo.[685]

Coube, então, ao Reino Unido avaliar o alcance e a extensão do corpo normativo proveniente da União Europeia para decidir o que seria revogado, devolvendo ao Parlamento a centralidade na busca por soluções para a crise soberana.[686] Durante a permanência na União, o Parlamento do Reino Unido promulgava cerca de 35-40 estatutos primários e aproximadamente 2.000 instrumentos legais por ano. Aproximadamente 20.000-25.000 medidas da UE tornaram-se parte da legislação do Reino Unido, de acordo com o *European Union (Withdrawal) Act*,[687] e muito do direito europeu será mantido, de acordo com as seções 2 a 4.[688]

Uma alteração significativa ao EUWA foi feita pela lei que sucedeu o acordo de retirada, em 2020, na parte 4, seção 26, para ampliar as possibilidades de tribunais no Reino Unido divergirem da jurisprudência do TJUE.[689][690] Mas, ainda assim, é muito provável que o Reino Unido

---

684 SZUCKO, Angélica. O Acordo de Comércio e Cooperação e a nova fase das relações Reino Unido-União Europeia. *Observatório do Regionalismo*, São Paulo, 23 de março de 2021. Disponível em: http://observatorio.repri.org/2021/03/23/o-acordo-de-comercio-e-cooperacao-e-a-nova-fase-das-relacoes-reino-unido-uniao-europeia/. Acesso em: 12 abr. 2021.

685 McCONALOGUE, Jim. *The British Constitution resettled*: parliamentary sovereignty before and after Brexit. London: Palgrave Macmillan, 2020, p. 245.

686 ODERMATT, Jed. Brexit and international legal sovereignty. *In:* VARA, Juan Santos; WESSEL, Ramses; POLAK, Polly. *The Routledge handbook on the international dimension of Brexit*. London: Routledge, 2021, p. 327.

687 UNITED KINGDOM. The National Archives. Legislation. European Union (Withdrawal) Act 2018. Disponível em: https://www.legislation.gov.uk/ukpga/2018/16/contents/enacted. Acesso em: 20 jul. 2021.

688 UNITED KINGDOM. The National Archives. Legislation. European Union (Withdrawal) Act 2018. Disponível em: https://www.legislation.gov.uk/ukpga/2018/16/contents/enacted. Acesso em: 20 jul. 2021.

689 UNITED KINGDOM. The National Archives. Legislation. European Union (Withdrawal) Act 2018. Disponível em: https://www.legislation.gov.uk/ukpga/2018/16/contents/enacted. Acesso em: 20 jul. 2021.

690 Também o afastamento da jurisdição da Corte Europeia de Direitos Humanos estava na agenda política conservadora há longo tempo, algo que foi rediscutido com o *Brexit*,

recorra à jurisprudência da União Europeia para a sua interpretação, promovendo um regime de "equivalência" para com o direito europeu; caso contrário, esse pode ficar comprometido caso o Reino Unido se desvie na sua aplicação.[691] Tudo isso representa um vasto e extraordinário exercício legislativo e interpretativo que adicionará um novo capítulo para a compreensão da extensão do direito europeu no Reino Unido, por muito tempo, após o *Brexit*.

Por outro lado, o papel da União Europeia como importante regulador global não pode ser afastado, ainda que o Reino Unido tenha se insurgido na defesa de sua soberania. O alcance regulatório da UE sobre outros Estados soberanos pode ser observado nos mais diversos domínios, tais como em normativas ambientais, alimentares, como as concernentes aos alimentos geneticamente modificados, padrões de privacidade e proteção de dados e regras de segurança química, exemplificativamente. O conjunto regulatório europeu, bem como seus mecanismos de governança, encontram repercussão nos ordenamentos jurídicos de diversos Estados parceiros, ao ponto em que normas jurídicas da UE podem até mesmo ser "transplantadas", como nos EUA, por exemplo, em que se deu a transposição das normas ambientais europeias na Califórnia, Boston e Maine – ocorrência que também fez os Estados Unidos se insurgirem em defesa de sua soberania, durante o governo de Donald Trump, com efeito, como se verá adiante; a incorporação dos padrões europeus para emissões de gases em veículos nas leis chinesa e japonesa; padrões de composição da UE na Malásia e transferências de políticas inovadoras para os EUA nos campos socioeconômicos e jurídico.[692]

Alguns teóricos advertem que a capacidade de influência regulatória da União Europeia é mais visível e, portanto, mais eficiente em algumas áreas, a exemplo das citadas, do que em outras. Mas concordam que os regulamentos europeus afetam outros em diversas partes do mundo, muito além de suas fronteiras,[693] compondo o que

---

demonstrando, mais uma vez, a incidência da desglobalização. FAHEI, Elaine. The cross-channel reach of EU law in the UK post-Brexit. *In:* VARA, Juan Santos; WESSEL, Ramses; POLAK, Polly. *The Routledge handbook on the international dimension of Brexit*. London: Routledge, 2021, p. 322.

691 McCONALOGUE, Jim. *The British Constitution resettled*: parliamentary sovereignty before and after Brexit. London: Palgrave Macmillan, 2020, p. 245.

692 FAHEI, Elaine. The cross-channel reach of EU law in the UK post-Brexit. *In:* VARA, Juan Santos; WESSEL, Ramses; POLAK, Polly. *The Routledge handbook on the international dimension of Brexit*. London: Routledge, 2021, p. 333.

693 YOUNG, Alasdair. The European Union as a global regulator? Context and comparison. *Journal of European Public Policy*, London, v. 22, n. 9, 2015, p. 1233.

se convencionou a denominar na literatura de "efeito Bruxelas".[694] A internacionalização do direito europeu e a europeização do direito internacional podem ser verificadas também em campos não econômicos do direito, tanto quanto em procedimentos técnicos e administrativos, padrões e governança em múltiplas áreas.

Por todo o exposto, é evidente que os caminhos da desglobalização descritos por David Held, Thomas Hale e Kevin Young – crescimento da multipolaridade, inércia institucional, problemas difíceis (e mais complexificados) e fragmentação – conduziram as relações políticas entre o Reino Unido e a UE, a despeito de todas as tentativas na busca de soluções formuladas por ambas as partes. As falhas na estrutura de governança mostraram-se decisivas para impulsionar o processo de renacionalização da soberania, bem assim da relocalização da atividade de criação do direito no Reino Unido, mais precisamente a retomada da sua capacidade de formulação normativa,[695] consistente na regra constitucional de soberania do Parlamento britânico.

Apesar dos reclames em favor da retomada da soberania estatal pelo Reino Unido que o *Brexit* engendra, também é relevante pensar que a soberania estatal contemporânea, globalizada e permeada pela governança, subsiste, ainda que o Reino Unido esteja fora da União Europeia, já que a soberania britânica não se encontra descolada da realidade global – muito antes pelo contrário, já que o direito europeu e a governança europeia ainda repercutirão por um longo tempo após o *Brexit*. Também é bom lembrar que o Reino Unido foi, de fato, um importante *player* político e proeminente arquiteto a moldar a estrutura institucional global de governança do pós-guerra. Desse contexto, infere-se a coexistência de dois cenários: o de uma soberania globalizada e interfaciada pela governança e o de uma soberania renacionalizada, desglobalizada, permeada por um *pushback*, um retorno à soberania estatal localizada e centralizada no Estado.

De toda forma, o *Brexit* permite concluir que há, no Reino Unido, tanto no plano da política quanto no do direito, impactos evidentes tanto da globalização quanto da desglobalização na soberania estatal. Durante a redação do presente trabalho, a saída do Reino Unido da União

---

[694] FAHEI, Elaine. The cross-channel reach of EU law in the UK post-Brexit. *In:* VARA, Juan Santos; WESSEL, Ramses; POLAK, Polly. *The Routledge handbook on the international dimension of Brexit*. London: Routledge, 2021, p. 329.

[695] SCHOLTZ, Leopold. Die ramp van Brexit. *Journal of Humanities*, Pretoria, v. 59, n. 2, p. 292-300, Jun. 2019, p. 9.

Europeia foi formalizada,[696] e tanto no plano político quanto jurídico é possível afirmar que a soberania foi severamente impactada, porém, ainda não se tem maiores elementos e apontamentos que permitam afirmar que a soberania estatal foi total e completamente resgatada, a tal ponto que tenha passado a ser única e exclusivamente uma propriedade estatal, ou seja, que as forças da globalização e da governança tenham sido totalmente excluídas e anuladas no Reino Unido. Tal hipótese ainda demanda desenvolvimento e o desenrolar dos acontecimentos. Apesar disso, também é importante assinalar que tal movimento desglobalizatório e de renacionalização da soberania não é exclusivo do Reino Unido e também se revela para além dele.

4.1.2 Estados Unidos na "era Trump"

Como visto, com o governo de Donald Trump, em 2017, os Estados Unidos, enquanto principal *player* político global, alteraram a sua agenda política, tanto externa como interna, passando a priorizar a indústria nacional e a defesa de seus próprios interesses, levando, inclusive, a disputas políticas comerciais com a China.[697]

No âmbito da administração pública, cumprindo uma das promessas de campanha para os cem primeiros dias de mandato, Donald Trump estabeleceu que, para cada nova norma criada pela administração federal, duas normas antigas deveriam ser revogadas, visando a desregulamentação e a simplificação da legislação em diferentes setores.[698] Muito embora essa normativa tenha sido baixada, na prática a sua execução revelou-se mais dificultosa, tendo em vista a necessidade de revisão de todo o conjunto normativo da administração federal, a fim

---

696 A saída do Reino Unido da União Europeia se deu em 31 de janeiro de 2020, com período de transição e validade de toda a estrutura normativa até 31 de dezembro de 2020. UNIÃO EUROPEIA. EUR-Lex. Disponível em: https://eur-lex.europa.eu/legal-content/PT/TXT/?uri=LEGISSUM%3A4301000. Acesso em: 06 jan. 2021.

697 MENDONÇA, Filipe; ROCHA, Mateus de Paula Narciso. A tensão sino-estadunidense e a crise do multilateralismo comercial. *Mundo e Desenvolvimento*, São Paulo, v. 2, n. 3, p. 89-112, 2019, p. 89.

698 DO CARMO, Clorival Alves. Donald Trump: a resposta norte-americana aos efeitos desestabilizadores da globalização do capital. *Revista Esboços*, Florianópolis, v. 24, n. 38, p. 410-430, dez, 2017, p. 419. Neste mesmo sentido, TALEV, Margaret; SHIELDS, Todd. Trump to require two rules be killed for each new one issued. *Bloomberg*, New York, 30 Jan 2017. Disponível em: https://www.bloomberg.com/news/articles/2017-01-30/trump-to-require-two-regulations-be-revoked-for-every-new-one. Acesso em: 16 dez. 2020.

de dirimir quais poderiam ou não ser revogadas,[699] mas ainda assim tal normativa externaliza a retomada de uma soberania prioritariamente nacional e concentrada, pautada, inclusive, no modelo de federalismo centrípeto.

Essa soberania reformatada em padrões hierárquicos e de concentração de poderes, inclusive no âmbito normativo, constitui a exteriorização, no plano do direito, da "*America First Foreign Policy*", explicitada na página oficial governamental da Casa Branca, logo no início do mandato de Donald Trump, em 2017:

> Por muito tempo, os americanos foram forçados a aceitar no comércio acordos que colocam os interesses de *insiders* e da elite de Washington sobre os de homens e mulheres trabalhadores deste país. Como resultado, as cidades de colarinho azul têm assistido suas fábricas fecharem e empregos bem remunerados se mudarem para o exterior, enquanto os americanos enfrentam um déficit comercial crescente e uma devastadora queda em sua base de fabricação. (...) Para executar sua estratégia, o Presidente está nomeando o mais competente e inteligente para sua equipe comercial, garantindo que os americanos tenham os melhores negociadores possíveis. Por muito tempo, acordos comerciais foram negociados por e para membros do *stablishment* de Washington. O presidente Trump irá garantir que sob sua supervisão, as políticas comerciais serão implementadas por e para o povo, e colocará a América em primeiro lugar.[700]

E em 2020:

> O Presidente Trump está reforçando a influência americana liderando uma coalizão de Nações fortes e independentes para promover segurança, prosperidade e paz dentro e fora das fronteiras da América. A promessas de um futuro melhor vieram em parte da reafirmação da

---

[699] DO CARMO, Clorival Alves. Donald Trump: a resposta norte-americana aos efeitos desestabilizadores da globalização do capital. *Revista Esboços*, Florianópolis, v. 24, n. 38, p. 410-430, dez, 2017, p. 419.

[700] No original: "*For too long, Americans have been forced to accept trade deals that put the interests of insiders and the Washington elite over the hard-working men and women of this country. As a result, blue-collar towns and cities have watched their factories close and good-paying jobs move overseas, while Americans face a mounting trade deficit and a devastated manufacturing base. (...) To carry out his strategy, the President is appointing the toughest and smartest to his trade team, ensuring that Americans have the best negotiators possible. For too long, trade deals have been negotiated by, and for, members of the Washington establishment. President Trump will ensure that on his watch, trade policies will be implemented by and for the people, and will put America first*". US WHITE HOUSE. America First Foreing Policy. 2017. Disponível em: https://www.whitehouse.gov/america-fisrt-foreign-policy/. Acesso em: 22 nov. 2017.

soberania americana e do direito de todas as Nações de determinar seu próprio futuro.[701]

Para além disso, a adoção de novas políticas de governo centralizadoras e protecionistas[702] convolou em restrições à integração e à cooperação internacionais, tais como a denúncia ao Acordo Transpacífico, bloco econômico de cooperação entre diversos Estados,[703] [704] além de

---

701 No original: "*President Trump is bolstering American influence by leading a coalition of strong and independent nations to promote security, prosperity, and peace both within America's borders and beyond. The promise of a better future will come in part from reasserting American sovereignty and the right of all nations to determine their own futures*". US WHITE HOUSE. Foreing Policy. 2020. Disponível em: https://www.whitehouse.gov/issues/foreign-policy/. Acesso em: 16 dez. 2020.

702 Em patente discurso antiglobalizatório, Donald Trump afirmou que a sua plataforma de governo se basearia na recuperação de empregos perdidos com a globalização, obrigando as grandes empresas norte-americanas a voltarem a produzir seus produtos nos EUA, como a General Motors, por exemplo, que mantém grande parque industrial na China. EXAME. Trump pressiona empresas dos EUA a fecharem operações na China. *Exame*, São Paulo, 23 ago. 2019. Disponível em: https://exame.com/economia/trump-pressiona-empresas-dos-eua-a-fecharem-operacoes-na-china/. Acesso em: 15 dez. 2020. A Apple também constituiu um exemplo, já que a sua produção é feita massivamente na China. CANAL TECH. Donald Trump quer "obrigar" Apple a fabricar todos os seus produtos nos EUA. *Canal Tech*, São Paulo, 19 jan. 2016. Disponível em: https://canaltech.com.br/mercado/donald-trump-quer-obrigar-apple-a-fabricar-todos-os-seus-produtos-nos-eua-56359/. Acesso em: 15 dez. 2020. Tal fato, entretanto, não se concretizou, já que nenhuma lei foi aprovada no sentido de renacionalizar a produção de qualquer produto nos EUA, exceto durante as condições de excepcionalidade extrema provocadas pela pandemia de COVID-19, que será analisada a seguir.

703 PORTAL G1 ECONOMIA. Trump assina decreto para retirar EUA de acordo com países do Pacífico. *Portal G1 Economia*, 23 de jan. 2017. Disponível em: https://g1.globo.com/economia/noticia/trump-assina-ordem-para-retirar-eua-da-parceria-transpacifico.ghtml. Acesso em: 15 dez. 2020.

704 Além dessas iniciativas e documentos internacionais pró-cooperação, também outros foram abandonados pelos Estados Unidos, tais como o Acordo Nuclear com o Irã, em 2018. Esse acordo, conhecido como *Joint Comprehensive Plan of Action* (JCPOA), firmado em 2015, entre Irã e várias potências globais, entre elas os Estados Unidos, tem como objetivo prevenir conflitos no Oriente Médio, em especial para com os rivais regionais iranianos, Israel e Arábia Saudita, limitando armas químicas. Em retaliação à saída dos Estados Unidos e por ataques sofridos, inclusive um dos EUA, o Irã retomou atividades nucleares, o que lhe conferiu sanções. Mas em 2020, os Estados Unidos anunciaram sua intenção de suspendê-las, em razão de interesses comerciais, em oposição aos demais Estados-membros do Conselho de Segurança da ONU, sob alegação de que os Estados Unidos não poderiam fazê-lo unilateralmente, porque denunciaram o acordo em 2018. Posteriormente, os EUA restabeleceram as sanções. Em 2021, sob o governo de Joe Biden, os Estados Unidos acenaram um possível retorno ao acordo, caso o Irã voltasse a cumpri-lo. O unilateralismo dos Estados Unidos no caso é bastante ilustrativo do cenário desglobalizado, avesso à cooperação internacional e ao multilateralismo. UNITED NATIONS. Treaty Collection. Security Council. Letter dated 21 August 2020 from the Permanent Representative of the United States of America to the United Nations addressed to the Secretary-General. Disponível em: https://documents-dds-ny.un.org/doc/UNDOC/GEN/N20/218/98/PDF/N2021898.pdf?OpenElement. Acesso em: 15 jul.

outras medidas isolacionistas, como a denúncia ao Acordo de Paris, que tem por objetivo estabilizar as temperaturas médias globais abaixo dos 2ºC, em relação à era pré-industrial.[705] [706]

2021; ROBINSON, Kali. What is the Iran nuclear deal? *Council of Foreign Affairs*, New York, 29 jun. 2021. Disponível em: https://www.cfr.org/backgrounder/what-iran-nuclear-deal. Acesso em: 22 jul. 2021; PORTAL G1. Trump anuncia retirada dos EUA de acordo nuclear com Irã. *G1*, São Paulo, 05 maio 2018. Disponível em: https://g1.globo.com/mundo/noticia/trump-anuncia-retirada-dos-eua-de-acordo-nuclear-com-o-ira.ghtml. Acesso em: 16 dez. 2020; também o Tratado de Forças Nucleares de Alcance Intermediário (o *Intermediate-Range Nuclear Forces Treaty* – INF), firmado entre Estados Unidos e União Soviética, em 1987, a fim de que ambos eliminassem seus mísseis balísticos e de cruzeiro lançados em terra e que pudessem viajar entre 500 e 5.500 quilômetros, até 1991. Em 11 julho de 2018, a OTAN declarou que a Rússia parecia estar violando o tratado. Em 20 de outubro de 2018, os Estados Unidos anunciaram sua intenção em denunciá-lo, e em 4 de dezembro de 2018 declararam que a Rússia o violou materialmente; em 1º de fevereiro de 2019 anunciaram sua decisão de suspender o seu cumprimento, o que entrou em vigor em 2 de agosto de 2019. A despeito da unilateralidade dos Estados Unidos, a decisão contou com o apoio dos aliados da OTAN, revelando que a desglobalização e a falta de cooperação internacional permearam o desenrolar dos acontecimentos. NORTH ATLANTIC TREATY ORGANIZATION. NATO and the INF Treaty. Disponível em: https://www.nato.int/cps/en/natohq/topics_166100.htm. Acesso em: 23 jul. 2021; O ESTADO DE MINAS. EUA se retiram de mais um tratado de armas com a Rússia. *EM*, Belo Horizonte, 22 maio 2020. Disponível em: https://www.em.com.br/app/noticia/internacional/2020/05/22/interna_internacional,1149652/eua-se-retiram-de-mais-um-tratado-de-armas-com-a-russia.shtml. Acesso em: 16 dez. 2020; a saída da UNESCO, agência especializada da ONU para a educação, a ciência e a cultura, em 2017, pela segunda vez (os EUA deixaram a organização em 1984 e retornaram em 2003), em contexto avesso ao multilateralismo e à cooperação, cf. UNITED NATIONS. *UN News*, Paris, 12 out. 2017. US withdrawal from UNESCO 'loss for multilateralism', says cultural agency's chief. Disponível em: https://news.un.org/en/story/2017/10/568392-us-withdrawal-unesco-loss-multilateralism-says-cultural-agencys-chief. Acesso em: 24 jul. 2021; DEUTSCHE WELLE. EUA e Israel deixam oficialmente a Unesco. *DW*, 1 jan. 2019. Disponível em: https://www.dw.com/pt-br/eua-e-israel-deixam-oficialmente-a-unesco/a-46917214. Acesso: 16 dez. 2020; a saída da Organização Mundial de Saúde, agência especializada da ONU para a saúde global, cf. GOSTIN, Lawrence *et al.* US withdrawal from WHO is unlawful and threatens global and US health and security. *The Lancet*, v. 396, n. 10247, p. 293-295, ago. 2020. Disponível em: https://www.thelancet.com/journals/lancet/article/PIIS0140-6736(20)31527-0/fulltext. Acesso em: 24 jul. 2021; RAUHALA, Emily; DEMIRJIAN, Karoun; OLORUNNIPA, Toluse. Tump administration sends letter withdrawing US from World Health Organization over coronavírus response. *The Washington Post*, Washington, 7 jul. 2020. Disponível em: https://www.washingtonpost.com/world/trump-united-states-withdrawal-world-health-organization-coronavirus/2020/07/07/ae0a25e4-b550-11ea-9a1d-d3db1cbe07ce_story.html. Acesso em: 24 jul. 2021. Tudo a indicar franco processo de desglobalização.

705 Em 4 de novembro de 2019, os Estados Unidos notificaram o Secretário Geral da ONU sobre a sua decisão de denunciar o acordo, cuja vigência se deu em 4 de novembro de 2020, em conformidade com o artigo 28 (1) e (2) do acordo. UNITED NATIONS. Treaty Collection. Paris Agreement. Disponível em: https://treaties.un.org/Pages/ViewDetails.aspx?src=TREATY&mtdsg_no=XXVII-7-d&chapter=27&clang=_en#4. Acesso em: 15 dez. 2020.

706 Em 20 de janeiro de 2021, os Estados Unidos, sob a presidência de Joe Biden, depositaram a aceitação a fim de retomar o acordo. UNITED NATIONS. Treaty Collection. Paris Agreement. Disponível em: https://treaties.un.org/Pages/ViewDetails.aspx?src=

Muito embora o governo de Donald Trump não tenha conseguido, de imediato, renacionalizar a indústria estadunidense como pretendia, ante as dificuldades de promulgação legislativa para tal mister, sobre a agenda política climática, há pontos merecedores de atenção, já que durante o seu mandato diversas normas de proteção ambiental foram revogadas no âmbito doméstico, em detrimento de todo o arcabouço jurídico ambiental internacional vigente.

A Convenção-Quadro das Nações Unidas sobre a Mudança do Clima,[707] bem como o Protocolo de Kyoto,[708] firmados na década de 1990, trouxeram importante conteúdo normativo referente ao desenvolvimento sustentável, bem como à redução da emissão de gases de efeito estufa. Na mesma esteira, o Acordo de Paris tem por objetivo limitar o aquecimento global, abaixo de 2ºC e preferencialmente a 1,5ºC, em comparação aos níveis pré-industriais e constitui-se em tratado internacional sobre mudanças climáticas,[709] juridicamente vinculado aos 196 Estados-Parte.[710]

TREATY&mtdsg_no=XXVII-7-d&chapter=27&clang=_en#4. Acesso em: 15 jul. 2021. Ainda que se tenha sinais de retomada da cooperação internacional por parte dos Estados Unidos, sob a presidência de Joe Biden, em especial na área ambiental, em muitas outras as políticas do governo Trump, bem como as alterações legislativas promovidas por ele, ainda não foram revogadas, o que demonstra que o contexto desglobalizado persiste.

707 A Convenção-Quadro das Nações Unidas sobre a Mudança do Clima foi assinada em Nova York, em 9 de maio de 1992 e foi ratificada no Brasil pelo Decreto nº 2.652, de 1º de julho de 1998.

708 O Protocolo de Kyoto foi assinado em Kyoto (Japão) durante a Conferência das Partes III (órgão de cúpula da Convenção-Quadro das Nações Unidas sobre a Mudança do Clima) realizada a fim de rever compromissos firmados na Convenção em relação à redução de emissão de gases, propondo metas e criando obrigações aos signatários.

709 Na seara ambiental é interessante assinalar (e inclusive bastante evidente) a ocorrência dos contextos globalizado e desglobalizado. A construção do regime internacional de ozônio, sob a égide da globalização, foi extremamente bem-sucedida; já as mudanças climáticas, permeadas por um cenário desglobalizado, encontram-se ainda distantes da construção de um regime internacional efetivo, muito embora o governo de Joe Biden tenha sinalizado positivamente nesse sentido durante a cúpula virtual sobre mudanças climáticas, promovida por seu governo em abril de 2021. Muitos especialistas, porém, alertam que muitas das propostas feitas no encontro se situam no plano da retórica e têm muito pouca aplicabilidade prática, algo que demonstra que apesar da existência de sinalização política pró-cooperação, o contexto desglobalizado ainda persiste. PLANELLES, Manuel. Biden encerra sua cúpula do clima com a promessa de criar milhões de empregos verdes. *El País*, Madri, 23 de abril de 2021. Disponível em: https://brasil.elpais.com/internacional/2021-04-23/biden-encerra-sua-cupula-do-clima-com-a-promessa-de-criar-milhoes-de-empregos-verdes.html. Acesso em: 16 jul. 2021.

710 UNITED NATIONS FRAMEWORK CONVENTION ON CLIMATE CHANGE. The Paris Agreement. Disponível em: https://unfccc.int/process-and-meetings/the-paris-agreement/the-paris-agreement. Acesso em: 15 dez. 2020.

Durante o governo de Bill Clinton (1993-2000), os Estados Unidos participaram das negociações multilaterais do protocolo, mas o governo de George W. Bush rejeitou o tratado ao assumir em 2001, alegando que ele prejudicaria a indústria do país.[711] Com o governo de Barack Obama, entretanto, a questão climática voltou à agenda política governamental, e o acordo jurídico de Paris sobre o clima foi ratificado.[712] Apesar dos empecilhos impostos durante o governo Bush, esse cenário político remonta a uma fase de ascensão da globalização, da integração, bem como de esforços multilaterais conjuntos para a solução de problemas comuns.[713]

Todavia, com o governo Trump, muito embora os Estados Unidos estivessem vinculados normativamente aos esforços da comunidade internacional em prol do desenvolvimento sustentável, o Estado deixou seus compromissos internacionais em favor da sua própria agenda política ambiental.[714] Assim, os Estados Unidos não apenas deixaram o Acordo de Paris, como revogaram, expressamente, grande parte da legislação doméstica protetiva ao meio ambiente,[715] em aberta tentativa de alteração das tendências da matriz energética estadunidense, até então favoráveis às fontes de energia "limpa" e sustentável para

---

711 DW ALEMANHA. Protocolo de Kyoto prestes a entrar em vigor. *DW*, Berlim, 23 out 2004. Disponível em: https://www.dw.com/pt-br/protocolo-de-kyoto-prestes-a-entrar-em-vigor/a-1370855. Acesso em: 16 dez. 2020.

712 UNITED NATIONS. Treaty Collection. Paris Agreement. Disponível em: https://treaties.un.org/Pages/ViewDetails.aspx?src=TREATY&mtdsg_no=XXVII-7-d&chapter=27&clang=_en#4. Acesso em: 15 dez. 2020; PORTAL G1. Estados Unidos e China ratificam acordo do clima assinado em Paris. *G1*, São Paulo, 03 set. 2016. Disponível em: http://g1.globo.com/natureza/noticia/2016/09/estados-unidos-ratificam-acordo-do-clima-assinado-em-paris.html. Acesso em: 16 dez. 2020.

713 UNITED NATIONS FRAMEWORK CONVENTION ON CLIMATE CHANGE. The Paris Agreement. Disponível em: https://unfccc.int/process-and-meetings/the-paris-agreement/the-paris-agreement. Acesso em: 15 dez. 2020.

714 UNITED NATIONS. Treaty Collection. Paris Agreement. Disponível em: https://treaties.un.org/Pages/ViewDetails.aspx?src=TREATY&mtdsg_no=XXVII-7-d&chapter=27&clang=_en#4. Acesso em: 15 dez. 2020; CALIXTO, Bruno. Trump sai do Acordo de Paris. Ruim para o planeta, pior para os EUA. Época, São Paulo, 01 jun. 2017. Disponível em: https://epoca.globo.com/ciencia-e-meio-ambiente/blog-do-planeta/noticia/2017/06/trump-sai-do-acordo-de-paris-ruim-para-o-planeta-pior-para-os-eua.html. Acesso em: 15 dez. 2020.

715 DO CARMO, Clorival Alves. Donald Trump: a resposta norte-americana aos efeitos desestabilizadores da globalização do capital. *Revista Esboços*, Florianópolis, v. 24, n. 38, p. 410-430, dez, 2017, p. 419. Nesse mesmo sentido, CALIXTO, Bruno. Trump sai do Acordo de Paris. Ruim para o planeta, pior para os EUA. Época, São Paulo, 01 jun. 2017. Disponível em: https://epoca.globo.com/ciencia-e-meio-ambiente/blog-do-planeta/noticia/2017/06/trump-sai-do-acordo-de-paris-ruim-para-o-planeta-pior-para-os-eua.html. Acesso em: 15 dez. 2020.

as altamente poluidoras. A autorização para a construção de oleodutos em áreas de risco ambiental e em reservas indígenas[716] constitui exemplo bastante ilustrativo dessa realidade.

Além disso, outras políticas governamentais foram implementadas em detrimento dos compromissos e obrigações internacionais outrora assumidos pelo Estado norte-americano, tais como revogação das regras de incentivo a consumidores para a aquisição de pneus mais eficientes e voltados para menor gasto de combustível; revogação dos limites para as emissões de gás metano em terras públicas, bem como o cancelamento da exigência de prestação de informações desse talante aos órgãos governamentais; revogação da proibição de descarte de dejetos de mineração e respectivos detritos em rios e córregos locais; aprovação para a construção de oleodutos e gasodutos em áreas sensíveis ambientalmente; revogação da obrigatoriedade de atualização para processo público de planejamento e uso do solo; contingenciamento de novas concessões para a exploração de carvão em terras públicas; rejeição de proibição de inseticida potencialmente prejudicial; rejeição da proibição de caça de predadores em refúgios de vida selvagem no Alasca; retirada de orientações para agências federais para a inclusão de emissões de gases de efeito estufa em avaliações ambientais, entre outras medidas, apenas durante os cem primeiros dias de mandato de Donald Trump.[717]

Esse contexto normativo interno evidencia que além de compromissos jurídicos internacionais, também a cooperação e a colaboração foram relegados em prol de uma soberania doméstica concentrada no ente estatal e nele centralizada, renacionalizada, em detrimento de uma soberania negociada e trabalhada conjuntamente com a governança global.

O estudo do caso dos Estados Unidos na "era Trump" permite concluir que a desglobalização produziu impactos frontais na soberania estatal, a indicar um forte movimento de retorno aos padrões de soberania anteriores à intensificação do processo de globalização, a partir

716 DO CARMO, Clorival Alves. Donald Trump: a resposta norte-americana aos efeitos desestabilizadores da globalização do capital. *Revista Esboços*, Florianópolis, v. 24, n. 38, p. 410-430, dez, 2017, p. 419.

717 Levantamento feito pela acadêmica Karen Machado, disponível em: MACHADO, Karen. A saída dos EUA do Acordo de Paris sobre mudanças climáticas. *Caderno da Escola Superior de Gestão Pública, Política, Jurídica e Segurança*, Curitiba, v. 1, n. 2, p. 3-24, jul-dez, 2018, p. 12.

dos anos 1990. Porém, há também no caso a subsistência da soberania transpassada pela globalização e pela governança, como consequência dela, já que não se pode olvidar que os Estados Unidos, assim como o Reino Unido, foram protagonistas da ordem global institucional do pós-guerra, pró-globalização e mercado, razão pela qual não é possível afirmar que a soberania estatal globalizada tenha sido total e completamente anulada nos Estados Unidos, muito embora também os estudos sobre a crise do multilateralismo indiquem essa tendência.

Durante a elaboração das pesquisas para a redação do presente trabalho, deu-se novo processo eleitoral nos Estados Unidos. O Presidente Donald Trump não conseguiu se reeleger nas eleições de 2020, e o novo Presidente dos Estados Unidos é Joe Biden desde de 20 de janeiro de 2021.[718] Segundo sua plataforma de governo, Joe Biden pretende retomar a política ambiental sustentável nos EUA, bem como o Acordo de Paris e muitos outros instrumentos normativos internacionais de cooperação e governança global.[719] Esse fato sinaliza, no sistema da política, potenciais alterações no andamento dos processos, tanto globalizatório, pela sua retomada, quanto desglobalizatório, caso a agenda política governamental atual tenha continuidade, ainda que em apenas alguns pontos, o que, no entanto, parece pouco provável. Entretanto, é preciso lembrar que as dificuldades de cooperação e as disfunções dos mecanismos de governança global precedem ao próprio "governo Trump", ou seja, não foram desencadeadas por ele, muito embora seja possível afirmar que tenham sido por ele potencializadas.

4.1.3 Brasil no "governo Bolsonaro"

No Brasil, o movimento de recrudescimento do Estado e da soberania a despeito da integração impulsionada pela globalização também se faz sentir, sobretudo a partir de 2019, com o governo de Jair Bolsonaro. Tais mudanças no sistema da política impactaram, por certo, a soberania estatal, direcionando-a aos padrões de concentração e centralidade do poder e do potencial criativo do direito no ente estatal.

---

718 DIAS, Marina. Colégio Eleitoral confirma a vitória de Joe Biden, que será oficializado presidente dos EUA. *Folha de São Paulo*, São Paulo, 14 dez. 2020. Disponível em: https://www1.folha.uol.com.br/mundo/2020/12/colegio-eleitoral-comeca-votacao-que-vai-eleger-biden-como-novo-presidente-dos-eua.shtml. Acesso em: 15 dez. 2020.

719 BBC. Trump x Biden: o que o candidato democrata promete mudar nos EUA se vencer a eleição presidencial deste ano. *BBC Brasil*, São Paulo, 18 ago. 2020. Disponível em: https://www.bbc.com/portuguese/internacional-53825703. Acesso em: 06 jan. 2021.

Nesse sentido, diversas alterações[720] podem ser analisadas a fim de demonstrar como a soberania está retomando seus contornos clássicos de exclusividade estatal, mas a área de proteção socioambiental e de direitos humanos, seu conjunto normativo, bem como as respectivas políticas públicas, concentram, por certo, o principal vetor antiglobalista[721] e desglobalizante no Brasil da atualidade e, portanto, fornecem interessante cabedal de análise.

Até 2019 era possível encontrar na literatura do Direito Ambiental afirmações no sentido de que o arcabouço normativo ambiental brasileiro era altamente avançado, como a proferida por Édis Milaré.[722] Isso porque, ao longo dos anos, em razão de esforços contínuos, a política brasileira se empenhou em construir um direito ambiental sólido e plenamente aplicável, a fim de proteger o meio ambiente, promover e concretizar a sustentabilidade, bem assim em reconhecer a importância do meio ambiente inclusive para o desenvolvimento econômico,[723] com vistas na concreção do direito ao desenvolvimento.[724] Tal postura estava alinhada à agenda política ambiental internacional, favorecida pela cooperação e pela integração, promovidas pelo processo globalizatório e permeadas pelos mecanismos de governança global.

As alterações que se sucederam durante o governo Bolsonaro, porém, demonstram que muito além de compromissos jurídicos

---

720 O relatório da organização não governamental Human Rights Watch de 2021 aponta importantes retrocessos de direitos no Brasil em diversas áreas, algumas com problemas históricos, potencializadas pelo governo Bolsonaro; outras, iniciadas por ele e consideradas críticas, apenas no ano de 2020, como o combate à pandemia de COVID-19, segurança pública e violência policial, direitos de crianças e adolescentes, orientação sexual e identidade de gênero, direitos das mulheres e meninas, liberdade de expressão, direitos das pessoas com deficiência, migrantes, refugiados e direitos dos migrantes, meio ambiente e direitos dos povos indígenas, abusos da ditadura, organizações não governamentais e política externa. HUMAN RIGHTS WATCH. Relatório Mundial 2021. Disponível em: https://www.hrw.org/pt/world-report/2021/country-chapters/377397. Acesso em: 14 jan. 2021.

721 Apesar do discurso antiglobalista e bastante alinhado à desglobalização, nacionalista e contrário às migrações, o governo Bolsonaro aproxima-se das ideias globalizantes quando defendia a globalização econômica ultraliberal, pró-Estados Unidos, em especial durante o governo de Donald Trump, e pró-mercado, fortemente associadas ao receituário do Ministro da Fazenda, Paulo Guedes, cenário esse alterado após a eleição de Joe Biden, nos EUA. CAETANO, Gerardo; BURIAN, Camilo López; LUJÁN, Carlos. El Brasil de Bolsonaro, las orientaciones posibles de su política exterior y el futuro del regionalismo en Sudamérica. *Revista Uruguaya de Ciencia Política*, Montevidéo, v. 28, n. 1, p. 95-130, jun. 2019, p. 107.

722 MILARÉ, Edis. *Direito do ambiente*. 11. ed. São Paulo: RT, 2018, p. 243.

723 Cf. NUSDEO, Ana Maria. *Direito ambiental & economia*. Curitiba: Juruá, 2018.

724 Cf. AMARAL JÚNIOR, Alberto. *Direito internacional e desenvolvimento*. Barueri: Manole, 2005.

internacionais dos quais o Brasil é parte, também a cooperação e a colaboração internacionais foram relegadas em prol de uma soberania interna consolidada no ente estatal e nele centralizada, em detrimento de uma soberania negociada e consensualizada pela governança global. Senão vejamos.

No plano interno, o Brasil dispõe de importante política de proteção ambiental e extenso conjunto normativo para tal mister, a exemplo do Sistema Nacional do Meio Ambiente (SISNAMA), instituído pela Lei nº 6.938/81 e regulamentado pela Decreto nº 99.274/90. No plano internacional, o Brasil é signatário da Convenção-Quadro das Nações Unidas sobre a Mudança do Clima (sigla em inglês, UNFCCC),[725] promulgada no Brasil pelo Decreto nº 2.652/1998, e do Acordo de Paris,[726] que por sua vez constituem importantes documentos normativos internacionais aplicáveis no Brasil. Apesar disso, a partir de 2019, foram editados diversos outros instrumentos legislativos de cunho administrativo, pelo Poder Executivo, que fizeram com que o período subsequente representasse muito mais do que uma mudança, mas uma ruptura[727] sem precedentes do Estado brasileiro para com os compromissos ambientais assumidos tanto no âmbito nacional quanto no internacional.

De início, a medida provisória que instituiu a organização da Presidência da República e dos Ministérios do governo Bolsonaro[728] reduziu drasticamente as atribuições do Ministério do Meio Ambiente.[729] A Agência Nacional de Águas (ANA) foi transferida para o Ministério do Desenvolvimento Regional, impedindo a interação para com o

---

725 UNITED NATIONS FRAMEWORK CONVENTION ON CLIMATE CHANGE. UNFCCC-NDCs Documents. Disponível em: https://www4.unfccc.int/sites/NDCStaging/Pages/All.aspx. Acesso: 08 jan. 2021.

726 UNITED NATIONS FRAMEWORK CONVENTION ON CLIMATE CHANGE. UNFCCC-NDCs Documents. Disponível em: https://www4.unfccc.int/sites/NDCStaging/Pages/Party.aspx?party=BRA. Acesso: 08 jan. 2021. Nesse mesmo sentido: BRASIL. Ministério das Relações Exteriores-Apresentação da Contribuição Nacionalmente Determinada do Brasil perante o Acordo de Paris. Disponível em: https://www.gov.br/mre/pt-br/canais_atendimento/imprensa/notas-a-imprensa/2020/apresentacao-da-contribuicao-nacionalmente-determinada-do-brasil-perante-o-acordo-de-paris. Acesso em: 08 jan. 2021.

727 ARAÚJO, Suely Mara Vaz Guimarães. Environmental policy in the Bolsonaro government: the response of environmentalists in the legislative arena. *Brazilian Political Science Review*, São Paulo, v. 14, n. 2, p. 1-20, 17 ago. 2020, p. 2.

728 Medida Provisória nº 870, de 1º de janeiro de 2019.

729 O governo Bolsonaro propugnou, inclusive, a extinção do Ministério do Meio Ambiente e a assunção de assuntos da pasta pelo Ministério da Agricultura, o que não se concretizou em razão da pressão do legislativo e da sociedade civil. ARAÚJO, Suely Mara Vaz Guimarães. Environmental policy in the Bolsonaro government: the response of environmentalists in the legislative arena. *Brazilian Political Science Review*, São Paulo, v. 14, n. 2, p. 1-20, 17 ago. 2020, p. 1-4.

Sistema Nacional de Gerenciamento de Recursos Hídricos (SINGREG); o Serviço Florestal Brasileiro, órgão de autonomia gerencial que fiscaliza as concessões florestais e o Cadastro Ambiental Rural (CAR), foi transferido para o Ministério da Agricultura, Pecuária e Abastecimento, bem como a supervisão da pesca no território nacional, inclusive a de espécies ameaçadas de extinção; a secretaria do Ministério do Meio Ambiente para Mudanças Climáticas foi extinta, bem como o Departamento de Educação Ambiental, igualmente extinto.[730] Por decreto presidencial, deu-se a transferência da gestão de florestas públicas para o Ministério da Agricultura, Pecuária e Abastecimento, inclusive a gestão geral das concessões florestais brasileiras.[731]

Além disso, a redução de recursos públicos foi amplamente utilizada a fim de esvaziar as políticas de proteção ambiental.[732] O Plano Plurianual vigente (2020-2023) ínsito na Lei nº 13.971/2019, faz pouca menção à proteção ao meio ambiente. As verbas públicas destinadas às políticas de proteção ambiental representaram apenas 0,3% do orçamento total de R$6,8 trilhões de reais. No orçamento de 2020, R$77 milhões de reais – 25,3% a menos do que em 2019 – foram destinados às fiscalizações do Instituto Brasileiro do Meio Ambiente e dos Recursos Renováveis (IBAMA). Essas inspeções incluiam cerca de 1.200 operações em todo o país anualmente. Em relação à criação, gestão e implantação de Unidades de Conservação Federais, estavam orçados R$111 milhões de reais para 2020 – 32,7% a menos que em 2019 – para administrar 9,32% da área terrestre brasileira e 25,37% da área marinha.[733] Esses percentuais revelam o quanto o Estado brasileiro está longe de priorizar a proteção ambiental, a despeito de toda a legislação nacional e dos compromissos internacionais por ele assumidos para essa finalidade.

O aumento nos índices de desmatamento na Amazônia reforça esse argumento. Somente em 2020, o crescimento foi de 34% em relação a 2019, que por sua vez já havia registrado aumento significativo em relação ao ano anterior.[734] Nos dois primeiros anos do governo

---

730 Lei nº 13.844/2019 gerada pela Medida Provisória nº 870/2019.

731 Decreto nº 10.347, de 13 de maio de 2020.

732 ARAÚJO, Suely Mara Vaz Guimarães. Environmental policy in the Bolsonaro government: the response of environmentalists in the legislative arena. *Brazilian Political Science Review*, São Paulo, v. 14, n. 2, p. 1-20, 17 ago. 2020, p. 2.

733 ARAÚJO, Suely Mara Vaz Guimarães. Environmental policy in the Bolsonaro government: the response of environmentalists in the legislative arena. *Brazilian Political Science Review*, São Paulo, v. 14, n. 2, p. 1-20, 17 ago. 2020, p. 1-2.

734 ESCOBAR, Herton. Desmatamento na Amazônia dispara de novo em 2020. *Jornal da USP*, São Paulo, 07 ago. 2020. Disponível em: https://jornal.usp.br/ciencias/desmatamento-da-amazonia-dispara-de-novo-em-2020/. Acesso em: 08 jan. 2020.

Bolsonaro mais de 9,2 mil quilômetros quadrados de floresta foram derrubados, uma área equivalente a seis vezes o tamanho do município de São Paulo.[735] Os sistemas de mensuração não indicam as causas do desmatamento, mas a maior parte da área em que isso ocorre se dá de forma ilegal: mais de 99% dos desmatamentos registrados no Brasil tiveram algum tipo de irregularidade a eles associada, seja porque foram feitos sem autorização legal ou por terem avançado sobre alguma área proibida, tais como unidades de conservação, áreas de preservação permanente (APPs) ou terras indígenas.[736] [737]

O desmatamento é a maior fonte de emissão de gases de efeito estufa no Brasil, que contribui diretamente para o aquecimento global,[738] e o seu crescimento contraria diversos dispositivos legais, como o Decreto nº 9.578/2018, que instituiu a Política Nacional sobre Mudança no Clima, que determina a redução de 80% nos índices anuais de desmatamento em relação à média do período compreendido entre 1996 e 2005.[739] No plano internacional, a meta assumida pelo Brasil perante a Convenção-Quadro das Nações Unidas sobre Mudanças Climáticas no Acordo de Paris é reduzir em 37% as emissões de gases comparadas a 2005 até 2025 e em 43% até 2030.[740] [741]

---

735 ESCOBAR, Herton. Desmatamento na Amazônia dispara de novo em 2020. *Jornal da USP*, São Paulo, 07 ago. 2020. Disponível em: https://jornal.usp.br/ciencias/desmatamento-da-amazonia-dispara-de-novo-em-2020/. Acesso em: 08 jan. 2020.

736 ESCOBAR, Herton. Desmatamento na Amazônia dispara de novo em 2020. *Jornal da USP*, São Paulo, 07 ago. 2020. Disponível em: https://jornal.usp.br/ciencias/desmatamento-da-amazonia-dispara-de-novo-em-2020/. Acesso em: 08 jan. 2020.

737 Além disso, o governo Bolsonaro encaminhou ao Legislativo propostas que tiveram impacto bastante negativo na proteção ambiental, tais como uma medida provisória que visava facilitar a legalização das ocupações irregulares de terras federais, conhecida como "MP da Grilagem", e um projeto de lei que visava regulamentar a mineração, bem como a exploração de recursos hídricos para a geração de energia elétrica em terras indígenas. ARAÚJO, Suely Mara Vaz Guimarães. Environmental policy in the Bolsonaro government: the response of environmentalists in the legislative arena. *Brazilian Political Science Review*, São Paulo, v. 14, n. 2, p. 1-20, 17 ago. 2020, p. 2-3.

738 ESCOBAR, Herton. Desmatamento na Amazônia dispara de novo em 2020. *Jornal da USP*, São Paulo, 07 ago. 2020. Disponível em: https://jornal.usp.br/ciencias/desmatamento-da-amazonia-dispara-de-novo-em-2020/. Acesso em: 08 jan. 2020.

739 Artigo 19, §1º, I do Decreto 9.578/2018.

740 UNITED NATIONS FRAMEWORK CONVENTION ON CLIMATE CHANGE. UNFCCC-NDCs Documents. Disponível em: https://www4.unfccc.int/sites/ndcstaging/Published Documents/Brazil%20First/Brazil%20First%20NDC%20(Updated%20submission).pdf. Acesso: 08 jan. 2021.

741 Essas políticas, no entanto, podem sofrer alterações mediante a pressão nacional, como a exercida pela bancada ambientalista no Congresso Nacional, apoiada pela sociedade civil (cf. ARAÚJO, Suely Mara Vaz Guimarães. Environmental policy in the Bolsonaro government: the response of environmentalists in the legislative arena. *Brazilian Political*

No plano internacional, sobretudo a partir da década de 1990, momento em que a globalização estava em franca ampliação e aprofundamento, desenvolveu-se a ideia de governança ambiental global, a fim de melhor compreender que problemas ambientais exigem soluções globais, já que não se limitam aos territórios nacionais e dificilmente conhecem fronteiras, sendo indispensável, portanto, a cooperação internacional.

Assim, os mecanismos de governança se organizaram na persecução de soluções através da construção de consensos e articulação de interesses de todos os atores envolvidos. Nesse sentido, regimes internacionais ambientais, como o da Proteção da Camada de Ozônio, alicerçaram suas ações, metas e programas. E a partir de então, o multilateralismo possibilitou a inclusão de novos atores não estatais, bem como a construção de uma sociedade civil global bastante atuante.

Mas com o governo Bolsonaro, toda essa dinâmica, bem como a sua sistemática, passaram a ser questionadas, e o antiglobalismo se revelou prevalescente na política externa brasileira. Assim, passou-se a defender a necessidade de uma "metapolítica externa brasileira", através da qual o Brasil faria parte da luta contra o globalismo, em prol dos valores ocidentais.[742] Isso porque, segundo o ex-ministro das Relações Exteriores, Ernesto Araújo:

> O globalismo nasceu quando a globalização capitalista, ao esquecer o espírito, entregou-se inconscientemente ao comunismo em sua metástase pós-soviética, ou seja, o marxismo de Gramsci e da *New Left*, da Revolução Cultural (tanto a ocidental quanto a chinesa), que sempre almejou ocupar o capitalismo por dentro em vez de enfrentá-lo de fora, e hoje está conseguindo. O atual modelo maoísta e sua expansão crescente pelo mundo é uma das principais expressões e resultados dessa triunfante penetração do capitalismo pelo marxismo.[743]

Science Review, São Paulo, v. 14, n. 2, p. 1-20. 17, ago. 2020, p. 8) e internacional, como as advindas da União Europeia para a assunção de importante acordo comercial para com o Mercosul, no sentido de apenas ratificá-lo caso o Brasil forneça garantias ambientais de cumprimento das metas assumidas no Acordo de Paris (cf. SOUZA, Murilo. Descaso com metas ambientais pode impedir acordo Mercosul-União Europeia, diz parlamentar. *Câmara dos Deputados*, Brasília, 15 out. 2020. Disponível em: https://www.camara.leg.br/noticias/700378-descaso-com-metas-de-sustentabilidade-pode-impedir-acordo-mercosul-ue-diz-parlamentar/. Acesso em: 09 jan. 2021).

742 SARAIVA, Miriam Gomes; SILVA, Álvaro Vicente Costa. Ideologia e pragmatismo na política externa de Jair Bolsonaro. *Relações Internacionais*, Lisboa, n. 64, p. 117-137, dez. 2019, p. 119.

743 ARAÚJO, Ernesto. Por um reset conservador-liberal. *Metapolítica 17*: contra o globalismo, Brasília, 31 dez. 2020. Disponível em: https://www.metapoliticabrasil.com/post/por-um-reset-conservador-liberal. Acesso em: 12 jan. 2021.

Com o estabelecimento da luta antiglobalista instituiu-se o binarismo globalismo *versus* antiglobalismo, e teve início o processo de bilateralização das relações internacionais e da política externa, a partir da "'reconfiguração' da sociedade brasileira em favor de uma "transcendência" que valoriza a Nação e a dimensão espiritual; nesse movimento, os Estados Unidos, cuja relação teria sido 'colocada para baixo' nos últimos anos, seriam a chave para a promoção desses valores".[744]

Nessa esteira, o Brasil passou a priorizar as relações bilaterais para com os Estados Unidos, em detrimento da sua histórica predileção pelo multilateralismo, deixando em segundo plano, as relações para com os demais Estados da América Latina e, em especial, da América do Sul, em evidente oposição à política externa realizada pelos governos anteriores.[745] A denúncia do Brasil ao Tratado Constitutivo da União de Nações Sul-Americana (UNASUL)[746] [747] e as dificuldades de funcionamento do Mercosul[748] reforçam esse argumento e indicam as dificuldades de cooperação internacional e o bloqueio dos mecanismos de governança relacionados à integração regional.

Além disso, o governo Bolsonaro, através do Decreto Federal nº 9.759/2019, revogou expressamente a Política Nacional de Participação Social (PNPS), que havia sido instituída pelo Decreto nº 8.243/2014,

---

744 SARAIVA, Miriam Gomes; SILVA, Álvaro Vicente Costa. Ideologia e pragmatismo na política externa de Jair Bolsonaro. *Relações Internacionais*, Lisboa, n. 64, p. 117-137, dez. 2019, p. 119-120.

745 CAETANO, Gerardo; BURIAN, Camilo López; LUJÁN, Carlos. El Brasil de Bolsonaro, las orientaciones posibles de su política exterior y el futuro del regionalismo en Sudamérica. *Revista Uruguaya de Ciencia Política*, Montevidéo, v. 28, n. 1, p. 95-130, jun. 2019, p. 103.

746 Tratado firmado em 2008 para promover a cooperação internacional no nível sul-americano nas áreas de defesa; desenvolvimento social; saúde; educação, cultura, ciência, tecnologia e inovação; problema mundial das drogas; infraestrutura e planejamento; energia; economia e finanças. Foram signatários do tratado que entrou vigor em 11 de março de 2011, Argentina, Bolívia, Brasil, Chile, Equador, Guiana, Peru, Suriname, Uruguai e Venezuela. BRASIL. Ministério das Relações Exteriores. Aprovação do Tratado Constitutivo da UNASUL pelo Congresso Nacional. Disponível em: https://www.gov.br/mre/pt-br/canais_atendimento/imprensa/notas-a-imprensa/aprovacao-do-tratado-constitutivo-da-unasul-no-congresso-nacional. Acesso em: 12 jan. 2021. Apenas em 2023, sob a presidência de Luís Inácio Lula da Silva, o Brasil retornou à UNASUL, através do Decreto nº 11.475, datado de 7 de abril de 2023, com vigência a partir de 6 de maio de 2023.

747 BRASIL. Ministério das Relações Exteriores. Denúncia ao Tratado Constitutivo da União de Nações Sul-Americanas (UNASUL). Disponível em: https://www.gov.br/mre/pt-br/canais_atendimento/imprensa/notas-a-imprensa/2019/denuncia-do-tratado-constitutivo-da-uniao-de-nacoes-sul-americanas-unasul. Acesso em: 12 jan. 2021.

748 CAETANO, Gerardo; BURIAN, Camilo López; LUJÁN, Carlos. El Brasil de Bolsonaro, las orientaciones posibles de su política exterior y el futuro del regionalismo en Sudamérica. *Revista Uruguaya de Ciencia Política*, Montevidéo, v. 28, n. 1, p. 95-130, jun. 2019, p. 103.

importante mecanismo que institucionalizou a participação social no âmbito da Administração Pública Federal. Dessa forma, instâncias participativas foram extintas, e novas diretrizes, regras e limitações para colegiados da administração pública federal direta, autárquica e fundacional foram estabelecidas, todas elas, porém, sem contar com o respectivo processo de ausculta democrática.

Tal mudança, em sua exposição de motivos, justificou-se pela desburocratização, simplificação administrativa e contenção de gastos e despesas. Esse regramento também afetou diretamente a área ambiental, com especial ênfase na diminuição da interação entre o governo e a sociedade civil, as organizações não governamentais,[749] nacionais e internacionais.[750]

Mas, no geral, depreende-se que se deu, no plano da política, uma expressiva diminuição da atuação da sociedade civil, o que por fim implica em redução da participação social e do espaço democrático no Brasil,[751] bem assim de impactos no sistema do direito, especialmente da construção, no campo teórico, da soberania estatal democrática.[752] O governo Bolsonaro foi encerrado, e o Brasil passou à presidência de Luís Inácio Lula da Silva em 1 de janeiro de 2023. Apesar disso, as respectivas transformações demandarão, ainda, análises futuras, a fim de melhor compreender os impactos dessas políticas no direito, já que muitas das alterações promovidas no governo Bolsonaro ainda continuam em curso. De toda forma, também constitui um exemplo bastante ilustrativo acerca do movimento de retorno à soberania estatal de moldes westphalianos, centralizada e concentrada no Estado.

---

749 CLIMAINFO. Governo Bolsonaro quer controlar "100%" das ONGs na Amazônia. *ClimaInfo*, São Paulo, 10 nov. 2020. Disponível em: https://climainfo.org.br/2020/11/09/governo-bolsonaro-quer-controlar-100-das-ongs-na-amazonia/. Acesso em: 21 jan. 2021.

750 CLIMAINFO. ONGs estão ameaçadas por ataques do governo Bolsonaro, alerta líder do Greenpeace. *ClimaInfo*, São Paulo, 9 dez. 2020. Disponível em: https://climainfo.org.br/2020/12/09/ongs-estao-ameacadas-por-ataques-do-governo-bolsonaro-alerta-lider-do-greenpeace-internacional/. Acesso: 21 jan. 2021.

751 E, ainda, manifestações antidemocráticas, como as ocorridas no episódio conhecido como "8 de janeiro", em alusão à invasão e depredação de prédios públicos em Brasília, em 8 de janeiro de 2023, diante da derrota de Jair Bolsonaro para Luís Inácio Lula da Silva, nas eleições presidenciais de 2022. FOLHA DE SÃO PAULO. Ataques de 8 de janeiro. *Folha de São Paulo*, São Paulo, 8 jan. 2023. Disponível em: https://www1.folha.uol.com.br/folha-topicos/ataque-a-democracia/. Acesso em 26 out. 2023.

752 ALVES, Angela Limongi Alvarenga. *Limites e potencialidades da soberania estatal na pós-modernidade*. 2017. Tese (Doutorado em Direito do Estado) – Faculdade de Direito, Universidade de São Paulo, São Paulo, 2017, p. 167-173.

O que esse contexto normativo interno evidencia é que, muito embora o Estado brasileiro esteja vinculado juridicamente ao direito, nacional e internacionalmente, bem como aos compromissos jurídicos por ele assumidos junto à ordem internacional, a noção de uma soberania nacional, territorial e concentrada prevaleceu, a despeito da ordem jurídica vigente, bem assim da cooperação e da colaboração internacionais.

O estudo do caso do Brasil no "governo Bolsonaro" indica que a desglobalização produz impactos na soberania estatal, através de um forte movimento de retorno aos padrões de soberania territorializada, centrada e localizada no Estado. Todavia, vislumbra-se também que a soberania globalizada ainda persiste, de vez que o Brasil não se encontra totalmente descolado da realidade internacional, apesar de as tendências do sistema da política indicarem o contrário.

Todo esse contexto desglobalizatório não é uma exclusividade do Brasil, como os estudos dos casos dos Estados Unidos e do Reino Unido indicam. Essa tessitura em que os Estados e a ordem global se encontram enfronhados aponta que a soberania passa a ser reivindicada no plano interno dos Estados, política e juridicamente, a despeito de ideias mais consentâneas à cooperação e à colaboração, que, por sua vez, já se encontravam debilitadas. Esse cenário recebeu o incremento de um novo fator proveniente do âmbito global: a pandemia de COVID-19. Esse acontecimento, por certo, oferece interessante senda de debate acerca da soberania e das relações travadas com a governança, bem assim das dificuldades enfrentadas para com a cooperação internacional, dado o acirramento das tensões entre o contexto doméstico e o internacional que esse acontecimento evidenciou. É o que se passa a analisar.

4.2 Soberania e pandemia de COVID-19

A Organização Mundial de Saúde (OMS) declarou em 11 de março de 2020 que a COVID-19, doença causada pelo coronavírus (SARS – CoV-2), tratava-se de uma pandemia.[753] A doença que teria surgido

[753] WORLD HEALTH ORGANIZATION. WHO Director-General's opening remarks at the media briefing on Covid-19 – 11 March 2020. Disponível em: https://www.who.int/dg/speeches/detail/who-director-general-s-opening-remarks-at-the-media-briefing-on-covid-19---11-march-2020. Acesso em: 01 maio 2020; ORGANIZAÇÃO DAS NAÇÕES UNIDAS. Organização Mundial da Saúde declara novo coronavírus uma pandemia. Disponível em: https://news.un.org/pt/story/2020/03/1706881. Acesso em: 21 abr. 2020.

na China no final de dezembro de 2019[754] se disseminou rapidamente, e a sua incidência passou a ser vista como ameaça global multifatorial. A questão, inicialmente tratada como sanitária, alcançou diversas dimensões, tais como política, econômica, financeira, social, cultural, ambiental e jurídica, impactando as mais diversas ações e decisões governamentais, bem assim a soberania estatal.

Se, por um lado, a globalização favoreceu a disseminação do vírus, dada a interdependência, a circulação de mercadorias e pessoas ao redor do globo e, assim, ocasionando a pandemia, por outro, seus desdobramentos inicialmente desvelaram uma outra tendência que já se encontrava em marcha: a de retração do fenômeno globalizatório, a desglobalização.

Assim, passa-se a analisar os impactos desses acontecimentos para a governança e principalmente para a soberania, a fim de demonstrar como e em que medida a pandemia produziu (e ainda produz) transformações relevantes, já que ambas, soberania e governança, passam a assumir contornos bastante diferentes daqueles em que se encontravam enfronhadas.

4.2.1 Saúde global: entre soberania e governança

A OMS, no preâmbulo de sua Constituição, entende a saúde como estado de completo bem-estar físico, mental e social, sendo insuficiente para tanto a mera ausência de doença ou enfermidade. O gozo do mais alto padrão de saúde possível é fulcral, devendo ser usufruído por todo ser humano, sem distinção de raça, religião, crença política, condição econômica ou social.[755] Assim, a saúde de todos os povos é fundamental para alcançar a paz e a segurança e depende da cooperação mais completa dos indivíduos e Estados.[756]

Nesse mesmo sentido, o Regulamento Sanitário Internacional (RSI)[757] dispõe sobre normas gerais internacionais de saúde pública pelas quais os Estados se comprometem, conjuntamente, a desenvolver, fortalecer, manter, bem como mobilizar recursos para esse fim,

---

754 NAÇÕES UNIDAS BRASIL. Organização Mundial da Saúde classifica novo coronavírus como pandemia. Disponível em: https://nacoesunidas.org/organizacao-mundial-da-saude-classifica-novo-coronavirus-como-pandemia/. Acesso em: 28 abr. 2020.

755 Preâmbulo da Constituição da OMS.

756 Preâmbulo da Constituição da OMS.

757 Aprovado pela 58ª Assembleia da OMS em 2005 para vigorar a partir de junho de 2007.

colaborando ativamente entre si e para com a OMS, de modo a garantir sua implementação efetiva. Tudo isso em cooperação com as demais organizações intergovernamentais ou órgãos internacionais competentes com os quais a OMS deve cooperar e coordenar atividades.[758] [759]

Apesar desse amplo e recente contexto normativo favorável à cooperação internacional em saúde, as preocupações para com instrumentos de colaboração coletiva nessa seara não são recentes. A saúde internacional tem suas origens no início do século XIX, marcado pelas primeiras tentativas de cooperação internacional para o controle e prevenção de moléstias contagiosas, notadamente aquelas disseminadas por via marítima, a fim de proteger interesses comerciais.[760] Posteriormente, em 1913, o termo "saúde internacional" foi cunhado nos Estados Unidos pela Fundação Rockefeller, e as ações desenvolvidas nesse âmbito remetem a "esforços de nações fortes e industrializadas em ajudar nações mais pobres", com nítido condão assistencialista.[761] Tais concepções foram gradualmente substituídas, no final do século XX, pela consolidação da "saúde global", porque:

> Subjacente à ideia de saúde global está a narrativa de que a globalização aproxima os povos e regiões do mundo, criando uma situação em que todos são "unidos pelo contágio" (ZAKER e KEEFE, 2008). Segundo essa narrativa, a globalização significa um aprofundar da cooperação e do consenso, tendo como cenário uma experiência comum – um mundo em que, supostamente, as doenças não conhecem fronteiras.[762]

Assim, a percepção da saúde enquanto fenômeno global, transfronteiriço, concatena a noção de governança, também de alcance global. E é bom lembrar que a governança, apesar de ser um termo polissêmico,

---

[758] Conforme item 13.1 da Agenda de Revisão do RSI, datada de 15 de junho de 2005.

[759] Conforme o RSI, são eles: ONU, Organização Internacional do Trabalho, Organização das Nações Unidas para a Alimentação e a Agricultura, Agência Internacional de Energia Atômica, Organização Internacional da Aviação Civil, Organização Marítima Internacional, Comitê Internacional da Cruz Vermelha, Federação Internacional das Sociedades da Cruz Vermelha e do Crescente Vermelho, Associação Internacional do Transporte Aéreo, Federação Internacional de Navegação, e Organização Internacional de Saúde Animal.

[760] FORTES, Paulo Antonio de Carvalho; RIBEIRO, Helena. Saúde global em tempos de globalização. *Saúde e Sociedade*, São Paulo, v. 23, n. 2, p. 366-375, 2014, p. 369.

[761] FORTES, Paulo Antonio de Carvalho; RIBEIRO, Helena. Saúde global em tempos de globalização. *Saúde e Sociedade*, São Paulo, v. 23, n. 2, p. 366-375, 2014, p. 369.

[762] NUNES, João; PIMENTA, Denise Nacif. A epidemia de zika e os limites da saúde global. *Lua Nova*, n. 98, 2016, p. 21-46.

é diferente de governo e de governabilidade, transcendendo, outrossim, a ideia de tomada de decisões puramente estatal, mas compartilhada com diversas entidades, entre elas as internacionais. Isso porque a saúde na atualidade é considerada como direito de todos e como bem público global: não pode ser excludente, isto é, ninguém ou nenhuma coletividade pode ser excluída da sua posse ou do seu consumo, e seus benefícios devem ser disponíveis a todos.[763]

A partir daí, a "governança global" em saúde começou a se legitimar entre os teóricos sociais e tomadores de decisão basicamente para designar atividades geradoras de instituições e criadoras do que se denomina de "regras do jogo", que garantem que um mundo formado por Estados-nação se governe sem que se disponha de um governo central, atividades para as quais também contribuem a sociedade civil, os governos nacionais e as organizações internacionais.[764] Nesse sentido, a governança global em saúde se faz necessária, porque a globalização parece ter naturalizado a ideia de que a saúde global constitui um fenômeno natural e necessário, mas mais do que isso, está relacionada às dinâmicas, estruturas e relações políticas no plano internacional.[765]

O termo "saúde global", entretanto, também admite diversos significados,[766] uma vez que a sua definição permanece em disputa entre os diversos atores e instituições que defendem seu uso acadêmico e político, o que faz com que o termo apresente diversas definições atreladas às necessidades de saúde globais, carreando o entendimento de que essas necessidades e soluções constituam um desafio comum a todos os Estados e cujo campo de ação ainda permaneça impreciso.[767]

De toda forma, a saúde global pode ser compreendida "ao mesmo tempo como uma condição, uma atividade, uma profissão, uma filosofia, uma disciplina ou um movimento", e:

> Enquanto disciplina emergente, a Saúde Global tem como principais precedentes a saúde pública e a saúde internacional. Com a primeira compartilha o foco na saúde da coletividade, a interdisciplinaridade e

---

763 FORTES, Paulo Antonio de Carvalho; RIBEIRO, Helena. Saúde global em tempos de globalização. *Saúde e Sociedade*, São Paulo, v. 23, n. 2, p. 366-375, 2014, p. 368-369.

764 VEIGA, José Eli. *A desgovernança mundial da sustentabilidade*. São Paulo: Editora 34, 2013, p. 13.

765 VENTURA, Deisy; NUNES, João. Apresentação. *Lua Nova*, n. 98, 2016, p. 7-16.

766 RIBEIRO, Helena. *Saúde global*: olhares do presente. Rio de Janeiro: Fiocruz, 2016, p. 7.

767 MATTA, Gustavo; MORENO, Arlinda Barbosa. Saúde Global: uma análise sobre as relações entre os processos de globalização e o uso de indicadores de saúde. *Interface Comunicação Saúde Educação*, v.18, n. 48, p. 9-22, 2014, p. 12.

> ações de promoção, prevenção e recuperação da saúde humana. Com a saúde internacional compartilha uma abordagem para além das fronteiras nacionais.[768]

Se, por um lado, o conceito de saúde global ainda permanece em debate, por outro, a literatura é consensual em apontar o processo de globalização como sua força motriz, bem assim a necessidade de proteção da saúde com fundamento nos direitos humanos e, para tanto, a necessidade de desbordamento de fronteiras nacionais. Dessa forma, a saúde da coletividade se internacionaliza e deixa de ser um domínio reservado dos Estados e de suas soberanias para se tornar um bem público da humanidade.

Alinhada a essa perspectiva, a Comissão Interamericana de Direitos Humanos (CIDH) adotou a Resolução nº 1/2020, em 10 de abril de 2020, com o propósito de estabelecer padrões e recomendações para a proteção dos direitos humanos, em caráter regional, nas medidas adotadas pelos Estados para a contenção da pandemia de COVID-19. Isso porque, a despeito da estrutura de cooperação internacional existente para a proteção da saúde global, e, portanto, do direito humano primário à saúde, a resposta à pandemia pode representar, por outro lado, restrições a outros direitos, implicando, destarte, uma ampla repercussão no plano dos direitos humanos e da soberania dos Estados. Muito embora os artigos 3º e 32 do RSI sejam explícitos em determinar a proteção dos direitos humanos em qualquer hipótese de ameaça à saúde global, as medidas adotadas para a contenção do vírus podem, potencialmente, prejudicar ou reduzir direitos e, por sua vez, aumentar a incidência da soberania do Estado sobre os indivíduos.

De toda sorte, a Resolução nº 1/2020 da CIDH dedica especial atenção à cooperação internacional e ao intercâmbio de boas práticas (item IV). Salienta que qualquer política pública com enfoque de direitos humanos na prevenção, atenção e contenção da pandemia requer uma abordagem abrangente e multidisciplinar a partir do fortalecimento dos mecanismos de cooperação internacional entre Estados, voltados à governança global. Acrescenta a urgência em avançar na coordenação regional e global para enfrentar a crise pandêmica de COVID-19, a fim de alcançar eficácia regional, global e sustentável em políticas públicas e medidas de outra natureza que venham a ser adotadas. Salienta ainda

---

768 FORTES, Paulo Antonio de Carvalho; RIBEIRO, Helena. Saúde global em tempos de globalização. *Saúde e Sociedade*, São Paulo, v. 23, n. 2, p. 366-375, 2014, p. 369.

a importância de contar com o apoio, a participação e a cooperação de pessoas e grupos da sociedade civil, como organizações não governamentais, comunidade e setor privado, para que os esforços dos Estados no campo das ações de prevenção, contenção e tratamento da pandemia sejam eficazes e oportunas. Ressalta, por fim, que a cooperação prestada por organizações regionais e universais como a CIDH, a Organização Pan-Americana da Saúde (OPAS), ou agências e órgãos especializados das Nações Unidas, por meio de seus mecanismos, são fundamentais na coordenação de esforços e ações conjuntas com os Estados no contexto da crise da atual pandemia.

A despeito de toda a arquitetura normativa internacional acerca da necessidade de cooperação e da adoção de medidas conjuntas e coordenadas para o combate à pandemia, no plano interno, a Lei nº 13.979, de 06 de fevereiro de 2020, ao dispor sobre as medidas para o enfrentamento da emergência de saúde pública internacional decorrente da COVID-19, não faz qualquer previsão voltada para a preservação da saúde global, tampouco prevê mecanismos efetivos de proteção aos direitos humanos[769] ou mesmo a previsão de arranjos de cooperação, seja no plano interno, seja no internacional.[770]

Esse posicionamento do Estado brasileiro frente à pandemia revelou o desapreço ao conteúdo normativo internacional referente à saúde global, aos direitos humanos e, principalmente, à cooperação extraterritorial, conferindo ao Estado a centralidade e o protagonismo no combate à pandemia. Esse cenário corrobora a desglobalização, consistente no encapsulamento dos Estados e em aumento de soberania, em detrimento de ações e decisões multilaterais e colaborativas.

No plano do direito, as restrições aos direitos humanos são evidentes. Assim, passa-se a analisar a desglobalização e as dificuldades de cooperação internacional a fim de demonstrar como e em que medida

---

769 O artigo 3º, §2º, III, faz menção à expressão "direitos humanos", nos seguintes termos: "Art. 3º Para enfrentamento da emergência de saúde pública de importância internacional decorrente do coronavírus, as autoridades poderão adotar, no âmbito de suas competências, dentre outras, as seguintes medidas: (...) §2º Ficam assegurados às pessoas afetadas pelas medidas previstas neste artigo: (...) III – o pleno respeito à dignidade, aos direitos humanos e às liberdades fundamentais das pessoas, conforme preconiza o Artigo 3 do Regulamento Sanitário Internacional, constante do Anexo ao Decreto nº 10.212, de 30 de janeiro de 2020".

770 O artigo 1º, §3º faz menção à OMS nos seguintes termos: "Art. 1º Esta Lei dispõe sobre as medidas que poderão ser adotadas para enfrentamento da emergência de saúde pública de importância internacional decorrente do coronavírus responsável pelo surto de 2019. (...) §3º O prazo de que trata o §2º deste artigo não poderá ser superior ao declarado pela Organização Mundial de Saúde".

a soberania se fortalece ao mesmo tempo em que a saúde global e os direitos humanos são vulnerabilizados.

4.2.2 Soberania, (des)globalização e pandemia de COVID-19

Diante da propagação em escala global da COVID-19, diversos Estados passaram a adotar medidas para a sua contenção. A questão que se coloca frente às respostas à pandemia reside exatamente no caráter das recomendações da OMS e no seu efetivo valor e conteúdo jurídicos a impactar o conjunto normativo no âmbito interno dos Estados – e, portanto, a soberania – a se analisar como e em que medida a cooperação internacional se operacionaliza em um cenário já desglobalizado.

Entre as funções da OMS prescritas no artigo 2º de sua Constituição estão a formulação de proposições colaborativas para estabelecer padrões internacionais na área de saúde, elaborar estudos científicos e ainda auxiliar de forma direta, se assim consentir o respectivo Estado; e quanto ao RSI, seu propósito e abrangência são descritos em seu artigo 2º nos seguintes termos: "prevenir, proteger, controlar e fornecer uma resposta de saúde pública *à* disseminação internacional de doenças de maneira proporcional e restrita a riscos *à* saúde pública e que evitam interferências desnecessárias no tráfego internacional e comércio". Ou seja, suas funções e seus objetivos são pautados pela colaboração e coordenação – fundamentos da cooperação internacional.

A Constituição da OMS foi aprovada em 1946, entrou em vigor em 1947, e desde então a instituição tem poderes bastante amplos se comparada a outras organizações internacionais, já que os artigos 21 e 22 estipulam a competência para emitir regulamentos vinculativos para todos os Estados-membros sem procedimentos nacionais de ratificação, o que representa um recurso verdadeiramente atípico no cenário de organizações internacionais.[771]

Dessa forma, a OMS, através de um de seus órgãos, a Assembleia Mundial de Saúde, pode adotar regulamentos obrigatórios e aplicáveis a todos os Estados-membros. Isso implica afirmar que ela pode criar normas por maioria dos presentes e votantes, sendo possível,

---

[771] VON BOGDANDY, Armin; VILLARREAL, Pedro. *International law on pandemic response*: a first stocktaking in light of the coronavirus crisis. Munich: Max Planck Institute, 2020, p. 12.

entretanto, que um Estado manifeste desacordo. O RSI, assim como prevê a Constituição da OMS, também tem caráter vinculante para todos os membros da OMS e, da mesma maneira, não carece de incorporação interna para que o seu ingresso se dê no ordenamento jurídico interno de cada Estado.

No caso do Brasil, optou-se pela ratificação do RSI por meio do Decreto nº 10.212, de 30 de janeiro de 2020, muito embora a sua versão em Língua Portuguesa tenha sido aprovada pelo Congresso Nacional por meio do Decreto Legislativo nº 395, ainda em 2009, e, desde então já venha sendo adotado, inclusive, como "instrumento estratégico importante para auxiliar o provimento de ações de saúde (...) pelo Ministério da Saúde e pela Agência Nacional de Vigilância Sanitária (ANVISA)".[772]

O artigo 12 do RSI autoriza o diretor-geral da OMS a declarar situações de "emergência de saúde pública de importância internacional", o que no caso da COVID-19 se deu em 30 de janeiro de 2020.[773] Essas situações, conforme o artigo 1º, consistem em riscos sanitários de propagação internacional de doença que exigem respostas internacionais coordenadas. Tal decisão é amparada por especialistas, após a oitiva do Comitê de Emergência, nos termos do artigo 48. De acordo com o artigo 15, após a declaração de emergência, a OMS pode emitir recomendações temporárias aos Estados afetados. Da leitura do artigo 15 (2) depreende-se que elas devam ser implementadas pelos Estados – o que poderia indicar obrigatoriedade em sua aplicação.

Em que pese a relevância das recomendações da OMS para os Estados-membros, há, no entanto, o entendimento segundo o qual as recomendações da OMS para o combate à pandemia de COVID-19 não teriam efeito vinculante, uma vez que não provêm da Assembleia Mundial de Saúde, como determina a própria Constituição da OMS, mas do regime especial do RSI, voltado para situações emergenciais, como a da pandemia de Covid-19, não tendo, portanto, caráter obrigatório.[774] Isso porque os poderes de criação de normas repousam no órgão principal da organização, a Assembleia Mundial da Saúde, que pode aprová-los

---

772 Prefácio à versão em português do RSI 2005.

773 NAÇÕES UNIDAS BRASIL. OMS declara coronavírus emergência de saúde pública internacional. Disponível em: https://nacoesunidas.org/oms-declara-coronavirus-emergencia-de-saude-publica-internacional/. Acesso em: 01 maio 2020.

774 VILLARREAL, Pedro. The world health organization's governance framework in disease outbreaks. *In:* VIERCK, Leonie; VILLAREAL, Pedro; WEILERT, Katarina. *The governance of disease outbreaks*: international health law – lessons from ebola crisis and beyond. Heidelberg: Nomos, 2017, p. 243.

por dois terços dos membros presentes e votantes.[775] Assim, essas recomendações repousam, em princípio, na dimensão da cooperação internacional e em mecanismos de governança global.

Apesar disso, é importante ressaltar que, embora as recomendações da OMS não tenham caráter vinculante para os Estados, repercutem diretamente nos ordenamentos jurídicos internos nacionais. Embora não tenham a capacidade de gerar novas obrigações para os Estados, podem desencadear a criação normativa interna, influenciando diretamente na produção do direito nacional, através da *soft law*, a exemplo do próprio contexto normativo brasileiro concernente ao RSI. E em outros casos em que isso não ocorra, a cooperação internacional se faz ainda mais necessária como incentivo e respeito a essas normas não apenas no contexto internacional, mas entre os entes estatais, a fim de garantir a efetiva proteção da saúde global e dos direitos humanos.

Isso porque com a intensificação da globalização deu-se o favorecimento das atividades de instituições e organizações extraestatais, que, por sua vez, exercem suas funções para além do domínio dos Estados. Isso contribuiu, em muito, para a criação de consensos acerca de práticas e comportamentos a serem adotados em determinados temas considerados sensíveis ou relevantes, daí a consequente criação de normas de elaboração mais simplificada como a *soft law*. Com ela, cuida-se de pensar num conjunto normativo flexível, proveniente de instâncias para além do corpo estatal.[776]

Assim, a noção de *soft law* perpassa a ideia de normas que não são juridicamente obrigatórias, mas que também não são desprovidas de força legal. Dessa forma, a *soft law* se refere às normas que não são obrigatórias por si mesmas, mas que desempenham um papel interpretativo importante na construção e compreensão dos princípios e normas do direito formal interno dos Estados.[777] A adoção de medidas de isolamento social por parte dos Estados constitui um exemplo bastante ilustrativo dessa realidade: a partir da recomendação técnica da OMS, diversos Estados passaram a promulgar conjuntos normativos internos nesse sentido.

---

775 VON BOGDANDY, Armin; VILLARREAL, Pedro. *International law on pandemic response*: a first stocktaking in light of the coronavirus crisis. Munich: Max Planck Institute, 2020, p. 7.

776 ALVES, Angela Limongi Alvarenga. Soberania estatal, *soft law* e novas institucionalidades. *In:* ALVES, Angela Limongi Alvarenga *et al*. *Direito público*: diálogos nacionais e internacionais. Rio de Janeiro: Grupo FGB/Pembroke Collins/FAPERJ, 2019, p. 256.

777 SOUZA, Leonardo da Rocha; LEISTER, Margareth Anne. A influência da *soft law* na formação do direito ambiental. *Revista de Direito Internacional*, Brasília, v.12. n. 2, p. 767-784, 2005, p. 771.

Através da *soft law* dá-se a reprodução e a adequação, nos ordenamentos nacionais, de diversas normas, desenhadas e prescritas no âmbito internacional. Isso faz com que essas recomendações posicionem-se, assim, como uma importante fonte não apenas para o direito internacional, também para o próprio direito interno dos Estados.[778] Nesse sentido, e de acordo com a doutrina internacional geral, a declaração de emergência de saúde pública de importância internacional representa um bom exemplo de governança pela informação, já que aos Estados cabe o compartilhamento de informações e boas práticas – e esta tem sido uma importante característica combativa em face da crise com a COVID-19,[779] que, todavia, não tem sido observada por alguns Estados, a exemplo do próprio Brasil, que assumiu uma conduta negacionista e pouco transparente em relação à pandemia,[780] corroborando um cenário isolacionista e desglobalizante, sugerindo uma lógica "mais" estatal e "menos" internacional.

A favor do fortalecimento do Estado em face da pandemia reside o fato de ser ele o principal responsável pela rede de proteção ao cidadão que o cenário atual requer: fortalecimento do direito à saúde e dos respectivos serviços sanitários, políticas de proteção aos mais vulneráveis, tais como seguro desemprego e auxílio emergencial (o segundo instituído no Brasil pela Lei nº 13.982/2020) para os que ficaram sem trabalho em razão de medidas de isolamento social, bem como o amplo espectro de políticas públicas necessárias ao enfrentamento da crise pandêmica e seus desdobramentos.[781] Isso, por outro lado, expôs as fragilidades decorrentes do paradigma neoliberal assumido a partir da globalização e as dificuldades enfrentadas pelos Estados na manutenção dessas redes de proteção ao cidadão, reascendendo uma ideia de poder e política autocentrada no paradigma estatal, própria da desglobalização.

Da perspectiva protetiva do direito, em especial dos direitos humanos, há que se resgatar de fato a autonomia política e econômica perdida pelos Estados com a globalização, bem como a noção central de soberania democrática, compartilhada pelo Estado com outros sujeitos

---

778 MENEZES, Wagner. *Ordem global e transnormatividade*. Ijuí: Unijuí, 2005, p. 155.

779 VON BOGDANDY, Armin; VILLARREAL, Pedro. *International law on pandemic response*: a first stocktaking in light of the coronavirus crisis. Munich: Max Planck Institute, 2020, p. 7.

780 HUMAN RIGHTS WATCH. Relatório Mundial 2021. Disponível em: https://www.hrw.org/pt/world-report/2021/country-chapters/377397. Acesso em: 14 jan. 2021.

781 MILLÁN, Natália; SANTANDER, Guilhermo. El virus cosmopolita: lecciones de la Covid-19 para la reconfiguración del Estado-Nación y la gobernança global. *Geopolítica(s)*, v. 11, p. 251-263, 2020, p. 256.

para além dele,[782] a exemplo dos atores responsáveis pela condução da cooperação internacional e, em última instância, dos mecanismos de governança global. Isso porque buscar unicamente no Estado as respostas para a pandemia e as suas múltiplas repercussões implicaria combater um problema cosmopolita com medidas pontuais e instrumentos focados eminentemente no contexto local, o que por si só se revela inviável, dada a incapacidade dos Estados, isoladamente, de prover respostas eficazes a desafios e demandas que transcendem as fronteiras nacionais – e que, portanto, demandam cooperação e governança internacionais para a sua solução.

Nessa senda, a resposta à pandemia exige ações integradas e colaborativas, intra, extra e supraestatais, lócus em que a cooperação internacional tem papel fundamental e diante desse cenário, ainda mais relevante. Para traduzi-la em realidade, os Estados devem atuar de forma conjunta e cooperativa. Eis o ponto central de sua importância: muito embora as recomendações da OMS para o enfrentamento da pandemia de COVID-19 tenham caráter de *soft law*, ou seja, não sejam, em princípio, obrigatórias para os Estados, elas, por certo, impactam diretamente a produção normativa interna dos Estados e, portanto, a sua soberania, servindo como verdadeira fonte de direito para as ações a serem tomadas pelos Estados, uma vez que essas demandam normas nacionais para serem colocadas em prática.

Ainda no plano interno, os Estados são profundamente afetados pela desglobalização. Diante da dificuldade de cooperação interestatal, eles passam a atuar isoladamente, como plenipotenciários soberanos da ordem jurídica doméstica. Essa mudança na cultura jurídica interna, além de reduzir a força normativa dos direitos humanos internacionalmente estabelecida, pode levar ao retrocesso desses direitos, na medida em que a estrutura de governança e cooperação inter e supraestatal é desconsiderada, em prol de uma soberania estatal plena e ilimitada.

Na medida em que a cooperação internacional se torna falha, as limitações ao exercício da soberania contidas nos direitos humanos podem ser desconsideradas, ante a falta de mecanismos e ferramentas de contenção e constrição internacionais. Isso porque a desglobalização produz o efeito de encapsulamento dos Estados, que ocorre não apenas nos contextos político e econômico, também social e cultural, impondo

[782] Cf. ALVES, Angela Limongi Alvarenga. *Limites e potencialidades da soberania estatal na pós-modernidade*. 2017. Tese (Doutorado em Direito do Estado) – Faculdade de Direito, Universidade de São Paulo, São Paulo, 2017.

desafios para a legitimação do direito, e mais especificamente dos direitos humanos e da premente saúde global de combate à pandemia de COVID-19.

4.2.3 Isolacionismo e cooperação: soberania e realidade ambivalente

Com a pandemia de COVID-19, a OMS passou a exercer papel central para combatê-la emitindo diversos comunicados e recomendações. A entidade, como agência especializada da ONU,[783] constitui-se como autoridade internacional[784] responsável por direcionar e coordenar trabalhos de proteção à saúde[785] em efetiva colaboração com a organização em escala global, demais agências especializadas, governos, grupos e outras organizações voltados à proteção da saúde.[786]

Porém, embora os Estados-membros das Nações Unidas tenham se comprometido para com a saúde enquanto direito, bem como à atuação da OMS de forma integrada e colaborativa para garantir tal desiderato, diante da pandemia de COVID-19 o que se verificou, em um primeiro momento, foi a atuação desarticulada dos Estados[787 797] corro-

---

783 O artigo 57 da Carta das Nações Unidas (1945) versa sobre a criação de agências internacionais especializadas nas áreas econômica, social, cultural, educacional e sanitária: "Artigo 57 1. As várias agências especializadas, criadas por acordos intergovernamentais e com amplas responsabilidades internacionais, definidas em seus instrumentos básicos, nos campos econômico, social, cultural, educacional, sanitário e conexos, serão vinculadas às Nações Unidas, em conformidade com as disposições do artigo 63. (...)".

784 Previsão expressa do artigo 2º, "a" da Constituição da OMS.

785 Artigo 2º, "a" da Constituição da OMS.

786 Artigo 2º, "b" da Constituição da OMS.

787 No plano internacional, a retenção de itens médicos pelos Estados Unidos durante a pandemia (cf. DW-BRASIL. EUA são acusados de reter itens médicos destinados a outros países, DW, São Paulo, 04 abr. 2020. Disponível em: https://www.dw.com/pt-br/eua-s%C3%A3o-acusados-de-reter-itens-m%C3%A9dicos-destinados-a-outros-pa%C3%ADses/a-53014838. Acesso em: 01 maio 2020); o cancelamento da venda de respiradores para o Brasil pela China, que teria aceitado valor maior pago pelos Estados Unidos (cf. ISTOÉ. China cancela venda de respiradores para Bahia e carga fica retida nos Estados Unidos, Istoé, São Paulo, 03 abr. 2020. Disponível em: https://istoe.com.br/china-cancela-compra-de-respiradores-pela-bahia-e-carga-fica-retida-nos-eua/. Acesso em: 01 maio 2020); para adquirir respiradores da China, o governo do Estado do Maranhão precisou driblar os governos dos Estados Unidos e da Alemanha (cf. CONGRESSO EM FOCO. Como o Maranhão driblou os EUA e a Alemanha para comprar respiradores da China, UOL, Brasília, 16 abr. 2020. Disponível em: https://congressoemfoco.uol.com.br/saude/como-o-maranhao-driblou-os-eua-e-a-alemanha-para-comprar-respiradores-da-china/. Acesso em: 01 maio 2020), constituem exemplos bastante ilustrativos Dos exemplos também se depreende o caráter de extrema desigualdade experienciado atualmente, em grande parte propiciado pela própria globalização, que, por sua vez, aprofunda as fissuras

borando um cenário de retomada do caráter exclusivista e concentrado da soberania no âmbito nacional.

Isso porque, com a desglobalização e as dificuldades de cooperação internacional, os Estados que já vinham experimentando a retomada de forças políticas diante do enfraquecimento do multilateralismo e das próprias organizações internacionais, passaram a também atuar, juridicamente, para reaver seu monopólio normativo, primando muito mais por uma soberania eminentemente nacional, livre de interferências externas. A pandemia de COVID-19 inicialmente emergiu como potente instrumento de aceleração desse processo.

Com acerto, Andrés Ortega descreve esse cenário no início da pandemia, em 2020: as fronteiras em terra, mar e ar, antes derrubadas pela globalização, foram retomadas; as cadeias produtivas e de suprimentos foram interrompidas; grande parte da indústria precisou paralisar suas atividades ou a produção por falta de componentes vitais originários, em grande medida, provenientes da China, onde a fabricação foi suspensa; o transporte e as viagens tanto nacionais como internacionais sofreram severas restrições, algo que em tempos globalizados era bastante improvável, já que a circulação de bens, produtos e pessoas era o seu mote central; o turismo global também sofreu um enorme golpe, do qual levará muito tempo para se recuperar; a dependência de suprimentos médicos, sobretudo da China e da Índia, acendeu importante alerta, exatamente no momento em que eles são mais necessários.[789]

A pandemia revelou a dependência mútua e o grau de interdependência gerado pela globalização e que passou a ser questionado. Estados centrais, como França e Estados Unidos[790] e até mesmo semi-periféricos,

---

econômico-sociais, evidenciando que a pandemia recaiu sobre todos, mas o seu impacto não é democrático, revelando-se perversa para os Estados periféricos.

788 Esse contexto abre azo à emergência da paradiplomacia em saúde, corroborando o cenário desglobalizado e desarticulado. ALVARENGA, Alexandre Andrade *et al.* Desafios do Estado brasileiro frente à pandemia pela Covid-19: o caso da paradiplomacia maranhense. *Cadernos de Saúde Pública*, São Paulo, v. 36, n. 12, p. 1-22, 2020.

789 ORTEGA, Andrés. The desglobalisation vírus. *Global Policy/Global Spectator*, Madri, 17 mar. 2020. Disponível em: https://blog.realinstitutoelcano.org/en/the-deglobalisation-virus/. Acesso em: 28 abr. 2020.

790 O ministro das Finanças da França, Bruno Le Maire, admitiu que os fabricantes de seu país eram excessivamente dependentes de fornecedores da China e da Ásia. "Essa epidemia mostra que os problemas de fornecimento criam problemas estratégicos em certas indústrias", disse Le Maire. Ele mencionou a indústria farmacêutica e automobilística como áreas em que esse problema era particularmente grave. Já as norte-americanas Apple e Microsoft, duas empresas que foram as principais impulsionadoras do mercado de ações, alertaram que enfrentarão um golpe financeiro como resultado do fechamento de montadoras na China. Trazer a manufatura de volta para casa foi uma

como o Brasil,[791] passaram a defender a redução da dependência de produtos vindos de outros países, repatriando parte de sua produção, o que contraria a principal característica da globalização: a deslocalização, a transnacionalização e a desterritorialização da produção.

Com a pandemia, Estados e empresas perceberam os riscos dessa interdependência excessiva e passaram a querer controlá-la;[792] de início, prontamente defenderam a propositura de leis protetivas para as suas indústrias nacionais, voltadas para a relocalização das cadeias de produção. Vislumbrou-se, portanto, que o contexto econômico traz consigo repercussões políticas e jurídicas.

Esse cenário traduz o indicativo de uma retomada da soberania de caráter concentrado no ente estatal, menos afeta às influências provenientes de outros lócus normativos, sobretudo os internacionais. Em que pese o protagonismo da OMS no combate à pandemia, os esforços atuais tanto do mercado quanto dos Estados no sentido de retomar sua soberania enfraquecida pela globalização revelaram uma tendência em se priorizar muito mais o interno e o nacional, e menos o externo e o internacional.[793]

---

política central da oferta de Donald Trump ao eleitorado dos EUA, mas muitas empresas reagiram mudando as operações em outros lugares da Ásia. Essas medidas realmente não encolheram as cadeias de suprimentos ou alcançaram o que Donald Trump realmente queria: trazer empregos de volta para casa. Mas, agora, tudo indica que esse cenário será alterado. WHITE, Garry. Coronavirus highlights the deglobalisation trend. Charles Stanley, Londres, 11 mar. 2020. Disponível em: https://www.charles-stanley.co.uk/group/cs-live/coronavirus-highlights-deglobalisation-trend. Acesso em: 01 maio 2020. Também a título de exemplo sobre a reação dos Estados Unidos à dependência internacional de insumos hospitalares em plena pandemia foi a invocação de lei de guerra para forçar a indústria nacional a produzi-los. Cf. GUIMÓN, Pablo. Trump invoca uma lei da Guerra da Coreia para obrigar a General Motors a fabricar respiradores, *El País*, Washington, 28 mar. 2020. Disponível em: https://brasil.elpais.com/economia/2020-03-28/trump-invoca-uma-lei-da-guerra-da-coreia-para-obrigar-a-general-motors-a-fabricar-respiradores.html. Acesso em: 01 maio 2020.

791 No caso do Brasil, também há a preocupação com a produção nacional ante a dependência internacional de insumos hospitalares. DESIDERI, Leonardo. Após China travar compra de respiradores, governo quer aumentar a produção nacional, *Gazeta do Povo*, Curitiba, 08 abr. 2020. Disponível em: https://www.gazetadopovo.com.br/republica/breves/china-trava-compra-respiradores/. Acesso em: 01 maio 2020).

792 ORTEGA, Andrés. The desglobalisation vírus. *Global Policy/Global Spectator*, Madri, 17 mar. 2020. Disponível em: https://blog.realinstitutoelcano.org/en/the-deglobalisation-virus/. Acesso em: 28 abr. 2020.

793 No âmbito regional, a atual pandemia também revela o estado atual da cooperação ou, mais precisamente, a falta dela. As respostas de cada Estado à COVID-19 evidenciaram decisões unilaterais e defensivas, muitas vezes em prejuízo dos próprios vizinhos. RIGGIROZZI, Pía. Coronavirus y el desafio para la gobernanza regional em America Latina. *Análisis Carolina*, Madrid, v. 2020, n. 12, p. 1-13, 2020. Na América Latina, as instituições regionais têm tido uma participação bastante reduzida na condução da crise sanitária, cabendo

Todavia, com o passar do tempo e diante da persistência da pandemia e de suas repercussões, os Estados rapidamente se aperceberam de que os esforços concentrados e localizados no âmbito doméstico não seriam suficientes para solucionar a crise pandêmica: tratar um problema global com medidas locais, ou seja, combater um vírus globalizado[794] com medidas desglobalizadas não seria a melhor alternativa. Assim,

---

aos Estados fazê-lo, de forma isolada e desarticulada: desde os primeiros casos, alguns governos responderam com medidas duras relativas à quarentena, isolamento social e o fechamento de fronteiras; outros, como México e Brasil, só recomendaram medidas de isolamento social. MENGANA, Milagro. Covid-19: las limitaciones de la integración y la cooperación en America Latina. *Observatório do regionalismo*, São Paulo, 5 maio 2020. Disponível em: http://observatorio.repri.org/artigos/covid19-las-limitaciones-de-la-integracion-y-la-cooperacion-en-america-latina/?fbclid=IwAR3qpW0WQ1fSWNrKaSm1sagTPIhTaPngeIWayoAWry0EWYIo5k3YNZ-EjRs. Acesso em: 07 maio 2020. Na União Europeia, as dificuldades de cooperação se revelam ainda mais perniciosas ante o avanço da extrema direita. Na Alemanha (com Jörg Meuthen), França (com Marine Le Pen), Holanda (com Geert Wilders) e Itália (com Matteo Salvini e mais recentemente com Giorgia Meloni), os discursos eurocéticos utilizam-se da crise sanitária e das dificuldades enfrentadas pelo bloco em combatê-la para invocar a soberania concentrada no Estado como única alternativa viável. Na Hungria, a ameaça ao projeto europeu pelo primeiro-ministro, Viktor Orbán, foi mais extrema: expandiu os poderes do Poder Executivo em meio à pandemia. Em 30 de março de 2020, o parlamento húngaro aprovou uma lei que permitiu ao primeiro-ministro estender o estado de emergência e adotar outras medidas extraordinárias, como a suspensão de outras leis. A resposta da UE diante dessa violação à democracia, no entanto, foi bastante tímida. LOSS, Flávia. A extrema direita europeia e a pandemia. *Observatório do regionalismo*, São Paulo, 28 abr. 2020. Disponível em: http://observatorio.repri.org/artigos/a-extrema-direita-europeia-e-a-pandemia/. Acesso em: 05 maio 2020. O estado de emergência na Hungria foi renovado em 24 de maio de 2022. Contrariando esse cenário, no contexto asiático, a Associação Sul-Asiática para a Cooperação Regional (SAARC), após período recente de inatividade, parece ter sido reativada pela crise pandêmica. Diversos Estados, capitaneados pela Índia, parecem empreender esforços em prol de uma cooperação regional de saúde, algo que ainda aguarda o desenrolar de acontecimentos. CAMPOS, André Sanches Siqueira. SAARC 2.0? A diplomacia em saúde reanima a cooperação regional no sul da Ásia. *Observatório do regionalismo*, São Paulo, 21 abr. 2020. Disponível em: http://observatorio.repri.org/artigos/saarc-2-0-a-diplomacia-em-saude-reanima-a-cooperacao-regional-no-sul-da-asia/. Acesso em: 01 maio 2020.

[794] O sítio da OMS na internet relata que, até 5 de dezembro de 2020, foram notificados 65.007.974 casos de Covid-19, com 1.507.018 mortes confirmadas em 220 países, áreas e territórios do mundo. WORLD HEALTH ORGANIZATION. Numbers at a glance. Disponível em: https://www.who.int/emergencies/diseases/novel-coronavirus-2019?gclid=CjwKCAiA_Kz-BRAJEiwAhJNY75qmwRw512-J_-pi7yuWeeI0grECI1bJ11LBb0HqxyhaTbvh_YubSRoCtCcQAvD_BwE. Acesso em: 5 dez. 2020. Em nova consulta ao sítio, para fins de atualização, em 26 de julho de 2021, constam 193.798.265 casos confirmados, 4.158.041 mortes confirmadas e 3.646.968.156 doses de vacinas administradas, sendo certo que na primeira consulta a vacinação ainda não tinha sido iniciada. É importante ressaltar ainda que esses dados sofrem alterações constantes (em tempo real), dada a sua dinamicidade. WORLD HEALTH ORGANIZATION. Numbers at a glance. Disponível em: https://www.who.int/emergencies/diseases/novel-coronavirus-2019?gclid=CjwKCAiA_Kz-BRAJEiwAhJNY75qmwRw512-J_-pi7yuWeeI0grECI1bJ11LBb0HqxyhaTbvh_YubSRoCtCcQAvD_BwE. Acesso em: 26 jul. 2021.

mesmo diante de todas as dificuldades de cooperação internacional, tensionadas pela crise pandêmica, a desglobalização foi posta em segundo plano em favor da busca por soluções coletivas para o problema de saúde global.

O consórcio internacional para vacinação contra a COVID-19 liderado pela OMS (COVAX) constitui um exemplo emblemático. Mesmo durante o estágio inicial da pandemia, tornou-se evidente que, para encerrar a crise global decorrente da pandemia, seria necessário, além da vacinação, o acesso amplo e equitativo da mesma em todo o mundo.

O COVAX é um dos três pilares do *Access to Covid-19 Tools (ACT) Accelerator* lançado em abril de 2020 pela OMS, Comissão Europeia e França em resposta à pandemia. Ele reúne governos, organizações globais de saúde, fabricantes, cientistas, setor privado, sociedade civil e filantropia, com o objetivo de fornecer acesso inovador e equitativo aos diagnósticos, tratamentos e vacinas contra a COVID-19. O principal pilar do COVAX está focado neste último como solução verdadeiramente global para a pandemia, pois se trata de esforço conjunto para garantir que todos ao redor do mundo tenham acesso às vacinas contra a COVID-19 assim que estiverem disponíveis, independentemente de sua riqueza. Isso porque se parte da população mundial não tiver acesso às vacinas, a cadeia de transmissão do vírus não será interrompida.[795]

Segundo a OMS, ao aderir ao COVAX, tanto os países com autofinanciamento quanto os países financiados têm acesso a amplo portfólio de vacinas, como e quando elas se mostrarem seguras e eficazes. Os países com autofinanciamento têm a garantia de doses suficientes para proteger uma certa proporção de sua população, dependendo de quanto eles investirem no consórcio. Sujeito à disponibilidade de financiamento, os países financiados receberão doses suficientes para vacinar até 20% de sua população a longo prazo. Uma vez que a demanda provavelmente excederá a oferta assim que as vacinas estiverem disponíveis, a alocação será distribuída entre os países com base no número de doses disponíveis e aumentará à medida que a disponibilidade aumentar.[796]

---

795 O COVAX é coordenado pela Vaccine Alliance (Gavi), pela Coalition for Epidemic Preparedness and Innovation (CEPI) e pela OMS. WORLD HEALTH ORGANIZATION. COVAX Explained. Disponível em: https://www.gavi.org/vaccineswork/covax-explained. Acesso em: 05 dez. 2020.

796 WORLD HEALTH ORGANIZATION. COVAX Explained. Disponível em: https://www.gavi.org/vaccineswork/covax-explained. Acesso em: 05 dez. 2020.

Enquanto este trabalho foi escrito, 78 Estados já haviam confirmado interesse em participar do consórcio, com a possibilidade de inserção de muitos outros.[797] Isso demonstra que o COVAX representou um importante instrumento colaborativo entre os Estados, em prol de uma solução conjunta e fortemente alicerçada na cooperação internacional.

Esse itinerário desglobalizado acabou produzindo realidades ambivalentes: se, num primeiro momento, a eclosão da pandemia levou os Estados a combatê-la de forma isolada e totalmente desarticulada entre si, por outro, o desenrolar dos acontecimentos demonstrou que uma retomada de consciência era mais do que necessária, já que o vírus não respeita fronteiras e tampouco contextos nacionais. Cuida-se de questão de saúde global, que necessitou, e muito, de ações estatais coordenadas de enfrentamento e combate.

Assim, inobstante as dificuldades provenientes da desglobalização, a cooperação internacional mostrou-se absolutamente necessária para lidar com pandemia, mas não só, também se revelou imprescindível para solucionar os problemas presentes e futuros de ordem comum por ela desvelados,[798] tais como futuras crises sanitárias, econômico-financeiras, as mudanças climáticas e principalmente a efetivação de um sistema de garantias de direitos humanos. Embora os Estados estivessem primando pela retomada de uma soberania estatal concentrada e centralizada, a realidade demonstrou exatamente o contrário: seria preciso muito mais do que mera coexistência interestatal, mas cooperação internacional e governança global.

4.3 Soberania entre globalização e desglobalização

O processo de globalização e o seu contramovimento, a desglobalização, impactam a soberania estatal. Se por um lado a globalização favoreceu a cooperação e o estabelecimento de consensos entre os Estados, o que demandou a construção de uma arquitetura institucional cada vez

---

[797] WORLD HEALTH ORGANIZATION. COVAX Explained. Disponível em: https://www.gavi.org/vaccineswork/covax-explained. Acesso em: 5 dez. 2020. Em nova consulta ao sítio, em 2021, para fins de atualização, verificou-se que não houve alteração nesses dados. WORLD HEALTH ORGANIZATION. COVAX Explained. Disponível em: https://www.gavi.org/vaccineswork/covax-explained. Acesso em: 26 jul. 2021.

[798] APPLETON, Arthur. Globalization and pandemics: global problems require global responses. *The Globalist*: Rethinking Globalization, Washington, 03 mar. 2020. Disponível em: https://www.theglobalist.com/globalization-global-health-coronavirus-covid19-nationalism-pandemic/. Acesso em: 01 maio 2020.

mais interdependente entre a soberania e a governança, por outro, esses mecanismos encontram-se emperrados e disfuncionais, revelando que a cooperação internacional está dificultada, dando azo à desglobalização, o que produz efeitos bastante concretos para a soberania estatal.

Nesse sentido, os Estados deixam de atuar de forma conjunta, coordenada e colaborativa e passam a priorizar o desenvolvimento de agendas próprias e internas que impactam diretamente o direito, sejam os direitos humanos, o direito ambiental, o combate à pandemia[799] – o que ao fim e ao cabo implica pensar em uma estrutura holística de direitos humanos. Não que uma agenda própria seja necessariamente ruim, porém, o risco é de que a agenda geral, estabelecida internacionalmente, seja fragilizada, provocando por fim a redução de esforços para a implementação dos compromissos internacionais, o que tem se revelado uma realidade no contexto internacional, como se verá adiante.

Também o plano interno dos Estados é drasticamente afetado por esse cenário. Diante da dificuldade de cooperação interestatal, os Estados passam a atuar isoladamente, como plenipotenciários soberanos da ordem jurídica interna. Essa mudança na cultura jurídica nacional, além de reduzir a força normativa do direito internacionalmente estabelecida, pode levar ao retrocesso, na medida em que a estrutura de governança e cooperação inter e supraestatal é desconsiderada, em prol de uma soberania estatal plena e ilimitada.

Quanto a esse particular, é importante reprisar que, desde a edição da Carta da ONU e da DUDH, a soberania dos Estados não é – e nem pode ser – absoluta, já que encontra limites nesses documentos jurídicos, plenamente vinculantes e aplicáveis: a soberania estatal é limitada pelos direitos humanos.[800]

Todavia, na medida em que a cooperação internacional se torna falha, essas limitações ao exercício da soberania podem ser desconsideradas ante a falta de mecanismos e ferramentas de contenção e constrição internacionais. Isso porque a desglobalização produz o efeito de encapsulamento dos Estados, que ocorre não apenas nos contextos político e econômico, também social e cultural, impondo desafios para a legitimação do direito, sobretudo dos direitos humanos, desafiando, destarte, os limites da própria soberania.

---

799 Esse rol de direitos é meramente exemplificativo, pois esse raciocínio é aplicável a todo o direito.

800 RANIERI, Nina. *Teoria do Estado*: do Estado de Direito ao Estado Democrático de Direito. 2. ed. Barueri: Manole, 2018, p. 85.

Se por um lado a globalização produziu desigualdades, por outro, construiu importante legado. Há muitos mitos ao redor da globalização, um particularmente pernicioso: o de uma era unicamente marcada pelo crescimento do mercado global e processos econômicos e sociais que escapam ao controle dos Estados. Isso de fato alterou o terreno da política. Mas a história da globalização não é apenas essa: há o crescimento de aspirações pelo Direito Internacional e pela justiça – isso implica ampliação dos direitos humanos e, sobretudo, de responsabilidades.[801]

De um lado, a globalização alterou profundamente as relações entre Estados; de outro, também contribuiu para o alargamento do direito, sobretudo dos direitos humanos, bem assim de esforços conjuntos para a construção de uma pauta global sobre esses direitos. Isso porque a interdepedência gerada pela globalização implementou mecanismos de cooperação em múltiplos níveis – inter, intra e supraestatais –, fortalecendo, outrossim, a atuação de agências e organizações nacionais e internacionais[802] de defesa dos direitos humanos.

Na medida em que a cooperação internacional fica dificultada, os Estados deixam de atuar de forma conjunta, coordenada e colaborativa e passam a priorizar o desenvolvimento de agendas próprias e internas de direitos humanos, até mesmo para o enfrentamento de problemas globais, como os ambientais, sobretudo os referentes às mudanças climáticas e de combate à pandemia, como visto. A ameaça é de que a agenda geral, estabelecida internacionalmente, fique fragilizada, provocando, por fim, a redução de esforços para a implementação dos compromissos internacionais diante das dificuldades de cooperação e coordenação multilaterais.

Assim, passa-se a analisar os impactos da globalização e da desglobalização para a soberania no contexto atual, já que ambas, a seu modo, compõem a gramática do nosso tempo, como estruturas políticas imbricadas que repercutem no plano do direito.

4.3.1 Soberania entre arranjos e (re)arranjos

A soberania estatal contemporânea passa por importantes transformações. Pensar os impactos tanto da globalização quanto da

---

801 HELD, David. *Global politics after 9/11*: failed wars, political fragmentation and the rise of authoritarism. London: Global Policy, 2016, p. 16.

802 Cf. HALE, Thomas; HELD, David; YOUNG, Kevin. *Gridlock*: why global cooperation is failing when we need it most. Cambridge: Polity Press, 2013.

desglobalização na soberania implica compreensão de ambos os contextos, bem como coexistência de duas realidades: na soberania estatal permeada pela globalização e interfaciada pela governança e na soberania estatal entrecortada pela desglobalização, bem assim por processos de renacionalização do poder e do direito.

Os estudos sobre o *Brexit*, no Reino Unido, da "era Trump" nos Estados Unidos e do "governo Bolsonaro", no Brasil, demonstram um movimento de retorno à soberania calcada no Estado, em concentração e centralidade. O desrespeito às normativas socioambientais, temáticas relacionadas ao direito, ao desenvolvimento e aos direitos humanos contemplam ainda a busca por padrões de soberania ainda mais fortes, colimados em aspectos de soberania estatal plena, ilimitada e absoluta, em detrimento do direito vigente e dos mecanismos de governança global.

Nesse sentido, é importante lembrar que a cooperação internacional, em especial as instituições que a promovem, nasce em resposta a necessidades e interesses dos Estados que lhes dá origem. A partir daí, os entes estatais escolhem estabelecer mecanismos permanentes de cooperação, definidores da essência do multilateralismo. Desse prisma, infere-se que através dela, traduzida em arranjos institucionais e regras de conduta para os membros, o interesse individual de cada Estado se realiza tanto mais quanto se obtém a coordenação.[803] Ocorre que a reserva de soberania[804] constitui um dado da vida internacional que remonta raízes na Paz de Westphalia. Ou seja: o cumprimento de normas é um ato soberano e depende de processos particulares que induzem o Estado a considerar que é de seu interesse aceitar constrangimentos jurídicos e de legitimidade da ordem internacional,[805] o que dificilmente se dá em

---

803 FONSECA JÚNIOR, Gerson. Anotações sobre o futuro do multilateralismo. *In:* CENTRO BRASILEIRO DE RELAÇÕES INTERNACIONAIS. *CEBRI Dossiê 2*, Rio de Janeiro, v. 2, n. 17, p. 8-17, out. 2018, p. 27.

804 Na atualidade, uma espécie de reserva de soberania encontra-se inserida no artigo 51 da Carta da ONU, que em princípio prescreve que um Estado pode recorrer à legítima defesa em caso de ataque armado, condicionada ao aval do Conselho de Segurança da entidade. Ocorre que, na prática, a norma do artigo 51 foi invocada de forma equívoca a fim de justificar atos unilaterais de força, como o demonstram as "guerras falhas" do pós-11 de setembro, marco temporal para a desglobalização adotado no presente trabalho. De qualquer forma, não há, no sistema internacional, uma entidade que detenha o monopólio do uso da força; o que se pode afirmar é que o referido Conselho detém o monopólio para avaliar se o uso da força é legítimo ou não, com base nas normas da Carta. No Brasil, a Carta da ONU foi ratificada pelo Decreto 19.841, de 22 de outubro de 1945.

805 FONSECA JÚNIOR, Gerson. Anotações sobre o futuro do multilateralismo. *In:* CENTRO BRASILEIRO DE RELAÇÕES INTERNACIONAIS. *CEBRI Dossiê 2*, Rio de Janeiro, v. 2, n. 17, p. 8-17, out. 2018, p. 27.

um ambiente desglobalizado e, portanto, descoordenado e desarranjado. Eis aí a confluência ao contramovimento de retorno à soberania de padrões clássicos, amparada no eixo central do Estado.

A subsistência das instituições internacionais, entretanto, demonstra que a ordem internacional, apesar das turbulências e transformações pelas quais vem passando a partir da desglobalização, não se encontra totalmente subjugada e anulada. O estudo sobre os impactos da pandemia de COVID-19 para a soberania indicam que, num primeiro momento, a própria globalização favoreceu a disseminação do vírus, e a reação dos Estados, em um cenário já desarticulado, potencializou ainda mais a desglobalização, promovendo uma soberania estatal centralizada no Estado.

Por outro lado, com o decurso do tempo, a persistência da pandemia demonstrou que sem coordenação e cooperação a busca de soluções para um problema global jamais seria alcançada. As recomendações da OMS para o distanciamento social e para o uso de máscara facial[806] constituem exemplos bastante ilustrativos dessa realidade, gerando mobilização em escala global e que rapidamente foram incorporadas aos ordenamentos jurídicos internos dos Estados, pela via da *soft law* ou até mesmo *hard law*, em locais em que formalmente essa normativa foi incorporada aos arcabouços jurídicos domésticos. A partir de então, a soberania globalizada, entrecortada pela governança, foi mobilizada.

O mesmo se pode dizer sobre os esforços em relação ao Consórcio COVAX Facility, voltado para a difusão das vacinas para o controle da pandemia ao redor do mundo. Em grande parte, cuida-se de temática afeta à saúde global, entretanto os interesses comerciais e estratégicos que as vacinas engendram também são inegáveis, sendo necessário, portanto, reconhecer que um potente traço da globalização também foi verificado. Novos arranjos e rearranjos para a soberania mostraram-se possíveis, embora a realidade global venha demonstrando a sua inviabilidade.

Nesse sentido, outros exemplos podem ser invocados. O maior deles pode ser compreendido com a Agenda 2030 para o Desenvolvimento Sustentável, consistente em um plano de ação da ONU firmado pelo conjunto dos Estados-membros em 2015 durante a Cúpula das

---

806 WORLD HEALTH ORGANIZATION. Advice on the use of masks in the context of Covid-19: interim guidance, 6 April 2020. Disponível em: https://apps.who.int/iris/handle/10665/331693. Acesso em: 26 jan. 2021.

Nações Unidas[807] e em um cenário já desglobalizado. Na esteira dos compromissos anteriores, notadamente os Objetivos de Desenvolvimento do Milênio (ODM) – parceria global assumida pelos Estados-membros das Nações Unidas em 2000, composta de oito objetivos para reduzir a pobreza extrema até 2015 – os Objetivos de Desenvolvimento Sustentável (ODS) constituem um conjunto de 17 objetivos e 169 metas que abordam uma ampla gama de desafios globais a serem enfrentados até o ano de 2030.[808]

Em linhas gerais, essa agenda prima pelo desenvolvimento em três dimensões – econômica, social e ambiental –, de forma equilibrada e integrada, e é voltada para o fortalecimento da paz e da liberdade universais.[809] Para tanto, a ONU reconhece a erradicação da pobreza, sobretudo da pobreza extrema, como principal desafio global para o desenvolvimento sustentável, e conta com a atuação colaborativa de todos os Estados e interessados.[810]

Também os ODS resultam de amplo processo de negociação internacional que teve início em 2013, envolvendo, inclusive, as capacidades dos Estados para colocá-los em prática.[811] Tal desiderato obteve êxito no firme posicionamento dos Estados-membros em assumir compromissos no sentido de implementá-los, bem assim no reconhecimento a respeito da relevância que a cooperação internacional acerca do tema exige.[812]

No âmbito do comércio, outros exemplos recentes podem ser levados em conta, apesar da incidência da desglobalização. Os acordos

---

807 ALVES, Angela Limongi Alvarenga; GUERRA, Thaís. Igualdade de gênero na educação e Agenda 2030: panorama e desafios diante da desglobalização. *In:* JUBILUT, Liliana Lyra *et al. Direitos humanos e vulnerabilidades e a Agenda 2030*. Boa Vista: Editora da UFRR, 2020, p. 154-168.

808 ORGANIZAÇÃO DAS NAÇÕES UNIDAS – ONU-BRASIL. *Transformando nosso mundo:* a agenda 2030 para o desenvolvimento sustentável. Disponível em: https://nacoesunidas.org/pos2015/agenda2030/. Acesso em: 2 jan. 2020.

809 ORGANIZAÇÃO DAS NAÇÕES UNIDAS – ONU-BRASIL. *Transformando nosso mundo:* a agenda 2030 para o desenvolvimento sustentável. Disponível em: https://nacoesunidas.org/pos2015/agenda2030/. Acesso em: 2 jan. 2020.

810 ORGANIZAÇÃO DAS NAÇÕES UNIDAS – ONU-BRASIL. *Transformando nosso mundo:* a agenda 2030 para o desenvolvimento sustentável. Disponível em: https://nacoesunidas.org/pos2015/agenda2030/. Acesso em: 2 jan. 2020.

811 ALVES, Angela Limongi Alvarenga; GUERRA, Thaís. Igualdade de gênero na educação e Agenda 2030: panorama e desafios diante da desglobalização. *In:* JUBILUT, Liliana Lyra *et al. Direitos humanos e vulnerabilidades e a Agenda 2030*. Boa Vista: Editora da UFRR, 2020, p. 154-168.

812 ORGANIZAÇÃO DAS NAÇÕES UNIDAS – ONU-BRASIL. *Transformando nosso mundo:* a agenda 2030 para o desenvolvimento sustentável. Disponível em: https://nacoesunidas.org/pos2015/agenda2030/. Acesso em: 2 jan. 2020.

entre União Europeia e Mercosul[813] e o Tratado Continental Africano de Livre Comércio,[814] que cria a zona de comércio livre continental na África, demonstram que a cooperação internacional ainda poderia ocorrer, assim como a soberania remodelada, pautada pela colaboração. Embora os Estados tenham se comprometido com a cooperação internacional, nesses casos descritos, de forma integrada e colaborativa, como visto a cooperação internacional enfrenta desafios em um contexto geral de retração. E isso ocorre não somente no aspecto econômico, mas político, social e cultural, impondo desafios não só para a soberania, mas para a legitimação do próprio direito.[815]

4.3.2 Soberania entre disfunções e disjunções

A soberania indica poder político e jurídico nas sociedades políticas. Com ela, pavimentou-se um novo caminho para se pensar e teorizar sobre um velho problema: a natureza do poder e do direito. Atrelada à estatalidade, a soberania forneceu a legitimação necessária para a sedimentação do Estado moderno e de sua respectiva construção normativa. Essa formulação demonstrou-se suficiente até a intensificação da globalização contemporânea.

O processo globalizatório, por sua vez, pode ser interpretado através de duas vertentes distintas. A primeira, decorrente da multiplicidade de atividades políticas, econômicas e sociais que se tornaram globais. A segunda, em razão do incremento dos níveis de interação entre Estados e sociedades. O sistema global passou por um alargamento das relações sociais em e através de novas dimensões de atividade tecnológica, organizacional, administrativa e jurídica, e a intensificação de padrões de interconexão passou a ser mediada pelo fenômeno das redes de comunicação e tecnologia informacional. Isso permitiu que políticas se desdobrassem em um contexto permeado pelo movimento de

---

813 BRASIL. Ministério das Relações Exteriores. Acordo de Associação Mercosul-União Europeia: resumo informativo elaborado pelo governo brasileiro. Disponível em: http://www.itamaraty.gov.br/images/2019/2019_07_03_-_Resumo_Acordo_Mercosul_UE.pdf. Acesso em: 9 jan. 2021.

814 AFRICAN CONTINENTAL FREE TRADE AREA – AfCFTA. Documents. Disponível em: https://au.int/sites/default/files/treaties/36437-treaty-cfta_consolidated_text_-_portuguese.pdf. Acesso em: 26 jan. 2021.

815 LAFER, Celso. *A Declaração Universal dos Direitos Humanos e sua relevância para a afirmação da tolerância e do pluralismo em Direito internacional*: um percurso no direito do século XXI. São Paulo: Atlas, 2015, p. 5.

capitais, fluidez da comunicação, intercâmbio de culturas e circulação de pessoas.[816]

Assim, muitos determinantes de distribuição de poder e variados centros e sistemas de autoridade passaram a operar dentro e através das fronteiras nacionais, reformulando as bases da política. O significado e a natureza do poder passaram a ser reexaminados. Com a construção da ordem global a partir do pós-guerra e a institucionalização dos mecanismos de governança global,[817] tanto o conceito de poder e de autoridade política – assim como a própria soberania, em grande medida – dissociaram-se dos Estados, bem assim das suas fronteiras nacionais.

O sucesso dessa dinâmica depende da moldura da vida política internacional[818] e, consequentemente, das interpenetrações do contexto internacional no plano interno dos Estados, emergindo a ideia da prevalência do internacional sobre o nacional. Com a desglobalização, essa lógica passou a ser questionada.

Isso porque compreender a contextura da ordem global do pós-guerra, favorecida pela globalização, implica reconhecer que a soberania estatal também esteve relacionada às dinâmicas hegemônicas de poder que se processaram desde então: da bipolaridade entre Estados Unidos e URSS durante a Guerra Fria, passando pela unipolaridade estadunidense, com o fim da URSS e, depois, com a intensificação da globalização, pela multipolaridade, com a inserção de novos *players* políticos – e essa última, por sua vez, agora em crise e entrecortada pela desglobalização.

Como assinalam Thomas Hale, David Held e Kevin Young, o aprofundamento da globalização favoreceu o crescimento da multipolaridade e o surgimento de novos atores e sujeitos políticos na arena global, e, diante disso, as dificuldades na construção de consensos e associações favoráveis ao integracionismo, consistindo, portanto, em um importante condutor do impasse político da atualidade.[819] Embora haja uma aceitação geral em face da noção de que a multipolaridade tenha se

---

816 HELD, David. *Democracy and the global order*: from the modern State to cosmopolitan governance. Stanford: Stanford University Press, 1995, p. 21.

817 Cf. HALE, Thomas; HELD, David; YOUNG, Kevin. *Gridlock*: why global cooperation is failing when we need it most. Cambridge: Polity Press, 2013.

818 HELD, David. *Democracy and the global order*: from the modern State to cosmopolitan governance. Stanford: Stanford University Press, 1995, p. 22.

819 HALE, Thomas; HELD, David; YOUNG, Kevin. *Gridlock*: why global cooperation is failing when we need it most. Cambridge: Polity Press, 2013, p. 36.

tornado um conceito relevante, tanto no plano da política quanto no do direito, sobretudo se relacionada ao multilateralismo, a desglobalização vem desafiar essa dinâmica das relações internacionais.

A desglobalização sinalizaria que o excesso de multipolaridade prejudicaria o funcionamento da política? A multipolaridade não seria positiva quando associada ao multilateralismo, tendo em vista a democratização das relações entre Estados? Ou haveria, de fato, uma relutância em reconhecer o completo desaparecimento da unipolaridade?[820] A emergência dos BRICS nas duas primeiras hipóteses e as tensões entre Estados Unidos e China, na terceira, apontam para um olhar necessário sobre a questão: a desglobalização estaria indicando uma sobreposição de realidades uni e multipolares?[821] Quais seriam as implicações e os impactos para a soberania estatal? Mais especificamente: a soberania estaria sofrendo impactos tanto da globalização quanto da desglobalização na atualidade?

Todas essas questões conduzem a questionamentos acerca da hegemonia das relações internacionais, principalmente as teorias que advogam imprescindível o seu exercício para a manutenção da ordem global. Entretanto, a teorização do *gridlock* vem demonstrar que, muito além de hegemonia, as relações políticas – bem como a sustentação da ordem global liberal do pós-guerra – necessitam de estabilidade,[822] [823] e essa poderia ser alcançada em qualquer um desses cenários, uni, bi ou multipolar. Isso porque a construção da ordem global forjada no pós-guerra, calcada na globalização, teve, como principal consequência

---

820 PATRIOTA, Antonio de Aguiar. Is the world ready for cooperative multipolarity? *In:* CENTRO BRASILEIRO DE RELAÇÕES INTERNACIONAIS. *CEBRI Dossiê 2*, Rio de Janeiro, v. 2, n. 17, p. 8-17, out. 2018, p. 9.

821 PATRIOTA, Antonio de Aguiar. Is the world ready for cooperative multipolarity? *In:* CENTRO BRASILEIRO DE RELAÇÕES INTERNACIONAIS. *CEBRI Dossiê 2*, Rio de Janeiro, v. 2, n. 17, p. 8-17, out. 2018, p. 9.

822 HALE, Thomas; HELD, David; YOUNG, Kevin. *Gridlock*: why global cooperation is falling when we need it most. Cambridge: Polity Press, 2013, p. 28-29.

823 Sobre a necessidade de estabilidade para a ordem global, David Held não desconsidera os riscos sistêmicos produzidos pela própria globalização e os analisa a partir da sua administração. Isso porque "ao criar sistemas globais e redes de interação – dos mercados financeiros globais ao comércio ilegal de drogas – a globalização cria riscos sistêmicos, evidentes, por exemplo, na ameaça do colapso financeiro global representado pelos eventos do *crash* do Leste Asiático. Os riscos sistêmicos aproveitam o destino das comunidades em uma região do mundo para se desenvolverem a muitos milhares de quilômetros de distância. Com efeito, a globalização engendra em si uma 'sociedade de risco'". E é exatamente em razão disso que a busca por estabilidade é ainda mais evidente. HELD, David. *A globalizing world*: culture, economics, politics. London: Routledge, 2004, p. 149.

pretendida, a formulação de uma economia global e uma ordem internacional estável.[824]

O que a desglobalização vem realçar é o contexto de instabilidade em que a ordem global se encontra inserida hodiernamente. As fissuras provenientes da própria estrutura global liberal do pós-guerra, o crescente *gap* entre as necessidades por soluções globais e a habilidade das instituições multilaterais para encontrá-las, bem como a crise da cooperação internacional[825] congregam um conjunto multifatorial de retorno à soberania estatalizada: um contramovimento de busca por estabilidade, constância, conservação, segurança e, por isso, calcado mais na lógica do nacional sobre o internacional. A crise do liberalismo oriunda da intensificação da globalização, o movimento de realinhamento do poder e da hegemonia globais, as tensões EUA-China, a incerteza econômica e a emergência de governos ultraconservadores são relevantes, mas constituem elementos secundários, que reforçam essa tese e contribuem para essa contextura.

Somam-se a isso, além do já mencionado crescimento da multipolaridade a gerar dificuldade de consensos, a inércia institucional das organizações internacionais, bem como a sua fragmentação, que dificultam a coesão para a solução de problemas comuns, além da complexificação dos problemas da contemporaneidade:[826]

> Se adicionarmos as emergências sanitárias e do meio ambiente que, com a atual pandemia, foram alçadas às principais ameaças transnacionais na contemporaneidade, pode-se especular que estamos vivendo um dos momentos mais críticos do pós-Guerra Fria. Diferente de crise anteriores, como o 11 de setembro, episódio que condensou várias situações em um evento único, na atualidade estamos experimentando várias conjunturas críticas, com desdobramentos espaciais e temporais distintos, que geram ainda mais incerteza sobre seus desdobramentos futuros.[827]

---

[824] HALE, Thomas; HELD, David; YOUNG, Kevin. *Gridlock*: why global cooperation is falling when we need it most. Cambridge: Polity Press, 2013, p. 27.

[825] Cf. HALE, Thomas; HELD, David; YOUNG, Kevin. *Gridlock*: why global cooperation is falling when we need it most. Cambridge: Polity Press, 2013.

[826] HALE, Thomas; HELD, David; YOUNG, Kevin. *Gridlock*: why global cooperation is falling when we need it most. Cambridge: Polity Press, 2013.

[827] LIMA, Maria Regina Soares; ALBUQUERQUE, Marianna. *Policy Note*: reordenamento global, crise do multilateralismo e implicações para o Brasil. Brasília-Berlim: CEBRI-Konrad Adenauer Stiftung, 2020, p. 6.

Nesse sentido, os estudos dos casos do *Brexit*, dos Estados Unidos na "era Trump" e do Brasil no "governo Bolsonaro" indicam que, por certo, a desglobalização produz impactos na soberania estatal, apontando para uma prevalência do nacional sobre o internacional, consistente na busca por uma soberania concentrada e localizada no plano interno dos Estados. Por outro lado, indicam a coexistência de uma soberania globalizada, permeada por mecanismos de governança global, ante o reconhecimento de que há, no plano internacional, outros Estados, entidades, organismos e organizações que também influenciam a ordem global, e, portanto, a produção normativa interna dos entes estatais.

Paralelamente, o estudo acerca dos impactos da pandemia de COVID-19 e também do *Brexit* e os governos Trump e Bolsonaro, na soberania, apontam que a governança, bem como seus mecanismos, instituições e regramentos subsistem, mas que o desarranjo político, próprio da desglobalização, acaba se refletindo nas práticas dos Estados, avessos à cooperação e à integração, revelando um cenário desarticulado e disforme.

A partir desses estudos, verifica-se que as disfunções da cooperação internacional, bem como as falhas dos mecanismos de governança conduzem à preponderância do princípio da soberania, que se sobreleva e se sobrepõe, relocaliza-se no plano doméstico e se centraliza no Estado. Há, no plano prático, uma alteração na relação que se estabeleceu entre a soberania e a governança durante a globalização, com a prevalência da primeira sobre a segunda. Na atualidade, porém, a governança persiste, mas enfraquecida pela desglobalização. A partir daí, tem-se as disjunções da soberania para com a governança e além de seus limites jurídicos nos direitos humanos, revelando problemas de segunda ordem no plano interno dos Estados, consistentes em violações a esses direitos.

Nessa esteira, emergem nos Estados ocidentais crises relacionadas à democracia representativa, contribuindo para a proliferação de partidos políticos e governos pautados por políticas conservadoras, de direita e ultradireita,[828] concentradores de soberania centralizada no ente estatal, refratários aos direitos humanos e ao multilateralismo, e, portanto, baseados na busca pela concentração de autoridade e poder e de uma soberania absoluta e ilimitada.

---

[828] LIMA, Maria Regina Soares; ALBUQUERQUE, Marianna. *Policy Note*: reordenamento global, crise do multilateralismo e implicações para o Brasil. Brasília-Berlim: CEBRI-Konrad Adenauer Stiftung, 2020, p. 6.

Análises do Projeto de Pesquisa *Democracy Matrix* (DeMAX), da Universidade de Würzburg, Alemanha, demonstram que o mundo passa por uma onda de "desdemocratização",[829] com grande número de Estados adotando formas de governo híbridas, exibindo características autocráticas e de Estado de Direito fraco, simultaneamente. De acordo com as projeções de 2019, 41 Estados (23%) foram classificados como híbridos e outros 46 (26%) ingressaram no bloco das democracias incompletas. Ainda de acordo com o estudo que avalia a democracia em 179 Estados pelo mundo desde o ano de 1900, o Brasil se situa neste último grupo, ao lado de Turquia, Hungria e Sérvia.[830]

Nesse mesmo sentido, o relatório *"Freedom House in the World 2020"*, produzido pela Freedom House,[831] aponta que o apoio e a qualidade da democracia decresceram: dos 195 Estados analisados, 83 foram classificados como "livres", 63 como "parcialmente livres" e 49 como "não livres". De acordo com o relatório, 2019 foi o 14º ano consecutivo em que se registra declínio na liberdade global.[832] Também o "Índice da Democracia 2019", elaborado pela Economist Intelligence Unit,[833] aponta decréscimo da democracia em 2019 ao redor do mundo. Especificamente em relação ao Brasil, na primeira edição do estudo, em 2006, o Brasil ocupava a 42ª posição. Em 2019, passou a ocupar o 52º lugar.[834]

Como visto, esse *turning point* não pode ser explicado apenas por fatores econômicos, muito embora seja preciso reconhecer a sua influência no contexto global, sobretudo em razão do cenário pós-crise de 2008. Mas a falência da política, dos dispositivos de persuasão e cooperação e o enfraquecimento do Direito Internacional a partir das chamadas "guerras falhas" do período pós-11 de setembro foram decisivos[835] não apenas para a demarcação da desglobalização, mas para

---

829 Termo cunhado por Wendy Brown para descrever a atual erosão democrática, sem, contudo, ser formalmente abolida. BROWN, Wendy. *Nas ruínas do neoliberalismo*: a ascensão da política antidemocrática no Ocidente. São Paulo: Politéia, 2019.

830 DeMAX. Democracy Matrix Analysis. Disponível em: https://www.democracymatrix.com/conception/democracy-matrix. Acesso em: 21 jan. 2021.

831 Organização não governamental, sediada nos EUA, que se dedica à defesa da liberdade e da democracia. FREEDOM HOUSE. About us. Disponível em: https://freedomhouse.org/about-us. Acesso em: 21 jan 2021.

832 FREEDOM HOUSE. Reports. Disponível em: https://freedomhouse.org/reports. Acesso em: 21 jan. 2021.

833 Divisão de pesquisas e análises do grupo editorial The Economist. EIU. About us. Disponível em: https://www.eiu.com/n/about/. Acesso em: 21 jan. 2021.

834 EIU. Democracy Index 2019. Disponível em: https://www.eiu.com/topic/democracy-index. Acesso em: 21 jan. 2021.

835 HELD, David. *Global politics after 9/11*: failed wars, political fragmentation and the rise of authoritarism. London: Global Policy, 2016, p. 6.

a desestabilização da contextura política do Oriente Médio e, desse epicentro, inicialmente para a Europa e na sequência, mundo afora, gerando mais crises, sobretudo as humanitárias. A situação dramática dos refugiados é bastante ilustrativa dessa realidade: o aumento no número de pessoas em situação de refúgio no território europeu fugindo de perseguições políticas e, nessa esteira, da violência e da pobreza extremas e generalizadas em seus Estados de origem, provoca ainda mais reações conservadoras, preconceitos étnicos[836] e xenofobismos e o subsequente "fechamento" dos Estados e avivamento de fronteiras, antes globalizadas, livres e fluidas. De fato, a abertura de fronteiras no âmbito da globalização foi, em grande parte, impulsionada pelo mercado e, portanto, muito mais favorável à circulação de bens, produtos e serviços do que de pessoas. Mas o fechamento cultural e as barreiras simbólicas erguidas em face das migrações no contexto desglobalizado não podem ser ignoradas.

Como consequência, os Estados se voltam para uma soberania com padrões mais controlados e controláveis, sobretudo estáveis, nos moldes de Westphalia, em que se buscava muito mais uma coexistência do que a construção de uma comunidade internacional pautada pela cooperação. Por outro lado, é preciso reconhecer que a globalização e a governança global subsistem: o estudo sobre a incidência da pandemia de COVID-19 e a atuação da OMS, embora descoordenada, demonstram a subsistência (e a persistência) de uma soberania globalizada e entrecortada pela governança, embora enfraquecida, demandando, por certo, novas composições.

4.3.3 (Des)Globalização e vínculo entre direito, Estado e soberania: reformulação e hibridismo

Pensar o conceito de soberania por si só implica o reconhecimento de uma composição, ou seja, de uma mescla entre o político e o jurídico, dado o seu duplo desdobramento. O que se busca demonstrar no presente trabalho é que, a despeito dessa composição, há ainda a perspectiva híbrida: que perpassa a governança, ou seja, uma estrutura para

---

836 LIMA, Maria Regina Soares; ALBUQUERQUE, Marianna. *Policy Note*: reordenamento global, crise do multilateralismo e implicações para o Brasil. Brasília-Berlim: CEBRI-Konrad Adenauer Stiftung, 2020, p. 6. Ressaltam as autoras que para muitos analistas a crise do liberalismo, a reação conservadora e a reconfiguração política em países como EUA, Brasil e vários países europeus compõem um quadro de instabilidade análoga aos anos 1930, com a emergência dos nacionalismos e do ódio racial.

além do Estado, permeada pela globalização e por múltiplos sujeitos e, portanto, descentralizada, e a de uma soberania concentrada e localizada no Estado, demarcada pela desglobalização.

Se, por um lado, a globalização alterou profundamente a soberania, a ponto de provocar uma mutação semântica, por outro, os estudos sobre a desglobalização, mais precisamente os impactos do sistema da política no sistema do direito, demonstram que a soberania e o seu conceito também foram afetados por esse processo, gerando a coexistência de uma ideia de soberania deslocalizada do eixo central do Estado (globalizada) e reapropriada pelas forças (re)nacionalizantes que lhe deram origem (desglobalizada).

Trata-se de pensar não em realidades espelhadas, tampouco conflitantes, mas de imbricações e sobreposições e, por fim, lógicas ambivalentes, dada a instabilidade vivenciada pela ordem global contemporânea, contexto em que se inserem os Estados e as suas soberanias. Essa contextura, permeada tanto pela globalização quanto pela desglobalização, afeta, por certo, o vínculo entre direito, Estado e soberania.

Esse vínculo, inicialmente criado a fim de amalgamar a soberania ao Estado, em exclusividade e centralidade, desde Jean Bodin, sedimentou as relações interestatais e, sobretudo, a produção do direito, localizada no Estado. Essa construção teórica permaneceu vigente durante toda a modernidade, período de evolução e consolidação do Estado-nação, que por sua vez necessitava de controle e concentração de autoridade, bem assim de legitimação do poder e, sobretudo, da produção normativa.

A partir da intensificação da globalização contemporânea, porém, esse vínculo foi quebrado, já que, paralelamente ao Estado, múltiplas esferas e instâncias de poder concorrentes passaram a disputar a juridicidade, levando ao enfraquecimento da soberania eminentemente estatal, já que o direito passou a ser produzido por diversos sujeitos, para além do Estado, simultânea e concomitantemente a ele. Decorre daí a tese da soberania estatal democrática, dada a quebra do monopólio normativo estatal, tendo em vista a produção do direito fora do eixo central do Estado, levando em conta a participação da sociedade civil.[837]

A partir da globalização, evidencia-se a mutação semântica da soberania, uma vez que a sua conceituação tradicional, calcada na

---

[837] ALVES, Angela Limongi Alvarenga. *Limites e potencialidades da soberania estatal na pós-modernidade*. 2017. Tese (Doutorado em Direito do Estado) – Faculdade de Direito, Universidade de São Paulo, São Paulo, 2017.

teoria de Jean Bodin, consolidada ao longo dos séculos e sedimentada pela literatura não mais subsiste, deixando, destarte, de expressar o seu significado, dada a incompatibilidade entre a teoria e a práxis, levando à quebra do vínculo entre direito, Estado e soberania.

Isso ocorre em razão do jogo de forças engendrado pelo processo de globalização. Na lógica globalizada, construída a partir da ordem liberal, global e, sobretudo, estável do pós-guerra, tem-se *menos* Estado e *mais* governança, ou seja, *menos* governo/soberania e *mais* governança e, portanto, *mais* de outros sujeitos competindo e interagindo, combinando esforços e produzindo o direito através dos mecanismos de governação. Isso implica reconhecer que à soberania do Estado se conjugam forças criativas do direito, pela via da governança, oriunda de um corpo normativo bastante complexo e heterogêneo. Isso implica reconhecer que o conjunto de instituições criado para dirimir questões oriundas desse processo globalizatório promoveu a estabilidade global, através da cooperação internacional, sendo muitas vezes desnecessária a atuação do Estado em empreender esforços de autoridade e exercício de ordenação, já que a própria lógica liberal contempla em si mesma o absenteísmo ou a atuação estatal diminuída. Há, nesse contexto, um desequilíbrio entre as forças estatais e as forças da governança, dada a redução da ação política estatal, sua atuação, bem assim a sua soberania.

Em face da desglobalização, entretanto, há um novo contexto a ser considerado. Na medida em que a interdependência, própria da globalização, aprofunda-se, e novos problemas emergem da complexificação social e do próprio cenário internacional, avolumam-se problemas na arquitetura institucional existente, e a cooperação internacional fica reduzida. A partir daí, a lógica de proeminência globalizada se inverte. Tem-se *mais* Estado e *menos* de outros sujeitos a interferir e a produzir o direito. Isso porque o declínio do cenário internacional, dado o bloqueio político da atualidade, provoca novo desequilíbrio de forças, agora reapropriadas pelo Estado. As forças da governança, no entanto, não foram extintas, tampouco os seus mecanismos, embora com força e atuação limitadas. Esse raciocínio explica as tentativas de retomada da soberania pelos Estados, bem como os processos de (re)nacionalização de poderes e de competências legiferantes. A ação política se (re)localiza no âmago estatal.

Dessa perspectiva, o vínculo entre direito, Estado e soberania foi novamente alterado, levando a nova reformulação e, por fim, a nova mutação semântica. Isso porque afirmar que uma vez quebrado pela lógica globalizada esse vínculo possa ser reconstruído e retomado, tal qual a teorização original construída por Jean Bodin, não é possível, já que as forças da globalização não foram extintas e ainda persistem. Por outro lado, afirmar que essa soberania globalizada, repensada e reformatada de forma a contemplar a ação criativa do direito por múltiplos sujeitos, democraticamente, sobretudo aqueles provenientes da tecitura internacional também não é mais possível.

Com a desglobalização, essa contextura recebe como incremento o reposicionamento do Estado em face da ação política, levando a um contexto híbrido: forças estatais e extraestatais a produzir o direito, mas sem o escopo democrático a permear essas relações, uma vez que a atuação da sociedade civil se encontra paralisada e deveras dificultada. Não há que se pensar em um cenário desglobalizado, em uma soberania estatal democrática, composta por pluralismos e heterogeneidades sociais,[838] até porque a democracia, os direitos humanos e o próprio Estado de Direito vêm sendo constantemente esvaziados e erodidos, cenário bastante diferente daquele experienciado no período em que a globalização contemporânea se encontrava em marcha, entrelaçada pela cooperação internacional.

Se por um lado a globalização promoveu a liberalização, a integração dos mercados e, com isso, aprofundou desigualdades e provocou a erosão da ação política estatal,[839] [840] corroendo, outrossim, as bases da soberania, por outro, envolveu também a intensificação da comunicação, trocas e trânsitos além-fronteiras.[841] Esse processo promoveu a internacionalização do Estado[842] e, paralelamente, a difusão dos direitos humanos,[843] bem assim a construção e a sedimentação do Direito Internacional dos Direitos Humanos.[844] Esse caminho, pavimen-

---

838 ALVES, Angela Limongi Alvarenga. *Limites e potencialidades da soberania estatal na pós-modernidade*. 2017. Tese (Doutorado em Direito do Estado) – Faculdade de Direito, Universidade de São Paulo, São Paulo, 2017.

839 FARIA, José Eduardo. *O direito na economia globalizada*. São Paulo: Malheiros, 2004, p. 169.

840 Tendo em vista esses problemas, anota Dalmo Dallari que a globalização contemporânea indica uma pseudointegração global, e não uma real integração dos povos. DALLARI, Dalmo. *O futuro do Estado*. São Paulo: Saraiva: 2010, p. 156.

841 HABERMAS, Jürgen. *A constelação pós-nacional*. São Paulo: Littera Mundi, 2001, p. 84.

842 RANIERI, Nina. *Teoria do Estado*: do Estado de Direito ao Estado Democrático de Direito. Barueri: Manole, 2013, p. 173.

843 HELD, David. *Global politics after 9/11*: failed wars, political fragmentation and the rise of authoritarism. London: Global Policy, 2016, p. 16.

844 STEINER, Henry; ALSTON, Philip. *International human rights in context*: law, politics, morals. 2. ed. Oxford: Oxford University Press, 2000, p. 136-158, 237-275.

tado na internacionalidade, dadas as feições humanistas introduzidas no modelo da Carta da ONU, que por sua vez marcou a passagem das normas de coexistência vigentes desde a Paz de Westaphalia para um direito de cooperação,[845] também promoveu ideais, princípios, normas e valores de proteção aos direitos humanos.[846] [847]

Além disso, é importante frisar que, se por um lado a globalização e a pós-modernidade favoreceram o ser humano e a sua diversidade (mote central da tese da soberania estatal democrática), por outro, também promoveram a desordem, a instabilidade, a flexibilidade, a plasticidade, a fluidez, a provisoriedade e o dissenso no âmbito estatal,[848] em oposição à ordem, à estabilidade, ao equilíbrio, à solidez e aos consensos que o caracterizaram na modernidade, em sua formatação tradicional de Estado-nação.[849] Nesse sentir, a desglobalização pode, em grande medida, implicar tentativas de retorno à segurança, à ordenação e, principalmente, à estabilidade a serem promovidas pelo Estado. Isso porque a sua debilidade, provocada pela globalização, acentua a sensação de insegurança e desproteção social, já que o contexto globalizatório afeta tanto a segurança jurídica e a efetividade do Estado, sua soberania e seu território, quanto a legitimidade democrática estatal.[850] E, assim, o desmoronamento da estrutura do Estado-nação carrega consigo uma série de convicções, certezas, modelos, práticas, instituições e valores consagrados ao longo dos séculos,[851] levando a rupturas e desestabilidades, inclusive sob a égide de retrocessos aos próprios direitos humanos:

Neste sentido, uma série de direitos afirmados historicamente (opinião,

---

845 HELD, David. A democracia, o Estado-nação e o sistema global. *Lua Nova*, São Paulo, n. 23, p. 1-50, 1991.

846 HELD, David. *Democracy and the global order*: from the modern State to cosmopolitan governance. Stanford: Stanford University Press, 1995, p. 169.

847 Cuida-se de pensar em um Direito Internacional também permeado pela pós-modernidade que, por sua vez, tem na proteção do ser humano a sua centralidade, apesar das incertezas, das instabilidades e da fluidez que esse cenário convola. Cf. CASELLA, Paulo Borba. *Fundamentos do direito internacional pós-moderno*. São Paulo: Quartier Latin, 2008.

848 Cf. BITTAR, Eduardo Carlos Bianca. *O direito na pós-modernidade (e reflexões frankfurtianas)*. 2. ed. Rio de Janeiro: Forense, 2009.

849 ALVES, Angela Limongi Alvarenga. *Limites e potencialidades da soberania estatal na pós-modernidade*. 2017. Tese (Doutorado em Direito do Estado) – Faculdade de Direito, Universidade de São Paulo, São Paulo, 2017, p. 58-68.

850 HABERMAS, Jürgen. *A constelação pós-nacional*. São Paulo: Littera Mundi, 2001, p. 87.

851 BITTAR, Eduardo Carlos Bianca. Crise econômica, desglobalização e direitos humanos: os desafios da cidadania cosmopolita na perspectiva da teoria do discurso. *Revista Mestrado em Direito*, Osasco, v.12, n.1, p. 259-293, 2012, p. 270.

> privacidade), liberdades construídas através do sofrimento de gerações e conquistas de igualdade (raça, origem, condição social...) são revogados em nome de um valor síntese da lógica do global: segurança. A segurança da era Bush, enquanto segurança contra o terror, ou a segurança da era Obama, enquanto segurança contra a crise financeira, não importa, em ambas as suas feições, a luta por segurança parece ser um mote comum das últimas décadas em termos de constituição de valores internacionalmente cultivados. Assim, quando a insegurança econômica territorial se completa com a insegurança global dos mercados, ainda presente a questão da luta contra as diversas formas de terrorismo, a química é ainda mais explosiva.[852]

Assim, pensar a soberania entre globalização e desglobalização significa reconhecer lógicas divididas e polarizadas. Da instabilidade e da insegurança provenientes da incapacidade estatal em dirimir questões políticas e, em especial, as relacionadas à proteção social do cidadão, típicas da contextura globalizada, surgem tentativas de realocação, ressignificação e reordenação estatais, próprias da desglobalização, aflorando esforços pelo reassentamento da soberania no plano estatal.

Das tentativas de recuperação do poder político e da centralização da autoridade no aparelho estatal se dá o fluxo da desglobalização e o refluxo da globalização, cujo movimento traz consigo novos desequilíbrios, já que o Estado passa a concentrar a ação política e, a partir dela, a controlar a produção jurídica, bem assim o vórtice jurídico. Reapropriando e concentrando poderes, o Estado passa a travar novas relações para com a sociedade e os cidadãos, hierarquizando-as, perpassando por lógicas de poder excludentes ou pouco inclusivas. O ser humano perde a centralidade protetiva do direito, que passa a convergir para o próprio Estado, que por sua vez verticaliza as suas relações, dantes horizontalizadas.

Muito embora as tentativas de cooperação internacional em cenário já permeado pela desglobalização, como a Agenda 2030, bem como os esforços em prol do consórcio COVAX para a difusão de vacinas e o combate à pandemia de COVID-19, sinalizem a revivência da governança global (demonstrando, inclusive, que ela ainda é desejável), essas iniciativas já se demonstraram dificultadas e pouco operacionais, e o cenário global vem revelando a sua inocuidade, dado o impasse político

852 BITTAR, Eduardo Carlos Bianca. Crise econômica, desglobalização e direitos humanos: os desafios da cidadania cosmopolita na perspectiva da teoria do discurso. *Revista Mestrado em Direito*, Osasco, v.12, n.1, p. 259-293, 2012, p. 273.

da atualidade[853] e a constatação de embaraços aos direitos humanos em múltiplas frentes.[854]

Os caminhos da desglobalização apontados por Thomas Hale, David Held e Kevin Young – crescimento de multipolaridade, inércia institucional, problemas complexificados e fragmentação – vêm se revelando cada vez mais aprofundados, tendo em vista os estudos dos casos do *Brexit* no Reino Unido, dos Estados Unidos, com Donald Trump, e do Brasil, com Jair Bolsonaro. Nos três casos verificou-se a prevalência de retomada e reapropriação da soberania pelo Estado. Porém, nos três casos não é possível afirmar que a globalização, bem como as forças da governança, tenham sido completamente anuladas ou excluídas. Ficou evidente, no entanto, que o conceito de soberania estatal democrática[855] também não é suficiente para expressar o seu conteúdo. Há, de fato, uma incompatibilidade entre teoria e prática, levando a um contexto híbrido, em que a soberania é composta tanto pelo Estado quanto por outros sujeitos, provenientes da governança, sem, contudo, conter o tônus democrático.

Para esta questão, assevera Manuel Castells que a diminuição da capacidade dos Estados nacionais em responder aos problemas correntes se dá exatamente em razão da globalização, já que eles perderam os instrumentos para resolver questões que dependem cada vez mais do ambiente internacional.[856] E quando o mesmo se encontra em disfuncionalidade, ou seja, desglobalizado, no plano interno dão-se as disjunções: têm início o processo de concentração de poder na esfera estatal e o esfacelamento da democracia, dada a redução do espaço público,[857] a ascensão de conservadorismos, nacionalismos e da extrema direita e,

---

853 ALVES, Angela Limongi Alvarenga; GUERRA, Thaís. Igualdade de gênero na educação e Agenda 2030: panorama e desafios diante da desglobalização. *In:* JUBILUT, Liliana Lyra *et al. Direitos humanos e vulnerabilidades e a Agenda 2030*. Boa Vista: Editora da UFRR, 2020, p. 154-168.

854 BITTAR, Eduardo Carlos Bianca. Crise econômica, desglobalização e direitos humanos: os desafios da cidadania cosmopolita na perspectiva da teoria do discurso. *Revista Mestrado em Direito*, Osasco, v.12, n. 1, p. 259-293, 2012, p. 266-267; Cf. LEWANDOWSKI, Enrique Ricardo. Estado mínimo, pós-modernidade e desglobalização. *Consultor Jurídico*, São Paulo, 4 abr. 2017. Disponível em: https://www.conjur.com.br/2017-abr-04/lewandowski-estado-minimo-pos-modernidade-desglobalizacao. Acesso em: 11 nov. 2019.

855 ALVES, Angela Limongi Alvarenga. *Limites e potencialidades da soberania estatal na pós-modernidade*. 2017. Tese (Doutorado em Direito do Estado) – Faculdade de Direito, Universidade de São Paulo, São Paulo, 2017.

856 CASTELLS, Manuel. *Ruptura*: a crise da democracia liberal. Rio de Janeiro: Zahar, 2018, p. 7-10.

857 SINGER, André; ARAÚJO, Cícero; BELINELLI, Leonardo. *Estado e democracia*: uma introdução ao estudo da política. Rio de Janeiro: Zahar, 2021, p. 224.

paralelamente, a desintegração dos direitos humanos. No contexto da desglobalização, a grande diferença entre os espectros autoritários[858] tradicionais do século XX para os contemporâneos é a presença do eleitor: a democracia é corroída por ela mesma.[859]

Pipa Norris e Ronald Inglehart assinalam a liberalização dos costumes consistente na ampliação de pautas (tipicamente globalizadas e pós-modernas),[860] como feminismos, de orientação sexual, ambiental etc. teria produzido uma alteração drástica nas formas de conceber o mundo, sobretudo por parte dos jovens, o que acabou gerando antagonismos e estranhamentos, em especial em parcelas da sociedade mais afetas ao conservadorismo, inculcando ressentimentos, expressados nos lemas "*take back America*" de Donald Trump e "*take back control*" do *Brexit*,[861] calcados em grande medida pela necessidade de segurança a ser provida e providenciada pelo Estado. O contexto desglobalizado, pós-crise de 2008, aliado à piora das condições de vida e à intensificação das migrações teria acirrado as fissuras sociais e levado aos resultados de 2016 tanto nos EUA quanto no Reino Unido.[862]

No Brasil, apesar de não ser objeto das análises dos autores, podem ser identificadas similitudes, tais como o enrijecimento do aparelho estatal, pouco receptivo à participação democrática, inserido em polaridades e com prevalência de pautas altamente conservadoras e excludentes,[863] consubstanciadas no lema "Pátria amada Brasil",[864] em alusão aos símbolos nacionais e alinhado à militarização do Estado no governo Bolsonaro.[865] Quanto a esse particular, alertam Octávio

---

858 Expressão utilizada por André Singer, Cícero Araújo e Leonardo Belinelli. SINGER, André; ARAÚJO, Cícero; BELINELLI, Leonardo. *Estado e democracia*: uma introdução ao estudo da política. Rio de Janeiro: Zahar, 2021, p. 207.

859 LEVITSKY, Steven; ZIBLATT, Daniel. *Como as democracias morrem*. Rio de Janeiro: Zahar, 2018, p. 15.

860 Cf. BITTAR, Eduardo Carlos Bianca. *O direito na pós-modernidade (e reflexões frankfurtianas)*. 2. ed. Rio de Janeiro: Forense, 2009.

861 NORRIS, Pipa; INGLEHART, Ronald. *Cultural backlash*: Trump, Brexit and the authoritarian populism. Cambridge: Cambridge University Press, 2019.

862 NORRIS, Pipa; INGLEHART, Ronald. *Cultural backlash*: Trump, Brexit and the authoritarian populism. Cambridge: Cambridge University Press, 2019.

863 GALLEGO, Esther Solano. Apresentação. *In:* GALLEGO, Esther Solano. *O ódio como política*: a reinvenção das direitas no Brasil. São Paulo: Boitempo, 2018, p. 14-18.

864 BRASIL. Ministério da Cidadania. *Manual de uso da marca do Governo Federal*. Disponível em: http://www.mds.gov.br/webarquivos/cidadania/marca_gov/Manual.pdf. Acesso em: 18 jun. 2021.

865 LIS, Laís. Governo Bolsonaro mais que dobra número de militares em cargos civis, diz TCU. *PORTAL G1*, Brasília, 17 jul. 2020. Disponível em: https://g1.globo.com/politica/noticia/2020/07/17/governo-bolsonaro-tem-6157-militares-em-cargos-civis-diz-tcu.ghtml. Acesso em: 18 jun. 2021.

Amorim Neto e Igor Acácio que a inserção de militares no centro da arena política brasileira significa "colocar representantes de uma organização opaca e radicalmente vertical no centro de um regime político que se fundamenta justamente no oposto, isto é, na transparência e em relações horizontais",[866] e é exatamente em virtude dessas características que o conjunto de instituições estatais pode ou não ser considerado democrático.

Já Yascha Mounk acredita que a crise econômica aliada à migratória (e ambas, frutos do processo de globalização) teriam revertido a tendência emancipatória e de ampliação de pautas e direitos, com isso acirrando tensões sociais e gerando nos cidadãos sentimentos de desconfiança em relação à democracia e, especialmente nos jovens, a predileção pelo autoritarismo, por não se afinizarem com a política. Isso em razão desse grupo não ter experienciado as autocracias do século XX e, por isso, serem a elas indiferentes.[867]

Além da indiferença, a democracia contemporânea estaria envolta por profundo sentimento de frustração e de insatisfação, dado o descumprimento das promessas elaboradas no lumiar dos projetos democráticos liberais. No atual contexto, eles carecem de vigor para solucionar problemas que outrora seriam facilmente resolvidos. Para tanto, David Runciman aponta que os arquitetos democratas do início do século XX teriam se aproveitado de possibilidades existentes no interior do próprio sistema, pois havia espaço para o alargamento de direitos, o movimento trabalhista, o crescimento das dívidas públicas e das bases fiscais, do poder de ação política nacional e do sistema partidário, e em especial da confiança do povo no Estado[868] – também a indicar que as desestabilidades trazidas pelo aprofundamento da globalização impelem a procura de segurança, que por sua vez pode ser encontrada no Estado.

Também nessa linha, Wendy Brown avalia a crise democrática contemporânea a partir da insatisfação com o avanço das pautas expansivas de direitos, aprofundadas pela globalização, relacionando-as ao liberalismo. O argumento não é o de que o neoliberalismo por si só esteja minando a democracia e favorecendo a extrema direita, mas que as formulações liberais de liberdade a inspiraram, mobilizando o

---

866 AMORIM NETO, Octávio; ACÁCIO, Igor. De volta ao centro da arena: causas e consequências do papel político dos militares sob Bolsonaro. *Journal of Democracy*, São Paulo, v. 9, n. 2, nov. 2020, p. 5.

867 Cf. MOUNK, Yascha. *O povo contra a democracia*: por que nossa liberdade corre perigo e como salvá-la. São Paulo: Companhia das Letras, 2019.

868 RUNCIMAN, David. *Como a democracia chega ao fim*. São Paulo: Todavia, 2018, p. 79.

discurso da liberdade para justificar exclusões e desigualdades, rotulando a esquerda como autoritária, bem como as suas preocupações com o social e culpabilizando-a pelo esgarçamento moral da sociedade. Essa ideia central teria favorecido ataques autoritários em diversos lugares do mundo (Hungria, Polônia, Estados Unidos, Rússia, Índia, Israel, neonazistas no parlamento alemão, neofascistas no italiano, xenofobistas no *Brexit*, movimentos de nacionalismo branco na Escandinávia, regimes autoritários na Turquia e no Leste Europeu). Nesse sentido, a eclosão conservadora se dá a partir da combinação de elementos do neoliberalismo aparentemente opostos: de um lado há o favorecimento do capital, a demonização da esfera política, o esvaziamento do debate político com *slogans* e palavras de ordem (a exemplo dos já mencionados de Donald Trump e do *Brexit*), ataque às igualdades e exaltação da liberdade; de outro, a imposição da moralidade tradicional com o controle das formas de vida e demandas por soluções estatais para problemas econômicos.[869]

Esses antagonismos também podem ser identificados na onda autoritária brasileira. Explorando a desconfiança dos cidadãos em relação à política, ao que com o processo de *impeachment* da presidente Dilma Rousseff, em 2016, foi convertida à antipolítica e aos sentimentos de que "nenhum político presta",[870] novas chaves dialógicas foram abertas para os *outsiders* da política, os chamados "novos-políticos", "políticos-gestores",[871] como João Dória em São Paulo e Romeu Zema em Minas Gerais. Paralelamente, há aderência a pautas alinhadas ao tradicionalismo (família e costumes) e reivindicações pela ampliação de direitos sociais, donde se conclui que há, da perspectiva do eleitorado, conservadorismo, mas não neoliberalismo,[872] donde se deflui que há, também no caso do Brasil, além das antíteses que permeiam o cenário global, a busca pela segurança e pela estabilidade no aparato estatal.

Das análises de William Robinson depreendem-se conclusões semelhantes. Para ele, a crise democrática dos presentes dias decorre da reestruturação do capitalismo, através do capitalismo transnacional, vertido pela globalização. O novo sistema de produção financeirizado

---

869 Cf. BROWN, Wendy. *Nas ruínas do neoliberalismo*: a ascensão da política antidemocrática no Ocidente. São Paulo: Politéia, 2019.

870 SOLANO, Esther; ORTELLADO, Pablo; MORETTO, Márcio. 2016: o ano da polarização? *Análise*. São Paulo: Friedrich-Ebert-Stiftung Brasil, 2017, p. 17.

871 SOLANO, Esther; ORTELLADO, Pablo; MORETTO, Márcio. 2016: o ano da polarização? *Análise*. São Paulo: Friedrich-Ebert-Stiftung Brasil, 2017, p. 17.

872 SOLANO, Esther; ORTELLADO, Pablo; MORETTO, Márcio. 2016: o ano da polarização? *Análise*. São Paulo: Friedrich-Ebert-Stiftung Brasil, 2017, p. 15-16.

promoveu lucratividade durante algumas décadas, mas retrocedeu a partir do momento em que encontrou dificuldades em se replicar, aprofundando desigualdades e, portanto, insatisfações, já que as assimetrias de emprego e renda implicam redução do consumo.[873] A emergente classe capitalista transnacional teria se lançado na globalização capitalista para libertar-se das reservas dos Estados nacionais, porém, a partir da estagnação experienciada desde a crise de 2008 (apesar da retomada do crescimento econômico de 2014), surgem Trump e seus equivalentes, em tentativas de refundação da legitimidade do Estado face às condições desestabilizadoras da globalização capitalista.[874]

Pontua o autor, todavia, que a despeito da posição antiglobalista, Donald Trump é membro ativo desse capitalismo transnacional, já que possui investimentos em todo o mundo. Seu discurso soberanista corresponderia à demagogia e à manipulação política em termos de um projeto para recuperar a legitimidade estatal perdida com a globalização. Em verdade, a extensão da globalização se daria por outros meios, como o de um Estado policial global que se expandiria em uma mobilização autocrática: o trumpismo teria se sobrelevado para intensificar o neoliberalismo nos EUA e, para tal mister, postulou um papel maior do Estado para subsidiar a acumulação transnacional de capital em face da estagnação econômica.[875]

Nesse mesmo sentido, posicionam-se Pierre Dardot e Christian Laval. Apesar de parecer contrário à globalização, Donald Trump promoveria a conjugação entre "autoritarismo antidemocrático, nacionalismo econômico e racionalidade capitalista expandida".[876] Essa formulação aparentemente conflitante seria possível através da transmutação da ideia de liberalismo. Isso porque, no passado, ele esteve relacionado à abertura, às liberdades individuais e à legalidade, e

---

873 ROBINSON, William. Trumpismo, fascismo do século XXI e ditadura da classe capitalista transnacional. *Revista Movimento, Crítica e Ação,* São Paulo, 12 nov. 2018, edição online. Disponível em: https://movimentorevista.com.br/2018/11/trumpismo-fascismo-do-seculo-xxi-e-ditadura-da-classe-capitalista-transnacional/. Acesso em: 22 jul. 2021.

874 ROBINSON, William. Trumpismo, fascismo do século XXI e ditadura da classe capitalista transnacional. *Revista Movimento, Crítica e Ação,* São Paulo, 12 nov. 2018, edição online. Disponível em: https://movimentorevista.com.br/2018/11/trumpismo-fascismo-do-seculo-xxi-e-ditadura-da-classe-capitalista-transnacional/. Acesso em: 22 jul. 2021.

875 ROBINSON, William. Trumpismo, fascismo do século XXI e ditadura da classe capitalista transnacional. *Revista Movimento, Crítica e Ação,* São Paulo, 12 nov. 2018, edição online. Disponível em: https://movimentorevista.com.br/2018/11/trumpismo-fascismo-do-seculo-xxi-e-ditadura-da-classe-capitalista-transnacional/. Acesso em: 22 jul. 2021.

876 DARDOT, Pierre; LAVAL, Christian. *La pesadilla que no se acaba*: el liberalismo contra la democracía. Barcelona: Gedisa Editorial, 2017, p. 15.

no presente, teria no resgate à soberania o seu principal significante, ligando-se ao fechamento de fronteiras, à construção de muros, ao nacionalismo e ao desmonte dos direitos humanos.[877] Apesar disso, tal processo não ocorreria à margem da legalidade, mas amparado por ela, a partir da coleta de informações sobre os cidadãos,[878] fomentando um Estado policial global. Para esses autores, essa construção foi pensada para viabilizar a reordenação da ordem mundial, pautada na reconfiguração do liberalismo enquanto racionalidade.[879]

A precarização do trabalho e das condições de vida provenientes do capitalismo neoliberal também é assinalada por André Singer, Cícero Araújo e Leonardo Belinelli como uma das causas para a erosão democrática e a emergência autoritária na atualidade, em um contexto em que cada vez mais aqueles que vivem do próprio esforço se veem desprotegidos pelos direitos trabalhistas.[880] Paralelamente, apontam que uma área abrangente do tecido social deixou de obedecer à vontade popular, ainda que as eleições e os processos eleitorais continuassem a ocorrer, e citam como exemplo a autonomia dos bancos centrais que teria blindado a economia em face do veredito das urnas,[881] exemplo bastante ilustrativo dos efeitos deletérios da globalização no plano interno dos Estados.

É também na globalização, mais precisamente em sua má gestão, que Amitai Etzioni encontra as razões do surgimento de novos extremismos, xenofobismos, autoritarismos e, consequentemente, da redução da democracia e dos direitos humanos, já que grandes parcelas da população se acham frustradas e ameaçadas pela globalização no plano econômico, pelas migrações no plano identitário e pelas elites

877 DARDOT, Pierre; LAVAL, Christian. *La pesadilla que no se acaba*: el liberalismo contra la democracía. Barcelona: Gedisa Editorial, 2017.

878 Além da coleta de informações sobre os cidadãos, as pesquisas sobre a erosão da democracia contemporânea revelaram a utilização de outros mecanismos para reduzi-la. A literatura especializada tem apontado, quase massivamente, o uso da tecnologia para tal fim e é convergente em apontar como principal vetor a difusão de notícias falsas, as chamadas "*fake news*", em diversos veículos distintos, como *sites*, *blogs*, redes sociais, aplicativos de mensagens entre outros. Analisá-los, porém, demandaria novas pesquisas e, por certo, escaparia aos objetivos específicos inicialmente traçados, razão pela qual deixa-se de analisá-los.

879 Cf. DARDOT, Pierre; LAVAL, Christian. *A nova razão do mundo*: ensaio sobre a sociedade neoliberal. São Paulo: Boitempo, 2016.

880 SINGER, André; ARAÚJO, Cícero; BELINELLI, Leonardo. *Estado e democracia*: uma introdução ao estudo da política. Rio de Janeiro: Zahar, 2021, p. 209.

881 SINGER, André; ARAÚJO, Cícero; BELINELLI, Leonardo. *Estado e democracia*: uma introdução ao estudo da política. Rio de Janeiro: Zahar, 2021, p. 209.

que as consideram ignorantes e deploráveis,[882] gerando polarizações, antagonismos e a busca por segurança na via estatal.

Todo esse enredo vem demonstrar as ambiguidades que a globalização engendra e as dificuldades com as quais a política atual se defronta. O plano do direito não se encontra descolado dessa realidade. Cuida-se de pensar que tanto a globalização quanto o seu refluxo, a desglobalização, estendem-se para o contexto nacional e impactam diretamente a soberania. Assim, da formulação tradicional, calcada no vínculo entre direito, Estado e soberania é impossível extrair seu significado. Todavia, da sua reformulação pela teoria da soberania estatal democrática,[883] a partir da quebra desse vínculo, também não há resposta tampouco correspondência para com a sua semântica na atualidade. Da coexistência das duas realidades, globalizada e desglobalizada, a impactar diretamente a soberania, conclui-se pela sua reformatação, híbrida, calcada no Estado e entrecortada pela governança, sem, contudo, empreender força democrática.

---

[882] MASTROLILLI, Paolo. Amitai Etzioni: Il contagio suprematista parte dalla rabia sociale. *La Stampa*, Turim, 17 mar. 2019. Disponível em: https://www.lastampa.it/topnews/primo-piano/2019/03/17/news/amitai-etzioni-il-contagio-suprematista-parte-dalla-rabbia-sociale-1.33688555. Acesso em: 19 jun. 2021.

[883] ALVES, Angela Limongi Alvarenga. *Limites e potencialidades da soberania estatal na pós-modernidade*. 2017. Tese (Doutorado em Direito do Estado) – Faculdade de Direito, Universidade de São Paulo, São Paulo, 2017.

CONCLUSÃO

A teoria da soberania compreende diversas acepções. Apesar das diversas variações de conteúdo, sejam conceituais ou de sentido, mesmo aquelas lastreadas na soberania do Estado, todas elas têm como convergência a estreita relação que a soberania guarda com o poder e com a autoridade, temáticas que se encontram imbricadas à da soberania. Todos esses conceitos ligam-se intimamente ao poder político: de fato, a soberania pretende ser a racionalização jurídica do poder, no sentido da transformação da força em poder legítimo, do poder de fato em poder de direito.[884]

Com efeito, o desenvolvimento da teoria da soberania viabilizou uma construção teórica acerca da possibilidade e do exercício legítimo do poder político, desenvolvendo-se ao redor de duas preocupações primordiais: com o lugar da autoridade soberana propriamente dita; e com a forma e os limites apropriados – o âmbito de legitimidade – da ação estatal.[885] Tornou-se, assim, a teoria do poder ou autoridade legítima na constituição do direito e, como tal, tem um significado inafastável para o presente trabalho, sobretudo em razão das interferências do sistema da política no sistema do direito.

Com o desenvolvimento dos mecanismos de governança, sobretudo com o impulsionamento da globalização, a relação estabelecida entre ambas – soberania e governança – traz a lume importante questão:

---

884 MATTEUCCI, Nicola. Soberania verbete. *In:* BOBBIO, Norberto; MATTEUCCI, Nicola; PASQUINO, Gianfranco. *Dicionário de política*. 11. ed. Brasília: UnB, 1998, p. 1179.

885 HELD, David. *Democracy and the global order*: from the modern State to cosmopolitan governance. Stanford: Stanford University Press, 1995, p. 39.

a da incompatibilidade entre o cabedal teórico existente sobre a soberania e o seu conteúdo prático. E, ainda, o questionamento acerca da legitimidade desse direito – e das alterações produzidas na soberania – à margem do âmbito estatal, convolando a compreensão da governança como conceito análogo ao de soberania.

Por isso, a importância das análises acerca dessas novas e emergentes fontes de poder, paralelas ao Estado, convergentes na governança, seja ela empresarial (exercida pelo mercado e sujeitos correlatos) ou global (através de organismos internacionais), que por sua vez produzem um direito negociado, pactuado pela via da *soft law*, a fim de analisar quem de fato é soberano no cenário atual: o Estado, de acordo com o discurso da soberania sedimentado na modernidade (e consolidado pelas teorias tradicionais do direito e do Estado), mecanismos e instâncias para além dele, frutos do cenário atual, ou ambos.

Cuida-se de pensar em elementos análogos à soberania, que se encontram com ela imbricados, mas cujo teor e significado são diferentes – como o são os que se congregam através da governança – mas essenciais para a compreensão das potências em disputa na produção do direito na atualidade, rumando a novas construções teóricas. A se questionar quem de fato produz o direito na atualidade: o Estado em sua soberania e/ou instâncias e mecanismos para além dele.

O desajuste entre o Estado e a sua soberania e as novas institucionalidades provenientes da governança demonstram a corrosão dessa estrutura fixa, permitindo afirmar que a soberania deixa de ser um ponto inquestionável e incontrastável, mitigando a exclusividade estatal na produção do direito, bem como a legitimidade da produção normativa com centralidade no aparato estatal, que passa a ser profundamente afetada.

Há que se ter em mente, com efeito, que a noção tradicional de norma jurídica envolve a ideia de direito posto pelo Estado. Disso defluem dois postulados: de que o Estado monopoliza a produção de leis e o parlamento detém a exclusividade de representação. Na contemporaneidade, porém, esses dois postulados são concorrentes: formas paralelas de legalidade contestam esses monopólios.

Assim, fica evidente a contraposição entre o modelo rígido e fixo da concepção convencional de Estado e de soberania para a indefinição, a provisoriedade e a ruptura que emanam da governança na atualidade, demonstrando a erosão e a inadequação que essas estruturas – ainda estáticas – estão enredadas, sendo imprescindível, portanto, a compreensão de novos parâmetros e entendimentos acerca da soberania, consistentes em novos esforços conceituais. Esses, por sua vez, só alcançam legitimidade se, e somente se, levam em conta os aspectos democráticos – hipótese em que tem relevância a teoria da soberania estatal democrática.[886] A contextura atual, porém, encontra-se interfaciada tanto pela globalização quanto pela desglobalização e, por si só, não se mostra democrática, apesar da pulverização do poder para além do corpo estatal.

Apesar disso, esse contexto foi favorecido pela globalização, indubitavelmente. A construção da arquitetura institucional liberal do pós-guerra promoveu a estabilidade política necessária para a sedimentação de um projeto político baseado na desregulamentação e na deslegalização, ou seja, não se trata de pensar em menos direito, mas em um direito formulado e formatado cada vez mais fora do arcabouço estatal, por múltiplos sujeitos. Eis aí o ponto em que a governança e seus mecanismos exercem um papel relevante: para o bom funcionamento do sistema é primordial que a cooperação esteja em funcionamento, para que as engrenagens dessas estruturas institucionalizadas se movam e se operacionalizem harmoniosamente.

Com efeito, a globalização contemporânea favoreceu a cooperação internacional, mas afirmar que ela sempre foi fácil seria demasiado simplista, tendo em conta a gama de interesses e potenciais atores envolvidos, mesmo no período em que se iniciaram as tratativas consentâneas à arquitetura institucional atinente à ordem global do pós-guerra.

O argumento central de David Held, Thomas Hale e Kevin Young é o de que na atualidade, após 70 anos de sucesso qualificado, a cooperação internacional é cada vez mais difícil, por um novo conjunto de motivos. O impasse, no entanto, não caracteriza todos os aspectos da política global, já que nem todas as mudanças no sistema internacional levaram a um impasse. Porém, para quase todas as questões políticas cruciais de hoje, a necessidade por cooperação internacional é crescente, mesmo quando ela tem empecilhos para se operacionalizar.

Esse impasse político é explicado por esses autores pela própria estrutura global de governança. Os sucessos anteriores da cooperação internacional, facilitadores da globalização e fomentadores das relações econômicas, aprofundaram a interdependência ao ponto em que a

---

886 ALVES, Angela Limongi Alvarenga. *Limites e potencialidades da soberania estatal na pós-modernidade*. 2017. Tese (Doutorado em Direito do Estado) – Faculdade de Direito, Universidade de São Paulo, São Paulo, 2017.

cooperação tornou-se mais dificultosa na atualidade.[887] Isso porque a interdependência gerada nesse processo e facilitada pela globalização não apenas gera uma demanda por instituições internacionais, mas instituições internacionais eficazes também criam uma estrutura que, por sua vez, requer ainda mais interdependência, conduzindo a um entrelaçamento cada vez mais pormenorizado entre Estados, sujeitos, organizações e instituições, o que leva ao bloqueio político da atualidade.

O sucesso prévio da cooperação internacional, facilitando a paz e criando vínculos econômicos, fomentou a globalização e aprofundou (e reforçou) a interdependência para o ponto em que a cooperação se tornou mais dificultosa na atualidade. Por isso, a maneira pela qual os atuais desafios da governança global são contemplados impacta, necessariamente, a soberania estatal. Em vista disso, é relevante retomar os caminhos da desglobalização traçados por esses teóricos – crescimento da multipolaridade, inércia institucional, problemas difíceis e fragmentação.

Com a intensificação da globalização e o crescimento da multipolaridade dela decorrente, o número de sujeitos e *players* políticos aumentou consideravelmente e, como consequência, também os custos de negociação. Assim, acomodar os mais diversos interesses, contemplar ideias diversificadas e, sobretudo, construir consensos se tornou cada vez mais difícil. A tarefa de democratizar as relações internacionais marcadas por esse contexto tornou-se ainda mais complicada. Não por acaso também o multilateralismo tenha entrado em crise – com muito mais razão, é bom pontuar, tendo em vista a intricada contextura política e jurídica que a democracia demanda.

Nesse sentido, também o ferramental das instituições voltadas para a cooperação deixou de atuar devidamente, dado o alto grau de interdependência, levando à inércia institucional. Instituições criadas para favorecer e acomodar interesses, alinhavando soluções de forma a construir consensos, tornaram-se emperradas, amarradas e presas aos próprios instrumentos jurídicos que lhes deram origem. Tornaram-se rígidas, pouco flexíveis e incapazes de lidar com o aprofundamento da globalização e a ampliação das questões a serem solucionadas.

A complexificação dessas questões, bem como o adensamento dos problemas, revelaram-se cada vez mais difíceis. Questões antes pontuais e localizadas passaram a reverberar em outros distantes pontos do

---

887 HALE, Thomas; HELD, David; YOUNG, Kevin. *Gridlock*: why global cooperation is failing when we need it most. Cambridge: Polity Press, 2013, p. 2.

globo: os problemas domésticos tornaram-se globalizados, e vice-versa, com a capacidade de ressoar e influenciar soluções além de potencializar outros problemas. Trata-se de pensar em *hard problems*.[888]

Aliado a isso, a fragmentação das instituições impede a formulação de soluções verdadeiramente efetivas e voltadas para o consenso, reduzindo a capacidade de mobilização e cooperação internacionais: na medida em que foram se tornando mais demandadas, as organizações passaram a fornecer soluções cada vez mais pontuais, favorecendo pequenos grupos e, por isso, muitas vezes criticadas por terem se tornado "clubes de poucos sócios".[889] Além disso, as soluções fornecidas muitas vezes esbarram no escopo de atuação de outras organizações e instituições, que, fragmentadas, pouco dialogam.

Assim, as relações travadas entre a soberania e a governança revelam muito mais do que um jogo de forças no plano político, mas uma construção jurídica, própria da globalização. Todavia, com a desglobalização, a partir das chamadas "guerras falhas" no contexto do pós-11 de setembro, essa relação começou a se deteriorar, muito em razão das dificuldades de cooperação internacional e do emperramento dos mecanismos de governança.

O resultado desse processo pode ser compreendido a partir do fracasso da política que resultou nessas guerras falhas e em violações aos direitos humanos e em suas repercussões, com as quais a ordem global tem precisado lidar desde então. Isso não apenas desgastou, mas enfraqueceu o Direito Internacional, abrindo caminho para o protagonismo estatal, a centralidade do poder e do direito no âmago dos Estados nacionais. Eis o contexto da desglobalização e os impactos do sistema da política no sistema do direito, especificamente do movimento de retorno da soberania estatal aos seus contornos clássicos de centralidade e concentração de poder e capacidade normativa localizadas – e localizáveis – no eixo estatal.

---

888 No original, Thomas Hale, David Held e Kevin Young utilizam a expressão para designar a complexificação dos problemas atuais. HALE, Thomas; HELD, David; YOUNG, Kevin. *Gridlock*: why global cooperation is failing when we need it most. Cambridge: Polity Press, 2013, p. 43-45.

889 No original, Thomas Hale, David Held e Kevin Young utilizam a expressão "*clubby*" para designar os membros de um pequeno grupo excessivamente fechado, clube ou associação, indicando a inclusão de poucos e a exclusão daqueles que muito embora sejam membros, não se afinizam com os demais. HALE, Thomas; HELD, David; YOUNG, Kevin. *Gridlock*: why global cooperation is failing when we need it most. Cambridge: Polity Press, 2013, p. 46.

Da perspectiva da política, a desglobalização constitui um importante elemento que contempla diversos e múltiplos fatores, rotas, caminhos e descaminhos da globalização. Em linhas gerais, pode ser compreendida como o movimento de contramarcha globalizatória, muito antes de compreender em crítica de uma globalização desigual e excludente. Da perspectiva do direito, seus impactos são evidentes e se revelam de diversas formas. O presente trabalho se dedicou a compreendê-los e a interpretá-los.

A desglobalização inicialmente pensada como processo de "reestruturação do sistema econômico e político mundial para que o último [re]construa a capacidade das economias locais e nacionais em vez de degradá-las",[890] tal como pensada por Walden Bello, mostrou-se pouco efetiva, eis que as desigualdades produzidas pela globalização continuam sendo observadas tanto no plano global quanto interno dos Estados. A desglobalização assumiu sentidos bastante diferentes, como refluxo da globalização, apesar de essa última ter se imiscuído de uma capacidade de transformação dos sistemas político e jurídico sem precedentes. As mudanças globais dela provenientes poderiam ter levado a um esgotamento? A desglobalização despontaria como passo seguinte?

Com a globalização contemporânea, notadamente a partir da sua intensificação, desde os anos 1990, significativas alterações ocorreram em diversos domínios, tanto no âmbito global quanto local, e a soberania, por certo, não ficou imune a esse processo e às transformações que se seguiram. Na atualidade, porém, importa indagar se diante do contexto da desglobalização a soberania globalizada ainda persiste. A partir das "guerras falhas", ínsitas no contexto pós-11 de setembro e o subsequente enfraquecimento do contexto global em face do local, a soberania interfaciada pela governança poderia dar lugar a um modelo de soberania unicamente calcada no ente estatal? A se perquirir se as mudanças globais provenientes da globalização podem ser tomadas como (ir)reversíveis: se com a desglobalização a soberania seria capaz de retomar seus contornos clássicos de centralidade e concentração estatais. Esses foram os questionamentos centrais do presente trabalho.

De um lado, os estudos sobre a desglobalização e os impactos imediatos na soberania estatal apontaram para uma retomada da soberania nos moldes de Westphalia, uma vez que os Estados encontram-se ensimesmados e sob a égide de forte isolacionismo, movimento que

[890] BELLO, Walden. *Desglobalização*: idéias para uma nova economia mundial. Petrópolis: Vozes, 2003, p. 2.

ganhou evidência com a eleição de Donald Trump, nos Estados Unidos, e com o *Brexit*, no Reino Unido, muito embora seja preciso reconhecer que a desglobalização precede esses eventos[891] e muito provavelmente lhes sucederá, já que os caminhos e as rotas da desglobalização – crescimento da multipolaridade, inércia institucional, problemas difíceis e fragmentação – continuam em marcha.

Tanto a ascensão de Donald Trump, em 2016, quanto a ocorrência do *Brexit* sinalizaram importantes mudanças de rumo na ordem global. Mesmo a derrota de Trump na tentativa de reeleição, em 2020, não pôs fim ao movimento de desglobalização. Ao contrário, os apoiadores de Trump continuam sendo um flanco decisivo da política norte-americana,[892] já que Trump não pode ser considerado um "acidente" político, muito antes pelo contrário: representa mudanças profundas na política norte-americana, bem assim na política global,[893] no que se infere que o "trumpismo vai continuar",[894] já que os seus componentes continuam persistindo[895]– a invasão ao Capitólio, nos Estados Unidos, por manifestantes apoiadores de Donald Trump em 6 de janeiro de 2021, momentos antes da confirmação de votos do colégio eleitoral pelo Congresso acerca da vitória de Joe Biden,[896] em patente violação ao princípio democrático e ao Estado de Direito, deixa isso bastante evidente.

---

891 BELLI, Benoni. Globalização na encruzilhada. *In:* CENTRO BRASILEIRO DE RELAÇÕES INTERNACIONAIS. *CEBRI Dossiê 2*, Rio de Janeiro, v. 2, n. 17, p. 8-17, out. 2018, p. 22.

892 LEVITSKY, Steven; ZIBLATT, Daniel. *Como as democracias morrem*. Rio de Janeiro: Zahar, 2018; MELLO, Patrícia Campos. Se Trump perder, trumpismo sobreviverá, diz historiadora. *Folha de S. Paulo*, São Paulo, 21 out. 2020, p. A2020.

893 SINGER, André; ARAÚJO, Cícero; BELINELLI, Leonardo. *Estado e democracia*: uma introdução ao estudo da política. Rio de Janeiro: Zahar, 2021, p. 211; LEVITSKY, Steven; ZIBLATT, Daniel. *Como as democracias morrem*. Rio de Janeiro: Zahar, 2018; DARDOT, Pierre; LAVAL, Christian. *La pesadilla que no se acaba*: el liberalismo contra la democracía. Barcelona: Gedisa Editorial, 2017; MOUNK, Yascha. *O povo contra a democracia*: por que nossa liberdade corre perigo e como salvá-la. São Paulo: Companhia das Letras, 2019; GUTIÉRREZ-RUBI, Antoni. Trump não é um acidente. *El País Brasil*, São Paulo, 4 nov.2020. Disponível em https://brasil.elpais.com/internacional/2020-11-04/trump-nao-e-um-acidente.html. Acesso em: 25 jan. 2021.

894 LUCE, Edward. Mesmo se Trump perder, o trumpismo vai continuar. *Valor Econômico*. São Paulo, 16 out. 2020, p. A14; LEVITSKY, Steven; ZIBLATT, Daniel. *Como as democracias morrem*. Rio de Janeiro: Zahar, 2018; DARDOT, Pierre; LAVAL, Christian. *La pesadilla que no se acaba*: el liberalismo contra la democracía. Barcelona: Gedisa Editorial, 2017.

895 GONÇALVES, Alcindo. Transformação da ordem política global. *Lua Nova*, no prelo.

896 SALDANHA, Nuria. Invasão do Capitólio entra para a história dos EUA como afronta à democracia: Congresso dos Estados Unidos, a maior democracia do mundo, foi invadido. *CNN*, Washington, 7 de jan. de 2021. Disponível em: https://www.cnnbrasil.com.br/internacional/2021/01/07/invasao-do-capitolio-entra-para-a-historia-dos-eua-como-afronta-a-democracia. Acesso em: 26 jul. 2021.

Na mesma linha, posicionou-se o Brasil sob o "governo Bolsonaro". Nota-se o avanço do tradicionalismo, uma das franjas do pensamento conservador, que se opõe à busca por igualdade, ressaltando o nacionalismo e a hierarquia. É indiscutível que a globalização passou a ser contestada, com o avanço do protecionismo e a crítica ao multilateralismo.[897]

Na mesma esteira, encontra-se o *Brexit*, que constitui a manifestação expressa e contrária à supranacionalidade e à regionalização, pilares da ordem global vigente, em que se verifica um esgotamento dos mecanismos de governança, a exemplo da União Europeia. Também com Donald Trump evidencia-se a nacionalização, o isolacionismo, o protecionismo, o territorialismo e o apego fronteiriço, em detrimento da estrutura institucional globalizada tanto no plano político quanto jurídico.

Confirmadas as hipóteses inicialmente traçadas e respondida a questão central norteadora no presente trabalho, as pesquisas realizadas para a sua elaboração conduziram a outro problema de igual importância, a se saber se a globalização, ao promover mudanças globais significativas, sobretudo em relação à construção de uma soberania limitada pelos direitos humanos, e esses, por sua vez, ampliados a uma pauta global e universalizante, comportariam retrocessos a partir da desglobalização, como já apontavam alguns estudos.[898]

As análises do Reino Unido, com o *Brexit*, dos Estados Unidos, com Trump, e do Brasil, com Bolsonaro sinalizaram afirmativamente. Os retrocessos em conquistas civilizatórias consistentes em direitos humanos são evidentes não apenas em razão dos problemas socioambientais, mas das dificuldades de efetivação da própria democracia, no âmbito interno desses Estados, bem como as suas repercussões para todo o ordenamento jurídico em cada um deles. Paralelamente ao déficit democrático no âmbito internacional, com a crise do multilateralismo, esse ponto, em particular, revela impactos para a soberania que apontam para um recrudescimento estatal, invocando uma soberania plena,

---

897 NORRIS, Pippa; INGLEHART, Ronald. *Cultural backlash*: Trump, Brexit and the authoritarian populism. Cambridge: Cambridge University Press, 2019, p. 449; GONÇALVES, Alcindo. Transformação da ordem política global. *Lua Nova*, no prelo.

898 LEWANDOWSKI, Enrique Ricardo. Estado mínimo, pós-modernidade e desglobalização. *Consultor Jurídico*, São Paulo, 4 abr. 2017. Disponível em: https://www.conjur.com.br/2017-abr-04/lewandowski-estado-minimo-pos-modernidade-desglobalizacao. Acesso em: 11 nov 2019; BITTAR, Eduardo Carlos Bianca. Crise econômica, desglobalização e direitos humanos: os desafios da cidadania cosmopolita na perspectiva da teoria do discurso. *Revista Mestrado em Direito*, Osasco, v.12, n.1, p. 259-293, 2012.

bem como a busca por uma formulação absoluta e ilimitada, conjugada a uma concepção hobbesiana de Estado. Apesar disso, pôde-se observar que a ordem internacional subsiste, assim como o direito, os Estados, a soberania e a governança, apesar do contexto de crise.

Assim, pode-se afirmar que a prática internacional – globalizada e desglobalizada – sobre a qual a soberania se assenta é altamente dinâmica, levando a realidades ambivalentes e sobrepostas: a da soberania globalizada e deslocalizada, própria da globalização e a da soberania estatalizada e localizada, própria do contexto desglobalizado, ora com prevalência de uma sobre a outra, a depender das necessidades políticas que se apresentam, mais potencializada em algumas áreas do que em outras.

Esse fenômeno realça uma importante característica da soberania estatal, a sua adaptabilidade, ou seja, a sua capacidade de adequação, já descrita pelos teóricos do Estado em fluxos e refluxos, ora se projetando e ascendendo, ora retrocedendo e arrefecendo, ao sabor das vicissitudes políticas.[899] A prática das relações internacionais demonstra, principalmente no cenário atual e pandêmico, que essa capacidade de acomodação pode ser reelaborada. Há, portanto, um horizonte de esperança para a cooperação internacional, bem assim para a soberania, em meio a arranjos e rearranjos, já que tanto a governança quanto a cooperação se mostram possíveis e desejáveis. O contexto político global bloqueado e, portanto, desglobalizado, demonstra, porém, serem ambas inviáveis nos presentes dias.

Os estudos sobre a pandemia de COVID-19 e suas repercussões, principalmente para a soberania estatal, revelam que, se por um lado tanto os Estados nacionais e a soberania recrudesceram e se sobrelevaram enquanto princípios fundantes da ordem internacional, por outro, a persistência da pandemia – não apenas da contaminação, mas de vítimas ao redor do mundo – demonstrou que soluções conjuntas e articuladas se revelam necessárias. Trata-se de um vírus global sendo combatido com ações locais. Muito embora os Estados nacionais e suas soberanias estivessem sob a égide da desglobalização, e a pandemia as tenha inicialmente instrumentalizado e até potencializado, foi preciso muitas vezes recorrer à ordem global, à globalização e aos mecanismos de governança para combatê-la. E assim a coordenação e a cooperação

---

[899] BOBBIO, Norberto; MATTEUCCI, Nicola; PASQUINO, Gianfranco. *Dicionário de política*. 11. ed. Brasília: UnB, 1998, p. 1179.

internacionais revelaram-se como caminhos possíveis, porém não concretizados no momento.

Assim, o presente trabalho demonstrou que há, na atualidade, a coexistência de duas realidades: a globalizada e a desglobalizada. E a soberania, por sua vez, é impactada por ambas. Isso porque os componentes de ambas passaram a conviver na ordem internacional e a repercutir no âmbito doméstico dos Estados. Por isso, é impossível (e até mesmo incorreto) afirmar que a soberania desglobalizada tenha se sobreposto à soberania globalizada, e vice-versa, apesar dos cenários de crise. A diferença é que na contemporaneidade ambas ocorrem e se operacionalizam ao mesmo tempo, diferentemente dos outros períodos da história, em que se observou a prevalência de uma sobre a outra, ou seja, ou se tinha uma soberania com características nacionalizadas ou globalizadas, e esse postulado não é mais verdadeiro: não se trata de pensar em uma soberania marcada pela globalização "ou" pela desglobalização, mas em uma soberania nuançada por uma "e" outra. A soberania relaciona-se com ambos os contextos. As consequências e as repercussões desse duplo movimento e dessa estrutura dúplice só o tempo revelará e, portanto, novas agendas de pesquisa se farão necessárias.

A perda da exclusividade do Estado na produção do direito e, portanto, da soberania estatal através da inserção de novos sujeitos a compor o direito significa pensar uma soberania, no mínimo, reformatada, bem diferente daquela pensada e teorizada desde a paz de Westphalia. O vínculo entre direito, Estado e soberania é mitigado, dando azo à tese da soberania estatal democrática.[900] A desglobalização, entretanto, vem alterar esse estado de coisas, em especial porque ela impinge à soberania relocalizada no Estado a erosão da democracia, razão pela qual a soberania estatal democrática se revela insuficiente para exprimir o atual significado da soberania, que tanto no âmbito dos Estados quanto da internacionalidade, permeados pela desglobalização, tem arrefecida a prática democrática.

Mas afirmar que tanto o Estado quanto a soberania estariam novamente demarcados por um grande Levitã[901] também não é possível,

---

[900] ALVES, Angela Limongi Alvarenga. *Limites e potencialidades da soberania estatal na pós-modernidade*. 2017. Tese (Doutorado em Direito do Estado) – Faculdade de Direito, Universidade de São Paulo, São Paulo, 2017.

[901] Figura do monstro bíblico invocada por Thomas Hobbes em analogia para com o ideal de Estado, para designar um ente forte, com poderes concentrados e centralizadores. Cf. HOBBES, Thomas. *Leviatã ou matéria*: forma e poder de um estado eclesiástico e civil. São Paulo: Abril, 1984.

tampouco verdadeiro, já que a globalização, bem como a ordem internacional sobrevivem e repercutem tanto no plano externo quanto interno da estatalidade e, portanto, dos arcabouços normativos estatais. Assim, resta demonstrado que a soberania da atualidade é enredada tanto pela globalização quanto pela desglobalização e é, portanto, híbrida, composta pelo Estado e pela governança, mas carece de democraticidade, tanto da perspectiva internacional, como revelaram as análises acerca da crise enfrentada pelo multilaralismo, quanto da nacional, como demonstraram as análises sobre a corrosão da democracia, também no plano interno dos Estados.

Por tudo isso e para o que por ora se apresenta, resta demonstrado que a soberania estatal segue permeada pelos influxos globalizantes e, sincreticamente, pelos desglobalizantes. A relação estabelecida entre soberania e governança segue demandando análises, já que ora se observa a prevalência de uma sobre a outra, a depender das necessidades de legitimação do poder político. Trata-se de pensar em realidades paralelas e imbricadas, mas nem por isso espelhadas ou contraditórias. Significa pensar em práticas e conceitos extremamente dinâmicos, simbióticos e, sobretudo, mutáveis, em constante evolução.

REFERÊNCIAS

AFRICAN CONTINENTAL FREE TRADE AREA – AfCFTA. Documents. Disponível em: https://au.int/sites/default/files/treaties/36437-treaty-cfta_consolidated_text_-_portuguese.pdf. Acesso em: 26 jan. 2021.

ALLEN, John. Power: its institutional guises (and disguises). *In:* HUGHES, Gordon; FERGUSSON, Ross. *Ordering lives*: family, work and welfare. London: Routledge, 2004.

ALMEIDA, Célia; CAMPOS, Rodrigo Pires. Multilateralismo, ordem mundial e Covid-19: questões atuais e desafios futuros para a OMS. *Saúde em Debate,* Rio de Janeiro, Scielo Preprints, p.1-35, Set 2020.

ALVARENGA, Alexandre Andrade *et al.* Desafios do Estado brasileiro frente à pandemia pela Covid-19: o caso da paradiplomacia maranhense. *Cadernos de Saúde Pública,* São Paulo, v. 36, n. 12, p. 1-22, 2020.

ALVES, Angela Limongi Alvarenga. *Limites e potencialidades da soberania estatal na pós-modernidade.* 2017. Tese (Doutorado em Direito do Estado) – Faculdade de Direito, Universidade de São Paulo, São Paulo, 2017.

ALVES, Angela Limongi Alvarenga. Soberania estatal, *soft law* e novas institucionalidades. *In:* ALVES, Angela Limongi Alvarenga *et al. Direito público*: diálogos nacionais e internacionais. Rio de Janeiro: Grupo FGB/Pembroke Collins/FAPERJ, 2019.

ALVES, Angela Limongi Alvarenga; ALMEIDA, Daniel Freire. Desglobalização, Brexit e os novos acordos entre Reino Unido e União Europeia. *Revista de Direito Internacional,* Brasília, v. 18, n. 3, p. 33-51, 2021.

ALVES, Angela Limongi Alvarenga; GUERRA, Thaís. Igualdade de gênero na educação e Agenda 2030: panorama e desafios diante da desglobalização. *In:* JUBILUT, Liliana Lyra *et al. Direitos humanos e vulnerabilidades e a Agenda 2030.* Boa Vista: Editora da UFRR, 2020.

ALVES, Angela Limongi Alves. Sobre a soberania e a governança: itinerários para a construção de novos conceitos. *Revista Novos Estudos Jurídicos,* Itajaí, v. 27, n. 1, p. 22-48, jan-abr, 2022.

AMARAL JÚNIOR, Alberto. *Curso de direito internacional público.* São Paulo: Atlas, 2011.

AMARAL JÚNIOR, Alberto. A estrutura jurídica da união europeia. *In:* BAPTISTA, Luiz Olavo; MAZZUOLI, Valério de Oliveira. *Doutrinas essenciais de direito internacional.* São Paulo: RT, 2012.

AMARAL JÚNIOR, Alberto. *Direito internacional e desenvolvimento.* Barueri: Manole, 2005.

AMARAL JÚNIOR, Alberto. Multilateralismo internacional enfrenta crise de paralisia das suas instituições. *Rádio USP*, São Paulo, 29 set. 2020.

AMARAL JÚNIOR, Alberto. *Curso de direito internacional*. São Paulo: Atlas, 2018.

AMORIM NETO, Octávio; ACÁCIO, Igor. De volta ao centro da arena: causas e consequências do papel político dos militares sob Bolsonaro. *Journal of Democracy*, São Paulo, v. 9, n. 2, nov. 2020.

ANISTIA INTERNACIONAL. Quem somos. Disponível em: https://anistia.org.br/conheca-a-anistia/quem-somos/. Acesso em: 09 out. 2016.

ANNAN, Kofi. Two concepts of sovereignty. *The Economist*, 18 set. 1999.

APPLETON, Arthur. Globalization and pandemics: global problems require global responses. The Globalist: Rethinking Globalization, Washington, 03 mar. 2020. Disponível em: https://www.theglobalist.com/globalization-global-health-coronavirus-covid19-nationalism-pandemic/. Acesso em: 01 maio 2020.

ARAÚJO, Ernesto. Por um reset conservador-liberal. *Metapolítica 17*: contra o globalismo, Brasília, 31 dez. 2020. Disponível em: https://www.metapoliticabrasil.com/post/por-um-reset-conservador-liberal. Acesso em: 12 jan. 2021.

ARAÚJO, Suely Mara Vaz Guimarães. Environmental policy in the Bolsonaro government: the response of environmentalists in the legislative arena. *Brazilian Political Science Review*, São Paulo, v. 14, n. 2, p. 1-20. 17 ago. 2020.

ARNAUD, André-Jean. Globalização. *In:* ARNAUD, André-Jean; JUNQUEIRA, Eliane Botelho. *Dicionário da globalização*. Rio de Janeiro: Lumen Juris, 2006.

ARNAUD, André-Jean. *La governance*: un outil de participation. Paris: LGDJ, 2014.

ARNAUD, André-Jean. Prefácio. *In:* ARNAUD, André-Jean; JUNQUEIRA, Eliane Botelho. *Dicionário da globalização*. Rio de Janeiro: Lumen Juris, 2006, p. x.

BACA, Werner Miguel Kühn. Aspectos jurídicos y perspectivas políticas de una possible retirada de la Unión Europea por parte del Reino Unido. *RSTPR*, Assunção, v. 4, n. 8, p. 64-94, 2016.

BADIE, Bertran. *Um mundo sem soberania*: os Estados entre o artifício e a responsabilidade. Lisboa: Instituto Piaget, 2005.

BADIE, Bertrand. Da soberania à competência do Estado. *In:* SMOUTS, Marie-Claude. *As novas relações internacionais*: práticas e teorias. Brasília: UnB, 2004.

BALESTRIN, Luciana. Sociedade civil internacional: um conceito incipiente de uma realidade já tardia, ou, esboço para uma ideia de associativismo transnacional. *Anais do 31º Encontro Nacional da ANPOCS*. Caxambu: ANPOCS, 2007.

BANCO MUNDIAL. *Banco mundial*. Disponível em: https://nacoesunidas.org/agencia/bancomundial/. Acesso em: 3 set. 2019.

BARACHO, José Alfredo de Oliveira. Teoria da soberania. *In:* HORTA, José Luiz Borges. *Direito e política*: ensaios selecionados. Florianópolis: Conpedi, 2015.

BARFIELD, Claude. Free trade, sovereignty, democracy: the future of the World Trade Organization. *Chicago Journal of International Law*, Chicago, v. 2, n. 2, p. 402-416. 2001.

BARRAL, Welber; MUNHOZ, Carolina. Globalização e a prática do direito. *In:* GUERRA, Sidney. *Globalização*: desafios e implicações para o direito internacional. Ijuí: Unijuí, 2006.

BARRETTO, Vicente de Paulo. *Dicionário de filosofia política*. São Leopoldo: UNISINOS, 2010.

BARROS, Alberto Ribeiro. O conceito de soberania no *Methodus* de Jean Bodin. *Revista Discurso*, v. 27, São Paulo: FFLCH/USP, 1996.

BAUMAN, Zygmunt. *Modernidade líquida*. Rio de Janeiro: Zahar, 2000.

BBC. Trump x Biden: o que o candidato democrata promete mudar nos EUA se vencer a eleição presidencial deste ano. BBC Brasil, São Paulo, 18 ago. 2020. Disponível em: https://www.bbc.com/portuguese/internacional-53825703. Acesso em: 06 jan. 2021.

BEAUD, Olivier. *La puissance de l'État*. Paris: PUF, 1994.

BEÇAK, Rubens. A soberania, o Estado e sua conceituação. *Revista da Faculdade de Direito da Universidade de São Paulo*, São Paulo, v. 108, p. 343-351, jan./dez. 2013.

BECK, Ulrich. *Sociedade de risco*: rumo a uma outra modernidade. São Paulo: Editora 34, 2010.

BELLI, Benoni. Globalização na encruzilhada. *In:* CENTRO BRASILEIRO DE RELAÇÕES INTERNACIONAIS. *CEBRI Dossiê 2*, Rio de Janeiro, v. 2, n. 17, p. 8-17, out. 2018.

BELLO, Walden. *Deglobalization*: ideas for a new world economy. London: Zed Books, 2002.

BELLO, Walden. *Desglobalização*: idéias para uma nova economia mundial. Petrópolis: Vozes, 2003.

BELLO, Walden. The virtues of deglobalization. *TNI Publications*. Amsterdã: Transnational Institute, 2009.

BERCOVICI, Gilberto. *Soberania e constituição*: por uma crítica do constitucionalismo. São Paulo: Quartier Latin, 2008.

BITTAR, Eduardo Carlos Bianca. Crise econômica, desglobalização, direitos humanos: os desafios da cidadania cosmopolita na perspectiva da teoria do discurso. *Revista Mestrado em Direito*, Osasco, ano 12, n. 1, 2012.

BOBBIO, Norberto. *Estado, governo, sociedade*: para uma teoria geral da política. São Paulo: Paz e Terra, 2011.

BODIN, Jean. *Les six livres de la République*. Paris: Fayard, 1986.

BONNECKE, Svenja. Brexit: quo vadis? *Estudios Internacionales*, Santiago, v. 51, n. 193, p. 9-36, 2019.

BORDO, Michael. The second era of globalization is not yet over: an historical perspective. *National Bureau of Economic Research – Reinventing Bretton Woods Conference: living without globalization*, Cambridge, v. 6, p.1-21, set. 2017.

BRASIL. Ministério das Relações Exteriores. Acordo de Associação Mercosul-União Europeia: resumo informativo elaborado pelo governo brasileiro. Disponível em: http://www.itamaraty.gov.br/images/2019/2019_07_03_-_Resumo_Acordo_Mercosul_UE.pdf. Acesso em: 09 jan. 2021.

BRASIL. Ministério das Relações Exteriores. Aprovação do Tratado Constitutivo da UNASUL pelo Congresso Nacional. Disponível em: https://www.gov.br/mre/pt-br/canais_atendimento/imprensa/notas-a-imprensa/aprovacao-do-tratado-constitutivo-da-unasul-no-congresso-nacional. Acesso em: 12 jan. 2021.

BRASIL. Ministério das Relações Exteriores. Denúncia ao Tratado Constitutivo da União de Nações Sul-Americanas (UNASUL). Disponível em: https://www.gov.br/mre/pt-br/canais_atendimento/imprensa/notas-a-imprensa/2019/denuncia-do-tratado-constitutivo-da-uniao-de-nacoes-sul-americanas-unasul. Acesso em: 12 jan. 2021.

BRASIL. Ministério das Relações Exteriores. *O que é o BRICS*. Disponível em: http://brics2019.itamaraty.gov.br/sobre-o-brics/o-que-e-o-brics. Acesso: 24 de abr. 2020.

BRASIL. Ministério das Relações Exteriores. Apresentação da Contribuição Nacionalmente Determinada do Brasil perante o Acordo de Paris. Disponível em: https://www.gov.br/mre/pt-br/canais_atendimento/imprensa/notas-a-imprensa/2020/apresentacao-da-contribuicao-nacionalmente-determinada-do-brasil-perante-o-acordo-de-paris. Acesso em: 08 jan. 2021.

BRASIL. Ministério da Cidadania. *Manual de uso da marca do Governo Federal*. Disponível em: http://www.mds.gov.br/webarquivos/cidadania/marca_gov/Manual.pdf. Acesso em: 18 jun. 2021.

BRASIL, Ministério das Relações Exteriores. Disponível em: http://www.itamaraty.gov.br/pt-BR/politica-externa/diplomacia-economica-comercial-e-financeira/694-a-rodada-de-doha-da-omc. Acesso em: 20 jun 2017.

BRASIL. Ministério da Indústria, Comércio Exterior e Serviços. Disponível em: http://www.mdic.gov.br/index.php/comercio-exterior/negociacoes-internacionais/1891-omc-rodada-de-doha. Acesso em: 20 jun. 2017.

BRASIL. Supremo Tribunal Federal. Disponível em: http://www2.stf.jus.br/portalStfInternacional/cms/destaquesClipping.php?sigla=portalStfNoticia_es_es&idConteudo=329506. Acesso em: 20 jun. 2017.

BRITO, José Antonio de. *Nota sobre o conceito de soberania*. Lisboa: Scientia Juridica, 1960.

BROWN, Wendy. *Nas ruínas do neoliberalismo*: a ascensão da política antidemocrática no Ocidente. São Paulo: Politéia, 2019.

BRUCE-RABILLON, Eva. Propos introductifs: souveraineté d l'État et supranationalité normative. *Revue Politeia*, Bordeaux, n. 25, p. 113-124, 2014.

BUENO, Chris. Brexit e o novo momento para a Europa. *Revista Ciência e Cultura*, São Paulo, v. 68, n. 4, p. 14-16, 2016.

BULL, Hedley. *A sociedade anárquica*. São Paulo: Imprensa Oficial do Estado de São Paulo/ Editora da Universidade de Brasília/Instituto de Pesquisa em Relações Internacionais, 2002.

BULOS, Uadi Lammego. *Curso de direito constitucional*. 3. ed. São Paulo: Saraiva, 2009.

CAETANO, Gerardo; BURIAN, Camilo López; LUJÁN, Carlos. El Brasil de Bolsonaro, las orientaciones posibles de su política exterior y el futuro del regionalismo en Sudamérica. *Revista Uruguaya de Ciencia Política*, Montevidéo, v. 28, n. 1, p. 95-130, jun. 2019.

CAIXETA, Marina Bolfarini. *A cooperação Sul-Sul como nova tendência da cooperação internacional*: o discurso e a prática da cooperação técnica do Brasil com São Tomé e Príncipe para o combate à tuberculose. 2014. Dissertação (Mestrado em Desenvolvimento, Sociedade e Cooperação Internacional). CEAM/UnB, Brasília, 2014.

CALIXTO, Bruno. Trump sai do Acordo de Paris. Ruim para o planeta, pior para os EUA. Época, São Paulo, 01 jun. 2017. Disponível em: https://epoca.globo.com/ciencia-e-meio-ambiente/blog-do-planeta/noticia/2017/06/trump-sai-do-acordo-de-paris-ruim-para-o-planeta-pior-para-os-eua.html. Acesso em: 15 dez. 2020.

CAMPILONGO, Celso Fernandes. *Interpretação do direito e movimentos sociais*: hermenêutica do sistema jurídico e da sociedade. 2011. Tese (Titularidade) – Faculdade de Direito, Universidade de São Paulo, São Paulo, 2011.

CAMPILONGO, Celso Fernandes. *Interpretação do direito e movimentos sociais*. Rio de Janeiro: Elsevier, 2012.

CAMPOS, André Sanches Siqueira. SAARC 2.0? A diplomacia em saúde reanima a cooperação regional no sul da Ásia. Observatório do regionalismo, São Paulo, 21 abr. 2020. Disponível em: http://observatorio.repri.org/artigos/saarc-2-0-a-diplomacia-em-saude-reanima-a-cooperacao-regional-no-sul-da-asia/. Acesso em: 01 maio 2020.

CANAL TECH. Donald Trump quer "obrigar" Apple a fabricar todos os seus produtos nos EUA. *Canal Tech*, São Paulo, 19 jan. 2016. Disponível em: https://canaltech.com.br/mercado/donald-trump-quer-obrigar-apple-a-fabricar-todos-os-seus-produtos-nos-eua-56359/. Acesso em: 15 dez. 2020.

CANOTILHO, José Joaquim Gomes. *Direito constitucional e teoria da constituição*. 6ed. Coimbra: Almedina,1994.

CAPORASO, James. International relations theory and multilateralism: the search for foundations. *In:* RUGGIE, John Gerard. *Multilateralism matters:* the theory and praxis of an institutional form. New York: Columbia University Press, 1993.

CARRÉ DE MALBERG, Raymond. *Contribution a la théorie générale de l'État*. Paris: Dalloz, 2004.

CARVALHAL, Ana Paula Zavarize. *Constitucionalismo em temos de globalização*: a soberania nacional em risco? 2014. Tese (Doutorado em Direito do Estado) – Faculdade de Direito, Universidade de São Paulo, São Paulo, 2014.

CARVALHO, Aline de Souza Pereira. *O reconhecimento da China como economia de mercado em 2016*: análise hermenêutica do artigo 15(a) e 15(b) do Protocolo de Adesão da República Popular da China à Organização Mundial do Comércio. 2017. Dissertação (Mestrado em Direito Internacional) – Faculdade de Direito, Universidade de São Paulo, São Paulo, 2017.

CARVALHO, Maria Isabel Valladão. Politização da política externa e as negociações da Rodada de Doha. UnB, 2008. Disponível em: https://d1wqtxts1xzle7.cloudfront.net/5422841/1.pdf?response-content-disposition=inline%3B+filename%3DPolitizacao_da_Politica_Externa_e_as_Neg.pdf&Expires=1607777903&Signature=caQUO3es0ZVLepMUogwVi48-gmeIrXDfwfKDdYIt2SYoIcCouO2as02Lkkm~6Y4Wx27SBVR-1EJVRGIqOBIalUuQ3DnboCAC6YBRg6VJ1SEzi7dkwcxtoGhBvQ-O6MgoPthZKG3XQc~i17jk1piNaY1tMoEMh-1hsgmqDQndT7thaY4Rbria~V0iTq~yJ6tHn156W0j16EgvrAinbeuOb~~Df8~LehhhzsXPKrZR-6XQsp5SUvuCNzaO4OGYaE53BiuR-Dq~3QPYW55wPJKMG-tVfi6CzACVkE41eTV-2CMTlZaUs2rJh9j-S0V6LO5SehfX7QHlVrVz93am5VA6KQ__&Key-Pair-Id=APKAJLOHF5GGSLRBV4ZA. Acesso em: 12 dez. 2020.

CASELLA, Paulo Borba *et al*. *International legal aspects of BRICS*. Belo Horizonte: D'Plácido Editora, 2019.

CASELLA, Paulo Borba. *Comunidade européia e seu ordenamento jurídico*. São Paulo: LTR, 1994.

CASELLA, Paulo Borba. *Direito internacional dos espaços*. São Paulo: Atlas, 2009.

CASELLA, Paulo Borba. Países do BRICS passam por período de retração econômica. *Jornal da USP*, São Paulo. Disponível em: https://jornal.usp.br/atualidades/paises-dos-brics-passam-por-periodo-de-retracao-economica/. Acesso em: 24 abr. 2020.

CASELLA, Paulo Borba. *Fundamentos do direito internacional pós-moderno*. São Paulo: Quartier Latin, 2008.

CASSESE, Sabino. *A crise do Estado*. São Paulo: Saberes, 2010.

CASTELLS, Manuel. *A sociedade em rede*. Rio de Janeiro: Paz e Terra, 2002.

CASTELLS, Manuel. *Ruptura*: a crise da democracia liberal. Rio de Janeiro: Zahar, 2018.

CESAR, Susan Elisabeth Martins; SATO, Eiiti. A Rodada de Doha, as mudanças no regime do comércio internacional e a política comercial brasileira. *Revista Brasileira de Política Internacional*, Brasília, v. 55, p. 174-193.

CHAPMAN, Ben. EU single market: what is it and why should we care if the UK leaves it? The Independent UK. Londres, 27 set. 2018. Disponível em: https://www.independent.co.uk/news/uk/politics/single-market-brexit-eu-trade-deals-what-is-uk-leave-european-union-why-a8557176.html. Acesso em: 15 maio 2021.

CHEVALLIER, Jacques. *O Estado pós-moderno*. Belo Horizonte: Fórum, 2009.

CHRISTIANSEN, Thomas; FROMAGE, Diane. Introduction. *In:* CHRISTIANSEN, Thomas; FROMAGE, Diane. *Brexit and democracy*: the role of parliaments in the UK and the European Union. London: Palgrave Macmillan, 2019.

CLIMAINFO. Governo Bolsonaro quer controlar "100%" das ONGs na Amazônia. *ClimaInfo*, São Paulo, 10 nov. 2020. Disponível em: https://climainfo.org.br/2020/11/09/governo-bolsonaro-quer-controlar-100-das-ongs-na-amazonia/. Acesso em: 21 jan. 2021.

CLIMAINFO. ONGs estão ameaçadas por ataques do governo Bolsonaro, alerta líder do Greenpeace. *ClimaInfo*, São Paulo, 9 dez. 2020. Disponível em: https://climainfo.org.br/2020/12/09/ongs-estao-ameacadas-por-ataques-do-governo-bolsonaro-alerta-lider-do-greenpeace-internacional/. Acesso: 21 jan. 2021.

COCHRANE, Allan; PAIN, Kathy. A globalizing society? *In:* HELD, David. *A globalizing world?* Culture, economic, politics. London: Routlege, 2004, p. 15-16.

COMISSÃO EUROPEIA. ERASMUS+. *Que países são elegíveis?* Disponível em: https://www.erasmusmais.eu/paises.Acesso em: 19 jul. 2021.

COMISSÃO EUROPEIA. *O que é o Erasmus+?* Disponível em: https://ec.europa.eu/programmes/erasmus-plus/about_pt. Acesso em: 22 maio 2021.

CONGRESSO EM FOCO. Como o Maranhão driblou os EUA e a Alemanha para comprar respiradores da China, UOL, Brasília, 16 abr. 2020. Disponível em: https://congressoemfoco.uol.com.br/saude/como-o-maranhao-driblou-os-eua-e-a-alemanha-para-comprar-respiradores-da-china/. Acesso em: 01 maio 2020.

CONSANI, Norberto; PÉRSICO, Juan Carlos. Las implicaciones del Brexit en Europa y el mundo. *Relaciones Internacionales*, La Plata, v. 28, n. 57, p. 1-11, dez. 2019.

CRESPO, Enrique Barón. O tratado de Lisboa. *In:* BAPTISTA, Luiz Olavo; MAZZUOLI, Valério de Oliveira. *Doutrinas essenciais de direito internacional*. São Paulo: RT, 2012.

CRUZ, Paulo Márcio; BODNAR, Zenildo. A transnacionalidade e a emergência do Estado e do direito transnacionais. *Revista Eletrônica do CEJUR-UFPR*,Curitiba, v. 1, n. 4, 2009.

DAHL, Robert. The concept of power. *Behavioral Science*, 1957.

DAHL, Robert. *Dilemmas of pluralist democracy:* autonomy vs. control. New Haven: Yale University Press, 1982.

DAHL, Robert. *Sobre a democracia.* Brasília: UnB, 2001.

DALLARI, Dalmo de Abreu. *Elementos de teoria geral do Estado*. 2. ed. São Paulo: Saraiva, 1998.

DARDOT, Pierre; LAVAL, Christian. *La pesadilla que no se acaba*: el liberalismo contra la democracía. Barcelona: Gedisa Editorial, 2017.

DARDOT, Pierre; LAVAL, Christian. *A nova razão do mundo*: ensaio sobre a sociedade neoliberal. São Paulo: Boitempo, 2016.

DELLA PORTA, Donatella. *Democracy in social moviments*. New York: Palgrave MacMillan, 2009.

DeMAX. *Democracy Matrix Analysis*. Disponível em: https://www.democracymatrix.com/conception/democracy-matrix. Acesso em: 21 jan. 2021.

DESIDERI, Leonardo. Após China travar compra de respiradores, governo quer aumentar a produção nacional. *Gazeta do Povo*, Curitiba, 08 abr. 2020. Disponível em: https://www.gazetadopovo.com.br/republica/breves/china-trava-compra-respiradores/. Acesso em: 01 maio 2020.

DEUTSCHE WELLE. EUA e Israel deixam oficialmente a Unesco. *DW*, 1 jan. 2019. Disponível em: https://www.dw.com/pt-br/eua-e-israel-deixam-oficialmente-a-unesco/a-46917214. Acesso: 16 dez. 2020.

DIAS, Marina. Colégio Eleitoral confirma a vitória de Joe Biden, que será oficializado presidente dos EUA. *Folha de São Paulo*, São Paulo, 14 dez. 2020. Disponível em: https://www1.folha.uol.com.br/mundo/2020/12/colegio-eleitoral-comeca-votacao-que-vai-eleger-biden-como-novo-presidente-dos-eua.shtml. Acesso em: 15 dez. 2020.

DO CARMO, Clorival Alves. Donald Trump: a resposta norte-americana aos efeitos desestabilizadores da globalização do capital. *Revista Esboços*, Florianópolis, v. 24, n. 38, p. 410-430, dez, 2017.

DURAN, Anne-Aël. *Ce que propose Marine Le Pen dans son programme*. Disponível em: http://www.lemonde.fr/les-decodeurs/article/2017/04/23/ce-que-propose-marine-le-pen-dans-son-programme_5115963_4355770.html. Acesso em: 20 jun. 2017.

DW ALEMANHA. Protocolo de Kyoto prestes a entrar em vigor. *DW*, Berlim, 23 out 2004. Disponível em: https://www.dw.com/pt-br/protocolo-de-kyoto-prestes-a-entrar-em-vigor/a-1370855. Acesso em: 16 dez. 2020.

DW-BRASIL. EUA são acusados de reter itens médicos destinados a outros países, DW, São Paulo, 04 abr. 2020. Disponível em: https://www.dw.com/pt-br/eua-s%C3%A3o-acusados-de-reter-itens-m%C3%A9dicos-destinados-a-outros-pa%C3%ADses/a-53014838. Acesso em: 01 maio 2020.

EIU. *About us*. Disponível em: https://www.eiu.com/n/about/. Acesso em: 21 jan. 2021.

EIU. *Democracy Index 2019*. Disponível em: https://www.eiu.com/topic/democracy-index. Acesso em: 21 jan. 2021.

EKSTEEN, Riaan. *Brexit's political and economic consequences and historical realities*. *Tydskr Geerteswet*, Pretoria, v. 59, n. 2, p. 265-291, 2019.

ESCOBAR, Herton. Desmatamento na Amazônia dispara de novo em 2020. *Jornal da USP*, São Paulo, 07 ago. 2020. Disponível em: https://jornal.usp.br/ciencias/desmatamento-da-amazonia-dispara-de-novo-em-2020/. Acesso em: 08 jan. 2020.

Etzioni, Amitai. Sovereignty as responsibility. *ORBIS*, Foreing Policy Research Institute, Winter 2006.

EUROJUST. European Union Agency for Criminal Justice Cooperation. *About us*. Disponível em: https://www.eurojust.europa.eu/about-us. Acesso em: 19 jul. 2021.

EUROPEAN COMMISSION. Draft text of the Agreement on the New Partnership with the United Kingdom, 2020. Disponível em: https://ec.europa.eu/info/publications/draft-text-agreement-new-partnership-united-kingdom_en. Acesso em: 10 maio 2021.

EUROPEAN COMMISSION. *Draft text of the Agreement on the New Partnership with the United Kingdom*, 2020. Disponível em: https://ec.europa.eu/info/publications/draft-text-agreement-new-partnership-united-kingdom_en. Acesso em: 10 maio 2021.

EUROPEAN UNION. *Agreement Between the European Union and the United Kingdom of Great Britain and Northern Ireland Concerning Security Procedures for Exchanging and Protecting Classified Information*, 2020. Disponível em: https://eur-lex.europa.eu/legal-content/EN/TXT/PDF/?uri=CELEX:22020A1231(02)&from=PT. Acesso em: 12 maio 2021.

EUROPEAN UNION. *Agreement Between the Government of the United Kingdom of Great Britain and Northern Ireland And the European Atomic Energy Community for Cooperation on the Safe and Peaceful Uses of Nuclear Energy*, 2020. Disponível em: https://eur-lex.europa.eu/legal-content/EN/TXT/PDF/?uri=CELEX:22020A1231(04)&from=PT. Acesso em: 12 maio 2021.

EUROPEAN UNION. *Trade and Cooperation Agreement Between the European Union and the European Atomic Energy Community, of the One Part, and the United Kingdom of Great Britain and Northern Ireland, of the Other Part*, 2020. Disponível em: https://eur-lex.europa.eu/legal-content/EN/TXT/PDF/?uri=CELEX:22020A1231(01)&from=PT. Acesso em: 12 maio 2021.

EUROPOL. *European Union Agency for Law Enforcement Cooperarion*. About Europol. Disponível em: https://www.europol.europa.eu/about-europol. Acesso em: 19 jul. 2021.

EXAME. Trump pressiona empresas dos EUA a fecharem operações na China. *Exame*, São Paulo, 23 ago. 2019. Disponível em: https://exame.com/economia/trump-pressiona-empresas-dos-eua-a-fecharem-operacoes-na-china/. Acesso em: 15 dez. 2020.

FABBRINI, Federico. *Brexit and the future of the European Union*: the case for constitutional reforms. Oxford: Oxford University Press, 2020.

FAHEI, Elaine. The cross-channel reach of EU law in the UK post-Brexit. *In:* VARA, Juan Santos; WESSEL, Ramses; POLAK, Polly. *The Routledge handbook on the international dimension of Brexit*. London: Routledge, 2021.

FARIA, José Eduardo. Globalização, soberania e direito. *In:* MAUÉS, Antonio Moreira. *Constituição e democracia*. São Paulo: Max Limonad, 2001.

FARIA, José Eduardo. *O direito na economia globalizada*. São Paulo: Malheiros, 2004.

FARIA, José Eduardo. *Sociologia jurídica*: direito e conjuntura. Série GVLaw. São Paulo: Saraiva, 2011.

FARIA, José Henrique. *The contemporary State and globalization*. Sunderland: University of Sunderland, 1998.

FERNANDES, Isabella Alvares; FREIRE E ALMEIDA, Daniel. *A União Europeia e o Brexit*: paradigmas e implicações jurídicas dos novos acordos. New York: Lawinter Editions, 2021.

FERNANDES, Oriol Costa. Introducción: el mutilateralismo en crisis. *Revista CIDOB D'Afers Internacionals*, Barcelona, n. 101, p. 7-25, abril, 2013.

FERRAJOLI, Luigi. *A soberania no mundo moderno*: nascimento e crise do Estado nacional. São Paulo: Martins Fontes, 2007.

FERREIRA FILHO, Manoel Gonçalves. *Princípios fundamentais do direito constitucional*. 2. ed. São Paulo: Saraiva, 2010.

FERREIRA FILHO, Manuel Gonçalves. *A democracia no limiar do século XXI*. São Paulo: Saraiva, 2001.

FISCHER, Stanley. The Asian crisis: causes and cures International Monetary Fund. *Finance and Development*, New York, v. 35, n. 2, June, 1998.

FOLHA DE SÃO PAULO. Ataques de 8 de janeiro. *Folha de São Paulo*, São Paulo, 8 jan. 2023. Disponível em: https://www1.folha.uol.com.br/folha-topicos/ataque-a-democracia/. Acesso em: 26 out. 2023.

FONSECA JÚNIOR, Gerson. Anotações sobre o futuro do multilateralismo. *In:* CENTRO BRASILEIRO DE RELAÇÕES INTERNACIONAIS. *CEBRI Dossiê 2*, Rio de Janeiro, v. 2, n. 17, p. 8-17, out. 2018.

FORJAZ, Maria Cecília Spina. Globalização e crise do Estado nacional. *RAE FGV EAESP*, São Paulo, v.40. n. 2, p.1-14, 2000.

FORTES, Paulo Antonio de Carvalho; RIBEIRO, Helena. Saúde global em tempos de globalização. *Saúde e Sociedade*, São Paulo, v. 23, n. 2, p. 366-375, 2014.

FOX, Kara. O que está por trás da violência recente na Irlanda do Norte? *CNN*, Nova Iorque, 10 de abril de 2021. Disponível em: https://www.cnnbrasil.com.br/internacional/2021/04/10/o-que-esta-por-tras-da-violencia-recente-na-irlanda-do-norte. Acesso em: 19 jul. 2021.

FREEDOM HOUSE. *About us*. Disponível em: https://freedomhouse.org/about-us. Acesso em: 21 jan. 2021.

FREEDOM HOUSE. *Reports*. Disponível em: https://freedomhouse.org/reports. Acesso em: 21 jan. 2021.

FUKUYAMA, Francis. *Construção de Estados*. Rio de Janeiro: Rocco, 2005.

FUNDO MONETÁRIO INTERNACIONAL (FMI). *FMI*. Disponível em: https://nacoesunidas.org/agencia/fmi/. Acesso em: 3 set. 2019.

GALLEGO, Esther Solano. Apresentação. *In:* GALLEGO, Esther Solano. *O ódio como política*: a reinvenção das direitas no Brasil. São Paulo: Boitempo, 2018.

GARCÍA-LOZANO, Soledad Torrecuadrada; GARCÍA, Fonte Pedro. ?Qué es el Brexit? Origen y possibles consequencias. *Anuario Mexicano de Derecho Internacional*, Ciudad de México, v. 17, n. 1, p.1-24, jan.-dez., 2017.

GASPARDO, Murilo. *Democracia e policentrismo do poder*. São Paulo: Alameda, 2016.

GIDDENS, Anthony. *A terceira via*: reflexões sobre o impasse político atual e o futuro da social-democracia. Rio de Janeiro: Record, 2006.

GIDDENS, Anthony. *As conseqüências da modernidade*. Rio de Janeiro: Zahar, 2002.

GILLESPIE, Patrick. Brazil falls deep into recession. *CNN*, New York, 28 Aug 2015. Disponível em: https://money.cnn.com/2015/08/28/news/economy/brazil-recession/. Acesso em: 14 dez. 2020.

GÓES, Eunice. Eleições no Reino Unido: efeitos Brexit e austeridade produzem surpresa eleitoral. *Relações Internacionais*, Lisboa, v.1, n. 56, p. 77-92, dez. 2017.

GONÇALVES, Alcindo. Governança global e o direito internacional público. *In:* JUBILUT, Liliana Lyra. *Direito internacional atual*. São Paulo: Elsevier, 2014.

GONÇALVES, Alcindo. O conceito de governança. *In: Anais do XIV do Congresso Nacional do Conpedi*. Florianópolis: Fundação Boiteux, 2005.

GONÇALVES, Alcindo; COSTA, José Augusto Fontoura. *Governança global e regimes internacionais*. São Paulo: Almedina, 2011.

GONÇALVES, Alcindo. Transformação da ordem política global. *Lua Nova*, no prelo.

GOSTIN, Lawrence *et al.* US withdrawal from WHO is unlawful and threatens global and US health and security. *The Lancet*, v. 396, n. 10247, p. 293-295, ago. 2020. Disponível em: https://www.thelancet.com/journals/lancet/article/PIIS0140-6736(20)31527-0/fulltext. Acesso em: 24 jul. 2021.

GOYARD-FABRE, Simone. *Os princípios filosóficos do pensamento político moderno*. São Paulo: Martins Fontes, 2002.

GREENPEACE. Quem somos. Disponível em: http://www.greenpeace.org/brasil/pt/quemsomos/. Acesso em: 09 out. 2016.

GREENPEACE. *Quem somos*. Disponível em: http://www.greenpeace.org/brasil/pt/quemsomos/. Acesso em: 03 set. 2019.

GUIMÓN, Pablo. Trump invoca uma lei da Guerra da Coreia para obrigar a General Motors a fabricar respiradores. *El País*, Washington, 28 mar. 2020. Disponível em: https://brasil.elpais.com/economia/2020-03-28/trump-invoca-uma-lei-da-guerra-da-coreia-para-obrigar-a-general-motors-a-fabricar-respiradores.html. Acesso em: 01 maio 2020.

GUTIÉRREZ-RUBI, Antoni. Trump não é um acidente. *El País Brasil*, São Paulo, 4 nov. 2020. Disponível em https://brasil.elpais.com/internacional/2020-11-04/trump-nao-e-um-acidente.html. Acesso em: 25 jan. 2021.

HABERMAS, Jürgen. *A constelação pós-nacional*: ensaios políticos. São Paulo: Litera Mundi, 2001.

HALE, Thomas; HELD, David. *Beyond gridlock*. Cambridge: Polity Press, 2017.

HALE, Thomas; HELD, David; YOUNG, Kevin. *Gridlock*: why global cooperation is failing when we need it most. Cambridge: Polity Press, 2013.

HAQUET, Arnaud. *Le concept de souveraneté en droit constituttionnel français*. Paris: Presses Universitaires de France, 2004.

HELD, David *et al. Global transformations*: politics, economics and culture. Stanford: Stanford University Press, 1999.

HELD, David. A democracia, o Estado-nação e o sistema global. *Lua Nova,* São Paulo, n. 23, p. 1-50, 1991.

HELD, David. Afterword. *In:* HELD, David. *A globalizing world?* Culture, economic, politics. London: Routledge, 2004.

HELD, David. *Broken politics*: from 9/11 to the present. Durham: Durham University; Global Policy Journal; Wiley Blackwell, 2016.

HELD, David. Cosmopolitanism: ideas, realities and deficits. *In:* HELD, David; McGREW, Anthony. *Governing globalization*: power, authority and global governance. Cambridge: Polity, 2007.

HELD, David. *Democracy and the global order*: from the modern State to cosmopolitan governance. Stanford: Stanford University Press, 1995.

HELD, David. *Global covenant*: the social democratic alternative to the Washington Consensus. Cambridge: Polity Press, 2008.

HELD, David. *Global politics after 9/11*: failed wars, political fragmentation and the rise of authoritarism. London: Global Policy, 2016.

HELD, David. Introduction. *In:* HELD, David. *A globalizing world?* Culture, economic, politics. London: Routlege, 2004.

HELD, David; HALE, Thomas. Editor's introduction. *In:* HELD, David; HALE, Thomas. *The handbook of transnational governance*: institutions and innovations. Cambridge: Polity Press, 2011.

HELD, David; McGrew, Anthony. *Prós e contras da globalização*. Rio de Janeiro: Zahar, 2001.

HELD, David; McNelly, Kyle. Gold plated populism: Trump and the end of the liberal order. *In:* HELD, David. *Global politics after 9/11*: failed wars, political fragmentation and the rise of authotitarism. Durham: Durham University; Global Policy Journal; Wiley Blackwell, 2016.

HELLER, Herman. *Teoria do Estado.* São Paulo: Mestre Jou, 1968.

HOBBES, Thomas. *Leviatã ou matéria*: forma e poder de um estado eclesiástico e civil. São Paulo: Abril, 1984.

HOEKMAN, Bernard. *The global trade slowdown*: a new normal? London: Centre for Economic Policy Research, 2015.

HUMAN RIGHTS WATCH. *Relatório Mundial 2021*. Disponível em: https://www.hrw.org/pt/world-report/2021/country-chapters/377397 Acesso em: 14 jan. 2021.

HUNTINGTON, Samuel. *A terceira onda*: a democratização no final do século XX. São Paulo: Ática, 1994.

IKENBERRY, John G. *Liberal internationalism 3.0*: America and the dilemmas of liberal world order. *Perspectives on Politics*, Cambridge, v. 7, n. 1, p. 71-87, mar. 2009.

INTERNATIONAL CHAMBER OF COMMERCE (ICC). *What is icc?* Disponível em: http://www.iccwbo.org/iccbfdfc/index.html. Acesso em: 10 set. 2017.

JACQUIN, Jean-Baptiste. Le Conseil d'État valide le projet de loi antiterroriste. Disponível em: http://www.lemonde.fr/leconseildetatvalidedeprojetdeloiantiterroriste/article/2017. Acesso em: 22 jun 2017.

JAMES, Harold. Deglobalization as a global challenge. *CIGI Papers*, Waterllo, n. 135, p. 1-20, jun. 2017; JAMES, Harold. Deglobalization: the rise of disembedded unilateralism. *Annual Review of Financial Economy*, Palo Alto, v. 10, p. 219-237, nov. 2018.

JELLINEK, Georg. *Teoría general del Estado*. Ciudad de México: Fondo de Cultura Económica, 2012.

JESSUP, Philip. *Direito transnacional*. São Paulo: Fondo de Cultura, 1965.

JUBILUT, Liliana Lyra. O conceito de soberania: modificações e responsabilidade. *In:* FRANCA FILHO, Marcílio Toscano; MIALHE, Jorge; JOB, Ulisses. *Epitácio Pessoa e a codificação do direito internacional*. Porto Alegre: Fabris, 2013.

KEGEL, Patrícia Luiza; AMAL, Mohamed. Instituições, direito e soberania: a efetividade jurídica nos processos de integração regional nos exemplos da União Europeia e do Mercosul. *Revista Brasileira de Política Internacional*, Brasília, v. 52 n. 1, p. 53-70.

KELSEN, Hans. *Teoría general del Estado*. Ciudad de México: UNAM, 1959.

KELSEN, Hans. *Teoria geral do direito e do Estado*. São Paulo: Martins Fontes, 2000.

KEOHANE, Robert. *After hegemony*: cooperation and discord in the world political economy. Princeton: Princeton University Press, 2005.

KEOHANE, Robert. Multilateralism: an agenda for research. *International Journal*, Montreal, v. 45, n. 4, p. 731- 764, 1990.

KEOHANE, Robert; NYE, Joseph. *Power and independence*: world politics in transition. Boston: Little Brown, 1977.

KEYNES, John Maynard. *Teoria geral do emprego, do juro e da moeda*. São Paulo: Saraiva, 2005.

KISSINGER, Henry. *Diplomacia*. São Paulo: Saraiva, 2012.

KOREMENOS, Barbara; LIPSON, Charles; SNIDAL, Duncan. The rational design of international institutions. *International Organization*, Cambridge, v. 55, n. 4, p. 761-799, 2001.

KRASNER, Stephen. *Problematic sovereignty*: contested rules and political possibilities. New York: Columbia University Press, 2001.

KRASNER, Stephen. *Soberanía*: hipocresía organizada. Barcelona: Paidós, 2001.

KRITSCH, Raquel. *Soberania*: a construção de um conceito. São Paulo: Humanitas, 2002.

LABRANO, Roberto. A saída de um Estado-membro do processo de integração: o Reino Unido e a União Europeia. *RSTPR*, Assunção, v. 4, n. 8, p. 1-15, Ago 2016.

LAFER, Celso. *A Declaração Universal dos Direitos Humanos e sua relevância para a afirmação da tolerância e do pluralismo em Direito internacional*: um percurso no direito do século XXI. São Paulo: Atlas, 2015.

LAMPREIA, Luiz Felipe Palmeira. Resultados da Rodada do Uruguai: uma tentativa de síntese. *Estudos Avançados*, São Paulo, v. 9, n. 23, p. 246-260, 1995.

LANDER, Edgardo. *A colonialidade do saber*: eurocentrismo e ciências sociais, perspectivas latino-americanas. Buenos Aires: CLACSO, 2005.

LEVITSKY, Steven; ZIBLATT, Daniel. *Como as democracias morrem*. Rio de Janeiro: Zahar, 2018.

LEWANDOWSKI, Enrique Ricardo. *Globalização, regionalização e soberania*. São Paulo: Juarez de Oliveira, 2004.

LEWANDOWSKI, Enrique Ricardo. Estado mínimo, pós-modernidade e desglobalização. *Consultor Jurídico*, São Paulo, 4 abr. 2017. Disponível em: https://www.conjur.com.br/2017-abr-04/lewandowski-estado-minimo-pos-modernidade-desglobalizacao. Acesso em: 11 nov. 2019.

LIMA, Maria Regina Soares; ALBUQUERQUE, Marianna. *Policy Note*: reordenamento global, crise do multilateralismo e implicações para o Brasil. Brasília-Berlim: CEBRI-Konrad Adenauer Stiftung, 2020.

LINN, Johannes. Recent threats to multilateralism. *Global Journal of Emerging Market Economies*, Washington, v. 9, n. 1-3, p. 86-113, 2018.

LIS, Laís. Governo Bolsonaro mais que dobra número de militares em cargos civis, diz TCU. *PORTAL G1*, Brasília, 17 jul. 2020. Disponível em: https://g1.globo.com/politica/noticia/2020/07/17/governo-bolsonaro-tem-6157-militares-em-cargos-civis-diz-tcu.ghtml. Acesso em: 18 jun. 2021.

LOEWENSTEIN, Karl. *Teoría de la constituición*. Barcelona: Ariel, 1986.

LONG, Heather. How China doesn´t play fair on trade: Donald Trump calls the Chinese "cheaters" and "manipulators". *CNN*, New York, July, 12, 2016. Disponível em: https://money.cnn.com/2016/07/12/news/economy/china-trade-donald-trump/. Acesso em: 07 dez. 2020.

LOSS, Flávia. A extrema direita europeia e a pandemia. *Observatório do regionalismo*, São Paulo, 28 abr. 2020. Disponível em: http://observatorio.repri.org/artigos/a-extrema-direita-europeia-e-a-pandemia/. Acesso em: 05 maio 2020.

LUCE, Edward. Mesmo se Trump perder, o trumpismo vai continuar. *Valor Econômico*. São Paulo, 16 out. 2020.

LUHMANN, Niklas. *Sociologia del riesgo*. Guadalajara: Walter de GrurterCo., 1992.

LYONS, Emmet; CASSIDY, Amy. Brexit reacende protestos e conflitos na Irlanda do Norte. *CNN*, Nova Iorque, 10 de abril de 2021. Disponível em: https://www.cnnbrasil.com.br/internacional/2021/04/08/brexit-reacende-protestos-e-conflitos-na-irlanda-do-norte. Acesso em: 19 jul. 2021.

MACHADO, Karen. A saída dos EUA do Acordo de Paris sobre mudanças climáticas. *Caderno da Escola Superior de Gestão Pública, Política, Jurídica e Segurança*, Curitiba, v. 1, n. 2, p. 3-24, jul-dez 2018.

MAGALHÃES, José Luís Quadros. Estado moderno, direito à diversidade e pluralismo epistemológico. *In:* JUBILUT, Liliana Lyra; BAHIA, Alexandre Gustavo Melo Franco; MAGALHÃES, José Luís Quadros. *Direito à diferença*. São Paulo: Saraiva, 2013.

MAGALHÃES, Juliana Neuenschwander. *Formação do conceito de soberania*: história de um paradoxo. São Paulo: Saraiva, 2016.

MARTIN, Lisa. Interests, power and multilateralism. *International Organization*, Cambridge, v. 46, n. 4, p. 765-792, 1992.

MARTIN, Nilton Cano; SANTOS, Lílian Regina dos; DIAS FILHO, José Maria. Governança empresarial, riscos e controles internos: a emergência de um novo modelo e controladoria. *Revista Contabilidade & Finanças USP*, São Paulo, v. 15. n. 34, p. 7-22. Jan-abril 2004.

MARTINO, Antonio. Brexit. *Revista de Reflexión y Análisis Políticas*, Buenos Aires, v. 21, n. 2, p. 565-575, 2017.

MARTINS, Ronei Ximenes. *Tecnologias para educação sem distância*. Lavras: UFLA, 2012.

MASTROLILLI, Paolo. Amitai Etzioni: Il contagio suprematista parte dalla rabia sociale. *La Stampa*, Turim, 17 mar. 2019. Disponível em: https://www.lastampa.it/topnews/primo-piano/2019/03/17/news/amitai-etzioni-il-contagio-suprematista-parte-dalla-rabbia-sociale-1.33688555. Acesso em: 19 jun. 2021.

MATTA, Gustavo; MORENO, Arlinda Barbosa. Saúde Global: uma análise sobre as relações entre os processos de globalização e o uso de indicadores de saúde. *Interface Comunicação Saúde Educação*, v.18, n. 48, p. 9-22, 2014.

MATTEUCCI, Nicola. Soberania. *In:* BOBBIO, Norberto; MATTEUCCI, Nicola; PASQUINO, Gianfranco. *Dicionário de política*. 11. ed. Brasília: Unb, 1998.

McCONALOGUE, Jim. *The British Constitution resettled*: parliamentary overeignty before and after Brexit. London: Palgrave Macmillan, 2020.

McGREW, Anthony. Power shift: from national government to global governance? *In:* HELD, David. *A globalizing world?* Culture, economic, politics. London: Routlege, 2004.

MÉDICOS SEM FRONTEIRAS. MSF. *Quem somos*. Disponível em: http://www.msf.org.br/sites/default/files/msf_financial_report_2015.pdf. Acesso em: 09 de out. 2016.

MÉDICOS SEM FRONTEIRAS. *Quem somos*. Disponível em: http://www.msf.org.br/quem-somos. Acesso em: 03 de set. 2019.

MELLO, Patrícia Campos. Se Trump perder, trumpismo sobreviverá, diz historiadora. *Folha de S. Paulo*, São Paulo, 21 out. 2020.

MENDES, Rodrigo Otávio Broglia. Sentido da teoria geral do direito, globalização e harmonização do método jurídico. *In:* CASELLA, Paulo Borba; VIEGAS, Vera Lúcia. *Direito da integração*. São Paulo: Quartier Latin, 2006.

MENDONÇA, Filipe; ROCHA, Mateus de Paula Narciso. A tensão sino-estadunidense e a crise do multilateralismo comercial. *Mundo e Desenvolvimento*, São Paulo, v. 2, n. 3, p. 89-112, 2019.

MENEZES, Wagner. *Ordem global e transnormatividade*. Ijuí: Unijuí, 2005.

MENGANA, Milagro. Covid-19: las limitaciones de la integración y la cooperación en America Latina. *Observatório do regionalismo*, São Paulo, 5 maio 2020. Disponível em: http://observatorio.repri.org/artigos/covid19-las-limitaciones-de-la-integracion-y-la-cooperacion-en-america-latina/?fbclid=IwAR3qpW0WQ1fSWNrKaSm1sagTPIhTaPngeIWayoAWry0EWYIo5k3YNZ-EjRs. Acesso em: 07 maio 2020.

MEZA, Alfredo; Alonso, Nicolás. Venezuela anuncia a sua retirada da OEA. Disponível em: http://brasil.elpais.com/brasil/2017/04/27/internacional/1493246051_378028.html. Acesso em: 20 jun. 2017.

MILARÉ, Edis. *Direito do ambiente*. 11. ed. São Paulo: RT, 2018.

MILLÁN, Natália; SANTANDER, Guilhermo. El virus cosmopolita: lecciones de la Covid-19 para la reconfiguración del Estado-Nación y la gobernança global. *Geopolítica(s)*, v. 11, p. 251-263, 2020.

MIRANDA, Jorge. *Teoria do Estado e da constituição*. 4. ed. Rio de Janeiro: Forense, 2015.

MOISÉS, José Álvaro. Cultura política, instituições e democracia: lições da experiência brasileira. *In:* MOISÉS, José Álvaro. *Democracia e confiança*: por que os cidadãos desconfiam das instituições públicas? São Paulo: Edusp, 2010.

MÔNACO, Gustavo Ferraz de Campos. A globalização entre o passado e o futuro da soberania. *Revista da Faculdade de Direito do Sul de Minas*, Pouso Alegre, volume especial, 2008.

MORIN, Edgar. Para um pensamento do Sul. *In:* MORIN, Edgar. *Para um pensamento do Sul*: diálogos com Edgard Morin. Rio de Janeiro: SESC, 2011.

MÜLLER, Friedrich. A limitação das possibilidades de atuação do Estado-nação face à crescente globalização e o papel da sociedade civil em possíveis estratégias de resistência. *In:* BONAVIDES, Paulo; LIMA, Francisco Gérson Marques de; BEDÊ, Faya Silveira: *Constituição e democracia:* Estudos em homenagem ao professor J. J. Gomes Canotilho. São Paulo: Malheiros, 2006.

NAÇÕES UNIDAS BRASIL. *OMS declara coronavírus emergência de saúde pública internacional*. Disponível em: https://nacoesunidas.org/oms-declara-coronavirus-emergencia-de-saude-publica-internacional/. Acesso em: 01 maio 2020.

NAÇÕES UNIDAS BRASIL. *Organização Mundial da Saúde classifica novo coronavírus como pandemia*. Disponível em: https://nacoesunidas.org/organizacao-mundial-da-saude-classifica-novo-coronavirus-como-pandemia/. Acesso em: 28 abr. 2020.

NADDI, Beatriz. O alargamento da OCDE como estratégia de adaptação ao novo cenário internacional e o caso brasileiro. *Observatório do regionalismo*, São Paulo, 4 fev. 2020. Disponível em: http://observatorio.repri.org/artigos/o-alargamento-da-ocde-como-estrategia-de-adaptacao-ao-novo-cenario-internacional-e-o-caso-brasileiro/?fbclid=IwAR0sP9TDto6Ljg6YQvwCB3Gc93-mgI7XbIOkXV8FbxlpdI-SryDbeCWdXlw. Acesso em: 07 fev. 2020.

NAIM, Moisés. *Ilícito*: o ataque da pirataria, da lavagem de dinheiro e do tráfico à economia global. São Paulo: Zahar, 2006.

NASSER, Salem Hikmat. *Fontes e normas do direito internacional*: um estudo sobre a *soft law*. 2. ed. São Paulo: Altas, 2006.

NORRIS, Pipa; INGLEHART, Ronald. *Cultural backlash*: Trump, Brexit and the authoritarian populism. Cambridge: Cambridge University Press, 2019.

NORTH ATLANTIC TREATY ORGANIZATION (NATO-OTAN). *What is NATO*? Disponível em: https://www.nato.int/nato-welcome/index.html. Acesso em: 3 set. 2019.

NUNES, João; PIMENTA, Denise Nacif. A epidemia de zika e os limites da saúde global. *Lua Nova*, n. 98, 2016.

NUSDEO, Ana Maria. *Direito ambiental & economia*. Curitiba: Juruá, 2018.

O ESTADO DE MINAS. EUA se retiram de mais um tratado de armas com a Rússia. *EM*, Belo Horizonte, 22 maio 2020. Disponível em: https://www.em.com.br/app/noticia/internacional/2020/05/22/interna_internacional,1149652/eua-se-retiram-de-mais-um-tratado-de-armas-com-a-russia.shtml. Acesso em: 16 dez. 2020

ODERMATT, Jed. Brexit and international legal sovereignty. *In:* VARA, Juan Santos; WESSEL, Ramses; POLAK, Polly. *The Routledge handbook on the international dimension of Brexit*. London: Routledge, 2021.

OLIVEIRA, Gustavo Justino. *Direito do terceiro setor*. Belo Horizonte: Fórum, 2008.

ORGANIZAÇÃO DAS NAÇÕES UNIDAS. ONU. *Relatório de desenvolvimento humano 2013* – A ascensão do Sul: progresso humano em um mundo diversificado. Disponível em: http://hdr.undp.org/sites/default/files/hdr2013_portuguese.pdf. Acesso em: 20 fev. 2020.

ORGANIZAÇÃO DAS NAÇÕES UNIDAS. ONU-BRASIL. *Transformando nosso mundo:* a agenda 2030 para o desenvolvimento sustentável. Disponível em: https://nacoesunidas.org/pos2015/agenda2030/. Acesso em: 2 jan. 2020.

ORGANIZAÇÃO DAS NAÇÕES UNIDAS. *Organização Mundial da Saúde declara novo coronavírus uma pandemia*. Disponível em: https://news.un.org/pt/story/2020/03/1706881. Acesso em: 21 abr. 2020.

ORTEGA, Andrés. The desglobalisation vírus. Global Policy/Global Spectator, Madri, 17 mar. 2020. Disponível em: https://blog.realinstitutoelcano.org/en/the-deglobalisation-virus/. Acesso em: 28 abr. 2020.

ORTIZ, Renato. Mundialização, cultura e política. *In:* DOWBOR, Ladislau; IANNI, Octávio; RESENDE, Paulo-Edgar. *Desafios da globalização*. Petrópolis: Vozes, 1997.

PATRIOTA, Antonio de Aguiar. Is the world ready for cooperative multipolarity? *In:* CENTRO BRASILEIRO DE RELAÇÕES INTERNACIONAIS. *CEBRI Dossiê 2*, Rio de Janeiro, v. 2, n. 17, p. 8-17, out. 2018.

PAUPÉRIO, Machado. *O conceito polêmico de soberania*. Rio de Janeiro: Forense, 1958.

PECEQUILO, Cristina. *A política externa dos Estados Unidos*: continuidade ou mudança. 3. ed. Porto Alegre: Editora UFRGS, 2011.

PERSON, Robert; McFAUL, Michael. O maior temor de Putin. *Journal of Democracy em Português*. São Paulo, v. 11, n. 1, jun. 2022.

PIKETTY, Thomas. *O capital no século XXI*. Rio de Janeiro: Intrínseca, 2014.

PLANELLES, Manuel. Biden encerra sua cúpula do clima com a promessa de criar milhões de empregos verdes. *El País*, Madri, 23 de abril de 2021. Disponível em: https://brasil.elpais.com/internacional/2021-04-23/biden-encerra-sua-cupula-do-clima-com-a-promessa-de-criar-milhoes-de-empregos-verdes.html. Acesso em: 16 jul. 2021.

PORTAL G1 ECONOMIA. Trump assina decreto para retirar EUA de acordo com países do Pacífico. *Portal G1 Economia*, 23 de jan. 2017. Disponível em: https://g1.globo.com/economia/noticia/trump-assina-ordem-para-retirar-eua-da-parceria-transpacifico.ghtml. Acesso em: 15 dez. 2020.

PORTAL G1. Estados Unidos e China ratificam acordo do clima assinado em Paris. *G1*, São Paulo, 03 set. 2016. Disponível em: http://g1.globo.com/natureza/noticia/2016/09/estados-unidos-ratificam-acordo-do-clima-assinado-em-paris.html. Acesso em: 16 dez. 2020.

PORTAL G1. Trump anuncia retirada dos EUA de acordo nuclear com Irã. *G1*, São Paulo, 05 maio 2018. Disponível em: https://g1.globo.com/mundo/noticia/trump-anuncia-retirada-dos-eua-de-acordo-nuclear-com-o-ira.ghtml. Acesso em: 16 dez. 2020.

PORTAL UOL NOTÍCIAS. EUA deixarão protocolo de resolução de disputas da Convenção de Viena. *UOL Notícias*, Washington, 3 out. 2018. Disponível em: https://noticias.uol.com.br/ultimas-noticias/efe/2018/10/03/eua-deixarao-protocolo-de-resolucao-de-disputas-da-convencao-de-viena.htm. Acesso em: 16 dez. 2020.

RABELO, Flávio; SILVEIRA, Maria José. Estruturas de governança e governança corporativa: avançando na direção da integração entre as dimensões competitivas e financeiras. *Revista IE UNICAMP*, Campinas, n. 77, p. 1-24. Jul 1999.

RABKIN, Jeremy. *Why sovereignty matters*. Washington: Aei Press, 1998.

RANIERI, Nina. Estado e nação: novas relações? *In:* CLÈVE, Clèmerson Merlin; BARROSO, Luís Roberto. *Doutrinas essenciais de direito constitucional*: teoria geral do Estado. São Paulo: RT, 2011.

RANIERI, Nina. Estado e Nação: novas relações? *Política Externa*, São Paulo, v. 13, n. 1, jun-ago, 2004.

RANIERI, Nina. *Teoria do Estado*: do Estado de Direito ao Estado Democrático de Direito. Barueri: Manole, 2013.

RANIERI, Nina. *Teoria do Estado*: do Estado de Direito ao Estado Democrático de Direito. 2. ed. Barueri: Manole, 2019.

RANIERI, Nina. *O Estado Democrático de Direito e o sentido da exigência de preparo da pessoa para o exercício da cidadania, pela via da educação*. Tese (Livre docência) – Faculdade de Direito, Universidade de São Paulo, São Paulo, 2009.

RAUHALA, Emily; DEMIRJIAN, Karoun; OLORUNNIPA, Toluse. Tump administration sends letter withdrawing US from World Health Organization over coronavírus response. *The Washington Post*, Washington, 7 jul. 2020. Disponível em: https://www.washingtonpost.com/world/trump-united-states-withdrawal-world-health-organization-coronavirus/2020/07/07/ae0a25e4-b550-11ea-9a1d-d3db1cbe07ce_story.html. Acesso em: 24 jul. 2021.

REALE, Miguel. *Teoria do direito e do Estado*. São Paulo: Saraiva: 2000.

REX, Roger Valério de Vargas. O princípio da subsidiariedade na União Europeia. *Revista de Direito da UFSM*, Santa Maria, v. 7, n. 2, p. 250-279, 2012.

RIBEIRO, Helena. *Saúde global*: olhares do presente. Rio de Janeiro: Fiocruz, 2016.

RIGGIROZZI, Pía. Coronavirus y el desafio para la gobernanza regional em America Latina. *Análisis Carolina*, Madrid, v. 2020, n. 12, p. 1-13, 2020.

RISCAL, Sandra. *O conceito de soberania em Jean Bodin*: um estudo do desenvolvimento das ideias de administração pública, governo e Estado no século XVI. Campinas: Unicamp, 2001.

ROBERTS, Sara. Fogos de artifício, bandeiras e signos: vozes das ruas de uma Inglaterra pós-Brexit. *Trabalhos em Linguística Aplicada*, Campinas, v. 59, n. 1, p. 491-506, 2020.

ROBINSON, Kali. What is the Iran nuclear deal? *Council of Foreign Affairs*, New York, 29 jun. 2021. Disponível em: https://www.cfr.org/backgrounder/what-iran-nuclear-deal. Acesso em: 22 jul. 2021.

ROBINSON, William. Trumpismo, fascismo do século XXI e ditadura da classe capitalista transnacional. *Revista Movimento, Crítica e Ação*, São Paulo, 12 nov. 2018, edição online. Disponível em: https://movimentorevista.com.br/2018/11/trumpismo-fascismo-do-seculo-xxi-e-ditadura-da-classe-capitalista-transnacional/. Acesso em: 22 jul. 2021.

RODRIK, Dani. *A globalização foi longe demais?* São Paulo: Unesp, 2011.

RODRIK, Dani. *The globalization paradox*: democracy and the future of the world economy. New York: W.W. Norton & Company, 2011.

ROSA, Marcelo. Epistemologias do Sul: ensaio bibliográfico sobre limites e perspectivas de um campo emergente. *Civitas*, Porto Alegre, v. 14, n. 1, p. 43-65, jan-abr. 2014.

ROSANVALLON, Pierre. *La democratie inachevée*: histoire de la souveraineté du people en France. Paris: Gallimard, 2000.

ROSENAU, James Nathan. Governance, order and change in world politics. *In:* ROSENAU, James Nathan; CZEMPIE, Ernst Otto. *Governance without government*: order and change in world politics. Cambridge: Cambridge University Press, 2003.

ROSENCRANCE, Richard. *Débat sur l'État virtuel*. Paris: Presses de Sciences Po, 2002.

ROUSSEAU, Jean-Jacques. *Do contrato social*. São Paulo: Martin Claret, 2007.

RUGGIE, John Gerard. Multilateralism: the anatomy of an institution. *International Organization,* Cambridge, v. 46, n. 3, p. 561-598, Summer, 1992.

SALDANHA, Nuria. Invasão do Capitólio entra para a história dos EUA como afronta à democracia: Congresso dos Estados Unidos, a maior democracia do mundo, foi invadido. *CNN,* Washington, 7 de jan. de 2021. Disponível em: https://www.cnnbrasil.com.br/internacional/2021/01/07/invasao-do-capitolio-entra-para-a-historia-dos-eua-como-afronta-a-democracia. Acesso em: 26 jul. 2021.

SANTORO, Emilio. *Rule of Law* e "liberdade dos ingleses". *In:* ZOLO, Danilo; COSTA, Pietro. *Estado de Direito*: história, teoria, crítica. São Paulo: Martins Fontes, 2006.

SANTOS, Boaventura de Sousa. A ilusória desglobalização. *Outras Palavras,* São Paulo, 14 out. 2017. Disponível em: http://outraspalavras.net/capa/boaventura-a-ilusoria-desglobalizacao/. Acesso em: 11 nov. 2019.

SANTOS, Boaventura de Sousa. *Conhecer para libertar*: os caminhos do cosmopolitismo multicultural. Rio de Janeiro: Civilização Brasileira, 2003.

SANTOS, Boaventura de Sousa. Para além do pensamento abissal: das linhas globais a uma ecologia dos saberes. *In:* SANTOS, Boaventura de Sousa; MENESES, Maria Paula. *Epistemologias do Sul*. Coimbra: Almedina, 2009.

SARAIVA, Miriam Gomes; SILVA, Álvaro Vicente Costa. Ideologia e pragmatismo na política externa de Jair Bolsonaro. *Relações Internacionais,* Lisboa, n. 64, p. 117-137, dez. 2019.

SCHNEIDER, Jens-Peter. *Introdution to european public law*. Freiburg-São Paulo: University of Freiburg-University of São Paulo, 2016.

SCHOLTE, Jan Aart. The globalization of world politics. *In:* BAYLIS, John; SMITH, Steve; OWENS, Patricia. *The globalization of world politics*: an introduction to international relations. Oxford: Oxford University Press, 1997.

SCHOLTZ, Leopold. Die ramp van Brexit. *Journal of Humanities,* Pretoria, v. 59, n. 2, p. 292-300, Jun. 2019

SERRANO, Franklin; SUMMA, Ricardo. Aggregate demand and the slowdown of Bazilian economic growth in 2011-2014. *Nova Economia,* Belo Horizonte, v. 25, n. spe, p. 803-833, dez, 2015.

SHEA, Michael; CÁRDENAS, Elena Gutiérrez. Brexit: is the British Parliamentary and electoral system in crisis? *Política y Cultura*, Villa Quietud, v. 1, n. 50, p. 83-106, 2019.

SIEYÈS, Emmanuel Joseph. *O que é o terceiro estado*? Tradução Norma Azeredo. Rio de Janeiro: Liber Juris, 1988.

SINGER, André; ARAÚJO, Cícero; BELINELLI, Leonardo. *Estado e democracia*: uma introdução ao estudo da política. Rio de Janeiro: Zahar, 2021.

SMITH, Julie. Fighting to 'take back control': the House of Lords and Brexit. *In:* CHRISTIANSEN, Thomas; FROMAGE, Diane. *Brexit and democracy*: the role of parliaments in the UK and the European Union. London: Palgrave Macmillan, 2019.

SOARES, António Goucha. Brexit: o referendo de 2016. *Relações Internacionais*, Lisboa, v. 1, n. 61, p. 73-75, março 2019.

SOLANO, Esther; ORTELLADO, Pablo; MORETTO, Márcio. 2016: o ano da polarização? *Análise*. São Paulo: Friedrich-Ebert-Stiftung Brasil, 2017.

SOLON, Ari Marcelo. *Teoria da soberania como problema da norma jurídica e da decisão*. Porto Alegre: Sérgio Antonio Fabris, 1997.

SOUTO MAIOR, Luiz. A crise do multilateralismo econômico e o Brasil. *Revista Brasileira de Política Internacional*, Brasília, v. 47, n. 2, p. 163-190.

SOUZA, Leonardo da Rocha; LEISTER, Margareth Anne. A influência da *soft law* na formação do direito ambiental. *Revista de Direito Internacional*, Brasília, v. 12, n. 2, p. 767-784, 2005.

SOUZA, Murilo. Descaso com metas ambientais pode impedir acordo Mercosul-União Europeia, diz parlamentar. *Câmara dos Deputados*, Brasília, 15 out. 2020. Disponível em: https://www.camara.leg.br/noticias/700378-descaso-com-metas-de-sustentabilidade-pode-impedir-acordo-mercosul-ue-diz-parlamentar/. Acesso em: 09 jan. 2021.

SPENGLER, Fabiana Marion; WRASSE, Helena Pacheco. A ressignificação do paradigma estatal em tempos de globalização. *Direito, Estado e Sociedade*, Rio de Janeiro, n. 80, p. 127-146, jan./jun. 2019.

STEINER, Henry; ALSTON, Philip. *International human rights in context*: law, politics, morals. 2. ed. Oxford: Oxford University Press, 2000.

STELZER, Joana. O fenômeno da transnacionalização da dimensão jurídica. *In:* STELZER, Joana; CRUZ, Paulo Márcio. *Direito e transnacionalidade*. 2. ed. Curitiba: Juruá, 2011.

STRECK, Lenio Luiz; MORAIS, José Luiz Bolzan. *Ciência política e teoria do Estado*. Porto Alegre: Livraria do Advogado, 2010.

STRENGER, Irineu. *Contratos internacionais de comércio*. 2. ed. São Paulo: RT, 1992.

STUENKEL, Oliver. Book review: Gridlock: why global cooperation is failing when we need it most. *BJIR*, Marília, v. 4, n. 3, p. 694-699, set./fev. 2015.

SZUCKO, Angelica. Brexit and differentiated European (dis)integration. *Contexto Internacional*, Rio de Janeiro, v. 42, n. 3, p. 621-646, nov. 2020.

SZUCKO, Angélica. O Acordo de Comércio e Cooperação e a nova fase das relações Reino Unido-União Europeia. *Observatório do Regionalismo*, São Paulo, 23 de março de 2021. Disponível em: http://observatorio.repri.org/2021/03/23/o-acordo-de-comercio-e-cooperacao-e-a-nova-fase-das-relacoes-reino-unido-uniao-europeia/. Acesso em: 12 abr. 2021.

TALEV, Margaret; SHIELDS, Todd. Trump to require two rules be killed for each new one issued. *Bloomberg*, New York, 30 Jan 2017. Disponível em: https://www.bloomberg.com/news/articles/2017-01-30/trump-to-require-two-regulations-be-revoked-for-every-new-one. Acesso em: 16 dez. 2020.

TENÓRIO, Fernando. A unidade dos contrários: fordismo e pós-fordismo. *Revista de Administração Pública FGV*, Rio de Janeiro, v. 45, n. 4. p. 1141-1172, 2011.

TEUBNER, Günther. Global bukowina: legal pluralism in the world society. *In:* TEUBNER, Günther. *Global law without State*. Brookfield: Dartmouth, 1997.

THOMAZ, Laís Forti; PIO, Gabriela, Melo da Silva. O multilateralismo na cooperação internacional para o desenvolvimento: os casos da OCDE e do IBAS. *Mundo e Desenvolvimento*, São Paulo, v. 2, n. 3, p. 136-156, 2019.

THOMPSON, Louise; YONG, Ben. What do we mean by parliamentary scrutiny of Brexit? A view from the House of Commons. *In:* CHRISTIANSEN, Thomas; FROMAGE, Diane. *Brexit and democracy*: the role of parliaments in the UK and the European Union. London: Palgrave Macmillan, 2019.

TORAINE, Alain; MENDES, Cândido. *Social-democracia e desglobalização*. Rio de Janeiro: Educam, 2002.

TOSTES, Ana Paula. Um casamento feliz: direito internacional e sociedade civil global na formação dos regimes internacionais. *Revista Sociologia Política*, Curitiba, n. 27, p. 65-77, 2006.

TOSTES, Ana Paula. *União europeia:* o poder político do direito. Rio de Janeiro: Renovar, 2004.

TOSTES, Ana Paula. *União Europeia*: resiliência e inovação política no mundo contemporâneo. Curitiba: Appris, 2017.

TROYJO, Marcos. *Desglobalização*: crônica de um mundo em mudança. São Paulo: Agbook, 2016.

TUSSIE, Diana. Multilateralism revisited in a globalizing world economy. *Mershon International Studies Review*, Oxford, n. 1, v. 42, p. 183-193, May 1998.

UEHARA, Alexandre Ratsuo. *A política externa do Japão no final do século XX*: o que faltou? São Paulo: Annablume-Fundação Japão, 2003.

UNIÃO EUROPEIA. EUR-Lex. Disponível em: https://eur-lex.europa.eu/legal-content/PT/TXT/?uri=LEGISSUM%3A4301000. Acesso em: 06 jan. 2021.

UNIÃO EUROPEIA. Eurobarometer. Disponível em: https://www.europarl.europa.eu/at-your-service/pt/be-heard/eurobarometer. Acesso em: 30 dez. 2020.

UNIÃO EUROPEIA. Parlamento Europeu. Disponível em: http://www.europarl.europa.eu/aboutparliament/pt/20150201PVL00008/O-Tratado-de-Lisboa. Acesso em: 17 out. 2019.

UNIÃO EUROPEIA. Tribunal de Justiça da União Europeia. 11/70. Caso International Handelsgesellschaft. Disponível em: http://curia.europa.eu/juris/showPdf.jsf?text=&docid=88063&pageIndex=0&doclang=PT&mode=lst&dir=&occ=first&part=1&cid=38488. Acesso em: 19 out. 2016.

UNIÃO EUROPEIA. Tribunal de Justiça da União Europeia. Jurisprudência. C-26/62. Caso Van Gend en Loos contra Administração das Alfândegas Holandesas. Disponível em: http://curia.europa.eu/juris/liste.jsf?pro=&nat=or&oqp=&dates=&lg=&language=pt&jur=C%2CT%2CF&cit=none%252CC%252CCJ%252CR%252C2008E%252C%252C%252C%252C%252C%252C%252C%252C%252C%252Ctrue%252Cfalse%252Cfalse&td=%3BALL&pcs=Oor&avg=&page=1&mat=or&parties=Van%2BGend%2Ben%2BLoos&jge=&for=&cid=796259. Acesso em: 17 out. 2019.

UNIÃO EUROPEIA. Tribunal de Justiça da União Europeia. Jurisprudência. *C-6/64*. Caso Costa contra E.N.E.L. O caso versava sobre a nacionalização da produção e fornecimento de energia elétrica na Itália. Disponível em: http://curia.europa.eu/juris/liste.jsf?language=pt&jur=C,T,F&num=C-6/64&td=ALL. Acesso em: 17 out. 2019.

UNIÃO EUROPEIA. Tribunal de Justiça da União Europeia. *Jurisprudência 41/74*. Disponível em: http://curia.europa.eu/juris/showPdf.jsf;jsessionid=9ea7d0f130d6f21ee2ac26ef4777857eade0449b39a3.e34KaxiLc3eQc40LaxqMbN4Pah4Me0?text=&docid=88751&pageIndex=0&doclang=PT&mode=lst&dir=&occ=first&part=1&cid=38488. Acesso em: 19 out. 2016.

UNION OF INTERNATIONAL ASSOCIATIONS. UIA. The Yearbook of International Organizations. Disponível em: https://uia.org/yearbook. Acesso em: 25 jan. 2021.

UNITED KINGDOM GOVERNMENT. The Belfast Agreement. Disponível em: https://www.gov.uk/government/publications/the-belfast-agreement. Acesso em: 12 mar. 2021.

UNITED KINGDOM. Parliament. *European Union Notification of Withdrawal Bill*. Disponível em: https://publications.parliament.uk/pa/bills/lbill/2016-2017/0103/17103.pdf. Acesso em: 20 jul. 2021.

UNITED KINGDOM. Supreme Court. *R Miller v. Secretary of State for Exiting the European Union*. Disponível em: https://www.supremecourt.uk/cases/uksc-2016-0196.html. Acesso em: 20 jul. 2021.

UNITED KINGDOM. *The Electoral Commission*. Disponível em: https://www.electoralcommission.org.uk/find-information-by-subject/elections-and-referendums/past-elections-and-referendums/eu-referendum/electorate-and-%20count-information. Acesso em: 22 out. 2019.

UNITED KINGDOM. The National Archives. Legislation. European Union (Withdrawal) Act 2018. Disponível em: https://www.legislation.gov.uk/ukpga/2018/16/contents/enacted. Acesso em: 20 jul. 2021.

UNITED NATIONS CONFERENCE ON TRADE AND DEVELOPMENT. UNCTAD. *The Russian crisis*. Disponível em: https://unctad.org/system/files/official-document/poirrsd002.en.pdf . Acesso em: 14 dez. 2020.

UNITED NATIONS FRAMEWORK CONVENTION ON CLIMATE CHANGE. *The Paris Agreement*. Disponível em: https://unfccc.int/process-and-meetings/the-paris-agreement/the-paris-agreement. Acesso em: 15 dez. 2020.

UNITED NATIONS FRAMEWORK CONVENTION ON CLIMATE CHANGE. UNFCCC-NDCs Documents. Disponível em: https://www4.unfccc.int/sites/NDCStaging/Pages/All.aspx. Acesso: 08 jan. 2021.

UNITED NATIONS OFFICE ON DRUGS AND CRIME (UNODC). *Sobre o UNODC*. Disponível em: https://www.unodc.org/lpo-brazil/pt/sobre-unodc/index.html. Acesso em: 3 set. 2009.

UNITED NATIONS. Treaty Collection. *Paris Agreement*. Disponível em: https://treaties.un.org/Pages/ViewDetails.aspx?src=TREATY&mtdsg_no=XXVII-7-d&chapter=27&clang=_en#4. Acesso em: 15 dez. 2020.

UNITED NATIONS. *Treaty Collection*. Security Council. Letter dated 21 August 2020 from the Permanent Representative of the United States of America to the United Nations addressed to the Secretary-General. Disponível em: https://documents-dds-ny.un.org/doc/UNDOC/GEN/N20/218/98/PDF/N2021898.pdf?OpenElement. Acesso em: 15 jul. 2021.

UNITED NATIONS. *UN News*, Paris, 12 out. 2017. US withdrawal from UNESCO 'loss for multilateralism', says cultural agency's chief. Disponível em: https://news.un.org/en/story/2017/10/568392-us-withdrawal-unesco-loss-multilateralism-says-cultural-agencys-chief. Acesso em: 24 jul. 2021.

UNITED STATES OF AMERICA GOVERNMENT – INTERNAL REVENUE SERVICE (IRS). *Foreign Account Tax Compliance Act (FATCA)*. Disponível em: https://www.irs.gov/businesses/corporations/foreign-account-tax-compliance-act-fatca. Acesso em: 02 set. 2019.

US WHITE HOUSE. America First Foreing Policy. 2017. Disponível em: https://www.whitehouse.gov/america-fisrt-foreign-policy/. Acesso em: 22 nov. 2017.

US WHITE HOUSE. Foreing Policy. 2020. Disponível em: https://www.whitehouse.gov/issues/foreign-policy/. Acesso em: 16 dez. 2020.

VAN BERGEIJK, Peter. *Deglobalization 2.0*: trade and openness during the Great Depression and the Great Recession. Cheltenham: Edward Elgar Publishing, 2019.

VAN KLEFFENS. Sovereignty in international law. *Collected courses of the Hage Academy of International Law*, v. 82, 1953.

VEIGA, José Eli. *A desgovernança mundial da sustentabilidade*. São Paulo: Editora 34, 2013.

VENTURA, Deisy; NUNES, João. Apresentação. *Lua Nova*, n. 98, 2016.

VIEIRA, Andréia Costa. O direito internacional e as relações internacionais moldados por uma nova estrutura de governança global e regimes internacionais. *In:* JUBILUT, Liliana Lyra. *Direito internacional atual*. São Paulo: Elsevier, 2014.

VILLARREAL, Pedro. The world health organization's governance framework in disease outbreaks. *In:* VIERCK, Leonie; VILLAREAL, Pedro; WEILERT, Katarina. *The governance of disease outbreaks*: international health law – lessons from ebola crisis and beyond. Heidelberg: Nomos, 2017.

VILLAS BOAS FILHO, Orlando. O impacto da governança sobre a relação jurídica contemporânea: uma abordagem a partir de André-Jean Arnaud. *Revista Redes*, Canoas, v. 4, n.1, p. 145-171, 2016.

VON BOGDANDY, Armin; VILLARREAL, Pedro. *International law on pandemic response*: a first stocktaking in light of the coronavirus crisis. Munich: Max Planck Institute, 2020.

WEBER, Max. *Economia e sociedade*. Brasília: UnB, 1994.

WHITE, Garry. Coronavirus highlights the deglobalisation trend. *Charles Stanley*, Londres, 11 mar. 2020. Disponível em: https://www.charles-stanley.co.uk/group/cs-live/coronavirus-highlights-deglobalisation-trend. Acesso em: 01 maio 2020.

WORLD HEALTH ORGANIZATION. Advice on the use of masks in the context of Covid-19: interim guidance, 6 April 2020. Disponível em: https://apps.who.int/iris/handle/10665/331693. Acesso em: 26 jan. 2021.

WORLD HEALTH ORGANIZATION. Covax Explained. Disponível em: https://www.gavi.org/vaccineswork/covax-explained. Acesso em: 5 dez. 2020.

WORLD HEALTH ORGANIZATION. Numbers at a glance. Disponível em: https://www.who.int/emergencies/diseases/novel-coronavirus-2019?gclid=CjwKCAiA_Kz-BRAJEiwAhJNY75qmwRw512-J_-pi7yuWeeI0grECI1bJ11LBb0HqxyhaTbvh_YubSRoCtCcQAvD_BwE. Acesso em: 5 dez. 2020.

WORLD HEALTH ORGANIZATION. WHO Director-General's opening remarks at the media briefing on Covid-19 – 11 March 2020. Disponível em: https://www.who.int/dg/speeches/detail/who-director-general-s-opening-remarks-at-the-media-briefing-on-covid-19---11-march-2020. Acesso em: 01 maio 2020.

WORLD TRADE ORGANIZATION. *What is the WTO*? Disponível em: https://www.wto.org/english/thewto_e/thewto_e.htm. Acesso em: 3 set. 2019.

WWF-BRASIL. *Quem somos*. Disponível em: https://www.wwf.org.br/wwf_brasil/. Acesso em: 3 set. 2019.

YOUNG, Alasdair. The European Union as a global regulator? Context and comparison. *Journal of European Public Policy*, London, v. 22, n. 9, 2015.

Esta obra foi composta em fonte Palatino Linotype, corpo 10
e impressa em papel Chambril Avena 70g (miolo) e
Supremo 250g (capa) pela Gráfica Star7.